Das Sexleben
der Hollywood-Göttinnen

NIGEL CAWTHORNE

Das *Sex*leben der Hollywood-Göttinnen

Die Skandalchronik der Traumfabrik

Deutsch von Klaus Pemsel

Umschlagvorderseite: Jean Harlow
© Vintage Magazine Company

Umschlagrückseite: Louise Brooks
© Deutsches Filminstitut/Bildarchiv

Abbildungen Seite 39, 59, 73, 89, 111, 181, 205
© Vintage Magazine Company

Abbildungen Seite 13, 19, 27, 135, 153, 239, 271
© Deutsches Filminstitut/Bildarchiv

EVERGREEN is an imprint of
Benedikt Taschen Verlag GmbH

© 1999 für diese Ausgabe:
Benedikt Taschen Verlag GmbH
Hohenzollernring 53, D-50672 Köln
Originally published in English by
Prion Books Ltd., London
© Nigel Cawthorne 1997
Lektorat: true text, Neckargemünd

Printed in Germany
ISBN 3-8228-6959-7

INHALT

Einleitung 7

  I Sexgöttinnen des Stummfilms 11
 II Die Büchse der Pandora 25
III Das Girl mit dem gewissen Etwas 37
 IV Vor Blondinen wird gewarnt 57
  V Die Königin der Casting Couch 71
 VI Ich möchte (nicht) allein sein 87
VII Von Kopf bis Fuß auf Liebe eingestellt 109
VIII Ohne falsche Scham 133
 IX Die Liebe der Toreros 151
  X Das „Sweater Girl" 179
 XI Die Liebesgöttin 203
XII Fürstliche Hoheit 237
XIII Goodbye, Norma Jean 269

Bibliographie 310
Personenregister 312

EINLEITUNG

Geben wir's ruhig zu: Eigentlich wußten wir schon immer, daß die Leinwandstars sich ganz bestimmt nicht mit einem keuschen Kuß und einem Kuscheln in den Armen ihrer Filmpartner zufriedenstellen ließen. Wenn die Kameras nicht mehr liefen, ging es in der Garderobe erst richtig zur Sache.

Es war keine Seltenheit, daß Leinwandgöttinnen sich während der Dreharbeiten in den Hauptdarsteller verliebten. Viele glaubten, eine Romanze nach Drehschluß verbessere ihre Leistung vor der Kamera. Doch das führte häufig zu Komplikationen. Selbst einem professionellen Hauptdarsteller konnte es bei einer Liebesszene passieren, daß er unwillkürlich eine Erektion bekam. Aus Anstand wurde er nur ab der Hüfte aufwärts gefilmt.

Solche Abenteuer gerieten allerdings schnell in Vergessenheit, war der Film erst einmal im Kasten. Denn beim nächsten gab es einen neuen Hauptdarsteller und einen neuen Liebhaber. Eine goldene Regel besagte, eine Diva solle ihren Filmpartner nur heiraten, wenn sie sich bei mindestens drei Produktionen ineinander verliebt hatten.

Die Leinwandgöttinnen Hollywoods beschränkten ihre Zuneigung nicht bloß auf ihre Mitspieler, sondern waren weitaus demokratischer. Sie schliefen mit Produzenten, Stuntmen, Beleuchtern, Millionären, Kameramännern, Politikern und ganz normalen Mitmenschen – vor allem aber mit Regisseuren.

Über die „Casting Couch", jenem Möbelstück, auf dem über die Besetzung von Filmen entschieden wird, kursieren viele Geschichten. In Hollywoods Glanzzeit war sie tatsächlich so etwas wie eine Institution. Die meisten Filmsternchen mußten nicht erst auf die Sofas der Filmmogule gebeten werden, sie sprangen förmlich darauf.

Die bisweilen eigentümlichen Ausschweifungen von Leinwandstars mußten natürlich vertuscht werden. Wozu denn sonst hatte Amerika eine Anstandsliga, den Hays-Kodex und all die Frauenverbände? Solange eine Schauspielerin unverheiratet war, hatte sie sich keusch zu geben, auch wenn sie noch so sexy wirkte. Selbst wenn sie verheiratete Paare spielten, mußten die Stars in getrennten Betten schlafen, und wenn sie in den Clinch gingen, mit einem Fuß auf dem Boden bleiben.

DIE „REISE NACH JERUSALEM"

Nach Drehschluß warfen sie sich in Herrenbegleitung – natürlich alles nur „gute Freunde" – in Hollywoods Nachtleben. Aufstrebende Starlets wurden durch Moralklauseln in den Verträgen bei der Stange gehalten. Strahlte ein Star hell genug, um tun und lassen zu können, was ihm beliebte, mußte das Studio unter Umständen große Summen in Anwälte, PR-Leute, Journalisten, gefügige Polizisten, korrupte Richter und allgemeine „Abwiegler" stecken, um all das unter den Teppich zu kehren, was ihr „Goldstück" anstellte – bis hin zum Mord.

Wenn das alles nicht fruchtete, gab es noch immer den Hafen der Ehe. Den Lotsen spielten oft die Studios selbst, obwohl sie es lieber sahen, wenn ihre Stars Singles oder, weitaus besser noch, mit ihrem Publikum verheiratet blieben.

Eine Hochzeit in Tinseltown war ganz etwas anderes als sonstwo auf der Welt. Die Worte „bis daß der Tod uns scheidet" waren aus dem Drehbuch gestrichen. Was verbunden wurde, ließ sich leicht wieder lösen. Viele Ehen in Hollywood dauerten kaum einen Wimpernschlag. Und der oder die Nächste wartete schon um die Ecke.

„Die Leute in Hollywood meinen, die Ehe ist ein lustiges Spiel wie die ‚Reise nach Jerusalem'", bemerkte der Vater von Grace Kelly.

Das Treuegelöbnis stand garantiert nicht im Drehbuch einer Hollywood-Hochzeit. Vivien Leigh, der Star aus *Vom Winde verweht*, sagte einmal zu einer Freundin: „Ich bin Schauspielerin, eine große Schauspielerin. Große Schauspielerinnen haben Liebhaber, warum auch nicht? Ich habe einen Gatten, und ich habe Liebhaber. Wie Sarah Bernhardt."

OBJEKTE SEXUELLER PHANTASIEN
Die Hauptsache ist der Erfolg, und der macht eine Hollywood-Schauspielerin für einen Großteil der Weltbevölkerung zum Objekt sexueller Phantasien. Hat sie diesen gottgleichen Status erst einmal erlangt, wie könnte sie da der Versuchung widerstehen, ihn auszunützen? Angesichts einer solchen Verlockung – dem betörenden Sog von Macht und Verehrung in ihrer erregendsten und unvorhersehbarsten Form – könnten Sie sich da noch vorstellen, Nacht für Nacht zum selben Gatten oder Geliebten heimzukehren, ganz gleich, wie wundervoll er ist?

Wenn die ganze Welt sich nach Ihrem Körper verzehrte, wäre es da nicht ausgesprochen unsozial, ihn nicht ein bißchen unter die Leute zu bringen? Es wäre doch geradezu Ihre moralische – und unmoralische – Pflicht, sich so vielen Liebhabern wie möglich hinzugeben. Das wären Sie Ihrem Publikum doch schuldig, oder?

Für ein nach schmutzigen Geschichten lüsternes Publikum ist es einer der faszinierendsten Aspekte von Leinwandstars, daß sie trotz ihrer Macht und Vorrangstellung die gleichen dummen Fehler begehen wie wir alle. Ihr göttlicher Rang bewahrt sie nicht vor den alltäglichen Fallgruben der Liebe. Diese Göttinnen bestehen auch nur aus Fleisch und Blut. Und darin liegt die menschliche Komödie. Diejenigen, die wir in den Himmel heben, sind genauso menschlich und fehlbar wie wir selbst. Doch bei einem großen Star wird jeder Fauxpas und Fehltritt vergrößert wie sein Bild auf der Leinwand. Wir sind die Glücklichen. Wir können uns hinter unserer Anonymität verstecken. Unser Erröten sieht niemand. Bei einer Leinwandgöttin kommt das kleinste Mißgeschick zumindest auf die Titelseite des *Hollywood Confidential*. Schlimmer noch, in späteren Jahren, nachdem sie vielleicht schon lange tot sind, kommt ein skurriler Autor daher und zeichnet jede Peinlichkeit auf, breitet jeden Schnitzer aus und enthüllt jede geheime Schandtat, und das auch noch mit unverhohlenem Vergnügen.

Andererseits: Wenn Sie das Geld, das Aussehen und das Haus in Beverly Hills hätten, würde Sie das noch stören? Wohl kaum. Tatsächlich sind die sexuellen Eskapaden der Hollywoodstars so zahlreich, daß sie auch nicht annähernd in ein Buch passen.

I

SEXGÖTTINNEN DES STUMMFILMS

Von den frühen Filmstars kennen wir nur noch wenige, auch wenn ihre Ebenbilder – jung, sexy und bisweilen nackt – durch den Zauber des Films verewigt sind. Die ehemalige Olympiaschwimmerin Anne Kellermann war das erste Hollywoodsternchen, das Amerika in Aufruhr versetzte, als sie 1916 nackt auf flimmernder Leinwand erschien. Rasch folgten June Caprice und Audrey Munson mit ihren aufregenden Leibern in *Purity*. D. W. Griffiths Klassiker *Die Geburt einer Nation* (OT: Birth of a Nation) und *Intolerance* setzten nackte Körper geradezu inflationär ein. Die Stummfilmdiva Alla Nassimowa schließlich schockierte die Nation mit ihrem Tanz der sieben Schleier in *Salome*, obwohl sie den siebten anbehielt – ein Versehen, das sie 1921 bei einem zweitägigen Fest in ihrer Residenz „The Garden of Alla" wiedergutmachen wollte.

Als andere Leinwandgöttinnen Wind davon bekamen, daß Nassimowas Striptease den Höhepunkt der Party bilden sollte, waren sie entschlossen, der ersten Stripperin der Filmgeschichte die Schau zu stehlen. Betty Blythe trug das Kostüm ihrer letzten Rolle als Königin von Saba, das ihre Brüste mit nur einigen strategisch angeordneten Perlenschnüren bedeckte. Pearl White, Colleen More, Dorothy Gish und Constance Talmadge tauchten in ähnlichen Déshabillés auf, und auch Paramounts neues Sternchen Mary Miles Minter, deren Karriere nach dem Mord an dem Schauspieler Wilam Desmond Taylor mit einem Skandal enden sollte, reihte sich in diesen Reigen ein. In Taylors Sammlung von Slips, pornographischen Fotos und Liebesbriefen fand man auch die Briefwechsel mit Mabel Normand, Mary Miles Minter und – deren Mutter. Ohne voneinander zu wissen, hatten offenbar Mutter wie Tochter des Nachts fieberhaft an der Förderung von Marys Karriere gearbeitet. Mary Miles Minters jungfräuliches Image war dahin, und sie mußte ebenso wie Mabel Normand ihre Schauspiellaufbahn frühzeitig beenden.

Mary Pickford als der Kleine Lord traf das Motto der Party nicht so ganz, aber Amerikas „Mädchen, das zu schön war", Barbara La Marr um so besser, wußte sie doch, wie es in Hollywood lief. Sie hängte vor ihrem Pool-Bungalow im „Garden of Alla" ein Schild auf: „Kommt einer, kommen alle." Und genau das trat auch ein. Schon mit sechzehn hatte sie sich über die Ziegfeld Follies zu Mack Sennetts Truppe hochgearbeitet. In den nächsten zehn Jahren verschliß sie sechs Ehemänner und Tausende von Liebhabern.

„Liebhaber", sagte sie, „sind wie Rosen – im Dutzend am besten."
Sie starb mit sechsundzwanzig, womöglich an Erschöpfung.

DIE ERSTE SEXGÖTTIN HOLLYWOODS

Und, als ob das alles nicht schon längstens ausgereicht hätte, um die Nassimowa zu brüskieren, sprangen bei Ertönen von Allas Kennmelodie auch noch zwanzig nackte Mädchen kreischend in den Swimmingpool mit den Umrissen des Schwarzen Meers – angeblich sollte er die von der Krim stammende Nassimowa an ihre Heimat erinnern. Alle Männer, die schwimmen konnten, sprangen hinterher, und wohl auch einige Nichtschwimmer. Die Nassimowa zog sich schmollend in ihren Bungalow zurück.

Zwar ließ die Nassimowa als eine der ersten Hollywood-Sexgöttinnen Männerherzen höher schlagen, aber in Wirklichkeit war sie lesbisch. Sie verführte sogar Charlie Chaplins erste Frau Mildred Harris und beschleunigte damit deren Scheidung. Ihre sexuelle Neigung hielt die Nassimowa allerdings ganz und gar nicht davon ab, ihrer Karriere auf der Besetzungscouch nachzuhelfen. Von Studioboß Lewis J. Selznick, David O. Selznicks Vater, wurde sie regelmäßig zu sich gerufen. Er war berüchtigt für seine kleinen Sünden. Sobald eine

Alla Nassimowa

attraktive junge Schauspielerin in seinem Büro erschien, herrschte er sie augenblicklich an, sie solle bloß nicht seine Zeit vergeuden. Er sprach nie mit Frauen, die noch etwas anhatten. Sobald sie nackt waren, zog er eine Reitgerte hervor und fragte sie, ob sie bereit seien, für ihre Kunst zu leiden. Seine Stars wußten, was sie erwartete, und gerade weil er Alla Nassimowas sexuelle Präferenzen kannte, rief er sie mit größtem Vergnügen nachmittags in sein Büro und nötigte sie zu einer Privatvorführung. Nicht von ungefähr verlieh Darryl F. Zanuck der Nassimowa das Etikett „Königin der Filmhuren".

GLORIA SWANSON UND JOSEPH KENNEDY

Auch Gloria Swanson legte ihre Schauspielprüfung bei Mack Sennett auf der Besetzungscouch ab – keine Frau wurde je in Sennetts Truppe aufgenommen, die ihn nicht restlos von ihrer Liebe zum Filmgeschäft überzeugen konnte. Die Swanson war über den Schauspieler und Frauendarsteller Wallace Beery, wie Selznick ein Freund der Reitgerte, zum Film gekommen. Beery wurde zwar ihr erster Ehemann, doch zum Star stieg Gloria erst als Geliebte eines anderen Filmmoguls auf: Joseph Kennedy. Der Vater von John F., Robert und Edward hatte zuerst Alkohol geschmuggelt, bevor er als Produzent ins Filmgeschäft einstieg, weil er unbedingt mit den Stars schlafen wollte.

Die Swanson lernte Kennedy 1927 kennen. Binnen zweier Monate hatte er die Gloria Swanson Productions Inc. aufgebaut und ihre Angelegenheiten in die Hand genommen. Dann entschied er, sein Erstrecht auszuüben, und kreuzte ungebeten in ihrem Hotel in Palm Beach auf.

Lassen wir die Swanson selbst über ihre Begegnung mit Kennedy erzählen: „Er stand einfach da in seiner weißen Flanellhose, dem Argyle-Pulli und seinen schwarz-weißen Schuhen und starrte mich eine volle Minute oder länger an, bevor er ins Zimmer trat und die Tür hinter sich schloß. Dann bewegte er sich rasch auf mich zu, legte seinen Mund auf meinen, ohne daß bislang auch nur ein Wort gefallen war. Mit der einen Hand hielt er meinen Hinterkopf, mit der anderen streichelte er meinen Körper und zerrte an meinem Kimono. Wiederholt stöhnte er inständig: ‚Halt's nicht mehr aus, halt's nicht mehr aus. Jetzt.' Er gebärdete sich wie ein gerade gefangenes Wildpferd, grob, energisch, voller Freiheitsdrang. Nach einem hastigen Höhepunkt lag er neben mir und fuhr mir durchs Haar. Abgesehen von seinem schuldbewußten, leidenschaftlichen Gestammel hatte er immer noch keinen zusammenhängenden Satz herausgebracht."

Kennedy wollte unbedingt ein Kind mit Gloria und stellte sie sogar seiner Frau vor. Als er jedoch mit der Swanson zusammenziehen wollte, schritt die Kirche ein. Kardinal O'Connor bat die Swanson, sich nicht mehr mit Kennedy zu treffen. Als der Tonfilm aufkam und Kennedy erkannte, daß sie nicht mehr gefragt war, ließ er sie kurzerhand fallen. Nach zwei Flops mußte Gloria Swanson feststellen, daß Kennedy all die extravaganten Geschenke, die sie von ihm bekommen hatte, aus der Kasse ihrer eigenen Firma bezahlt hatte.

EIN BERGARBEITERMÄDCHEN MACHT KARRIERE

Die Swanson hielt dennoch durch – und machte 1974 mit siebenundsiebzig ihren letzten Film. Einer anderen Großen des Stummfilms, Olive Thomas, war dies nicht beschieden. Sie stammte aus einer Bergarbeiterstadt in Pennsylvania, wo sie schon als Zehnjährige mit ihren erwachsenen Brüdern für pornographische Fotos posierte. Mit zwölf wurde sie einem sechsundzwanzigjährigen Bergarbeiter angetraut, der sie seinen betrunkenen Freunden auch schon mal gern nackt vorführte. Manchmal mußte sie zudem ihre Erfahrungen beim Sex einigen seiner Kumpels unter Beweis stellen.

Mit vierzehn klaute sie das Geld für den Bus und floh nach New York, wo sie zu den Ziegfeld Follies stieß. Florenz Ziegfelds Vorliebe für junge Mädchen war allgemein bekannt, und keines arbeitete für ihn, ohne zuvor in seinem Büro das Examen auf der Besetzungscouch abgelegt zu haben. Olive hatte damit keine Schwierigkeiten. Ihre alles überstrahlende Schönheit machte sie in den freizügigen Kostümen, die sie tragen mußte, bald zum Star der Follies, den kein geringerer als der peruanische Künstler Alberto Vargas nackt malte.

Olive hatte aufgrund ihrer Vorgeschichte ein Verlangen nach hartem Sex. Das stellte Ziegfeld vor ein Problem, denn das Make-up konnte die Schrammen und Flecken auf der makellosen Haut seines minderjährigen Stars nicht immer verbergen. So kam er auf die Idee, sie Lewis J. Selznick anzuvertrauen.

Die meisten Starlets fanden Selznicks Verhalten einschüchternd, doch Olive ging geradewegs zu seiner Couch und sagte: „Hier werde ich also flachgelegt?" Noch am gleichen Nachmittag hatte sie ihren Vertrag und wurde schnell als keusche Heldin in Filmen wie *Betty Takes a Hand*, *Prudence on Broadway* und *The Follies Girl* berühmt.

In einer Artikelserie, die unter ihrem Namen erschien, riet sie jungen Mädchen, alles zu kultivieren, was sauber, gesund und amerikanisch war. Sie selbst betäubte sich allerdings mit Schnaps und Drogen und trat nackt als Starnummer bei Saufgorgien Selznicks auf, die er für Filmhändler veranstaltete.

OLIVE THOMAS RUINIERT LEWIS J. SELZNICK

Um ihren märchenhaften Aufstieg perfekt zu machen, brauchte Olive einen Mann. Sie fand einen geeigneten Kandidaten in Mary Pickfords Bruder Jack. Er wurde als der „ideale amerikanische Junge" in Filmen wie *Seventeen* und *Tomboy* bekannt. Die Presse erklärte sie zum „Traumpaar", und Selznick förderte die Verbindung mit aller Macht. Pickford erfüllte allerdings nicht alle Kriterien des idealen Schwiegersohns – er war heroinsüchtig.

Nicht, daß sie den Sex mit ihrem Ehemann etwa nicht genoß, aber es gab ja noch so viele andere Männer auf der Welt, und deshalb brach Olive ohne ihren Gatten in die Flitterwochen auf. In Paris stürzte sie sich wie wild auf Drogen und Sex. Sie wurde mit berüchtigten französischen Gaunern in den schäbigsten Kaschemmen von Montmartre gesehen. Als man sie am Morgen des 10. September 1922 tot in ihrer Suite im Hotel Crillon an der Place de la Concorde fand, lag sie unbekleidet auf dem Boden, in der Hand ein Fläschchen mit Quecksilberdichloridkapseln – einem Mittel gegen Syphilis, das oft tödlich wirkt. Der nachfolgende Skandal ruinierte Selznick. Er war gewiß kein Unschuldslamm, und die Öffentlichkeit brandmarkte ihn als den Mann, der das süße junge Mädchen verdorben hatte, das alle Welt in den Kinos der Stummfilmzeit verzückte. Olive Thomas starb mit gerade einmal zwanzig Jahren.

Marion Davies überlebte wenigstens physisch länger. Sie starb 1961 im Alter von vierundsechzig. Ihr Ruf hatte da längst Schaden gelitten. Sie war die langjährige Geliebte William Randolph Hearsts und wurde im Film *Citizen Kane* unfairerweise als talentloses Flittchen dargestellt. Tatsächlich war sie eine begabte Schauspielerin und drehte mehr als vierzig Filme, unter anderem an der Seite von Clark Gable, Gary Cooper, Pat O'Brien, Bing Crosby, Leslie Howard und Robert Montgomery. Trotz eines kleinen Sprachfehlers noch aus Kindertagen schaffte sie als einer der wenigen Stummfilmstars den Sprung zum Tonfilm.

Sie wurde als Marion Cecilia Douras in Brooklyn geboren und gehörte zu den vielen Starlets, deren Karriere auf Flo Ziegfelds Besetzungscouch begann. Da war sie vierzehn. Sie ging auf Partys von Elsie Janis, wo Revuegirls an reiche Männer vermittelt wurden, und zog bald einen beträchtlichen Schwarm Garderobengalane hinter sich her, die sie mit teuren Geschenken überhäuften. Unter ihnen war der Zeitungsverleger Paul Block. Über ihn lernte sie Hearst kennen. Marion war damals siebzehn, Hearst zweiundfünfzig und seit zwölf Jahren verheiratet.

KLEINE GESCHENKE ERHALTEN DIE FREUNDSCHAFT: RANDOLPH HEARST UND MARION DAVIES

Ihre erste Begegnung fand auf einer Party statt. Sie wollte gerade aufbrechen und ging ins Schlafzimmer, um ihren Mantel zu holen. Hearst folgte ihr.

„Ich möchte Sie bald wiedersehen", sagte er und drückte ihr eine Tiffany-Uhr in die Hand. Sie war beeindruckt und wollte sich erkenntlich zeigen. Die Uhr war viel wertvoller als alles, was Block ihr bislang geschenkt hatte. Außerdem hatte sich Block mit einem anderen Revuegirl eingelassen, der sechzehnjährigen Dorothy Mackaill.

Das Verhängnis nahm seinen Lauf. Marion verlor die Uhr. Sie rutschte ihr vom Handgelenk und fiel in eine Schneewehe. Es war ihr zu peinlich, Hearst anzurufen, doch ihre Freundin und Kollegin Pickles St. Claire verständigte ihn. Binnen vierundzwanzig Stunden traf per Eilboten eine identische Uhr ein.

Wahre Liebe folgt nie einem geraden Weg, und in diesem Fall nahm Marions Mutter Anstoß an der Verbindung. Im Bemühen, ihre Tochter vor den ihrer Ansicht nach unziemlichen Nachstellungen eines verheirateten Mannes zu retten, brachte Mrs. Douras Marion nach Florida zu James Deering – ebenfalls ein vermögender Mann mit einem Faible für junge Mädchen. Sie kam vom Regen in die Traufe.

EIN FAHRRADUNFALL

Marion widersetzte sich Deerings Avancen, konnte ihm zeitweise entwischen und fuhr nach Palm Beach, wo sich Hearst mit seiner Frau und seinem neugeborenen Sohn aufhielt. Sie machte gerade einen Ausflug per Rad mit Gene Buck, einem Songwriter von Flo Ziegfeld, als sie Hearsts Auto erblickte. Marion kam ins Trudeln, stürzte und lag in äußerst aufreizender Pose auf der Straße. Hearsts Auto hielt an, der Millionär stieg aus und eilte ihr zu Hilfe.

Der Chauffeur verstaute Marions Rad im Kofferraum. Obwohl seine Frau im Auto saß, brachte Hearst Marion zu einem Arzt. Auch wenn Marion vorgab, sie und Hearst seien sich vollkommen fremd, bekam Hearsts Frau Millicent schnell mit, wer sie war. Sie wußte von den Affären ihres Gatten und tolerierte sie. Millicent Hearst war selbst einmal ein Revuegirl gewesen, sie hatte sich aber bemüht, eine Dame der Gesellschaft aus sich zu machen und Hearsts Taktlosigkeiten einfach zu ignorieren. Tatsächlich entsprach Millicent Hearst aber viel eher dem wasserstoffblonden Dummchen aus Orson Welles' Film als Marion Davies.

Ein geheimnisvoller „Carl Fisher" rief Marion immer wieder im Hause Deering an. Keiner zweifelte daran, daß es sich um jemand anderen als Randolph Hearst handelte. Es wurden Verabredungen getroffen, und Marion schaffte es unzählige Male, ihrer Mutter und Deering eine lange Nase zu zeigen und sich mit ihrem scheuen Geliebten zu treffen.

Marion wußte, daß Hearst sich zu ihr hingezogen fühlte, weil sie ihm besser als jede andere Paroli bieten konnte. Ihr war auch bewußt, daß sie ihre Macht über ihn sofort verlöre, wenn er ihrer vollkommen sicher wäre. Also spielte sie mit seinen Befürchtungen und traf sich auch mit anderen Männern. Er überhäufte sie mit Geschenken in dem vergeblichen Versuch, ihr seine Liebe zu beweisen. Abend für Abend ließ er ihre Garderobe bei den Follies mit pfirsichfarbenen Rosen füllen.

Marion Davies

Einmal schickte er ihr ein Diamantencollier, an das ein Zettel angeheftet war: „Bring' mich zu Marion. Ich habe viel von ihr gehört und muß sie unbedingt sehen."

BLEISTIFTSPÄNE UND GEDICHTE

Marion war so gerührt, daß sie Hearst um den Bleistift bat, mit dem er die Zeilen geschrieben hatte. Als er feststellen mußte, daß er ausgerechnet diesen Bleistift verloren hatte, überreichte er ihr einige Späne aus seinem Bleistiftspitzer und beteuerte, daß sie von jenem Stift stammten. Sie versiegelte die Späne in einem Umschlag und behielt sie bis zu ihrem Tod. Während der nächsten fünfunddreißig Jahre häufte sie eine Menge solcher trivialer Andenken an, die sie weitaus mehr schätzte als Hearsts teure Geschenke.

Obwohl sie weiterhin Affären mit anderen Männern hatte, achtete sie stets darauf, daß es zu keinem Zerwürfnis kam. So schickte sie einen Verwandten und Freund in Blocks Wohnung, um alle Beweisstücke ihrer Beziehung entwenden zu lassen, damit besagter Verleger-Rivale sie später nicht gegen Hearst einsetzen konnte.

Hearst nutzte natürlich seine Zeitungen, um Marions Karriere zu fördern. Ihr Bild war überall zu sehen mit Untertiteln wie: „Das Revuemädchen, das Industriemagnaten und gekrönte Häupter heiraten könnte." Oder: „Für jeden Mann gibt es ‚ein gefährliches Mädchen'."

In Marions Garderobe tauchten bald eigenhändig geschriebene Gedichte von Hearst auf. Hier eine Leseprobe:

„Liebeslied eines Zynikers:

Ich hatte ein Mädchen mit Namen May,/Mit Augen so klar und Zähnen so weiß,/Ein Lächeln war ihr schönster Preis./Sie lächelte mir zu, und ich war hinüber für alle Zeit,/Doch verführte sie andere noch mit derselben Heiterkeit .../Auch Ruth schenkte ich dereinst meine Gunst./Alle ihre Geheimnisse verriet sie mir in kindlicher Unschuld,/Sie sagte, ich sei ihre einzige Liebe, doch mir riß die Geduld./Sie der Lüge zu überführen war für den Detektiv keine Kunst .../Ich liebe die schlanke Marion, sie macht mich froh/Mit meerblauen Augen und Haaren so golden wie Stroh./Sie liebt mich auch, sagt sie – doch das bleibt nicht so./Denn sie liebt auch Charlie, Henry, und Flo/dazu noch Nealie, Paul und Joe."

Obwohl er von anderen Männern in ihrem Leben wußte, liebte Hearst sie weiterhin. 1920 erhielt sie folgendes Gedicht: „Nicht zu gebrauchen ist der Bungalow,/das Studio reiner Stumpfsinn;/Schal ist das Leben ohne Cupido,/und träge fließt es dahin./

Mars ist recht zum Kämpfen und Ringen/und um die Feinde zu bezwingen,/Doch schmachten wir im Geiste und in Reimen/nach Venus in unseren Heimen./

Auch wenn ich schreib' mit großer Freud/von Armies und von Navies./Die Süße, der ein Lied ich sing,/Die Muse, der ich Opfer bring,/Die Göttin, der ich zu Füßen lieg,/ist mein Liebchen Marion Davies."

Auch wenn Hearst als rücksichtsloser Tycoon bekannt war, der angeblich den spanisch-amerikanischen Krieg geschürt hatte, um mehr Zeitungen zu verkaufen, so war er doch auch ein Romantiker, und Marion verliebte sich ernsthaft in ihn.

HEARST SCHEIDET AUS DEM RENNEN

Als Hearst in die Politik einstieg, mußte er ihre heimlichen Treffen beenden. Um ihn wiederzugewinnen, nahm Marion ihre Beziehungen mit Paul Block und anderen früheren Freunden wieder auf.

Hearst war so besessen von ihr, daß ihre offenkundige Untreue tatsächlich neue Leidenschaft in ihm entfachte. Damals kandidierte er für die Demokraten als Bürgermeister von New York. Sein Gegner Al Smith verbreitete, Hearst sei der Typ von Mann, der „sich mit jungen Schauspielerinnen einläßt". Hearst sah sich gezwungen, aus dem Rennen zu scheiden.

Marion kam 1917 auf Hearsts Gehaltsliste, aber sie war keine Vollzeit-Mätresse und verfolgte ihre Bühnenkarriere weiter, und über mangelnde Filmangebote konnte sie nicht klagen. Hearst selbst produzierte seit 1913 Kurzfilme und Wochenschauen, aber er drängte Marion nicht in diese Richtung. Er hatte immer noch vor, sich von Millicent scheiden zu lassen und Marion zu heiraten, doch die Pflichten als Mrs. Hearst hätten ihre Filmkarriere abrupt beendet.

Desungeachtet erhielt Marion durch ihren Schwager die Hauptrolle in einem Film mit dem Titel *Runaway, Romany*, der von Paul Block finanziert wurde. Zu Marions Entsetzen platzte Hearst in die ersten

Aufnahmen. Der Film war ausgesprochen schlecht, aber Hearst erkannte Marions Filmtalent.

„Ich werde dich zum Star machen, Marion", verkündete er. Das hieß aber auch, daß sie niemals Mrs. Hearst werden konnte.

Unter Hearsts Regie drehte Marion einen Schnellschuß mit dem Titel *Betty Fairfax* – die Filmserie war ein Flop. Ihre nächsten Filme aber wurden von der Hearst-Presse zu Meisterwerken erklärt. Obwohl die Zuschauer dies durchschauten, erkannten die rivalisierenden Studiobosse allmählich, daß Marion vom Publikum als Star angesehen wurde, und nun machte sie eine steile Karriere.

Marion dankte es Hearst, indem sie sich auf eine Reihe von Liebhabern einließ. Obwohl sie Sex genoß, lag ihr wahres Vergnügen im Wissen, überwacht zu werden, und Hearst ließ sie selbstverständlich beobachten – von seinen Spionen wie von ihrem Filmpublikum. Ihre Filme kamen bei Kritikern gut an und waren Kassenschlager.

In *Little Old New York* mußte Marion in Männerkleidung auftreten. Hearst genoß es so sehr, sie in Hosen zu sehen, daß solche Verkleidungsszenen in ein halbes Dutzend weiterer Filme eingefügt wurden.

EIN SCHUSS IN DIE SCHLÄFE

Um ihre Filmkarriere zu befördern, ließ sich Marion überall mit dem berüchtigten Draufgänger Charlie Chaplin sehen. Sie verschaffte Chaplin sogar eine Einladung zu einer Party an Bord von Hearsts Yacht *Onedia*. Das Fest fand zu Ehren des Produzenten Thomas Ince statt, mit dem Hearst ins Geschäft kommen wollte. Anwesend war unter anderem auch Louella Parsons, damals eine unbekannte Journalistin. Der Sekt floß in Strömen. In ausgelassener Stimmung verschwand Marion mit einem der Gäste in einer Kabine.

Als Hearst sich auf die Suche nach ihr machte, fand er sie halb entkleidet in den Armen eines Mannes. Hearst genügte ein Blick, dann ging er seine Pistole holen. Marion begann zu schreien, und ihr Liebhaber machte sich schleunigst aus dem Staub.

Ince hörte die Schreie, eilte herbei und nahm Marion in seine Arme, um sie zu beruhigen. Plötzlich tauchte Hearst mit einer Pistole auf. Hearst glaubte natürlich, Ince in flagranti mit Marion ertappt zu haben, feuerte einen Schuß auf ihn ab und traf ihn tödlich in die Schläfe.

Wieder zur Besinnung gekommen, waren sich alle Anwesenden darin einig, daß ein Skandal ihnen nur schaden würde. Sie beschlossen, die Sache zu vertuschen: Ince war nie an Bord der Yacht gewesen. Er habe unterwegs eine akute Verdauungsstörung bekommen, sei nach Hollywood zurückgereist und in seinem Auto eines natürlichen Todes gestorben. Ein willfähriger Gerichtsmediziner, der einem Mann vom Schlage eines William Randolph Hearst gern einen Gefallen tat, bestätigte diese Version, und so wurde Ince ein paar Tage später eingeäschert, ohne daß irgend jemand Fragen stellen konnte.

Inces Witwe wurde mit 5 Millionen Dollar aus einem Treuhandfonds abgefunden, den Hearst bereitgestellt hatte. Louella Parsons machte Karriere als Klatschkolumnistin, die für Hearsts Boulevardblätter aus Hollywood berichtete. Chaplin machte sich leise aus dem Staub. Es ist oft darauf hingewiesen worden, daß Ince Chaplin zum Verwechseln ähnlich sah, und viele glaubten, es sei wohl Chaplin gewesen, den Hearst beim Schäferstündchen mit Marion gestört hatte.

CITIZEN KANE

Marion spielte in San Simeon, Hearsts kalifornischem Schloß, gern und oft die Gastgeberin. Unter den Gästen waren Albert Einstein, George Bernard Shaw, Charles Lindbergh, Winston Churchill und der notorische Satyr Joe Kennedy mit seiner Geliebten Gloria Swanson. Als der Tonfilm aufkam, konnte Marion sich zu den wenigen Stummfilmstars zählen, die einen neuen Vertrag erhielten – wenngleich ihre Karriere bei Warner nur noch drei Jahre dauern sollte.

Sie zog sich mit Hearst nach San Simeon zurück, wollte aber nicht, daß er sich scheiden ließ, da dies seinen Rivalen vermutlich eine überzeugende Waffe gegen ihn in die Hand gegeben hätte. 1941 flog aber alles auf, als Hearsts Leben und seine Beziehung zu Marion Davies in Orson Welles' Film *Citizen Kane* gnadenlos angeprangert wurden. Der Drehbuchautor Herman Mankiewicz hatte herausgefunden – wahrscheinlich über eine Vertraute Marions, den Stummfilmstar Louise Brooks –, daß Hearsts Kosename für Marions Klitoris „Rosebud" (Rosenknospe) war. Es ist das erste Wort im Film und bleibt der Dreh- und Angelpunkt der gesamten Story, die Reporter in dem verzweifelten Bemühen zeigt, die Bedeutung von „Rosebud" zu entschlüsseln.

Marion blieb mit Hearst bis zu seinem Tod im Jahre 1951 zusammen. Zehn Wochen später heiratete sie Captain Horace Brown von der US-Navy, acht Monate danach reichte sie bereits die Scheidung ein. Horace hörte im Radio davon, da Marion versäumt hatte, ihren Mann rechtzeitig davon zu unterrichten. Statt dessen hatte sie – typisch Hollywood – die frohe Kunde der Boulevardjournalistin Hedda Hopper mitgeteilt.

Marions Gesundheitszustand war damals schon sehr schlecht. Es kam noch einmal zur Versöhnung mit Horace, und so eilte er am 22. September 1961 an ihr Sterbebett. Das Begräbnis war ein echtes Hollywood-Ereignis. Beileidstelegramme kamen von drei amerikanischen Präsidenten, und der Sarg wurde unter anderem von Joseph Kennedy, Bing Crosby, Glenn Ford, Dick Powell und Raoul Walsh getragen. Ein passender Abschied für einen Star und eine Frau, deren Klitoris in der Filmgeschichte einen einmaligen Platz einnimmt.

II

DIE BÜCHSE DER PANDORA

Louise Brooks war einer der großen Kultstars der Stummfilmära. Der Backfisch schlechthin kehrte Hollywood den Rücken, um die Sexgöttin der europäischen Filmindustrie zu werden – drei Meisterwerke des Stummfilms haben ihren Ruhm begründet.

Louise stammte aus einer gutsituierten amerikanischen Durchschnittsfamilie – ihre Mutter war eine frigide Männerhasserin, ihr Vater ein weithin bekannter Frauenheld. Noch im dreiundneunzigsten Lebensjahr poussierte er mit dem Hausmädchen der Familie, und er besaß ein speziell angepaßtes Hörgerät, um die Nachbarn beim Geschlechtsverkehr belauschen zu können. Louise geriet nach ihm, und ihre sexuelle Neugier brachte sie schon bald in ernste Schwierigkeiten: Im Alter von neun Jahren wurde sie von einem fünfundvierzigjährigen Fassadenmaler belästigt, mit vierzehn ließ sie sich mit einem Künstler ein, für den sie Akt sitzen sollte. Ihre Tagebucheinträge aus dieser Zeit zeigen, daß sie mit noch einer ganzen Reihe anderer Jungen befaßt war. Als sie fünfzehn war, schloß sie sich einer modernen Tanztruppe an und hatte eine Affäre mit dem PR-Mann der Gruppe, der sie „Höllenkatze" nannte. Bald kursierten Gerüchte, daß sie mit dem gesamten Technikerpersonal schlafe, und sie wurde entlassen.

Sie zog weiter zum Broadway und trat mit den George White's Scandals auf, die den Ziegfeld Follies vergleichbar waren, mit dem Unterschied, daß die Mädchen auf der Bühne noch weniger anhatten.

„Die Revuegirls trugen großartige und farbenfrohe Kostüme", schrieb ein Kritiker, „zumeist aber vom Hals aufwärts und von den Schuhen abwärts".

Louise zog bald die Aufmerksamkeit einer großen Zahl Garderobengalane auf sich und besuchte Partys, die für Revuegirls veranstaltet wurden, um reiche Gönner kennenzulernen.

GYMNASTIK IN PYJAMAS

„In New York gab es 1924 eine handverlesene Gruppe schöner Mädchen, die auf Partys für die Größen aus Politik und Wirtschaft eingeladen wurden", schrieb Louise später. „Wir mußten einigermaßen gebildet und absolut lauter sein – wir durften den feinen Herren nicht mit Geheimnisverrat oder Erpressung kommen. Auf diesen Festen wurde nicht erwartet, daß wir wie gewöhnliche Nutten mit jedem Mann ins Bett stiegen, aber wenn wir es taten, brachte es uns sehr viel ein. Geld, Juwelen, Nerzmäntel, ein Job beim Film – alles nur Erdenkliche."

Einer dieser Männer, der besonders auf sie abfuhr, war der kanadische Zeitungsmagnat Lord Beaverbrook, den sie als „häßlichen, kleinen grauen Mann" beschrieb, „der ohne Umschweife direkt auf sein Ziel zusteuerte".

Louise erregte Aufsehen, da sie auf den Partys ebenso spärlich bekleidet erschien wie auf der Bühne. Eines ihrer Gewänder war im Rücken frei und vorn bis zum Nabel geschlitzt.

„Wenn ich am Tisch eines Restaurants oder eines Nachtklubs saß", erinnerte sie sich, „sah es so aus, als wäre ich fast nackt."

Ihre verführerischen Kleider und die Vorgänge auf ihrem Zimmer im Hotel Algonquin trugen ihr einem Rausschmiß ein. Sie bezog ein anderes Hotel, mußte aber auch dort bald ihre Sachen packen, weil sich Leute aus der Nachbarschaft darüber beschwerten, daß sie auf dem Dach in dünnen Pyjamas Gymnastik machte.

Louise kündigte fristlos bei den Scandals und ging nach Europa, wo sie angeblich das erste Mädchen war, das in London den Charleston tanzte. Wieder zurück in New York, schnappte Ziegfeld sie sich für seine neuen Follies. Obwohl er gut zahlte, besserte Louise ihr Einkommen zusätzlich mit Aktaufnahmen auf.

Louise Brooks

Sie ließ sich darüber hinaus von einem Millionär namens John Lock aushalten, der ihr als seine Geliebte ein teures Apartment zur Verfügung stellte. Trotz dieser fürstlichen Unterstützung war es ihr unmöglich, ihre Gunst auf nur einen einzigen Mann zu beschränken. Als Lock eines Abends überraschend aufkreuzte, traf er Louise nackt, in leidenschaftlicher Umarmung mit einem Drehbuchautor namens Townsend Martin an. Sie ließen sich jedoch nicht stören, Louise lud Lock vielmehr noch zum Mitmachen ein. Er lehnte ab.

Louise verlor ihr Apartment und ihren Job, denn Ziegfeld konnte es sich nicht leisten, daß seine Mädchen in geschmacklose Skandale verwikkelt wurden.

EIN INTENSIVES VORSTELLUNGSGESPRÄCH

Martin schlug ihr daraufhin vor, sie solle es beim Film probieren, und stellte sie Walter Wanger vor, Produktionsleiter bei Famous Players-Lasky, die immer noch auf Long Island Filme drehten.

Beim Vorstellungsgespräch in seinem Büro fragte Wanger Louise, wie sie auf den Gedanken käme, sie könne es im Film zu etwas bringen. Sie zog sich aus, legte sich auf die Couch und zeigte es ihm. Er nahm sie unter Vertrag, und als Famous Players-Lasky, die später von Paramount geschluckt wurden, nach Hollywood umzogen, ging Louise Brooks mit.

Ihr erster Film war *The American Venus*, der hinter den Kulissen des Miß Amerika-Wettbewerbs spielt und die Gelegenheit bot, viel nackte Haut ins Bild zu bringen. Der Film sollte Louise zur erotischen Ikone machen.

Ihre erste größere Hollywood-Affäre hatte Louise mit Charlie Chaplin. Sie dauerte immerhin zwei Monate. An den Wochenenden fanden sie sich oft zu viert im Bett mit Louises bester Freundin, der bekannten Lesbe Peggy Fears, und dem Finanzier A. C. Blumenthal.

Chaplin war damals überzeugt, daß Jod Geschlechtskrankheiten verhindere. Eines Abends im Ambassador Hotel malte er seine Geschlechtsteile an und stürmte mit einer knallroten Erektion auf Louise und Peggy los.

„Er war ein sehr feinfühliger Liebhaber", erinnerte sich Louise. „Aber seine Leidenschaft für junge Mädchen, sein Lolita-Komplex, gab ihm die tiefe Überzeugung ein, er könne ein Mädchen allein dank seiner Stellung als Regisseur und Filmstar verführen."

EIN ERPRESSUNGSVERSUCH

Als *The American Venus* in die Kinos kam, versuchte ein New Yorker Fotograf Kapital aus Aktaufnahmen zu schlagen, die er von Louise während ihrer Zeit bei den Follies gemacht hatte. Louise wollte das unbedingt verhindern.

„Ich habe vor, einmal zu heiraten", erklärte sie den Zeitungen, „und was, glauben Sie, würde wohl mein Ehemann sagen, wenn er in Zeitungen oder am Broadway dauernd Aufnahmen von seiner Frau zu Gesicht bekäme, auf denen sie nur mit einem Spitzenschal bekleidet ist?"

Zunächst einmal rechtfertigte sie die Aktaufnahmen: Sie habe sie damals als einzigen Weg gesehen, den Fuß auf die erste Sprosse der Erfolgsleiter zu bekommen; außerdem seien sie äußerst künstlerisch.

„Ich stellte mir vor, im Louvre zu sein und zahlreiche Werke alter Meister nachzustellen", erläuterte sie. „Mr. De Mirjian, der Fotograf, war sehr nett, und als die Posen ein allmähliches Entfernen des mitgebrachten Kimonos erforderten, ersetzte er ihn zartfühlend mit Tüchern, die er mir umhängte. Ich war etwa zweieinhalb Stunden in seinem Atelier, und als ich fertig war, schlüpfte ich rasch wieder in meine Kleider und hatte kein schlechtes Gewissen."

Da De Mirjian zudem andeutete, er habe eine Anzahl weiterer Aufnahmen von prominenten Damen der Gesellschaft in ähnlichen Posen, wurde er gezwungen, seine Bilder aus dem Verkehr zu ziehen. Der Skandal diente im Grunde genommen nur ihrer Karriere – schließlich war Louise schon in *The American Venus* über weite Strecken fast nackt zu sehen.

1926, als Louise mit W.C. Fields *It's the Old Army Game* drehte, verliebte sich der Regisseur Eddie Sutherland in sie. Die beiden stahlen sich zwischen den Aufnahmen vom Drehort, um der Liebe zu frönen. Nach Abschluß der Dreharbeiten bombardierte Sutherland, der ein bekannter Playboy war, Louise mit Heiratsanträgen. Seine letzte Ehe hatte mit einer Blitzscheidung geendet. Louise nahm dennoch an, aber während Hochzeitspläne geschmiedet wurden, verliebte sie sich in Buster Collier, den vierundzwanzigjährigen Nebendarsteller in ihrem nächsten Streifen, *Just Another Blonde* – „der einzige Schauspieler, der mir je etwas bedeutete". Collier hatte seinerseits eine Affäre mit einem anderen Stummfilmstar, Constance Talmadge. Mitten in der Produktion von *Just Another Blonde* ließen beide ihre jeweiligen Partner im Stich. Am Drehort verbrachten Louise und Collier jeden Augenblick zusammen und posierten oft schamlos für Momentaufnahmen.

LOUISES EHEMANN LANDET AUF DER COUCH DES PSYCHIATERS

Sutherland hatte nicht die leiseste Ahnung von Louises Beziehung zu Collier. Er war an der Ostküste gewesen und kam nur zur Hochzeit nach New York. Ihre Flitterwochen dauerten zwei Tage, dann mußte er wieder zurück nach Kalifornien, so daß Louise weiter ihren Seitensprung pflegen konnte. Ihr nächster Film hieß *Love 'em and Leave 'em*.

Aufgrund ihrer Arbeitsüberlastung lebten Louise und ihr Mann beinahe ständig getrennt, was aber keineswegs bedeutete, daß Louises Sexualleben darunter litt. Sie vergnügte sich im Ambassador Hotel regelmäßig mit Peggy Fears, A. C. Blumenthal und dem Regisseur George Preston Marshall. Louise fand auch noch die Zeit für geheime Stelldicheins mit Marshall in Havanna.

Auf der Leinwand erschien Louise immer häufiger in Männerkleidung, und ihr Publikum war neugierig auf ihr Liebesleben. Sie probierte es lesbisch und verbrachte eine Nacht mit Greta Garbo, und oft wurde sie in der Gesellschaft homosexueller Männer gesehen.

Louise hatte einen One-Night Stand mit Jack Pickford, der der notorisch lesbischen und klatschsüchtigen Pepi Lederer zu Ohren kam. Schon am nächsten Morgen wußte es ganz Hollywood – einschließlich Sutherland und Pickfords damaliger Freundin Bebe Daniels. Sutherland klagte daraufhin über Impotenz durch Louises Untreue und legte sich bei einem Psychiater auf die Couch. Unterdessen reichte sie die Scheidung ein. Er machte einen Selbstmordversuch, kam aber nach Louises Aussage „mit Hilfe einer Menge Partys und hübscher Statistinnen" darüber hinweg. Louise selbst kehrte in die Arme von George Marshall zurück.

Louise wurde zwar ein immer größerer Kassenmagnet, aber sie stand in dem Ruf, unzuverlässig und wegen ihres hektischen Sexuallebens nicht sehr umgänglich zu sein. Die Verlängerung ihres Vertrages mit Paramount fiel in die Zeit, als der Tonfilm aufkam, und das allgemeine Zittern, das die Industrie befallen hatte, ließ die Studios nicht gerade zimperlich mit den Akteuren umspringen. Der Chef von Paramount, Ben Schulberg, ließ Louise wissen, sie könne gern bleiben, müsse aber 750 Dollar weniger in der Woche akzeptieren – ein Zehntel dessen, was Clara Bow verdiente. Louise ließ in ihrer Antwort nicht den geringsten Zweifel daran, wohin er sich dieses Angebot stecken könne. Der deutsche Filmemacher Georg W. Pabst hatte ihr bereits tausend Dollar die Woche geboten, wenn sie nach Berlin käme und die Hauptrolle in *Die Büchse der Pandora* übernähme.

IN BERLIN

Mitten auf dem Atlantik wurde ein Telegramm von Flo Ziegfeld an die S. S. Majestic übermittelt. Darin bot er Louise die Rolle der Dixie Dugan in einer Broadway-Produktion von *Showgirl* an. Die Rolle war ihr wie auf den Leib geschrieben. Aber Marshall fing das Telegramm ab. Er hatte es auf einen langen Europaaufenthalt abgesehen und warf das Telegramm über Bord, ohne es ihr gezeigt zu haben. Er telegrafierte zurück: „Sie könnten mir dafür nicht genügend Gage bieten", setzte Louises Namen darunter und besiegelte damit das Ende ihrer Karriere in den USA.

Louise fühlte sich im dekadenten Milieu Berlins sofort zu Hause.

„Sex florierte in der Stadt", schrieb sie. „Im Hotel Eden, wo ich wohnte, lebten die Edel-Nutten. Die preiswerten Pferdchen promenierten draußen auf der Straße. Schauspieleragenten machten den Zuhälter für die feinen Damen in den Luxuswohnungen des Bayerischen Viertels. Wettspione im Hoppegarten arrangierten Orgien für ganze Gruppen von Sportlern. Der Nachtklub Eldorado verfügte über eine reizende Transvestitentruppe. Im Maly schließlich standen feminine Lesben sowie ‚kesse Onkels' zur Auswahl."

Eine andere Amerikanerin in Europa, Josephine Baker, sorgte dort zur selben Zeit mit ihrer Revue *Chocolate Kiddies* für Furore, in der sie bis auf einen Gürtel aus Bananen nackt auftrat.

Bevor die Dreharbeiten überhaupt anfingen, hatte Louise schon allein durch die Tatsache Aufsehen erregt, daß ihr die Rolle der Lulu in *Die Büchse der Pandora* angeboten worden war. Lulu, die damals berühmteste und umstrittenste weibliche Figur in der deutschen Literatur, zersetzt durch ihre ungezügelte Sexualität die bürgerliche Mittelschicht in ihrer Umgebung. Als der Dramatiker Frank Wedekind 1898 die Figur der Lulu im Stück *Der Erdgeist* erstmals auf die Bühne brachte, war er von Kirche und Staat als „Erzpornograph" verfemt und wegen Schmähung der deutschen Gesellschaft und Majestätsbeleidigung eingesperrt worden. Nachdem Pabst sich entschlossen hatte, Wedekinds zweites Lulu-Stück, *Die Büchse der Pandora*, zu verfilmen, suchte er zwei Jahre lang nach der geeigneten Besetzung der Lulu. Sechzehnhundert Mädchen ließ Pabst Revue passieren, selbst die Dietrich lehnte er ab und zog nicht einmal Greta Garbo in Erwägung, die er 1921 entdeckt hatte. Als er schließlich Louise Brooks in Howard Hawks' *In jedem Hafen eine Braut* (OT: A Girl in Every Port) sah, wußte er, daß er seine Lulu gefunden hatte.

DREHARBEITEN ZU „LULU"

„Endlich ist die Lulu gefunden", lauteten die Schlagzeilen.

Louise genoß die Aufmerksamkeit, die ihr der Film einbrachte. Die intimen Liebesszenen mit ihrem Partner Gustav Diessel wurden im alleinigen Beisein von Pabst gedreht. Der Streifen fiel jedoch der Zensur zum Opfer – sogar in Frankreich – weil Sex, lesbische Liebe, Inzest und Prostitution zu offen dargestellt wurden. Mehr als ein Drittel des Films mußte geschnitten werden. Die letzte Szene – Lulu wird von Jack the Ripper ermordet – wurde in Amerika neu gedreht: Nun ging Lulu zur Heilsarmee. Der Film fiel durch, wie leicht vorherzusehen war.

Es sollte aber noch schlimmer kommen. Zurück in Hollywood, weigerte sich Louise, ihre Stummfilme noch einmal mit Ton zu drehen, um Paramount eins auszuwischen, und das bei einem Angebot von immerhin 10 000 Dollar zusätzlich. Schulberg ließ rachsüchtig verbreiten, ihre Stimme eigne sich nicht für Tonaufnahmen.

Sie kehrte kurz darauf mit Townsend Martin nach Europa zurück, um *Preis der Schönheit* (OT: Prix de Beauté) mit René Clair zu drehen, mußte in Paris aber schnell erkennen, daß der Film nicht so recht vorankam.

Als Martin in einem Pariser Café Lady Fellowes mehr Aufmerksamkeit schenkte als Louise, zerkratzte sie ihm kurzerhand mit einem Strauß Rosen das Gesicht. Pabst beobachtete das Ganze und nahm sich Louises an, die sich bei ihm dafür mit einem One-Night Stand bedankte. Obwohl Pabst verheiratet war, hatte er ein lebhaftes Interesse an Frauen und Sex und besaß eine der weltgrößten Sammlungen von Aktaufnahmen. Louise meinte später zu ihrer Nacht mit Pabst, es sei „die beste sexuelle Leistung meiner Karriere" gewesen. Sie bandelte dann mit einem jungen Mann an, halb Engländer, halb Schwede, den sie „Eskimo" nannte. Dennoch gab Pabst ihr die Hauptrolle in seinem nächsten Film, *Tagebuch eines gefallenen Mädchens*.

MISSERFOLGE

Pabst verbannte den Eskimo vom Drehort, und so schnappte sich Louise den muskelbepackten Kameramann Sepp Allgeier, den Freund ihrer Kollegin und Rivalin Leni Riefenstahl. Die Riefenstahl zahlte es ihr heim, indem sie sich an Pabst heranmachte. Im Film spielte Louise eine Prostituierte, die in einer von einer Sadistin (dargestellt von Valeska Gert) geführten Besserungsanstalt endet. Außerhalb des Studios suchten Louise und Valeska homosexuelle Klubs auf, was Pabst schon mehr verstimmte.

Wieder fiel der Film der Zensur zum Opfer und wurde sowohl von der Kritik als auch vom Publikum ignoriert; Stummfilme waren inzwischen nicht mehr gefragt. In den USA kam der Film erst gar nicht mehr heraus. Louise drehte schließlich noch *Preis der Schönheit* zu Ende, dem das gleiche Schicksal beschieden war. Fern von Hollywood, fand Louise ohne ausreichende Französisch- und Deutschkenntnisse keine Engagements beim Tonfilm, der nun auch Europa erobert hatte. Ihr blieb nichts anderes übrig, als in die USA zurückzukehren. Sie war gerade dreiundzwanzig Jahre alt und schöner denn je, aber sie bekam keine Hauptrolle mehr in einem Film.

Louise ließ sich wieder mit Eddie Sutherland sehen, und es kamen bald Gerüchte über eine erneute Heirat auf, allerdings trieb sie sich zudem mit vielen anderen Leuten männlichen wie weiblichen Geschlechts herum. Einer ihrer Begleiter war Paul Bern, der sich kurz nach seiner Heirat mit Jean Harlow das Leben nahm. Schließlich erhielt sie einen Vertrag bei Columbia, vermasselte aber ihre letzte Chance, als sie sich weigerte, mit Harry Cohn zu schlafen. Sie mußte in seinem Vorzimmer warten, und konnte andere Mädchen beobachten, wie sie zu seinen Nachmittagssitzungen auf der Casting Couch ein und aus gingen. Nach den Worten einer Freundin bestand ihr Dilemma darin, daß sie für das eine Hollywood zu verdorben war, für das andere nicht verdorben genug.

RUINIERT!

Eine Nebenrolle im ersten Film, der ihr wieder angeboten wurde, lehnte sie ab. Dann akzeptierte sie endlich eine Rolle in einem Streifen von Fatty Arbuckle, der sich verzweifelt um ein Comeback bemühte. Arbuckles Karriere hatte einen empfindlichen Knick bekommen, nachdem ein Mädchen während einer Sexorgie in seinem Hotelzimmer in San Francisco den Tod gefunden hatte. Die Zusammenarbeit mit Arbuckle tat Louise nicht gut. Bald war sie pleite. 1932 machte sie Bankrott und wurde von George Marshall vor der Gosse gerettet.

In einem verzweifelten Versuch, wieder auf die Beine zu kommen, studierte sie eine Tanznummer mit dem Chicagoer Playboy Deering Davis ein, beging aber den Fehler, ihn auch noch zu heiraten. Eine Woche später, ihr erstes Engagement in einem Klub ging gerade dem Ende zu, trennten sich die beiden wieder.

„Ich hasse die Ehe", sagte sie lakonisch, und sah Davis nie wieder.

Obwohl sie eine Reihe von Liebhabern beiderlei Geschlechts hatte, unterstützte sie George Marshall weiterhin. Eine kurze Affäre mit Humphrey Bogart brachte ihr eine Minirolle in *Empty Saddles*, und eine sechsmonatige Beziehung zum singenden Cowboy Jack Randall trug ihr weitere Kurzauftritte ein. Sie verbaute sich ihre Karriere endgültig, weil sie sich weigerte, mit dem Produzenten Raymond Griffith ins Bett zu gehen. Ihre letzten zweitausend Dollar verlor sie an den Betrüger Fletcher Crandall, der sie als Aushängeschild für seine fingierten Brooks-O'Shea Studios benutzte. Crandall mußte nach dem Zusammenbruch ins Gefängnis, Louise nahm den nächsten Zug in ihre Heimat Kansas.

Selbst im Mittleren Westen konnte sie nicht an sich halten. Sie tat sich mit dem Aktmodell Danny Aikman zusammen, der von sich behauptete, der aufsehenerregendste Mann von Wichita zu sein.

AFFÄREN UND EINE HEIKLE AUTOBIOGRAPHIE

Sie trank exzessiv und hielt sich mit Tanzunterricht über Wasser, geriet jedoch bald wieder in die Schlagzeilen. Eine eifersüchtige Ehefrau hatte sie mit ihrem Mann dabei erwischt, wie sie „Standardtänze horizontal im Bett" übten. Sie wurde verhaftet wegen „außerehelichen Beischlafs".

Mit nur zehn Dollar in der Tasche machte sich Louise von Kansas wieder auf nach New York, wo sie Arbeit beim Rundfunk fand. Sie hatte ein Abenteuer mit Sam Colt, dem Erben der berühmten Waffenfirma, und trieb sich mit Tallulah Bankhead herum. Sie besserte ihr Rundfunkeinkommen mit verdeckter Prostitution auf, indem sie sich reichen älteren Herrn für einen hohen Preis anbot – und schrieb ein Buch. Die kaum verschleierte Autobiographie mit dem Titel *Naked on My Goat* (Nackt auf meiner Ziege) schildert in allen Einzelheiten die erotischen Abenteuer der Heldin mit leicht zu identifizierenden Personen, von denen einige noch lebten – eine Veröffentlichung wagte niemand.

Die nächsten Jahre ließ sie sich von verschiedenen Männern aushalten. Beinahe hätte sie einen Iren namens James Dunne geheiratet, doch der war katholisch und sie schon einmal geschieden. Die Verbindung ging in die Brüche, als sie ihn in einem Restaurant in New York anspie. Sie war weder krank noch betrunken; es war nur ein geschmackloser Scherz. Dann fing sie eine sadomasochistische Beziehung mit einem Marinesoldaten aus Fort Dix an und hatte parallel dazu eine lesbische Affäre mit einer Frau namens Butch, auf die es der Marinesoldat ebenfalls abgesehen hatte.

Ihre letzte große Liebesaffäre hatte sie mit James Card, dem Kurator für Film beim George Eastman House in Rochester, New York, der viel tat, um ihren Ruf als Filmschauspielerin wiederherzustellen, indem er ihre Filme im Museum zeigte. Ihre Beziehung war, wie immer bei ihr, stürmisch, leidenschaftlich und knisternd. Temperamentvolle Auftritte im Museum und skandalträchtige Reisen nach Europa kosteten Card beinahe seinen Job. Er hatte nicht vor, seine Frau zu verlassen. Schließlich ließ er Louise fallen, unter anderem weil er befürchtete, ihr ungeheurer Alkoholkonsum könne ihn selbst zum Alkoholiker werden lassen.

WIEDERAUFERSTEHUNG EINER SEXGÖTTIN

In den sechziger Jahren wurde *Die Büchse der Pandora* dank Card ein Kultfilm und Louise Brooks als Sexgöttin wiederentdeckt. Der Kritiker Ken Tynan nannte sie „das sexuell erregendste Abbild einer Frau, das je auf Zelluloid gebannt wurde". Im persönlichen Leben, behauptete er, sei sie eine gnadenlose Hedonistin – „die einzige durch und durch Vergnügungssüchtige, die ich je kennengelernt habe". Sie wertete Tynans Porträt von ihr in *The New Yorker* als „üble sexuelle Nachrede", aber es machte sie wieder berühmt.

In ihren Memoiren *Lulu in Hollywood* packte sie über ihr eigenes Sexualleben und die Verdorbenheit der Filmindustrie aus. Louise Brooks starb 1985 im Alter von achtundsiebzig Jahren an einem Herzanfall. Noch heute halten viele sie für den Hollywoodstar mit dem größten Sex-Appeal.

III

DAS GIRL MIT DEM GEWISSEN ETWAS

Ein weiterer Star des Stummfilms, der mit dem Aufkommen des Tonfilms in Ungnade fiel, war Clara Bow. Ende 1929 war sie der höchstbezahlte Star Hollywoods. Als Sex-Ikone Tinseltowns schlechthin wurde sie 1926 durch die Verfilmung von Elinor Glyns Buch über Sex-Appeal mit dem Titel *It* berühmt und galt seitdem als das „It Girl". Sie stürzte nicht, wie oft behauptet, über ihren breiten Brooklyn-Akzent, der sich so gar nicht mit ihrem blasierten Leinwand-Image vertrug, sondern über den haarsträubendsten Sexskandal der dreißiger Jahre, der angesichts ihres Vorlebens ganz und gar nicht überraschend war.

Clara Bow kam um die Jahrhundertwende in einem schäbigen Wohnblock in Brooklyn zur Welt. Ihr Vater Robert Bow, Aushilfskellner in einem heruntergekommenen Lokal, hatte sich Trinken, Huren und Prügeln zu seinen Lieblingsbeschäftigungen erkoren. Claras Mutter Sarah, eine eigentlich asexuelle Frau, die die Männer haßte, mußte sich prostituieren, um durchzukommen, wenn ihr Mann sich wieder einmal auf und davon gemacht hatte. Während sie ihre Freier bediente, wurde Clara in einen Schrank gesperrt und steckte sich die Finger in die Ohren, um nicht die Geräusche ihrer Mutter und ihrer „Onkel" ertragen zu müssen. Im Dunkeln ihres Verstecks flüchtete sich Clara zum Trost in eine Phantasiewelt.

Den Teenager faszinierten Filme. Sie boten ihr all das, was ihrem armseligen Leben fehlte. Wenn sie nicht im Lichtspielhaus saß, vertiefte sie sich in eines der vielen Klatschmagazine, die in allen Einzelheiten vom Glitzerleben der Hollywoodstars berichteten.

EIN TALENTWETTBEWERB, EIN MORDVERSUCH UND EINE BITTERE ERFAHRUNG

Ihre Mutter schmähte die von Clara idealisierten Stars als Huren, dennoch nahm Clara mit sechzehn hinter ihrem Rücken am Talentwettbewerb einer Filmzeitschrift teil. Die dafür benötigten Fotos zahlte ihr Vater. Sie waren schrecklich, doch Clara lieferte sie persönlich bei der Redaktion ab. Der Veranstalter des Wettbewerbs war von ihrem Aussehen so beeindruckt, daß er auf der Stelle eine Probeaufnahme mit Clara machen wollte. Sie gewann den Wettbewerb und bekam schließlich neben einigen Ziegfeld-Mädchen eine Rolle in dem Film *Beyond the Rainbow* angeboten.

Als ihre Mutter herausbekam, was da vorging, faßte sie den Entschluß, Clara eher zu töten als mitanzusehen, wie sie zur „Hollywoodhure" verkam. Eines Nachts, Clara schlief bereits, schlich sie sich mit einem Schlachtermesser in ihr Schlafzimmer und versuchte, sie zu erstechen. Clara wachte rechtzeitig auf und konnte sich zur Wehr setzen, litt danach allerdings ihr Leben lang unter Schlaflosigkeit. Ihre Mutter wurde in eine psychiatrische Klinik eingeliefert, wo sie schließlich starb.

Nachdem seine Frau aus dem Hause war, verlangte Claras Vater von der Sechzehnjährigen, alle ehelichen Pflichten zu übernehmen. Clara kochte und machte sauber. Als er noch mehr wollte und sie sich weigerte, vergewaltigte er sie. Seitdem lebte sie in Haßliebe zu ihm und konnte ihn nie ganz aus ihrem Leben verdrängen.

Im Gegensatz zu den Ziegfeld-Girls hatte Clara keine Ahnung, was sie im Filmgeschäft erwartete. Ihre Auftritte in *Beyond the Rainbow* fand sie jedenfalls am Boden des Schneideraums wieder, weil sie mit dem Regisseur nicht ins Bett gehen wollte.

Clara erkannte bald ihren Fehler und machte ihn wieder gut, indem sie sich Arthur Jacobson an den Hals warf. Er war einer der Gründungsmitglieder der Filmgilde und drehte die Kinoversion von F. Scott Fitzgeralds *Grit.* Dank seiner liebevollen Zuwendung wurde

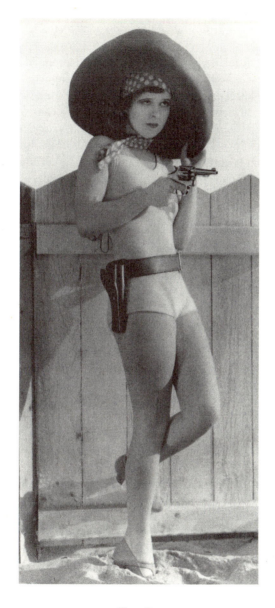

Clara Bow

sie von Preferred Pictures entdeckt und konnte den Zug nach Hollywood besteigen.

Da sie noch minderjährig war, wies das Studio ihr Maxine Alton als Agentin zu, die sich um Claras Interessen kümmern und als Anstandsdame auf sie aufpassen sollte. Als Artie Jacobson in Hollywood auftauchte, versuchte Alton eine Begegnung der beiden zu verhindern. Sie gab Clara auch keine Erlaubnis, ihren Vater aus New York zu holen, um ihn bei sich wohnen zu lassen. Als Clara ihre Anstandsdame in einer höchst verfänglichen Situation mit dem Studioboß Ben Schulberg erwischte, ließ sie Alton schließlich feuern.

EINE NICHT GANZ EINFACHE HAUSGEMEINSCHAFT

Bald war Clara auf dem besten Wege, ein Star zu werden. Sie mietete ein Haus am Hollywood Boulevard für sich, ihren Vater und Artie Jacobson. Diese Hausgemeinschaft brachte jedoch eine Menge Probleme mit sich. Robert Bow trank die meiste Zeit über unmäßig und holte sich junge Statistinnen ins Haus. Jacobson duldete er zwar, aber auf jeden anderen Mann in Claras Nähe wurde er entsetzlich eifersüchtig, und so kam es dann, daß er einen zu Besuch weilenden Regisseur erschießen wollte. Nur das resolute Einschreiten Jacobsons verhinderte einen Mord.

Dann schnappte sich der neunundvierzigjährige Robert Bow die achtzehnjährige Ella Mowery und heiratete sie kurzerhand. Als er sie ins Haus brachte, warf Clara sie sogleich wieder hinaus. Einen Monat später wurde Robert Bow, der die Abhängigkeit von seiner Tochter eingestand, vom Scheidungsrichter dazu verurteilt, monatlich 15 Dollar Unterhalt an Ella Mowery zu zahlen.

Vater und Tochter waren nicht nur furchtbar eifersüchtig aufeinander, sie lieferten sich auch regelrechte Ehekriege. Als die Kolumnistin Grace Kingsley aus Los Angeles zu einem Interview mit Clara erschien, geriet sie mitten in eine solche Auseinandersetzung, die Clara und ihr Vater mit Maccaroni führten – das einzige Gericht, das Robert kochen konnte. Jacobson konnte die besudelte Kolumnistin in Sicherheit bringen.

Clara hatte zugegebenermaßen einige recht seltsame Angewohnheiten. So durfte etwa ihr Hund nicht aus dem Haus. Damit er sein

Geschäft verrichten konnte, ließ sie den Boden eines Zimmers mit Erde bedecken.

Auch wenn Robert Bow Jacobson als Liebhaber seiner Tochter duldete, einer Heirat wollte er keinesfalls zustimmen. Die beiden entschieden daher, nach Santa Ana durchzubrennen, stritten sich aber unterwegs und kehrten unverrichteterdinge nach Los Angeles zurück. Kurz darauf zog Jacobson aus.

LIEBESAFFÄREN UND EIN AMIGO

Unter der Regie von Ernst Lubitsch erhielt Clara anzüglichere Rollen. Lubitsch verstand es wundervoll, die Sittenwächter des Hays Office auflaufen zu lassen, indem er auf der Leinwand wenig zeigte, aber alles andeutete. Der geschwungene Kußmund und die enganliegenden Kleider wurden Claras untrügliche Markenzeichen. Außerhalb des Studios baute sie ihre Karriere planmäßig aus und flirtete schamlos bei jeder sich bietenden Gelegenheit.

Im Bett von Sam Jaffe, Schulbergs Schwager und Produktionsleiter bei Preferred, konnte sie auf der Karriereleiter eine Sprosse höher klettern. Die Affäre fand ein jähes Ende, als Schulbergs Frau Adeline ein nettes jüdisches Mädchen aus New York mitbrachte, das Jaffe heiraten sollte.

Clara verliebte sich dann unsterblich in ihren Filmpartner aus *The Plastic Age*, den gutaussehenden ehemaligen Torero Gilbert Roland, der eigentlich Luis Antonio Damaso de Alonso hieß. Sie nannte ihn „Amigo". Später gestand Clara, daß diese Affäre ihre „erste wirklich große Liebesgeschichte" gewesen sei. Robert Bow war außer sich vor Eifersucht.

The Plastic Age machte Clara zum „heißesten Jazzbaby des Films", wie die *New York Times* überschwenglich schrieb. Während Clara bei Preferred noch mit 750 Dollar pro Woche unter Vertrag stand, konnte Schulberg sie für 3000 Dollar pro Woche mühelos an andere Studios ausleihen.

Preferred Pictures wurden zwar von Paramount geschluckt, aber dafür konnte Schulberg nun jeden nur erdenklichen Film produzieren. Er nahm Claras Karriere persönlich in die Hand und nutzte ihre Popularität weidlich aus. Als erstes setzte er das Gerücht in die Welt,

Clara habe eine Affäre mit Donald Keith, einem Schauspieler aus seinem Studio. Clara, Keith und Gilbert profitierten alle von den Berichten über das vermeintliche Dreiecksverhältnis – und ebenso Schulberg, bei dem alle unter Vertrag standen.

Mit der Macht von Paramount im Rücken wurde Clara rasch zum großen Star und erhielt die weibliche Hauptrolle in *Mantrap* unter der Regie von Victor Fleming. Fleming hatte gerade eine Affäre mit Norma Shearer hinter sich und war als wüster Frauenheld bekannt. Zumeist ging er während der Dreharbeiten mit der Schauspielerin Alice White aus, aber schon bald verfiel der dreiundvierzigjährige Regisseur dem Reiz der zwanzigjährigen Clara. Am Set behandelte er sie äußerst respektvoll, als handele es sich um einen wertvollen Diamanten. Dafür schenkte sie ihm hinter den Kulissen ihren Körper.

EIN FINGIERTER SELBSTMORD

Inzwischen war sie mehr oder weniger zu Gilbert Roland gezogen, der damals vor Eifersucht halb verrückt wurde. Er mußte sich nicht allein gegen Fleming zur Wehr setzen, lockte ihr Starruhm doch eine ganze Reihe weiterer Bewunderer an. Der von der Yale Universität geflüchtete Robert Savage etwa reiste von New York herbei und erschlich sich eine Einladung zu einer ihrer Partys. Er prahlte damit, Clara habe ihn geküßt und ihn ihre „Dichterliebe" genannt. Mit der Drohung, sich umzubringen, falls sie ihn nicht erhören sollte, überredete er sie zu einem gemeinsamen Essen. Danach fuhr er sie trotz ihrer Einwände zum Standesamt. Zum Glück für Clara gerieten sie in einen Stau und kamen erst fünf Minuten nach Ende der Öffnungszeiten dort an.

Clara verweigerte jeden weiteren Kontakt mit ihm, worauf Savage mit einem fingierten Selbstmord reagierte. Als die Polizei in seiner Wohnung eintraf, saß er lässig auf dem Sofa und hielt ein Bild von Clara und ein letztes Gedicht an sie in der Hand, während das Blut aus den oberflächlich angeritzten Handgelenken heruntertropfte.

In der anschließenden Untersuchung, in der seine geistige Zurechnungsfähigkeit getestet wurde, gab Savage zu, er habe alles nur aus Liebe zu Clara inszeniert.

„Jetzt krieg' ich sie", sagte er dem Richter.

Clara hingegen erklärte auf einer Pressekonferenz: „Echte Männer schlitzen sich nicht die Pulsadern auf. Sie tun es mit dem Schießeisen." Diese Zeile hätte direkt von der Verführerin stammen können, die sie im Film *Mantrap* spielte, der ihr Image als Amerikas beliebteste *femme fatale* untermauerte. Gilbert Roland löste die Verlobung, um sich allerdings kurz darauf um so öffentlichkeitswirksamer wieder mit ihr zu versöhnen. Das Paar werde heiraten, hieß es in der PR-Abteilung von Paramount, und zwar nach ihrem nächsten Film *Kid Boots*, und auch gegen den Willen des Vaters.

Die Hochzeit sollte nie stattfinden. Während der Dreharbeiten zu *Kid Boots* hatte Clara ein Abenteuer mit Larry Gray, und ihr Name wurde auch mit ihrem Kollegen Eddie Cantor in Verbindung gebracht.

PARAMOUNTS GRÖSSTER STAR

Die Figur, die sie im Film darstellte, hieß Clara McCoy, damit sie der Öffentlichkeit als Clara Bow, „the real McCoy", präsentiert werden konnte. Die PR-Strategen des Studios vermarkteten sie zudem als das Mädchen, „das viele Unfälle provoziert" – weil in ihrer Anwesenheit Männer nicht darauf achteten, wohin sie traten.

Kid Boots schlug wie ein Komet ein und hatte in New York Premiere, als *Mantrap* noch lief. Clara war jetzt der größte Star von Paramount. Sie handelte ihren Vertrag neu aus und schaffte es sogar, die bei Paramount übliche Moralklausel wegfallen zu lassen.

Das Hays Office bestand darauf, Schauspieler und Schauspielerinnen, die in kompromittierenden Umständen ertappt wurden, augenblicklich aus den Verträgen zu entlassen. Clara war aber eindeutig zu wichtig, um sie einfach vor die Tür zu setzen. Da sie jedoch schon in eine ganze Reihe von Affären verwickelt war, beharrte das Studio darauf, im ersten Jahr 500 Dollar von ihrer Gage einzubehalten. Die Summe kam auf ein Sperrkonto und sollte für den Fall eines weiteren Skandals eingezogen werden.

Ihr nächster Film war *Wings*, der Drehort San Antonio. Regisseur William „Wild Bill" Wellman zufolge waren die Dreharbeiten gleichsam eine einzige Orgie. Sie dauerte neun Monate. Wellman bemerkte, er könne sich noch so genau daran erinnern, weil die Liftmädchen des Hotels, in dem sie logierten, zum Ende der Drehzeit alle schwanger waren. Er mutmaßte zudem, daß die Männer bei Clara Schlange standen – darunter ein junger Unbekannter namens Gary Cooper. Clara hatte eine Auseinandersetzung mit ihrer Kostümbildnerin, die ihre großartige Figur zu verbergen trachtete, wohingegen Clara so viel nackte Haut wie möglich zeigen wollte. Sie setzte sogar eine Szene durch, in der sie oben ohne auftrat, was die Besucherzahlen gewaltig in die Höhe trieb.

Einen Tag nach Beginn der Dreharbeiten zu *Wings* verkündete sie ihre Verlobung mit Victor Fleming. Gilbert Roland schickte daraufhin dem Paar ein Glückwunschtelegramm. Prompt leugnete Clara alles, und versprach Roland, sich nicht mehr mit anderen Männern einzulassen.

DAS GEWISSE ETWAS

1925 hatte Ben Schulberg versucht, Clara als „Brooklyn-Bombe" ins Gespräch zu bringen, allerdings mit nur mäßigem Erfolg. 1926 las er Elinor Glyns Roman *It*. Sofort erkannte Ben Schulberg das Potential des Buchs als Vorlage für einen Film und zahlte Glyn 50 000 Dollar, damit sie verbreitete, Clara habe „Es", das gewisse Etwas. Das Buch wanderte gleich darauf in den Papierkorb, und zwei von Schulbergs Preferred-Autoren machten sich an die Umarbeitung des Stoffs für ein Drehbuch, das jenes gewisse Etwas zum Ausdruck bringen sollte.

Der Film *It* erzählt die Geschichte einer Verkäuferin, die nach den Grundsätzen von Glyns Buch zu leben versucht und schließlich ihren Chef heiratet. Die Hauptrolle war für Clara wie maßgeschneidert. Bald hieß es auf der ganzen Welt, Clara habe das „gewisse Etwas". „Es" wurde von nun an ihr Markenzeichen.

In ihrem nächsten Film, *Children of Divorce,* spielte Clara an der Seite von Gary Cooper. Seine sexuelle Kühnheit war in Hollywood bereits legendär. Es hieß, er sei stark wie Herkules und habe das Stehvermögen Hiobs. Obwohl sie öffentlich mit Victor Fleming verlobt und Gilbert Roland persönlich versprochen war, konnte sie Cooper nicht widerstehen. Das Gefühl traf bald auf heftige Gegenliebe.

Das war für Roland der Tropfen, der das Faß zum Überlaufen brachte. Er trennte sich endgültig von ihr. Clara löste kurzzeitig die

Verlobung mit Fleming im Glauben, er würde ihr die Untreue früher oder später verzeihen. Zugleich ergötzte sie ihre Freundinnen mit Geschichten über Cooper, der jeden Morgen mit ihr badete und sogar ihren geliebten Hund mit ins Bad ließ.

EINE EHE KOMMT NICHT IN FRAGE
Clara hatte sich nicht getäuscht in Victor Fleming. Er vergab ihr tatsächlich. Obwohl sie mit Gary Cooper schon übers Heiraten sprach, traf sie sich wieder mit Fleming. Cooper verzehrte sich vor Eifersucht. Als Clara erfuhr, daß Coopers Vater, ein Richter am Bundesgericht von Montana, die Liaison seines Sohnes mißbilligte, machte sie keinen Hehl mehr aus ihrer Beziehung zu Fleming. Nach sechs Monaten gab Cooper ihr den Laufpaß. Er habe nicht den Mut, sich seinem Vater zu widersetzen, behauptete Clara. Nichtsdestotrotz trafen sich die beiden noch zwei Jahre lang gelegentlich zu heimlichen Schäferstündchen.

Schließlich trennte sich auch Fleming von ihr. Jahrelang hatte er Claras Untreue ertragen, aber irgendwann wurde er nicht mehr fertig damit. Clara fiel aus allen Wolken, als Fleming sie im Stich ließ. Auch wenn er doppelt so alt wie sie war, er allein hatte ihr Halt geben können.

„Von allen Männern, die ich kennengelernt habe", sagte sie oft, „war er der Mann für mich."

Eine Ehe, entschied Clara nun, kam für sie nicht in Frage. Sie ließ sich gelegentlich auf einige Eskapaden ein, die ihr den Ruf einer Nymphomanin einbrachten. Eine der schlüpfrigsten Geschichten dreht sich um ein Footballteam der University of Southern California.

1927 wurde der Süden Kaliforniens vom Footballfieber gepackt. Los Angeles hatte damals kein professionelles Team, und so unterstützten die Bewohner Hollywoods die USC Trojans, allgemein bekannt als „Thundering Herd" (Donnernde Herde). Mannschaftskapitän und Held der Trojans-Siegesserie war Morley Drury. Clara hörte von ihm und besuchte ein Spiel, um herauszufinden, was es mit dem ganzen Rummel um ihn auf sich hatte.

Sie war augenblicklich begeistert von den strammen Footballspielern in ihren schicken rotgoldenen Trikots. Nach dem Spiel rief sie im Klubhaus des Teams an und sprach mit Drury. Fünfzehn Minuten später tauchte sie auf, um mit ihm auszugehen. Ihre Freundin Tui Lorraine war mit von der Partie, und sie bat Drury, noch einen Mannschaftskameraden mitzubringen. Drury behauptete später, der Abend sei völlig harmlos verlaufen.

EIN LEGENDÄRES FOOTBALLTEAM
In der Folgezeit wurde das Team nach jedem Heimspiel in Claras neuen, spanisch gehaltenen Bungalow am Bedford Drive 512 in Beverly Hills eingeladen. Was dort passierte, ist Stoff für Legenden. Manchen Berichten zufolge tanzte die Mannschaft ganz unschuldig mit Clara, Tui und anderen von Clara eingeladenen Schauspielerinnen, darunter auch Joan Crawford. Andere hingegen sprechen von nackten Footballspielern im Garten und davon, daß Clara das gesamte Team beglückte – einschließlich des hervorragenden Running Back Marion Morrison, der später das College verließ, ins Filmgeschäft einstieg und sich den Namen John Wayne zulegte.

In einer Nacht war die Party so ausgelassen, daß die Polizei eine Razzia veranstaltete. Da die Beamten jedoch auch Fans der Trojans waren, wurde nichts weiter unternommen. Schließlich setzte Claras Vater Robert dem Treiben ein Ende. Als er spät nachts vom beliebten Hollywood-Bordell Madame Frances's heimkam, traf er Clara mit der Donnernden Herde an und warf sie alle in einem Anfall trunkener Eifersucht hinaus.

Die Partys wurden in den „Garden of Alla" verlegt, das frühere Haus von Alla Nassimowa, das inzwischen unter dem gleichen Namen als Hotel firmierte. Sie endeten gewöhnlich damit, daß Clara vor Sonnenaufgang mit dem Team nackt im Swimmingpool badete. Als Robert Bow davon hörte, setzte er auch hier einen Schlußpunkt – vermutlich nicht nur aus Eifersucht auf Clara, sondern auch weil er es mittlerweile auf Tui Lorraine abgesehen hatte.

Das Ende der USC-Partys war ein Tiefschlag für Clara. Sie hatte nicht viele Freunde. Bei gesellschaftlichen Ereignissen wurde sie gemieden, weil sie aus Brooklyn war und daher als nicht fein genug galt. Da sie kein bißchen scheinheilig tat – und wenig diskret in sexuellen Dingen war –, stuften andere, weniger freizügige Frauen sie als Schlampe ein. Zuweilen bestätigte sie dieses Verdikt, wenn sie beispielsweise auf festlichen Anlässen in einem enganliegenden Badeanzug erschien. Als sie einmal mit einem vornehmen Richter tanzte, gab sie ihm in aller Öffentlichkeit einen Kuß auf die Lippen und knöpfte ihm wie selbstverständlich den Hosenstall auf. Ziemlich verwirrt floh der Richter in die Arme seiner Frau. Selbst Claras beste Freundinnen ließen ihre Männer nur höchst ungern in ihre Nähe.

EIN MEDIZINMANN FÜR CLARA

Clara war zwar sehr beschäftigt, blieb aber der schlechtest bezahlte Star in Hollywood. Das Studio gewährte ihr schließlich einen Zuschlag von 10 000 Dollar, der ihr jedoch nicht direkt ausgehändigt wurde. Er wanderte auf das Sperrkonto, und Paramount konnte ihr das Geld aufgrund der abgeänderten Moralklausel in ihrem Vertrag vorenthalten. Dennoch wurde in ihren Filmen, die stets dem gleichen Strickmuster folgten, immer eine Szene eingebaut, in der sie sich auszog. Sie litt mehr und mehr unter Streß und bekam ihre Periode zweimal im Monat. Ein Arzt empfahl ihr die Entfernung der Eierstöcke, aber dagegen schritt das Studio ein. Hollywoods prominentestes Sexsymbol durfte doch nicht seiner Fortpflanzungsorgane beraubt werden!

Dennoch mußte Clara ins Krankenhaus, um ihren Blinddarm entfernen zu lassen. Tui traf bei einem ihrer Besuche Clara in leidenschaftlicher Umarmung mit einem jungen Assistenzarzt namens Earl Pearson an, der schon zuvor Tui einige Avancen gemacht hatte.

„Das ist dein Typ", sagte sie zu Clara, „kurzer Verstand, aber ansonsten klasse."

Pearsons aufmerksame „Fürsorge" am Krankenbett stellte Claras Gesundheit rasch wieder her, und als sie entlassen wurde, führte Pearson die wohltuende Behandlung bei ihr zu Hause fort. Erst kurz zuvor hatte er geheiratet. Zum ersten Mal hatte sich Clara mit einem verheirateten Mann eingelassen.

Clara brauchte sich ihrerseits über mangelnde Anträge wahrlich nicht zu beklagen. Viele der 30 000 Fanbriefe, die sie Monat für Monat erhielt, waren Heiratsanträge. Oft kreuzten Heiratskandidaten mit Geschenken gleich vor ihrem Haus auf. Einer von ihnen hielt als Hochzeitsgabe die Schenkungsurkunde seiner Farm in Iowa in Händen.

CLARA BEHÄLT SEXUELL IMMER DIE OBERHAND

Pearson war damals nicht der einzige Mann in ihrem Leben. Ihr alter Freund Artie Jacobson und ein Schauspieler namens Jack Oakie besaßen Schlüssel zu ihrem Strandhaus in Malibu. Dann traf sie den ungarischen Schauspieler Bela Lugosi, der Hollywoods berühmtester Dracula wurde. Der tat freilich viel mehr, als ihr nur in den Hals zu beißen.

Inzwischen war die Neuseeländerin Tui von der Einbürgerungsbehörde geschnappt worden, weil sie bei der Einreise in die USA weder ein Visum noch einen Reisepaß hatte. Um der Ausweisung zu entgehen, heiratete die einundzwanzigjährige Tui Claras dreiundfünfzigjährigen Vater.

Obwohl Tui die Ehe als reine Formalität betrachtete, pochte Robert häufig auf die Erfüllung ihrer ehelichen Pflichten. Tui klagte bald über Erschöpfung, aber das Problem lag ganz woanders. Ganz Hollywood wußte, daß Tui nicht in Robert, sondern in Clara verliebt war. Sie unternahm häufige Annäherungsversuche, doch Clara war zu naiv und viel zu heterosexuell, um das richtig zu deuten. Der seltsame Dreierbund trieb Roberts krankhafte Eifersucht in schwindelnde Höhen, vor allem wenn seine Frau und seine Tochter sich auch einmal mit anderen Männern trafen. Robert hielt sich dafür im Gegenzug an jungen Statistinnen schadlos, die er in Claras Strandhaus lockte. Als Tui ihn mit einem Filmsternchen erwischte, ließ sie sich scheiden. Clara stand jedoch loyal zu ihrem Vaters, und damit war die Beziehung zwischen Tui und Clara beendet.

Auf der Leinwand behielt Clara sexuell stets die Oberhand – sie bekam immer ihren Mann. Das traf leider auch außerhalb des Studios zu und blieb Mrs. Pearson, der Arztgattin, ebenfalls nicht verborgen. Sie drohte Earl mit der Scheidung und führte Clara als Scheidungsgrund an. Das Studio berief sich auf die abgeänderte Moralklausel in Claras Vertrag, löste das Sperrkonto auf und verwendete es als Abfindung für Mrs. Pearson. Clara gab Earl eine Fahrkarte zurück in seine Heimat Texas und stritt gegenüber der Presse jegliche

Verfehlung ab. Mrs. Pearsons Scheidungsgrund sei „fehlender Vollzug".

Während der Produktion ihres ersten Tonfilms, *The Wild Party*, wurde Clara mit Fredric March in Verbindung gebracht, obwohl sie eigentlich mit einem der Stuntmen für den Film, dem ehemaligen Catcher Jimmy Dundee, zusammenlebte.

Zu jener Zeit nahm sich Clara eine neue Friseuse mit Namen Daisy DeVoe, die rasch ihre beste Freundin und persönliche Assistentin wurde. Daisy zog in Bedford Drive 512 ein, regelte Claras Finanzen und warf Robert Bow hinaus, der die Konten seiner Tochter geplündert hatte. Daisy war für jeden Spaß zu haben. Es war ja auch für eine einfache Angestellte schon unerhört prickelnd, mit Clara Bow und Gary Cooper in einem Bett aufzuwachen.

DER KÖNIG DES BROADWAY

Als nächstes hatte Clara eine sehr öffentliche Affäre mit Harry Richman, dem selbsternannten König des Broadway. Er war in der Absicht nach Hollywood gekommen, genauso ins Filmgeschäft einzusteigen wie Al Jolson, sein Vorgänger am Broadway. Der einfachste Weg, ein großer Filmstar zu werden, bestand darin, sich mit dem größten Filmstar sehen zu lassen – Clara Bow. In seiner prahlerischen Autobiographie *A Hell of a Life* erklärte er: „Selbst Don Juan hatte nicht mehr Mädchen. Ohne aufschneiden zu wollen, kann ich behaupten, daß ich jede hatte, auf die ich scharf war."

Clara leistete wenig Widerstand. Richman ließ sich von Claras Produzenten ihre Telefonnummer geben, rief sie an und lud sie zum Abendessen ein. Eine Stunde später stand sie vor seiner Haustür. Sie war, sagte er, „eine der sinnlichsten und erotischsten Frauen, die ich je in meinem Leben gesehen habe".

Er präsentierte sie auf schamlose Weise in der Öffentlichkeit, in Restaurants und in seinem eigenen Klub. Wenn er dort auftrat, rief er sie während des Schlußbeifalls zu sich auf die Bühne, um den Kartenverkauf anzukurbeln. Als er sie in den Vergnügungspark auf Coney Island mitnahm, verursachte er geradezu einen Menschenauflauf. Clara machte das nichts aus. Die Aufmerksamkeit, die sie erregte, tat ihrem Selbstvertrauen gut, das seit dem Vormarsch des

Tonfilms etwas gelitten hatte. Richman zufolge kamen sie aber auch privat prächtig miteinander aus.

Er kaufte ihr ein Klavier, auf dem er ihr vorspielte, und ein Bärenfell, auf dem sie sich liebten. Ihr Glück sollte jedoch nicht von langer Dauer sein. Auf einem Trip zu den Spielkasinos in Mexiko schnappte sich Clara einen hübschen jungen Croupier. Richman verfolgte ihre Spur bis zum Strandhaus in Malibu. Als er draußen vorfuhr, konnte er sie beim Sex hören.

VERLOBUNGEN WIE MIGRÄNEANFÄLLE

Obwohl er fürchterlich eifersüchtig war, betrachtete er Clara immer noch als seine Fahrkarte zum Film. In seiner Verzweiflung überschüttete er sie mit teuren Geschenken, doch das änderte nichts. Er wurde nicht mehr in den Bedford Drive 512 eingeladen. Sie gab vor, müde zu sein, doch er wußte, daß sie keinen Schlaf brauchte. Eines Abends parkte er seinen Wagen ein Stück vor ihrem Haus. Als sie in ihrem roten Sportwagen wegfuhr, folgte er ihr. Sie hielt vor Gary Coopers Haus. Als er begriff, daß dies keine Stippvisite war, suchte er Trost bei einer Prostituierten.

Am nächsten Abend stellte Richman Clara zur Rede. Zuerst stritt sie alles ab, doch dann sagte sie ihm, sie könne tun und lassen, was sie wolle. Sie gehöre niemandem. Entweder er finde sich damit ab, oder er könne verschwinden.

Richman fand sich damit ab und kaufte ihr einen 5000 Dollar teuren Verlobungsring. Keinem ihrer früheren Verlobten war es eingefallen, ihr einen Ring zu schenken. Die Zeitungen zeigten sich allerdings unbeeindruckt davon. In einer Kolumne hieß es: „Claras Verlobungen sind etwa so häufig wie die Migräneanfälle eines durchschnittlichen Mädchens."

Als die Zeitungen dann doch über die Hochzeitspläne des Paars zu spekulieren begannen, berief Clara eine Pressekonferenz ein und gab die Lösung der Verlobung bekannt. Ihre Begründung: sie stünde kurz vor einem Nervenzusammenbruch. Und ein Krankenhausbesuch war ja auch wirklich längst fällig, denn einer ihrer Eierstöcke mußte entfernt werden.

Clara hatte gerade eine Affäre mit Guinn „Big Boy" Williams, als sie den Schauspieler Rex Bell kennenlernte. Er spielte ihren Freund in *True to the Navy* und verliebte sich augenblicklich unsterblich in sie. Bevor Bell von den Fox Studios „entdeckt" und unter Vertrag genommen wurde, belieferte er sie unter seinem Geburtsnamen George Beldam mit Baumaterial.

„Sie war das erste Mädchen, in das ich mich verliebt habe", kommentierte er.

Inzwischen erlitt ihr Ruf immer größeren Schaden. Al Jolson machte im staatlichen Rundfunk spöttische Bemerkungen über ihre Promiskuität und der Kolumnist einer Studentenzeitung aus dem Mittleren Westen scherzte, er habe Drillinge mit ihr gezeugt. Das Studio spielte seinen ganzen Einfluß aus, um das College, die Zeitung und den Kolumnisten zu Entschuldigungen zu bewegen, doch gegen das Interview, das Clara dem Journalisten Harry Brundidge aus St. Louis gegeben hatte, war es machtlos. Darin zählte sie nicht nur ihre Liebhaber auf, sondern plauderte auch noch sämtliche Geheimnisse über sie aus. Der Artikel zeigte Clara so, wie sie war – schwach und untreu.

CLARA FRISCHT EINE ALTE BEZIEHUNG AUF

Dann tauchte Clara plötzlich in Dallas auf. Sie wollte Mrs. Pearson besuchen, die im sechsten Monat schwanger war – die knallte ihr jedoch die Tür vor der Nase zu. Ein wachsamer Reporter erspähte sie in einem Restaurant und fragte sie, was sie denn in Dallas mache.

„Ich wollte etwas mit einem Freund klären", antwortete sie.

„Ist das vielleicht ein junger Arzt, der sich liebevoll um seine Patienten kümmert?" wollte er wissen. Sie verweigerte die Auskunft.

„Was ist mit Mrs. Pearson?" fragte er beharrlich.

Allem Augenschein nach hatte Mrs. Pearson das von Paramount angebotene Schweigegeld von Claras Sperrkonto nicht angenommen. Statt dessen hatte Earl Pearson es verwendet, um eine urologische Klinik in der Innenstadt von Dallas zu eröffnen. Wollte Clara Mrs. Pearson ein zweites Mal ihren Mann ausspannen? Clara sagte, sie habe keine Ahnung, was Mrs. Pearson anbelange, aber sie hätte ja ein ganz süßes Verhältnis mit einem Mann namens Rex Bell. In jener Nacht wurde sie mit Earl Pearson in einem Nachtklub gesehen.

Am nächsten Tag machte Claras Ausflug nach Dallas überall in den USA Schlagzeilen. Richman rief aus New York an und forderte seinen teuren Verlobungsring zurück. Sie behielt ihn. Rex Bell fragte sie am Telefon, ob sie Pearson heiraten wolle, wenn der seine Scheidung durchbringe. Nein, antwortete Clara und fügte hinzu, sie wolle nur ihn, Rex, ehelichen.

EIN SKANDAL UND EINE FEHDE MIT UNTERSCHIEDLICHEN FOLGEN

Inzwischen gab das Studio hektisch Dementis heraus. Das Hays Office verlangte, sie solle Richman heiraten oder mit dem Filmen aufhören. Sie erwiderte, sie könne sich letzteres zwar vorstellen, aber Paramount wolle sie nicht gehen lassen. Das Studio machte sich den Skandal sogar noch zunutze. In ihrem nächsten Film, *Her Wedding Night*, spielte Clara einen sexbesessenen Filmstar. Während sie nackt auf einem Massagetisch liegt, spricht sie die denkwürdigen Worte: „Ich hatte schon genug Schwierigkeiten mit Männern, ohne verheiratet zu sein." Der Film war ein Riesenerfolg.

Trotz des Pearson-Vorfalls traf sich Bell weiter mit Clara. Er wisse, daß sie mit anderen Männern umherziehe, meinte er, aber das gehe für ihn in Ordnung, solange sie ihm die Wahrheit sage. Auf diese Bekundung bedingungsloser Liebe ging Clara nur zu gern ein.

Es gab allerdings ein Problem – die anhaltende Fehde zwischen Daisy DeVoe und Rex Bell. Daisy hatte Bell im Verdacht, nichts anderes als ein Schwindler zu sein, der es wie Richman und Pearson nur auf seinen eigenen Vorteil abgesehen hätte. Bell war der festen Ansicht, Daisy polstere sich ihr eigenes Nest auf Claras Kosten aus. Die Dinge spitzten sich zu, als Daisy entdeckte, daß Bell ihre Entlassung betrieb, um Claras Finanzen selbst in die Hände zu bekommen. Sie nahm daraufhin Claras Scheckbücher, Geschäftsunterlagen und einige Liebesbriefe an sich und wollte die Sachen nach eigener Aussage solange in ihrer Wohnung aufbewahren, bis sie Clara vor Bells Absichten warnen könnte. Bell dagegen behauptete, Daisy unterschlage nichts anderes als Beweismaterial, woraufhin Clara sie entließ.

Als Daisy allein auf verlorenem Posten stand und keine Arbeit mehr fand, verlangte sie 125 000 Dollar für die Rückgabe der Dokumente und drohte, Claras Liebesbriefe ansonsten der Presse zuzuspielen. Das sei Erpressung, meinte Rex Bell, und schaltete die Polizei ein. Das Studio hätte das Ganze vertuschen können, aber dieser Skandal nun war zuviel des Guten. Clara war nicht mehr der Star von einst – sie wurde allmählich lästig.

CLARAS EHEMALIGE FRISEUSE PACKT AUS

Daisy wurde der Erpressung in fünfunddreißig Fällen angeklagt. Vor Gericht nutzte ihr Verteidiger die Gunst der Stunde und teilte intime Details aus Claras Briefwechseln mit, um dadurch Stimmung gegen die Klägerin Clara machen zu können. Es funktionierte. Die amerikanische Öffentlichkeit war schockiert, als sie erfuhr, daß Clara stets mit drei oder vier Männern gleichzeitig liiert war, und was nun in wollüstigen Einzelheiten über ihre sexuellen Vorlieben publik wurde, das stammte auch noch aus ihrer eigenen Feder.

Daisy behauptete, Clara habe ihr das Geld und den Schmuck geschenkt, den sie angeblich gestohlen haben sollte; Clara habe dies aber möglicherweise vergessen, da sie oft „zu betrunken war, um selbst noch Schecks ausstellen zu können oder sich überhaupt daran zu erinnern, mit welchem Mann sie gerade die Nacht verbracht hatte". Sie ließ sich auch über die Vorgänge bei den Partys mit den Trojans aus, aber das von der Depression gebeutelte Amerika war am meisten entsetzt über Claras unbekümmerten und extravaganten Lebensstil, während Millionen an den Suppenküchen Schlange standen.

Die Jury befand Daisy nur in einem zufällig herausgegriffenen Punkt für schuldig. Da Clara ahnte, daß Daisy nur einen Bruchteil dessen preisgegeben hatte, was sie tatsächlich über ihr Privatleben wußte, bat sie den Richter, Milde walten zu lassen. Daisy mußte für achtzehn Monate hinter Gitter, doch der Prozeß vernichtete Clara vollständig. Ihr nächster Film wurde ein Flop. Mit dem Tonfilm war sie ohnehin nie warm geworden, und nun bekam sie auch noch „Mikrofonfieber" und verpatzte immer wieder ihren Einsatz.

Das Skandalblatt *Coast Reporter* plante einen regelrechten Vernichtungsfeldzug gegen Clara und behauptete, mit Daisy DeVoe gesprochen zu haben. Die Zeitung druckte eine lange Liste ihrer Liebhaber ab, auf der unter anderen auch ihr Chauffeur und ihr Cousin Bill rangierten. Mit Richman, wurde behauptet, habe sie gern Sex in der Öffentlichkeit, aber Bell sei ihr der liebste, weil er „von beiden Seiten in den Sattel steige".

ERPRESSERISCHE PRESSE

Sie sei nach allen Seiten offen, schrieb das Blatt, und habe ein Verhältnis mit Tui Lorraine und der Schauspielerin Dorothy Carlson gehabt. In einem mexikanischen Freudenhaus, so das Blatt weiter, habe sie sogar mit zwei Nutten eine Show für ihren jungen Croupier-Geliebten abgezogen. Schließlich, so hieß es, treibe sie es mit Tieren. Sie ziehe ihren zahmen Koalabären jedem Mann vor, und Paramount erwäge ihre Entlassung, weil sie auf einer Party dabei gesehen worden sei, wie sie es mit Duke, einer dänischen Dogge, getrieben habe, die ihr Harry Richman geschenkt hatte. Diese Ausschweifungen hätten natürlich zu einer Syphilis geführt. Als sie mit dieser Diagnose konfrontiert worden sei, berichtete der *Coast Reporter* weiter, habe Clara bloß gelacht und behauptet, sie habe schon immer eine schöne Leiche sein wollen.

Weitere Angriffe dieser Art, ließ der Herausgeber und Eigentümer des *Coast Reporter*, Fred Girnau, Clara wissen, könnten gegen Zahlung von 25000 US Dollar eingestellt werden. Er schickte gleichzeitig auch Exemplare ans Hays Office, das eine Klage wegen Versendung obszönen Materials per Post anstrengte. Die Aussicht auf einen weiteren Prozeß machte Clara krank. Da sie nicht zur Arbeit erscheinen konnte, zerriß Paramount ihren Vertrag. Sie war gerade fünfundzwanzig.

Bell brachte Clara auf eine verfallene Ranch in Nevada, die „The Shack" hieß. Sie heirateten zwar in aller Stille in Las Vegas, aber das Ereignis ließ sich nicht geheimhalten, und so wurde „The Shack" bald von Reportern belagert. Sie zogen sich erst zurück, als Clara herauskam und sie darum bat, den Flitterwöchnern etwas Privatsphäre zu lassen.

Clara blieb trotz allem immer noch ein Kassenmagnet, und alle Studios bis auf Paramount warben um ihre Gunst. Schließlich unterschrieb sie bei Fox einen Vertrag über zwei Filme für 250000 Dollar.

Sie hatte ihr Comeback mit *Call Her Savage* an der Seite von Gilbert Roland. Der Film bot alles – Alkohol, Sex, eine Peitschenszene, Vergewaltigung und Syphilis. Es gab sogar eine Szene, in der Clara mit einer dänischen Dogge auf dem Boden herumtollte. Ihre Fans waren begeistert.

RÜCKZUG INS PRIVATLEBEN

Zur Belohnung durfte sie nach Europa reisen. In Paris besuchte sie die Folies Bergères, wo sie vor Scham errötete. Sie meinte, der Chef des Hays Office, Will Hays, sollte sich das einmal ansehen, dann würde er Hollywood mit ganz anderen Augen betrachten.

Ihre nächste Rolle als erotische Tänzerin in *Hula* war kein besonderer Erfolg, und so entschied sie, mit der Schauspielerei aufzuhören.

„Ich möchte nicht als Person in Erinnerung bleiben, die nichts anderes konnte, als sich auszuziehen", kommentierte sie ihre Entscheidung.

Clara zog sich ins Privatleben zurück und bekam zwei Kinder. Sie mußte für einige Zeit in eine psychiatrische Klinik. Seit ihrem sechzehnten Lebensjahr, als ihre Mutter in eine Klinik eingewiesen wurde, hatte sie sich vor diesem Moment gefürchtet. Doch sie erholte sich wieder. Sie begann zu studieren, schrieb aber nie ihre Memoiren, denn „sie wären sicher in vielerlei Hinsicht schockierend". Als Grund dafür nannte sie insbesondere ihre Söhne und deren Familien.

„Es gibt viele Dinge in meinem Leben, die sie möglicherweise in Verlegenheit brächten", bemerkte sie.

Clara Bow starb 1965 im Alter von sechzig Jahren.

IV

VOR BLONDINEN WIRD GEWARNT

Clara Bow lernte Jean Harlow 1929 kennen, als sie am Drehort zu *The Saturday Night Kid* auftauchte. In der Erinnerung von Regieassistent Artie Johnson spielte sich damals folgende Szene ab: „Je näher sie kam, desto aufregender wurde sie, denn sie trug dieses schwarze Häkelkleid und hatte so gut wie nichts darunter an."

„Verdammt noch mal, schafft sie weg vom Set und laßt sie nie wieder her", befahl Clara Bow.

„Warum?" fragte Johnson. „Sie ist doch völlig unbekannt."

„Willst du mich auf den Arm nehmen?" fragte Clara. „Wenn sie sich schon so zu einem Vorstellungstermin anzieht, was wird sie dann erst beim Drehen anhaben? Wer wird noch auf mich achten, wenn sie neben mir steht?"

Obwohl Clara Bow Paramounts größter Star war, gelang es ihr nicht, Jean Harlow vom Drehort zu *The Saturday Night Kid* zu verbannen. Die Harlow hatte einen „Freund" an oberster Stelle: Es ging das Gerücht um, sie schlafe mit Studioboß Ben Schulberg. Aber schon nach wenigen Tagen waren Jean und Clara die dicksten Freundinnen. Clara schenkte Jean ein aufreizendes, schräg geschnittenes Kleid, für das sie selbst zu dick geworden war, und ließ sich mit ihr sogar fotografieren. Als der PR-Mann Teet Carle sie darauf hinwies, daß Stars nie mit Nebendarstellerinnen posieren sollten, erwiderte Clara: „Die wird noch groß herauskommen."

Jean Harlow erblickte als Harlean Carpentier am 3. März 1911 in Kansas City das Licht der Welt. Ihre Mutter, deren Mädchenname Jean Harlow lautete, trennte sich vom Vater, einem Zahnarzt, als die kleine Harlean neun Jahre alt war. Harlean, nur „Baby" genannt, kam zu den Großeltern mütterlicherseits, strengen Anhängern der Christian Scientists, als ihre Mutter nach Chicago auf Arbeitssuche ging. Dort lernte Mama Jean einen sizilianischen Ganoven namens Marino Bello kennen. Nach der tristen Ehe mit einem Zahnarzt war Mama Jean rasch Feuer und Flamme für den Latin Lover. Sie erlebte ungeahnte Wonnen, glaubte aber, ihrer Herkunft und Religion nach seien sie zu unterschiedlich, um eine Ehe einzugehen. Bello drohte, sich umzubringen, sollte sie ihn verschmähen. So hakte sie die Christian Scientists schließlich ab und heiratete ihn gegen den Widerstand ihrer Familie. Die Nachricht von der Eheschließung rief im Haushalt der Harlows große Aufregung hervor.

RÜCKSICHT AUF BABY JEAN

Mama Jean kehrte vier Jahr später zu Weihnachten nach Kansas zurück und erkrankte. Ihr Mann wurde herbeigerufen und zog trotz der Einwände des Familienoberhaupts Sam Harlow ins Zimmer seiner Frau. Mama Jean kam schnell wieder auf die Beine. Eines Tages fragte Sam Harlow Bello beim Essen, ob er seine Tochter verprügele. Als Bello wissen wollte, wie er darauf komme, erklärte Harlow, daß er nachts schreckliches Stöhnen aus ihrem Zimmer vernehme. Das müsse Baby Jean doch auch hören, sagte er, und er stelle sich lieber vor, Marino schlage Mama Jean, als ... nun ja. Bello versprach, mit seiner Frau zu reden und sie zu bitten, es wie Schnarchen klingen zu lassen.

Mit fünfzehn wurde Jean in ein Internat geschickt. Ihre Oberweite war bereits prächtig entwickelt, und das trug ihr bei Tanzabenden im Internat die Bewunderung der Jungen ein. Bei einer solchen Festivität lernte sie Charles „Chuck" McGrew kennen, den Sohn eines Börsenmaklers. Heimlich steckten sie sich Liebeserklärungen auf kleinen Zetteln zu.

Jean weigerte sich trotz ihrer üppigen Oberweite, einen Büstenhalter zu tragen, weil sie das Gefühl hatte, er schneide ihr die Luft ab –

Jean Harlow

außerdem hätten die Frauen der Antike so etwas auch nicht angehabt.

„Chuck hat gemeint, die etruskischen Frauen hätten Kleider getragen, die ihre Glocken zeigten", vertraute sie ihrer Mutter an.

INTERNATSERFAHRUNGEN

Jean wurde es mulmig im Internat, und sie wollte heim zu den Harlows, weil sie, wie sie es ihrer Mutter gegenüber ausdrückte, „Knutschereien" ausgesetzt sei, und zwar von Jungen, die gar nicht oft genug an ihr herumgrapschen konnten. Sie wollte dann noch von ihrer Mutter wissen, warum „es einem so heiß im Bauch wird, wenn jemand einen an bestimmten Stellen berührt."

Die Familie entschied, sie am Ende des Semesters aus dem Internat zu nehmen, aber da war es schon zu spät. Eines Tages riß sie aus dem Internat aus und kehrte am nächsten Nachmittag mit der Nachricht zurück, sie habe Charles McGrew geheiratet. Sam Harlow war außer sich vor Zorn, doch Marino Bello griff beschwichtigend ein und holte Jean vom Internat ab. Seit dieser Zeit rührte ihre Abneigung gegen Bello – schließlich war er es, der sie ihrem geliebten Mann entrissen hatte.

Zu Hause erzählte Jean ihrer Mutter, sie habe die Nacht mit Charles in einem Hotelzimmer verbracht, und sie ließ nicht den kleinsten Zweifel daran, was vorgefallen war.

„Chuck schien es zu gefallen, aber für mich war es eine schreckliche Schweinerei."

Während sie mit ihrer Mutter sprach, zog Jean plötzlich ihr Nachthemd aus und verkündete, sie wolle keine Sachen mehr tragen, die sie an die Internatsschule erinnerten. Ihre Mutter war schockiert, als sie sah, wie frühreif der Körper ihrer sechzehnjährigen Tochter war.

Jean versicherte ihrer entsetzten Mutter, daß sie nicht schwanger sei, da Charles ein Gummi benutzt habe, aber sie sei doch neugierig, ob es mit dem Geschlechtsverkehr nicht noch mehr auf sich habe. Während der ganzen Zeit, so Jean weiter, habe sie das Tapetenmuster an der Decke studiert und sei das Gefühl nicht losgeworden, ihr entgehe etwas. In größter Verlegenheit stürzte Mama Jean aus dem Zimmer.

Sam Harlow war der Ansicht, Jean habe der Familie Schande gemacht, und er gab Marino Bello Geld, damit er mit Frau und Stieftochter nach Los Angeles zog. Dort, so glaubte Marino, könne es ein Mann mit seinem Talent und Weitblick zu etwas bringen. Jean genoß die lockere Atmosphäre Kaliforniens. Bald schon schrieb sie keine Briefe mehr an Charles und nahm ihren Ehering ab. Die Ehe wurde bald darauf geschieden.

HOWARD HUGHES BRINGT JEAN GROSS HERAUS

Als das Startkapital aufgebraucht war, weigerte sich Bello, eine Arbeit anzunehmen, und so mußte Jean die Familie unterstützen und ging als Statistin zum Film. Sie schaffte es zwar, um die Besetzungscouch herumzukommen, posierte aber mit sechzehn für Nacktaufnahmen. Laurel und Hardy engagierten sie für *Double Whoopee*. In einer Sequenz des Films entsteigt sie einem Taxi, klemmt ihr Kleid in der Tür ein und schreitet, ohne daß sie es merkt, mit nur einem dünnen Hemdchen bekleidet fast nackt ins Hotel.

Bei den Dreharbeiten erspähte sie der Agent Arthur Landau. Wie allen anderen fielen auch ihm Jeans hohe und feste, durch nichts gestützte Brüste auf, aber noch mehr faszinierte ihn ihr hellblondes Haar.

Landau lud sie zum Essen ein und vereinbarte für den nächsten Tag Probeaufnahmen mit ihr. Jean, sagte Landau, müsse aber etwas um ihre Brüste tragen, „etwas, das viel verrät, ohne alles zu zeigen". Er gab ihr einen Dreijahresvertrag. Sie pumpte sich gleich 50 Dollar von ihm.

Die Aufnahmen bekam Howard Hughes zu sehen, der gerade *Höllenflieger* (OT: Hell's Angels) nochmals als Tonfilm drehte. Zuerst zeigte er sich unbeeindruckt, aber die Leute in seiner Umgebung meinten, Jeans platinblondes Haar gäbe ihr das gewisse Etwas. Landau verkaufte sie an Hughes mit dem Hinweis, Jean sehe aus wie eine Nutte an ihrem ersten Tag im Bordell – noch bereit, alles auszuprobieren. Sie sei ideal für die Rolle. Sie stelle den Typ Mädchen dar, der bei Fliegern ankomme, die wissen, daß sie am nächsten Tag schon tot sein könnten.

Schließlich engagierte sie Hughes nicht nur für diesen Film, sondern gab ihr gleich einen Dreijahresvertrag. Und mit *Höllenflieger* brachte er sie groß heraus. Dank des PR-Rummels der RKO begrüßten Kritiker und Publikum sie bald als Amerikas jüngste „blonde Bombe".

Jean machte für *Höllenflieger* eine Werbetour durchs ganze Land und trat überall in tief ausgeschnittenen Kleidern auf, die ihre Brüste ins beste Licht rückten. Vor jedem Auftritt rieb sie ihre Brustwarzen mit Eis ein, ein Trick, den sie bereits bei den Dreharbeiten verwandt hatte. In Pressemitteilungen wurde verlautbart, sie schlafe nackt und liebe das Gefühl von Pelz auf ihrer Haut. Ihr Bett, hieß es, sei eine Nachbildung der Muschel aus Botticellis *Geburt der Venus*.

Hughes erkannte zwar, daß Jean Harlows unverhüllter Sex-Appeal seinen Film besser verkaufte als die Hundekämpfe, für die er Millionen ausgegeben hatte, aber er hatte keine weiteren Projekte, bei denen er sie einsetzen konnte. So lieh er sie an andere Studios aus, für die sie das „böse Mädchen" mimte. Als sie an einem Film für Columbia mitwirkte, schlug Hughes' Werbechef vor, den ursprünglichen Titel in *Vor Blondinen wird gewarnt* (OT: Platinum Blonde) umzuändern. Damit hatte sie ihren Ruf weg.

Als Jeans Vertrag erneuert werden sollte, wurden die Summen in die Höhe getrieben. Der Vertrag erhielt eine Klausel, daß die Werbefotografen von RKO ihre Brüste besonders in den Blickpunkt rücken durften – und sollten.

EINE VERHÄNGNISVOLLE HEIRAT

Für eine Sexgöttin hatte sie allerdings nicht viel vom Sex. Selbst eine Ehe änderte daran nichts. Bei ihrem Aufstieg zu Starruhm hatte sie es irgendwie vermocht, den schlimmsten Exzessen der Besetzungscouch zu entgehen; ihr Name fiel auch nicht im Zusammenhang mit vermeintlichen Affären zwischen ihr und einem ihrer gut aussehenden Filmpartner.

1932 heiratete sie Paul Bern, einen Assistenten von Irving Thalberg bei MGM. Eine sonderbare Wahl für eine Frau, die jedes Leinwandidol Hollywoods hätte haben können. Sie war einundzwanzig, er zweiundvierzig, klein, mit spärlichem Haarwuchs und dünnem Schnurrbart. Er war verbindlich, intelligent und hoch angesehen.

Auf dem Studiogelände nannten sie ihn den „kleinen Beichtvater", denn er konnte gut zuhören.

Er war schon mit einigen der berühmtesten Sexsymbole Hollywoods gesehen worden – mit Joan Crawford, Mabel Normand, Barbara LaMarr. Es ging auch das Gerücht, er habe einen Selbstmordversuch unternommen, nachdem Barbara LaMarr das fünfte Mal geheiratet hatte. Und es war allgemein bekannt, daß er sich eine Geliebte hielt, die er jeden Nachmittag aufsuchte. Nicht bekannt war, daß er gar keinen Sex mit ihr hatte. Ihn erregte es, wenn sie sich nackt aufs Bett legte, während er ihr Gedichte vorlas. Außerdem umgab ihn noch ein düsteres Geheimnis: Er hatte lange in eheähnlichen Verhältnissen mit einer Frau gelebt, die in eine psychiatrische Anstalt eingewiesen werden mußte.

DER SCHEIN MUSS GEWAHRT WERDEN

Schon wenige Stunden nach Jeans Heirat erhielt ihr Agent Landau einen hysterischen Anruf von ihr. Er müsse sofort kommen und sie abholen. Landau raste durch die Stadt und traf sie barfuß und im Nachthemd auf der Straße vor Berns Haus an. Als Landau sie zu sich nach Hause gebracht hatte, zog sie sich aus, um ihm ihren mit Striemen und Bißwunden bedeckten schneeweißen Körper zu zeigen. Bern hatte sie wüst zugerichtet.

Am nächsten Morgen fuhr Landau zu Bern, und fand ihn nackt am Boden schlafend vor. Landau fiel sofort auf, daß Bern einen unterentwickelten Penis hatte. Als Bern aufwachte, gestand er Landau, daß er völlig impotent sei und gehofft habe, Jean als Hollywoods Sexgöttin Nummer eins könne ihn vielleicht kurieren.

„Jeder Mann, den ich kenne, bekommt schon eine Erektion, wenn man bloß über sie redet", schluchzte er. „Da ist es doch nur natürlich, wenn ich glaube, Jean könne auch mir helfen."

Als er feststellen mußte, daß sie es nicht konnte, hatte er die Beherrschung verloren und war über sie hergefallen.

Es war unbedingt geboten, diese Geschichte nicht an die Öffentlichkeit dringen zu lassen. Die Wahrheit hätte ihre Karriere zerstört. Und so mußten Jean und ihr untauglicher Gatte zur Wahrung des Scheins zusammenbleiben.

Die Lage wurde bald unerträglich. Jean wollte von einer Ehe mehr als nur belangloses Geplauder. Bern wurde auf alle Männer eifersüchtig, die am Set um sie waren. Als er entdeckte, daß sie während für jedermann zugänglichen Dreharbeiten frohgemut eine Nacktszene spielte, ohne daß es das Script vorschrieb, packte ihn die Verzweiflung. Er kaufte einen riesigen künstlichen Penis mit gewaltigen Hoden und einer Vorrichtung, mit der sich vorn Wasser herausspritzen ließ. Als er damit umgürtet ins Schlafzimmer stürmte, brach Jean in Lachen aus. Die beiden amüsierten sich köstlich, wenn er damit durchs Zimmer stolzierte. Dann zerschnitten sie ihn und spülten ihn ins Klo.

EIN SELBSTMORD UND EINE WASSERLEICHE

Am nächsten Tag brachte Bern sich um, während Jean im Studio war. Sein nackter Körper wurde vor einem großen Spiegel aufgefunden. Er hatte sich mit Jeans Lieblingsparfüm Mitsuko übergossen. In der Hand hielt er eine 38er Pistole, und die dazugehörige Kugel steckte in seinem Kopf.

Er hinterließ folgende Nachricht:

„Meine Allerliebste,

leider ist dies der einzige Weg, um das schreckliche Unrecht, das ich Dir angetan habe, wiedergutzumachen und meine abgrundtiefe Verzweiflung auszulöschen. Ich liebe Dich.

Paul

PS.: Gestern Nacht, das ist Dir hoffentlich klar, war alles nur Komödie."

Drei Tage später wurde die Leiche der New Yorker Schauspielerin Dorothy Milette aus dem Sacramento River gefischt. Sie hatte behauptet, die Frau zu sein, mit der Bern früher zusammengelebt hatte. Zehn Jahre zuvor hatte sie einen Nervenzusammenbruch erlitten und war in ein Sanatorium in New England eingeliefert worden. Sie erholte sich soweit, daß sie in eine Suite des Algonquin Hotels in Manhattan umziehen konnte, die Bern bezahlte. Er besuchte sie dort, doch sie war ganz verstört ob der Berichte über Berns Heirat mit Jean Harlow. Aus Angst, er könne ihr die Unterstützung entziehen, zog sie nach Kalifornien. Es wird vermutet, daß sie sich mit Bern in

Verbindung gesetzt hatte. Vielleicht waren die Angst, als Bigamist entlarvt zu werden, und die Demütigungen, die er wegen seiner Impotenz erleiden mußte, ausschlaggebend für Berns Selbstmord.

„Wie kommt ein Mädchen wie die Harlow dazu, einen schwulen Bigamisten zu heiraten?" polterte Louis B. Mayer, der fürchtete, der Skandal könne Jeans Karriere ernsthaft schaden.

Jean überstand den Aufruhr jedoch, und das Studio nutzte das öffentliche Interesse an Jeans tragischem Ehedrama schamlos für seine Zwecke aus. In ihrem nächsten Film *Reckless* spielte Jean ein Revuegirl, dessen Mann Selbstmord begeht, als er entdeckt, daß sie mit einem von William Powell gespielten Mann eine Affäre hat. Die ganze Drehzeit hindurch hatten Jean und Powell eine enge Beziehung über ihre gemeinsame Arbeit hinaus. Das Studio hoffte schon, sie würden heiraten und die Hochzeit gleichzeitig mit dem Filmstart feiern – aber es sollte anders kommen.

EINE SEXGÖTTIN MIT SEXUELLEN PROBLEMEN

Berns Tod hatte Jean in eine schwere Krise gestürzt und ließ sie an sich und ihrem Sexualleben zweifeln. Außerdem besaß sie keinen Cent mehr. Bern hatte das Leben eines reichen Mannes geführt und war hoch verschuldet gestorben.

„Niemand erwartet von einem tollen Betthäschen, alle Rechnungen zu bezahlen, warum verlangen sie es dann von mir?" klagte Jean. „Kommt es daher, daß ich kein tolles Betthäschen bin?"

Jean, die für die leidenschaftlichste und sündhafteste Frau Amerikas gehalten wurde, vertraute sich Landau an. Wie kam es, daß alle Sex für die tollste Sache der Welt hielten? Ihre Mutter genoß den Sex mit ihrem italienischen Mann so sehr, daß sie ihm seine häufigen Seitensprünge verzieh. Sie gestand Landau, daß ihr der körperliche Vollzug Unbehagen bereite, und bat ihn, einen Mann aufzutreiben, der ihr beibringen könne, wie wunderbar Sex ist. Andernfalls, drohte die Harlow, würde sie mit dem Mann ins Bett gehen, den sie am meisten auf der Welt haßte – ihren Stiefvater. Schließlich entlocke Bello ihrer Mutter bei jedem Liebesakt ekstatische Schreie, und als Sexgöttin habe sie zweifellos ein Anrecht darauf, Sex in vollen Zügen zu genießen.

Jean machte ihre Drohung nicht wahr, auch wenn so gut wie kein Zweifel daran bestehen kann, daß Marino bereitwillig darauf eingegangen wäre. Tatsächlich hatte er häufig Annäherungsversuche unternommen, aber Jean fürchtete, sie könnte zu seiner Sexsklavin verkommen.

AUF DER SUCHE NACH WAHRER LIEBE
Statt dessen machte es sich Jean zur Gewohnheit, nachts auf den Straßen hin- und herzufahren und nach Männerbekanntschaften Ausschau zu halten. Wenn sie einen gutaussehenden Mann erspähte, fuhr sie im Schrittempo am Bürgersteig entlang, verlor aber im letzten Augenblick immer die Nerven. Sie wußte, daß man sie sofort erkennen würde. Und was, wenn ihr Liebhaber die Begegnung ausnützte, um sie zu erpressen? Sie hatte bereits mit einer Erpressung zu tun – Berns Nachmittagsgespielin drohte, einen verfänglichen Bericht über die nackten Poesiestunden in der Presse zu lancieren, wenn Jean nicht bezahle. Die Belastung wurde spürbar. Als sie wegen ihrer überreizten Nerven Beruhigungsmittel schluckte, unternahm Jean sogar einmal einen ungeschickten Annäherungsversuch bei einem Krankenpfleger.

Es mußte etwas geschehen. Jean Harlow schnitt sich ihre Haare, die sie berühmt gemacht hatten, kurzerhand ab, borgte sich aus der Garderobe eine Perücke und fuhr mit dem Zug nach San Bernardino, wo sie einen „Klinkenputzer" aufgabelte. Sie verbrachte zwei Nächte mit ihm in einem kleinen Hotel in Bahnhofsnähe. Der Vertreter lobte Jeans gutgebauten Körper. Sie sei ganz normal beim Sex, meinte er, aber etwas verspannt. Einen Job in einem Bordell im Osten könne sie ohne weiteres bekommen, das ließe sich schon arrangieren. Zurück in Hollywood, erzählte Jean Mama Jean, Bello und Landau ihr Abenteuer in aller Ausführlichkeit.

Auch wenn das Experiment keinen durchschlagenden Erfolg zeitigte – als Jean voll Leidenschaft glühte, hatte der Vertreter innegehalten und sie gefragt, ob sie es auch genieße –, war sie fest entschlossen, es wieder zu probieren. Im Grunde ihres Herzens gab sie ihrer Mutter die Schuld an ihrem Unglück. Wenn Mama Jean die Ehe mit ihrem Vater aufrecht erhalten hätte, wäre sie als angesehenes Mädchen in

Kansas City aufgewachsen, hätte geheiratet und die wahre Liebe erlebt. So aber war sie eine Sexgöttin geworden, die die Männer begehrten, aber nicht liebten. Sie sahen nur ihren Körper, nicht die Frau.

EINE SCHWANGERSCHAFT MUSS HER!
Dann kam sie auf die Idee, einen ganz anderen Weg zu nehmen, um die wahre Liebe kennenzulernen: Sie könnte ein Kind haben. Wenn sie bald schwanger wäre, würde sie die Vaterschaft noch Bern unterschieben können. Das Studio müßte sie freistellen, und sie ginge nach Europa. Mit Hilfe des Geldes vom Studio ließe sie die Geburtsurkunde des Babys fälschen und könnte im Triumph nach Amerika zurückkehren – diesmal als Mutter und nicht als Sexsymbol.

In San Francisco schnappte sie sich einen Taxifahrer und nahm ihn mit auf ihr Hotelzimmer. Nachdem alles vorbei war, warf ein eifersüchtiger Marino ihn hinaus. Der Taxifahrer versicherte Marino seiner hundertprozentigen Diskretion. Sollte er den Jungs aus der Taxifirma erzählen, er sei mit Jean Harlow im Bett gewesen, würde ihm sowieso niemand glauben. Das erzürnte Marino. Er prügelte sich mit dem Taxifahrer. Als der Marino mit einem einzigen Fausthieb in den Bauch niederstreckte, gab Jean ihm noch zwanzig Dollar extra, einen langen, leidenschaftlichen Kuß und schickte ihn weg.

Dies war der Auftakt zu einer regelrechten Sexbesessenheit. Jean betrank sich und vergaß, mit welchen Männern sie schlief, was sie mit ihr machten und wohin sie am Morgen gingen. Mehr als einmal wachte sie allein auf, und mit dem Mann waren auch Geld und Schmuck über alle Berge. Sie rief Landau an und bat um mehr Geld, um ihre wilden Sexorgien fortführen zu können. Oft machte sie sich nicht einmal die Mühe, die Kleider auszuziehen, nur um desto schneller zum nächsten übergehen zu können – und das alles in der verzweifelten Hoffnung, schwanger zu werden. Sie machte sich sogar an einen Unbekannten vor einem Kino heran, in dem ihr letzter Film lief – *Dschungel im Sturm* (OT: Red Dust) mit Clark Gable. Im Hotelzimmer bemerkte besagter Mann, sie sehe Jean Harlow so ähnlich, daß sie ihr Double sein könne.

Jean wurde nicht schwanger. Sie fürchtete schon, unfruchtbar zu sein, setzte jedoch ihre Orgien mit wahllos aufgetanen Liebhabern fort.

Während der Dreharbeiten zu *Sexbombe* (OT: Blonde Bombshell) freundete sich Jean mit dem Kameraassistenten Hal Rosson an. Er tröstete sie in einem für sie schwierigen Film. Die Geschichte kam der Wahrheit ihres eigenen Werdegangs sehr nahe. Sie handelte von einer jungen Frau, die eigentlich nichts anderes als ein bürgerliches Leben führen will, von ihrer habgierigen Familie aber gezwungen wird, ein aufreizender Hollywoodstar zu werden.

EINE BLITZHOCHZEIT UND EIN NERZMANTEL

Jean Harlow brannte mit Rosson durch nach Yuma zu einer Blitzhochzeit. Daraufhin flogen sie zurück nach Los Angeles, wo sie von Reportern bestürmt wurden. Jean schäumte vor Wut, als einer der Reporter die Ähnlichkeit zwischen Rosson und Paul Bern herausstrich.

Das glückliche Paar mußte die verspäteten Flitterwochen unterbrechen, da Jean an einer Blinddarmentzündung erkrankte. Als sie zur Operation ins Krankenhaus kam, bot ein bekannter Gangster von der Ostküste eine hohe Summe für die vor der Operation abrasierten Schamhaare Jeans. Er wollte die Haare in Gold fassen lassen und als Andenken verkaufen.

Die Ehe hielt ganze acht Monate. Nachdem Rosson ausgezogen war, wurde Jeans Name bald mit dem des Boxers Max Baer in Verbindung gebracht, der eine Vorliebe für Blondinen hatte. Auch diese Beziehung scheiterte. Jean versuchte eine Versöhnung mit Rosson, doch der erkrankte und mußte in Quarantäne. Sie reichte schließlich die Scheidung ein mit der Begründung, Rosson lese im Bett, so daß sie nicht zu Schlaf komme, und dies schade ihrer Darstellerkunst.

Tatsächlich aber schadete ihrer Karriere ganz etwas anderes – die Feindschaft von MGM-Boß Louis B. Mayer, dem König der Casting Couch. Jean Harlow war der einzige seiner Stars, der ihn abwies. Eines Tages bot er ihr in seinem Büro einen Nerzmantel an und meinte, sie solle sich ausziehen und den Nerz anprobieren. Jean weigerte sich und sagte, daß sie allenfalls mit ihm schliefe, wenn sie Tripper hätte – dann würde sie es sogar gratis machen.

Inzwischen hatte Marino Bello die Führung ihrer Geschäfte übernommen und verschleuderte völlig unbekümmert ihr Geld. Er nutzte seine Position aus, um hoffnungsvolle junge Schauspielerinnen ins Bett zu locken, zum Verdruß von Jeans Mutter sogar in seinem eigenen Haus. Mama rächte sich, indem sie seine Kondome mit einer Nadel anstach. Trotzdem verzieh sie ihm jedesmal seine Taktlosigkeiten. Er sei eben ein heißblütiger Mann mit einem Blick für Schönheit, erklärte sie.

DAS TRAGISCHE ENDE EINER KARRIERE

Jean beschloß, etwas zu unternehmen. Zusammen mit einem Privatdetektiv stellte sie Marino in einem schäbigen Hotel eine böse Falle. Jean richtete es so ein, daß ihre Mutter im richtigen Moment hereinplatzte und ihn in flagranti mit einer häßlichen Schlampe erwischte, einer Mexikanerin, die kein Englisch konnte. Angewidert von dieser Szene gab sie Marino den Laufpaß. Er verlangte eine Abfindung von 50000 Dollar. Schließlich bekam er 38000, die Jean bereitwillig zahlte. Mit dem Rauswurf Marinos hatte sie jedoch den Keim zu ihrem eigenen Niedergang gelegt.

Aller Tröstungen des Fleisches beraubt, wandte sich Mama Jean wieder den Christian Scientists zu und las die ganze Zeit in *Wissenschaft und Gesundheit* von Sektengründerin Mary Baker Eddy. 1937 erkrankte Jean, möglicherweise an den Spätfolgen eines Leberschadens, den sie erlitten hatte, als Paul Bern sie verprügelte. Als Angehörige der Christian Scientists weigerte sich Mama Jean, einen Arzt zu rufen. Das sei gegen die Lehren von Mary Baker Eddy. Als Landau Jean schließlich doch noch in ein Krankenhaus brachte, war es zu spät. Jean Harlow starb am 7. Juni 1937. Sie war sechsundzwanzig Jahre alt geworden.

V

DIE KÖNIGIN
DER CASTING COUCH

Joan Crawford hatte seit jeher Mühe, ihre Kleidung anzubehalten. Wenige Tage, bevor sie für *Herzen im Fieber* (OT: Torch Song) vor der Kamera stehen sollte, lud die damals Fünfzigjährige den Regisseur Charles Walters abends zu einem Drink in ihr Haus ein. Joan Crawford empfing ihn im Morgenrock. Kaum hatte er Platz genommen, öffnete sie ihren Morgenmantel und enthüllte ihm ihren nackten Körper. Walters war gleichermaßen geschmeichelt wie verlegen.

„Wo soll unsereiner in so einem Moment hinschauen?" fragte er später. Er mußte sich regelrecht zwingen, den Blick über ihren wohlgeformten Körper gleiten zu lassen. Dann schloß sich der Morgenmantel wieder darüber.

„In ihrem Tun lag nichts Anzügliches", erinnerte sich Walters. „Es war rein professionell. Das war unser erster gemeinsamer Film, und sie wollte damit sagen: ,Schauen Sie ruhig genau hin, damit Sie wissen, mit wem Sie es zu tun haben'. Sie wollte mir quasi ihre Ausstattung zeigen."

Und die beeindruckte ihn.

Mit fünfundsechzig wollte sie dasselbe noch einmal wiederholen. Sie hatte gerade eine Rolle in der Fernsehserie *Night Gallery* angenommen und lud den Regisseur ein, sich von ihren Qualitäten zu überzeugen. Der Regisseur, der zu ihr kam, war der damals zwanzigjährige Steven Spielberg. Es war sein erster Regieauftrag. Joan trug ein sehr offenherziges Negligé, als ihr aber bewußt wurde, daß der Regisseur ihr Enkel hätte sein können, behielt sie es an.

FRÜH ÜBT SICH ...

Joan Crawford hatte es nicht leicht in ihrem Leben. Ihre einzigen Vorzüge waren ein perfekter Körper und erstaunliche Fähigkeiten beim Sex. Geboren wurde sie als Lucille Fay LeSueur in San Antonio, Texas. Ihr Vater verließ ihre Mutter Anna und ihren Bruder Hal, bevor sie geboren wurde. Fünf Jahre später heiratete Anna Henry Cassin, und Joan, damals Billie genannt, nahm seinen Namen an. Als Joan elf war, verabschiedete sich auch Cassin.

Joan wurde zu den Nonnen der St. Agnes Academy in Kansas City gegeben. Sie war ein vorlautes Kind. Schon in der Pubertät stahl sie sich heimlich in den Park, um sich mit Jungen zu treffen. Bald hatte sie in der Gegend den Ruf eines leichten Mädchens. Die frommen Schwestern wußten Bescheid, aber nach Hause schicken wollten sie Joan nicht, denn ihre Mutter war in der ganzen Stadt bekannt für ihre zahlreichen Herrenbesuche. Als Anna sich jedoch wiederverheiratete, zog Joan zurück ins Elternhaus. Später behauptete sie, ihr neuer Stiefvater hätte häufig versucht, sie zu verführen, und nur davon abgelassen, wenn sie damit drohte, alles ihrer Mutter zu enthüllen. Doch die fand ohnehin bald wieder einen neuen Liebhaber.

Ihr älterer Bruder Hal nahm Joan mit vierzehn zu einem Auftritt der berühmten Fächertänzerin Sally Rand mit. Joan war ungeheuer beeindruckt und meinte, so könnte auch ihre Zukunft aussehen.

Joan war bereits eine leidenschaftliche Tänzerin und ging überall hin, wo sie Black Bottom tanzen konnte. Besonders beliebt war sie auf dem Campus der Universität von Missouri, wo sie die Jungs von der Burschenschaft Phi Delta Theta unterhielt. Sie brachten sie dazu, auf dem Tisch zu tanzen, und ganz offensichlich achtete sie nicht darauf, wie hoch sich ihr Kleid dabei zog. In sexuellen Dingen war sie ebenso ungehemmt – Sex und Tanzen machten Spaß, solange man keinen Gedanken daran verschwenden mußte, was danach kam. Sie hatte einen festen Freund, doch der war nur Mittel zum Zweck: Er bezahlte ihr den Eintritt in Lokale, die ihr die Gelegenheit boten, gutaussehende Männer ins Schlepptau zu nehmen.

DIE KÖNIGIN DER CASTING COUCH

Joan Crawford

Joan trat bei zahlreichen Tanzwettbewerben auf, die sie fast immer gewann. Sie erhielt einen Job als Revuegirl und zog mit einem Mann zusammen, der über einige zwielichtige Beziehungen verfügte. Als ihre Show Pleite machte, vermittelte er sie an eine Firma, die mit ganz speziellen Filmvorführmaschinen handelte: Joan Crawford debütierte beim Film als Nackttänzerin vor Schlüsselloch-Automaten – mit gerade siebzehn Jahren.

STRIPPEN FÜR EINE WARME MAHLZEIT

Sie nahm wieder ihren Namen Lucille LeSueur an und machte sich auf nach Chicago. Als sie dort im Büro eines ihr empfohlenen Agenten erschien, war es voll von „höchst attraktiv gekleideten, schönen Mädchen, wie ich sie noch nie gesehen hatte, alle schlank und schick", so Joan Crawford in ihren Erinnerungen. Sie drängte sich an ihnen vorbei und platzte in Tränen aufgelöst ins Allerheiligste des Agenten herein.

„Ich weiß, ich bin nicht so groß und so hübsch wie die anderen Mädels da draußen, aber ich habe nicht mal mehr zwei Dollar und keine Erfahrung, und nach Kansas City kann ich nicht mehr zurück", schluchzte sie.

Er pflichtete ihr bei, daß sie nicht so hübsch wie die anderen Mädchen sei, aber er könne ihr einen Job in einer Stripbar besorgen. Als sie sich erkundigte, ob sie dort alles ablegen müsse, fragte er, ob sie immer eine warme Mahlzeit wolle.

Joan war unbestritten eine großartige Stripperin. Sie wußte, wie sie ihr Publikum aufreizen und wie sie diese Erregung halten konnte. Ihre Darbietung richtete sich ausschließlich an die wohlhabenderen Herren in der Bar. Daraus resultierten intime Abendessen, Geschenke und Auftritte bei privaten Feiern einiger hochrangiger Chicagoer Gangster.

Sie trat auch bei Veranstaltungen auf, wo es sich von selbst verstand, daß sich die Mädchen nach der Vorstellung für die Kunden zur Verfügung hielten. Es war ungefähr zu jener Zeit, daß sie sich eine Geschlechtskrankheit zuzog und die erste einer Reihe von stümperhaften Abtreibungen vornehmen ließ.

Allmählich arbeitete sich Joan von der Stripperin zum Revuegirl hoch. Eines Abends im Oriole Theatre kippte sie versehentlich einen Drink auf einen der Zuschauer. Es handelte sich um den Impresario J.J. Schubert. Statt ihr böse zu sein, zeigte er sich beeindruckt und bot ihr eine Rolle im Broadway-Musical *Innocent Eyes* an. Die anderen Mädchen warnten Joan, Schubert nicht allzu ernst zu nehmen. Er wolle ihr nur an die Wäsche. Doch Joan machte es Spaß, mit Männern ins Bett zu gehen, also war sie unbekümmert. Er ging ihr zwar an die Wäsche, doch auch sein Angebot hielt er aufrecht. Bald saß sie im Zug nach New York.

DER STEINIGE WEG NACH OBEN

Joans Erfahrungen als Stripperin gaben ihr auf der Bühne einen ungeheuren Sex-Appeal, und sie konnte sich kaum retten vor Garderobengalanen. Diamanten und Einladungen in piekfeine Lokale waren an der Tagesordnung. Sie verliebte sich in einen bekannten Broadway-Schauspieler. Es war von Heirat die Rede, bis Joan entdeckte, daß er sich hinter ihrem Rücken mit anderen Frauen traf. Ihr brach das Herz.

Im Gegenzug heiratete Joan den Saxophonisten James Welton. Die Ehe hielt nicht lange. Joan war leichtfertiger und wilder denn je. Da sie unbedingt zum Film wollte, trat sie in einer Reihe von obszönen Filmen auf mit Titeln wie *Velvet Lips, Coming Home* und *She Shows Him How.* Der berühmteste darunter war *The Casting Couch* – Die Besetzungscouch. Darin wird die Geschichte einer jungen Frau erzählt, die im Büro eines Produzenten auftaucht in der Hoffnung, eine Rolle in einem Film zu erhalten. Sie muß sich entkleiden, ihn oral befriedigen und sich ihm auf der berüchtigten Besetzungscouch vollständig hingeben.

Eine Rolle in obszönen Filmen oder ein Termin auf der Besetzungscouch waren noch keine Garanten für Filmruhm, wie das Schicksal der Möchtegern-Leinwandkönigin Peg Entwhistle beweist. In London war sie eine erfolgreiche Schauspielerin, die daraufhin ihr Glück in Hollywood versuchte. Sie unterschrieb bei der Starr Agentur, die sie auf Partys schickte und ihr versicherte, daß ein Mädchen wie sie auffiele. Wie sich herausstellte, handelte es sich dabei um mehr als nur gelegentliche Prostitution. Es wurden auch eine Reihe von Nacktaufnahmen mit ihr gemacht, die, wie man ihr zusagte, den Besetzungsleitern in den Studios vorgelegt würden. Das Ergebnis war eine Minirolle in *Thirteen Women*; weitere Angebote: Fehlanzeige. Frustriert entschloß sie sich, ihre Fähigkeiten in „schmutzigen" Filmen unter Beweis zu stellen. Das führte zu einer Serie von Live-Darbietungen auf der Besetzungscouch. Sie war zweifellos talentiert, aber es ergaben sich keine Verträge. Nichtsdestoweniger wurde sie eine Hollywoodlegende. In ihrer Verzweiflung kletterte sie auf das „D" des berühmten Hollywood-Schriftzugs, ein Überbleibsel von Mack Sennetts fehlgeschlagener Grundstücksspekulation, und stürzte sich in den Tod.

Dieser Weg ist für Joan Crawford kaum vorstellbar. Sie fand immer ein Durchkommen. Als die Broadway-Show, in der sie auftrat, dicht machte, arbeitete sie als Taxigirl im berühmten Roseland Ballroom und besserte ihr Einkommen durch Prostitution auf.

EINE KLEIDERANPROBE BRINGT DEN DURCHBRUCH

Dann arbeitete sie als Tänzerin im illegalen Schuppen von Clara Bows Galan Harry Richman, wo sie Nils Granlund kennenlernte. Richman wünschte, daß sich Joan nach ihrem Auftritt unter die Kundschaft mischte, und dafür brauchte sie ein ausgefallenes Kleid. Das Geld dafür gab ihr Granlund. Kurz darauf begab sich Joan in sein Büro, um ihm ihre Robe vorzuführen. Sie hatte gerade ihre Kleidung abgelegt, um in das neue Stück zu schlüpfen, als Marcus Loew von MGM hereinplatzte. Was er sah, gefiel ihm so sehr, daß er Probeaufnahmen mit ihr vereinbarte. Joan war inzwischen wieder schwanger. Sie ließ erneut abtreiben, wurde aber krank und glaubte, keine Kinder mehr bekommen zu können. Sie war gerade zur Erholung in Kansas City, da erhielt sie ein Telegramm mit der Aufforderung, ihre Arbeit in Culver City anzutreten. Sie hatte einen Fünfjahresvertrag mit MGM.

Als Joan am Drehort eintraf, lebte sie sich rasch ein. Wer eine Rolle wollte, mußte seine Eignung auf der Besetzungscouch nachweisen. Für sie war das kein Problem. Dank eines nachmittäglichen „Vorstellungsgesprächs" bei MGM-Pressechef Harry Rapf hatte Joan Crawford bald eine Rolle in *Pretty Ladies*.

Nachts ließ sie sich mit Technikern ein und besuchte jeden Morgen Rapf in seinem Büro. Bald ging es mit Riesenschritten für sie voran. Man war sich einig, daß Lucille LeSueur als Name für eine Stripperin oder als Star in einem Schmuddelfilm tauge, aber keinesfalls für ein Sternchen bei MGM. *Movie Weekly* machte ein Preisausschreiben, um den besten Namen für die jüngste Hoffnung des Studios herauszufinden. Es siegte „Joan Crawford", und dabei blieb es.

JOAN WEISS SICH ZU HELFEN

Außerhalb der Studios erwarb sich Joan bald den Ruf, das „heißeste" Mädchen der Stadt zu sein. F. Scott Fitzgerald, damals Drehbuchautor in Hollywood, beschrieb sie als „das Musterexemplar eines Wildfangs". Da sie jeden Abend tanzen ging, fiel sie auch den Zeitungen auf. Studioboß Louis B. Mayer zeigte nach und nach immer mehr Interesse an ihr, was ihr eine größere Rolle in *Old Clothes* bescherte. Im Bewußtsein ihrer gestiegenen Bedeutung, platzte sie eines Tages in Mayers Büro und erzählte ihm, sie habe gerade ein Haus gesehen, das sie unbedingt kaufen müsse. Das Problem sei nur das fehlende Geld. Die Bürotür wurde zugesperrt und Anrufe wurden nicht durchgestellt, so daß Mayer sich eingehend mit dem Problem auseinandersetzen konnte. Eine halbe Stunde später trat er aus seinem Büro und wies seine Sekretärin an, einen Scheck über 18 000 Dollar auszustellen, damit der neueste Stern des Studios einen ihrem Rang entsprechenden Wohnsitz bekäme.

Bevor Jean Harlow in sein Leben trat, interessierte sich auch Paul Bern für Joan. Diese erkannte schnell, daß es am klügsten wäre, immer mit dem Regisseur des Films zu schlafen, der gerade gedreht wurde; so konnte sie sicher sein, daß er ihrer Rolle ein Maximum an Aufmerksamkeit zollte. Es fiel ihr auch alles andere als leicht, die Hände von den Hauptdarstellern zu lassen, und so kam es, daß Joan als Schuldige im Scheidungsprozeß des Schauspielers Neil Neeley genannt wurde. Sie war zudem ihren Schauspielerkolleginnen gegenüber nicht abgeneigt und hatte Affären mit Ruth Chatterton, Lilyan Tashman und anderen. Ihr Dienstmädchen schützte sich nachts vor ihr durch Verriegeln der Schlafzimmertür, und Marilyn Monroe behauptete später, Joan habe sich an sie herangemacht.

Joan machte sich darüber hinaus immer wieder die Besetzungscouch zunutze, um ihre Karriere voranzutreiben. Sie wollte unbedingt die Hauptrolle in *Our Dancing Daughters*, doch plante Produzent Hunt Stromberg Clara Bow für diese Rolle ein. Um alle Zweifel daran auszuräumen, wer die richtige Besetzung war, kreuzte Joan unvermittelt in seinem Büro auf und zog sich aus. Stromberg war anschließend zwar zweifelsfrei von ihrem außerordentlichen Talent überzeugt, teilte ihr aber mit, daß die Besetzung in den Händen des Regisseurs Harry Beaumont lag. Sie machte sich kaum die Mühe, ihre Kleider wieder anzuziehen, und stürzte sofort in Beaumonts Büro, wo sie die Vorführung wiederholte. Sie bekam die Rolle, die sie zum Star machte.

EINE HEIMLICHE HOCHZEIT ...

Joan verlobte sich mit Mike Cudahy, aber aus einer Ehe wurde nichts, da er Alkoholiker war. Auch der Stummfilmstar John Gilbert zog sie mächtig an, doch der verschwand mit dem Aufkommen des Tonfilms in der Versenkung – Mayer ließ verbreiteten, seine dünne Falsettstimme passe nicht zu seinem männlichen Aussehen. Es knisterte in den Liebesszenen auf der Leinwand zwischen ihnen, aber Gilbert war damals mit Greta Garbo zusammen. Dann verliebte sich die Crawford in Douglas Fairbanks Jr. Weil sein Vater und seine Stiefmutter Mary Pickford gegen ihre Beziehung waren, brannte das Paar durch und heiratete heimlich. Erst acht Monate später wurden die beiden nach Pickfair eingeladen, wo die Schwiegereltern Joans, die ungekrönten Häupter Hollywoods, Hof hielten.

Mary Pickford versuchte es gar nicht erst mit Höflichkeit. Sie warnte Joan: „Wenn du mich je zur Großmutter machst, bringe ich dich um."

Joan gab sich in ihrer Ehe viel Mühe, doch der Stern ihres Mannes war im Sinken, und er war mehr an Geselligkeit als an der Schauspielerei interessiert. Nach einer anstrengenden Woche im Studio mußte Joan ihre Wochenenden häufig in San Simeon verbringen. Da ihr das soziale Parkett dort etwas zu glatt war, versicherte sie sich meist der Gesellschaft von Marion Davies.

Ihre Ehe war schon brüchig, als sie den Mann kennenlernte, den sie später als die große Liebe ihres Lebens bezeichnete: Clark Gable. Sie hatte seine Karriere mit Interesse verfolgt und sich ihn als Partner in *Hemmungslose Liebe* (OT: Possessed) ausgesucht. Bei den Dreharbeiten erwischte es sie. Er habe „mehr an rein animalischer Ausstrahlung als sonst jemand auf der Welt", ließ sie verlauten. Sie verachtete jede Schauspielerin, die an seiner Seite spielte, ohne „den Stachel eines unglaublichen sexuellen Verlangens" zu verspüren.

... UND EINE DAUERHAFTE AFFÄRE

„Ich wußte immer, wenn Clark am Set erschien", erzählte sie. „Ich wußte nicht, durch welche Tür er kam, aber ich wußte, er war da. Er war enorm präsent. Ich war mir immer auch im klaren, daß ich in eine Falle tappte, vor der ich junge Mädchen immer schon gewarnt habe – sich in den Hauptdarsteller zu verlieben oder romantische Szenen ernst zu nehmen. Verlaß den Drehort und vergiß alles, weil dieses wunderbare Gefühl vergehen wird. Junge, ich hatte schwer daran zu schlucken, aber es war süß."

Viele Jahre später wurde sie von David Frost gefragt, was Gable so anziehend machte.

„Seine Eier", antwortete sie lakonisch.

Es war von Hochzeit die Rede, aber das Studio erstickte alle Heiratspläne im Keim, denn zu der Zeit waren beide längst gebunden. MGM konnte es sich kaum leisten, seine beiden größten Stars gleichzeitig in unschöne Scheidungsfälle verwickelt zu sehen. Die Beziehung stellte sich jedoch als dauerhaft heraus. Sie währte von 1931 bis zu Gables Tod 1960 trotz zahlreicher anderer Affären und Ehen. Joan war sogar zur Stelle, um ihn nach dem tragischen Tod seiner dritten Frau Carole Lombard 1942 bei einem Flugzeugabsturz zu trösten.

Als ihre Ehe mit Douglas Fairbanks Jr. zu Ende ging, entdeckte Joan, daß sie wieder einmal schwanger war. Sie behauptete, sie habe das Baby verloren, als sie bei den Dreharbeiten zu *Regen* (OT: Rain) auf dem Deck eines Schiffs ausrutschte; es könnte aber genausogut eine erneute Abtreibung gewesen sein.

Ein Aufenthalt in Europa sollte der letzte Rettungsanker ihrer Ehe werden, doch während der ganzen Zeit waren sie einander untreu.

Zurück in Kalifornien, mietete sich Joan ein Landhaus am Strand von Malibu und zog dort ein, ohne ihrem Mann die Adresse mitzuteilen. Und Fairbanks sah sich unversehens in einen Skandal verwickelt, als ihn ein Däne namens Joergen Dietz wegen „Mißbrauchs der Zuneigung" seiner Frau Lucy verklagte, einer Statistin bei Warner.

Der nächste Mann in Joans Leben war der Schauspieler Franchot Tone. Er war eigentlich Bühnenschauspieler und neu in Hollywood, doch als er in *Ich tanze nur für dich* (OT: Dancing Lady) neben Joan Crawford und Clark Gable spielte, herrschte allgemein die Ansicht, er habe die beste Leistung von den dreien erbracht.

SAMMELLEIDENSCHAFT

Tone war Joan gegenüber sehr liebevoll und einfühlsam, aber sie wollte ihn nicht ehelichen und ließ ihn wissen, sie sei davon überzeugt, daß eine Schauspielerin nie heiraten sollte. Außerdem traf sie sich noch mit dem Schauspieler Ricardo Cortez, einem der beiden Hauptdarsteller in *Montana Moon*. Sie änderte 1935 jedoch ihre Meinung über Tones Antrag, als sie entdeckte, daß er mit Bette Davis, seiner Partnerin in *Dangerous*, die Liebesszenen in ihrer Garderobe probte.

Ihre Hochzeitsnacht wurde getrübt durch den Anruf eines anonymen „Sammlers", der behauptete, eine Kopie ihres Schmuddelfilms *The Casting Couch* zu besitzen. Sie rief sofort Louis B. Mayer an, der 10 000 Dollar dafür hinblätterte. Es geht das Gerücht, das Studio habe im Lauf der Jahre eine halbe Million Dollar zahlen müssen, um jede noch vorhandene Kopie aus dem Verkehr zu ziehen. Als ein Mann es ablehnte, sich von seiner Kopie zu trennen, brannte mysteriöserweise sein Haus ab. Ein tschechischer Waffenbaron soll angeblich einen kompletten Satz von Joans Pornofilmen besessen haben. Es hieß, er sehe sie sich jede Nacht an. Ein kurzer Ausschnitt erschien in einem Pornomix der sechziger Jahre, aber niemand, nicht einmal die Produzenten, erkannten, daß das enthusiastische Pornostarlet die legendäre Joan Crawford war.

Bald stellte sich heraus, daß Joan in Loretta Young eine neue Rivalin erwachsen war, die schon eine kurze Affäre mit Clark Gable hinter sich hatte. Spencer Tracy verließ ihretwegen seine Frau, und als

Joan sich während der Dreharbeiten zu *Mannequin* in Tracy verliebte, wurde Loretta mit Franchot Tone gesehen.

Das Maß war voll, als Tone sich von Joan in seiner Garderobe in flagranti mit Loretta ertappen ließ. Auf seine Beweggründe angesprochen, sagte er: „Um mir zu beweisen, daß ich noch ein Mann bin."

Die Scheidung wäre beinahe noch verhindert worden, weil Joan dabei fotografiert wurde, wie sie in einem New Yorker Nachtklub mit Tone tanzte. Der Richter fragte sie, wie sie mit einem Mann tanzen könne, von dem sie sich wegen seelischer Grausamkeit scheiden lassen wolle.

„Ich hoffe, ich bin intelligent genug, um meinem Ehemann gegenüber höflich zu sein", sagte sie. Die Scheidung wurde ausgesprochen.

DIE LIEBE DER JUGEND

In der Zwischenzeit hatte die dreiunddreißigjährige Joan eine kurze Affäre mit dem siebzehnjährigen Jackie Cooper. Er hatte die Leute im Studio von ihrem großen sexuellen Appetit reden hören und beschlossen, sich mit eigenen Augen davon zu überzeugen. Nach einer Party blieb er noch im Haus. Als er sich weigerte heimzugehen, zog sie kurzerhand die Vorhänge zu und legte ihre Kleider ab.

„Ich habe mit Joan Crawford geschlafen", berichtete Cooper, „aber eigentlich hat sie eher mit mir geschlafen."

Die Privatvorstellung wurde während der nächsten sechs Monate acht- oder neunmal wiederholt. Wie beim ersten Mal fanden ihre Treffen alle spät in der Nacht statt. Cooper schlich sich aus dem elterlichen Haus, nachdem Mutter und Stiefvater zu Bett gegangen waren, ließ den Wagen die Straße hinunterrollen und warf den Motor erst an, wenn er sicher war, weit genug vom Haus entfernt zu sein. Dann fuhr er zu ihr.

Cooper ließ durchblicken, daß Joan ihm eine Menge über Sex beibrachte.

„Sie war eine sehr erfahrene Lehrmeisterin", sagte er. „Sie badete mich, puderte mich, parfümierte mich. Dann machte sie das gleiche bei sich. In hochhackigen Schuhen, mit Strapsen und einem breiten Hut nahm sie dann alle möglichen Posen vor dem Spiegel ein."

Wenn sie mit ihm fertig war, gab sie ihm einen Termin für den nächsten Besuch.

Irgendwann entschied sie, daß besser keine Treffen mehr stattfänden. Länger als ein Vierteljahrhundert redete keiner von beiden über ihr „großartiges Geheimnis", wie sie es genannt hatte.

EIN VERSPRECHEN

Es folgte ein kurzes romantisches Intermezzo mit Charles McCabe, einem verheirateten Mann aus New York. Sie versuchte auch, Glenn Ford zu verführen, aber er empfand sie als zu anstrengend in ihrem Bemühen.

Unterdessen war sie von MGM zu Warner Brothers gewechselt, wo sie auf Bette Davis traf, die ihren zweiten Ehemann betrauerte. Er war von einem Freund tödlich verletzt worden, als der ihn mit seiner Frau im Bett erwischte. Joan zeigte wenig Mitgefühl.

„Schließlich", sagte sie, „hat ihr erster Ehemann sie mit Howard Hughes im Bett erwischt. Gott weiß, wie oft ich ihn abgewiesen habe."

1942 heiratete Joan den Schauspieler Phillip Terry. Sie war ziemlich beschäftigt, nicht zuletzt, weil sie zwei Kinder adoptiert hatte; später nahm sie noch zwei weitere in ihre Obhut. Ihr Leben verlief nach einem rigorosen Zeitplan, der eine Stunde am Nachmittag für ihren Mann reservierte. Es war keine Überraschung, daß die Ehe scheiterte, und 1946 wurden beide geschieden. Joan gelobte wieder einmal, nie wieder heiraten zu wollen.

Sie fand Henry Fonda sehr attraktiv und schenkte ihm während der Verfilmung von *Daisy Kenyon* ein Suspensorium, das mit Rheinsteinen und Goldmünzen verziert war. Mitten in einer Szene, in der er sie eine Treppe hinauftragen mußte, fragte sie ihn, ob es ihm etwas ausmache, später das Geschenk für sie anzuprobieren. Er hätte sie beinahe fallen gelassen.

Cowboy Don „Red" Barry betrat als nächster die Szene. Technikern sagte sie häufig, Nebendarsteller seien weitaus interessanter als Hauptdarsteller. „Sie mögen nicht die höchsten Gagen erzielen, aber im Schlafzimmer bekommen sie Bestnoten."

Joan hatte auch wieder Neigungen zu Frauen. Sie versuchte, mit ihrem Kindermädchen zu schlafen, und war so hartnäckig, daß sich die Frau zur Kündigung gezwungen sah. Auch Journalistinnen und Berufskolleginnen machte sie Avancen. Ihre Masche war, Frauen, auf die sie es abgesehen hatte, zu überreden, Kleider von ihr anzuprobieren in der Hoffnung, sie zögen sich dann vor ihren Augen aus. Man erzählte sich zudem, sie hätte ein geheimes Verlangen nach Bette Davis gehabt. Nach wie vor ergötzte sie ihre männlichen Kollegen, darunter Yul Brynner, mit Privatvorstellungen in Unterwäsche.

„Ich war eine durch und durch vom Sex bestimmte Frau", erklärte sie später – zweifelsohne zu Recht.

EINE HASSLIEBE

Eines Abends machte sich Don Barry in einer Bar über Joan lustig. Greg Bautzer, Hollywoods Staranwalt, verteidigte sie und verlor im anschließenden Getümmel sämtliche Schneidezähne. Joan bezahlte die Zahnarztkosten. Danach verbrachten sie die Wochenenden in Palm Springs, wo sie bis zum Morgengrauen tanzten und sich tagsüber im Bett erholten.

Bautzer schmeichelte Joan, indem er sie wie einen Star behandelte. Sie aber traktierte ihn wie einen Hund. Einmal bat sie ihn, aus dem Auto zu steigen und die Reifen zu überprüfen, um dann ohne ihn fortzufahren. Er rächte sich dafür durch Affären mit Merle Oberon und Ginger Rogers. Als Joan Greg und die Rogers einmal eng umschlungen tanzen sah, floh sie in Tränen aufgelöst.

Der Regisseur Vincent Sherman trat kurzzeitig an Bautzers Stelle, aber ihre Beziehung zerbrach schnell nach einer Reihe von heftigen Streitereien. Joan ging zurück zu Bautzer, obwohl auch der gewalttätig wurde. Einmal erschien sie mit einem blauen Auge, das sie mit den Worten erklärte: „Er liebt mich eben."

Als Bautzer an zwei Tagen hintereinander mit Rita Hayworth zum Essen ging, holte sich Joan Peter Shaw. Wieder gab es eine Versöhnung mit Bautzer, der ihr fürstliche Geschenke machte, aber schon bald darauf traf er sich mit Lana Turner. Joan ließ sich daraufhin mit dem Regisseur Charles Martin ein. Als sie genug von Martin hatte, lud sie Lana Turner zu sich ein und setzte sie kurzerhand davon in Kenntnis, daß ihre Affäre mit Bautzer nun beendet sei.

„Greg liebt dich nicht mehr", sagte sie. „Schon lange nicht mehr. Ich wollte dich nicht länger in dem irrigen Glauben lassen. Zwischen Greg und mir ist es ernst. Mich liebt er wirklich, aber er hat noch keinen Weg gefunden, sich von dir loszusagen. Mach es dir leicht. Sei ein gutes Mädchen und sag ihm, daß es aus ist."

Das Kalkül ging auf, doch ihre erneute Beziehung zu Bautzer blieb so stürmisch wie eh und je: Er fuhr ihr Auto zu Schrott, und sie spülte die 10 000 Dollar teuren Manschettenknöpfe, die sie ihm geschenkt hatte, das Klo hinunter. Der Klempner verlangte 500 Dollar fürs Herausholen. Als Bautzers Sekretärin sie einmal abzuwimmeln versuchte, stürmte Joan einfach in sein Büro – es war leer. Bautzer war aus dem Fenster geklettert und hatte sich auf einem schmalen Sims zwölf Stockwerke über dem Hollywood Boulevard vor ihr versteckt.

„Ich haßte und liebte ihn gleichzeitig", erklärte Joan. Die Beziehung dauerte immerhin zehn Jahre.

„EIN GLEICHBLEIBENDER STROM VON MÄNNERN"

Joan war eifersüchtig und ein ausgesprochener Hitzkopf. Sie ging mit dem Produzenten Bill Dozier aus und ließ ihn stehen, als er mit einer anderen Frau tanzte. Daß sie mit einem anderen Mann getanzt hatte, tat überhaupt nichts zur Sache. Wenn sie glaubte, ein Mann habe ihr Unrecht getan, mußte er vor ihr auf die Knie und um Verzeihung bitten.

„Es gab immer einen gleichbleibenden Strom von Männern", bezeugte eine ehemalige Hausangestellte. „Sie gingen zu jeder Tages- und Nachtzeit ein und aus. Wenn sie eine Verabredung hatte, nahm sie ihre Besucher gegen Ende des Abends meistens an die Hand und führte sie nach oben. Ich weiß nicht, ob sie auf eine verspielte Art erotisch war oder auf erotische Art verspielt, doch Miss Crawford triumphierte immer, und soweit ich mich erinnere, waren nur wenige Herren ein bißchen zögerlich."

Marilyn Monroe wurde von der Zeitschrift *Photoplay* zur „schnellsten Aufsteigerin des Jahres 1952" gekürt. Bei der Preisverleihung erschien sie in einem dünnen, enganliegenden Kleid, das bis zum Nabel ausgeschnitten war. Die Crawford kommentierte dies gegenüber Bob Thomas von Associated Press voll Gehässigkeit: „An meinen

Brüsten ist nichts verkehrt, aber ich gehe nicht herum und schleudere sie den Leuten ins Gesicht."

Marilyn fragte sich, ob dieser Kommentar Joans Rache dafür war, daß sie ihre Annäherungsversuche verschmäht hatte. Ihre Antwort auf Joans Attacke fiel dementsprechend subtil aus:

„Ich habe sie immer als eine großartige Mutter bewundert, die vier Kinder aufgenommen und ihnen ein gutes Zuhause gegeben hat. Wer könnte es besser beurteilen als ich, was das für Kinder ohne Zuhause bedeutet", erzählte Marilyn, selbst eine Waise, den Reportern.

Es war in Hollywood allerdings allgemein bekannt, daß Joan ihre Adoptivkinder weggeschickt hatte, um den „gleichbleibenden Strom von Männern" in nichts zu unterbrechen.

Joan reizte auch Elizabeth Taylor. In *Herzen im Fieber* spielte sie zusammen mit Michael Wilding, dem damaligen Ehemann der Taylor. Joan prahlte vor ihr beiläufig damit, daß sie mit jedem ihrer Filmpartner ins Bett gehe.

EINE GLÜCKLICHE EHE

Eine weitere Affäre hatte sie mit Milton Rackmil, dem Präsidenten der Universal Studios. Dann lernte sie Alfred Steele kennen, ein ehemals bekannter College-Footballspieler, der zum Präsidenten von Pepsi-Cola aufgestiegen war. Zu ihrer ersten Verabredung flog der verheiratete Steele, der damals noch in New York lebte, nach Los Angeles, um Joan zum Abendessen auszuführen. Sie war ungeheuer beeindruckt, und sobald Steele geschieden war, heiratete sie ihn.

Joan und ihr neuer Ehemann waren willensstarke Menschen, und so stritten sie sich wie Hund und Katze. Steele war unter anderem dagegen, daß Joan im Studio übernachtete, wenn sie einen langen Tag hatte. Während eines Streits verpaßte er ihr einmal ein Veilchen, so daß sie am nächsten Tag nicht drehen konnte. Nichtsdestotrotz entwickelte sich ihre Ehe glücklich – wenn auch stürmisch.

„Es ist himmlisch, die Liebe zu finden und geliebt zu werden", sagte Joan. „In einer guten Ehe gibt es einiges zu lernen. Ich habe gelernt, Sex nicht zu benützen, sondern zu schenken."

Sie blieben bis zu Steeles Tod 1959 zusammen. Er war achtundfünfzig, als er starb.

Nach seinem Tod war Joan mittellos, und so arbeitete sie wieder. Bei *Was geschah wirklich mit Baby Jane?* (OT: Whatever Happened to Baby Jane?) rangen Joan und ihre alte Rivalin Bette Davis um die Zuneigung des Regisseurs Robert Aldrich. Joan hatte 1956 während der Dreharbeiten zu *Herbststürme* (OT: Autumn Leaves) eine kurze Affäre mit ihm gehabt, aber Bette übertrumpfte sie dafür beim nächsten Film, *Wiegenlied für eine Leiche* (OT: Hush, Hush, Sweet Charlotte), und Joans Part wurde mit Olivia de Haviland besetzt.

ABRECHNUNG

Als sie ihren letzten Film, *Zirkus des Todes* (OT: Berserk), in England drehte, fiel Joan wieder in eine alte Gewohnheit zurück und präsentierte dem Regisseur Herman Cohen in ihrer Garderobe ihren nackten Körper. Er gab nie preis, ob sie ihn hatte verführen können.

Nach Joans Tod 1977 im Alter von neunundsechzig Jahren versuchte ihre Adoptivtochter Christina Crawford den Ruf ihrer Mutter mit dem Buch und gleichnamigen Film *Meine liebe Rabenmutter* (OT: Mommie Dearest) zu ruinieren. Darin schildert sie ausführlich die Schläge und Grausamkeiten, die sie angeblich durch Joan erlitten hatte. In *Survivor – Zum Überleben verdammt* beschrieb Christina später in allen Einzelheiten ihr eigenes Abgleiten in den Alkoholismus. Aber am Ende scheint Joan doch noch am besten weggekommen zu sein – eine Leinwandkönigin ihres Rangs läßt sich nicht so einfach mit Schmutz bewerfen.

VI

ICH MÖCHTE (NICHT) ALLEIN SEIN

In Hollywoods Pioniertagen brachten viele der in die Staaten gerufenen Filmdiven ihre dekadente europäische Lebensart mit. Die Russin Alla Nassimowa versammelte in ihrer berüchtigten Damenrunde ausschließlich Lesben um sich und wurde die Mentorin vieler junger Frauen, die es in den Dunstkreis Hollywoods zog.

Sie hatte darüber hinaus ein rein platonisches Interesse an homosexuellen Hollywoodstars und besorgte ihnen Partnerinnen, wenn ihre sexuellen Neigungen publik zu werden drohten. Als Gerüchte über Rudolph Valentinos Vorliebe für junge Knaben kursierten, die sich später jedoch als unbegründet herausstellten, fädelte die Nassimowa seine Hochzeit mit Jean Aker ein, einer ihrer Freundinnen. Selbstverständlich bestand die Ehe nur auf dem Papier, keiner mußte seine Schlafgewohnheiten ändern.

Wenn auch die Presse zufriedengestellt war, galt die Ehe zwischen Valentino und Aker in Hollywood allgemein als Witz. Jean Aker wurde es bald leid, eine Witzfigur abzugeben, und schockierte die gesamte weibliche Welt Amerikas, als sie sich unerklärlicherweise von dem Liebhaber par excellence scheiden ließ. Die Nassimowa drängte daraufhin eine weitere Freundin, eine Scheinehe mit Valentino einzugehen. Winifred Hudnutt wurde der exotische Name Natascha Rambova verpaßt, um dem virilen Helden aus *Der Scheich* (OT: The Sheik) eine geheimnisvolle Lebensgefährtin an die Seite zu stellen.

Zu guter Letzt opferte sich die Nassimowa selbst, als sie den schwulen Star Ramon Navarro heiratete.

GRETA GARBOS FRÜHE JAHRE

Greta Garbo interessierte sich für beiderlei Geschlechter. Als Mädchen hatte sie sexuelle Erfahrungen mit Geschlechtsgenossinnen und möglicherweise auch mit ihrer älteren Schwester Alva gesammelt. Ihre frühen Briefe lassen jedenfalls auf eine lesbische Beziehung schließen.

Mit fünfzehn arbeitete sie in einem Kurzwarenladen in Stockholm, wo sie einen Lebemann namens Max Gumpel kennenlernte. Er lud sie zum Essen ein. Greta nahm an und war leicht irritiert, als er ihr Artischocken vorsetzte. Ein derart exotisches Gemüse hatte sie noch nie gesehen, geschweige denn gegessen.

Die Besuche bei Gumpel häuften sich. Er schenkte ihr einen Goldring mit Edelstein, der so schön war „wie ein Diamant in der englischen Königskrone", erzählte Greta ihren Freundinnen. Etwa ein Jahr später heirateten sie. Die Ehe hielt nicht lange, sie trennten sich aber in aller Freundschaft. Als sie dann ein großer Filmstar war, führte sie ihn immer zum Essen aus, wenn sie nach Schweden kam. Der gewiefte und sehr erfolgreiche Geschäftsmann beriet sie in allen Immobilienangelegenheiten.

Ihr Filmdebut hatte Greta Garbo 1922 in Schweden mit einer Slapstickkomödie. Sie spielte eine sechzehnjährige Badenixe in einem nicht zu knapp geratenen Badeanzug.

Die Garbo war auch in Wirklichkeit eine echte Wasserratte und ging jahrelang völlig nackt schwimmen. David Niven kolportierte die Geschichte, daß die erste nackte Frau, die seine Söhne gesehen hätten, Greta Garbo gewesen sei, als sie sie in ihrem Pool in Hollywood beobachten konnten. Gretas Filmpartner in *Wilde Orchideen* (OT: Wild Orchids) und *The Single Standard*, Nils Asther, eröffnete ihr eines Tages entrüstet, daß einer ihrer Diener Freunde gegen ein gewisses Entgeld in ihr Haus einlasse, um ihnen das Schauspiel im Pool zu bieten – Greta lachte nur darüber. Wenn sie in der Sierra Nevada mit ihrer Geliebten Mercedes de Acosta oder in Südfrankreich mit Aristoteles Onassis Urlaub machte, zeigte sie sich gerne barbusig,

Greta Garbo

sogar in aller Öffentlichkeit. Zu Hause gärtnerte sie häufig splitternackt, auch wenn sie Zaungäste hatte.

Bei ihrem zweiten Film, *Gösta Berlings Saga* – die Geschichte eines gefallenen Priesters, der durch die Liebe einer Gräfin erlöst wird – war Garbos Leidenschaft für ihre aufstrebende Kollegin Mona Mårtenson Tagesgespräch. Greta gestand Mona ihre Liebe, und ihre Zuneigung wurde erwidert. Die beiden belegten bei den Außendreharbeiten ein gemeinsames Hotelzimmer. Als die Garbo in Hollywood längst ein Star war, sehnte sie sich immer noch danach, wieder in Stockholm zusammen mit Mona vor der Kamera zu stehen.

DIE SCHÖNE UND DAS BIEST

Regisseur der *Gösta Berlings Saga* war Mauritz „Moje" Stiller, ein verkappter Homosexueller. Sein erster Kinofilm war selbst den liberalen schwedischen Zensoren zu gewagt, weil darin allzu ausgiebig an den sekundären Geschlechtsteilen der Heldin herumgefummelt wird. Seine Sexkomödie *Erotikon* dagegen kam 1920 groß in Deutschland heraus. Es war auch Stiller, der der Garbo ihren Künstlernamen gab. Die Achtzehnjährige verbrachte so viel Zeit mit dem vierzigjährigen Stiller, daß das Paar allgemein als „die Schöne und das Biest" bekannt war. Er nahm sie überallhin mit, schrieb ihr vor, was sie anzuziehen habe und was sie sagen solle. Obwohl er seinen eigenen homosexuellen Neigungen nachging, umgab er sich gern mit schönen jungen Frauen und versuchte in der Garbo seine Vision der „ultimativen Frau" zu realisieren.

Im Anschluß an *Gösta Berlings Saga* wollte Stiller *Die Odaliske aus Smolna* drehen. Die Garbo sollte darin die Rolle einer russischen Fürstin auf der Flucht vor der Revolution spielen, die unter Drogen gesetzt und schließlich in einen türkischen Harem verkauft wird. Der Drehort des Films war Konstantinopel. Dort traf Mercedes de Acosta, die später Gretas Geliebte wurde, zum ersten Mal auf die Garbo.

„Es war in der Lobby des Pera-Palast-Hotels, wo ich eine der atemberaubendsten Frauen erblickte, die ich je gesehen habe", schrieb Mercedes de Acosta später.

Dummerweise ging Stiller während der Dreharbeiten das Geld aus, und der Film wurde nie fertiggestellt. Er reiste mit der Garbo nach Berlin, wo sie sich ins dekadente Nachtleben stürzten. Stiller hatte bereits einen Vertrag mit Louis B. Mayer in Hollywood und konnte der Garbo eine Rolle im neuesten Pabst-Film *Die freudlose Gasse* verschaffen, in dem eine junge Frau ungewollt zur Prostituierten und von einem amerikanischen Leutnant gerettet wird.

UNSITTLICHE ANTRÄGE

Der Film war ein großer Erfolg, obwohl viele Szenen der Zensur zum Opfer fielen. Die Garbo erhielt daraufhin einen Vertrag von Mayer und ging zusammen mit Stiller nach Hollywood. Dort tauchten sie in die homosexuelle Subkultur ein. Gerüchte gingen um, daß Stiller und der schwule deutsche Regisseur F. W. Murnau junge männliche Stricher am Santa Monica Boulevard aufgabelten. Die Garbo war schockiert. Einer Freundin bekannte sie: „Moje hatte in Berlin immer nur erste Wahl."

Aus der Südsee kehrte Murnau nach Abschluß der Dreharbeiten zu *Tabu* später mit einem vierzehnjährigen Polynesier zurück, den er seinen „Hausdiener-Chauffeur" nannte. Der Junge war aber alles andere als ein guter Fahrer. Auf einer Fahrt von Los Angeles nach Monterey brachte er bei einem Ausweichmanöver den Wagen ins Schleudern und stürzte mit Murnau eine Böschung hinab in den Tod. Nur elf Menschen erschienen auf Murnaus Beerdigung, unter ihnen auch die Garbo.

Inzwischen war die Garbo mit Lilyan Tashman zusammen, einer lesbischen Schauspielerin, die berüchtigt war für ihre unsittlichen Anträge auf dem stillen Örtchen.

„Lilyan war eine der ersten Frauen, von der ich obszöne Wörter hörte", erzählte die Schauspielerin Lina Basquette. „Sie versuchte, mich auf dem Damenklo in die Ecke zu drängen, als ich siebzehn war."

Und Irene Mayer Selznick berichtete über ihre Erfahrungen mit der Tashman: „Wenn Lilyan schon etwas getrunken hatte, war es ratsam, nicht gleichzeitig mit ihr auf die Toilette zu gehen. Ich habe es einmal getan und war vollkommen baff. Ich kannte Lil schon ewig lange, aber so etwas war mir in meinem ganzen Leben noch nicht passiert. So schamlos offen. So etwas habe ich noch nie erlebt – es war nicht zu fassen. Einfach unvorstellbar."

Das ehemalige Ziegfeld-Sternchen Lilyan Tashman lenkte mittels diverser Scheinehen von ihren Neigungen ab. Ihr zweiter Mann, der Schauspieler Edmund Lowe, war einer der unverhohlensten Homosexuellen Hollywoods.

IN HOLLYWOODS LESBEN-KREISEN

Lilyan Tashman und Greta Garbo wurden öfters zusammen beim Einkaufen gesehen, und die Tashman redete sogar gegenüber Reportern offen über ihre Beziehung. Greta Garbo, die sehr um ihren Ruf bemüht war, gab ihr schließlich wegen des „Pariser Sexsymbols" Fifi D'Orsay den Laufpaß. Fifi hatte in ihrem ganzen Leben noch nie einen Fuß auf französischen Boden gesetzt. Sie stammte aus Montréal und war in Varietékreisen durch ihren Ausspruch „Allo, beeeg boy" bekannt geworden.

Die Garbo sah sie 1929 im Film *Hot for Paris* und wollte sie kennenlernen. Eine Begegnung wurde arrangiert. Sie trafen sich im Russian Eagle und konnten danach oft zusammen in der Öffentlichkeit beobachtet werden.

Im Februar 1930 berichtete eine Tageszeitung aus Los Angeles: „Greta Garbo und Fifi D'Orsay sind unzertrennliche Freundinnen geworden. Wo Greta ist, ist Fifi nicht weit und umgekehrt. Greta ist sonst so zugeknöpft und reserviert, daß Hollywood an der Tändelei großen Anteil nimmt. Fifi ist Gretas erste Busenfreundin, seit Greta Garbo Lilyan Tashman ihre Freundschaft aufkündigte. Greta singt die Lieder, die Fifi in *They Had to See Paris* (1929) gesungen hat, und Fifi revanchiert sich, indem sie schwedisch zu sprechen versucht. Wie lange das gut gehen mag, weiß niemand, doch die beiden ‚Mädels' sind gewiß ein schillerndes Paar – so unterschiedlich und so exotisch."

Die Folgen ließen nicht lange auf sich warten. Die Quelle, aus der die Geschichte gesprudelt war, war Fifi selbst. Wütend ließ die Garbo sie fallen und kehrte zu LilyanTashman zurück.

Mayer war entsetzt über diese Geschichten. Die Frau, über die sich die Zeitungen dermaßen ergingen, war keine geringere als die schwedische Sexgöttin, in die das Studio Millionen investiert hatte. Sie war der Star von schwülstigen romantischen Klassikern wie *Dä-*

mon Weib (OT: The Temptress, 1926), *Es war* (OT: Flesh and the Devil, 1927), *Anna Karenina* (OT: Love, 1927), *The Divine Woman* (1928), *Der Krieg im Dunkeln* (OT: The Mysterious Lady, 1928), *Eine schamlose Frau* (OT: A Woman of Affairs, 1928) und *Der Kuß* (OT: The Kiss, 1929). So konnte es nicht weitergehen!

MGM LEGT GRETA AN DIE LEINE

Lassen wir Louise Brooks die Geschichte weitererzählen: „Nachdem sie sich endlich von Stillers abstoßenden homosexuellen Spielchen befreit hatte, entspannte sie sich glücklich unter den Hollywood-Lesben, bis die von den notorischen Klatschmäulern Lilyan Tashman und Fifi D'Orsay verbreiteten Geschichten Howard Diez, MGMs PR-Chef, zwangen, die Garbo mit einer Gilbert-Garbo-Romanze wieder an die Kandare zu nehmen."

Louise mußte es wissen. Sie bewegte sich ebenfalls in Hollywoods Lesben-Kreisen. Ihrer Aussage nach hatte die Garbo sich an sie herangemacht, woraufhin sie eine Nacht miteinander verbracht hatten.

„Sie gab sich ganz als ‚kesser Onkel', was ihre Filme noch wundervoller macht", sagte Louise. „Sie ging auf die Jagd, nur bei Mercedes de Acosta nicht, die nahm sie aus snobistischen Gründen auf und verbleute sie höllisch– eine Metzgerstochter, die eine Nachfahre des Herzogs von Alba mißhandelt! Doch wenn Frauen wie Marlene Dietrich oder Tallulah Bankhead sich an sie heranmachten, türmte die Garbo schleunigst."

Um den Gerüchten den Nährboden zu entziehen, mußte ein Mann für Greta Garbo gefunden werden. Glücklicherweise hatte das Studio gerade einen zur Hand.

John Gilbert gehörte zu den großen Stars der Stummfilmzeit. Nach Valentinos Tod 1925 war er der größte Herzensbrecher in Hollywood. Er verdiente tausend Dollar die Woche, zechte mit Zimmerleuten, tanzte mit Kellnerinnen und genoß die Liebe mit Prostituierten ebenso wie mit Filmköniginnen. Doch er hatte einen großen Feind, und der hieß Louis B. Mayer.

Während einer Drehbuchbesprechung bekundete Gilbert sein Interesse, mit der Garbo sowohl in *Anna Christie* als auch in *Die Kameliendame* (OT: Camille) zu spielen. Mayer nahm daran Anstoß, weil die Heldinnen in beiden Büchern doch im Grunde genommen Huren seien.

„Was ist so schlimm daran?" spöttelte Gilbert. „Meine eigene Mutter war eine Hure."

Mayer, der dies für eine Beleidigung aller amerikanischen Mütter hielt, stürzte sich auf Gilbert, der seiner Meinung nach MGM sowieso schon Schande genug gemacht hatte. Gilbert hatte sich nämlich von seiner Frau, der bekannten Schauspielerin Leatrice Joy, drei Wochen vor der Geburt ihrer gemeinsamen Tochter getrennt.

Gilbert durfte dennoch an der Seite von Greta Garbo in *Es war* (OT: Flesh and the Devil) spielen. Ihre Liebesszenen gehören zu den aufregendsten, die es auf Zelluloid gibt, und sie wurden ohne Probe und Wiederholung gedreht. Im Film verführt Greta Garbo John Gilbert – und hinter den Kulissen machte sie dasselbe. Sie war damals noch neu im Geschäft, er ein alter Hase.

EINE BEINAHE-DOPPELHOCHZEIT

„Sie hat das getan, was jede Schauspielerin getan hat, seit das Wort Hure durch den Begriff Schauspielerin ersetzt wurde", kommentierte Louise Brooks. „Sie ging mit ihm aus und ließ sich um ihrer Karriere willen gelegentlich mit ihm ein."

Nach Abschluß der Dreharbeiten zu *Es war* zog die Garbo zu Gilbert. Er baute ihr hinten in seinem Garten eine Hütte, ließ einen künstlichen Wasserfall installierten und pflanzte schwedische Fichten, damit sie sich trösten konnte, wenn sie Heimweh bekam.

Er gelobte ihr ewige Liebe. Sie blieb da wesentlich kühler, willigte eines Tages aber doch in eine Ehe ein. Der Antrag erfolgte auf Marion Davies' Hazienda in Beverly Hills, als die Garbo und Gilbert dort zum Abendessen eingeladen waren. An dem Diner nahmen nur noch die Schauspielerin Eleanor Boardman und der Regisseur King Vidor teil, beide Nachbarn von Gilbert, die in zwei Wochen heiraten wollten. Nach einigen Gläsern schlug Gilbert vor, daraus doch eine Doppelhochzeit zu machen. Zur allgemeinen Überraschung sagte die Garbo ja.

Doch am Morgen vor der Hochzeit sah John Gilbert seine Greta gerade noch mit ihrem Wagen aus der Einfahrt verschwinden. Sie kehrte nicht mehr zurück. Die Hochzeit sollte bei Marion Davies stattfinden, also fuhr Gilbert zu ihrer Hazienda und hoffte, Greta würde dort wieder auftauchen. Mayer war auch anwesend und ließ eine seiner für ihn typischen krassen Bemerkungen fallen:

„Was ist los mit Ihnen, Gilbert?" fragte Mayer. „Wozu müssen Sie sie denn heiraten? Gehen Sie doch einfach mit ihr ins Bett und vergessen Sie alles andere."

Gilbert ging auf Mayer los, der fiel hin, schlug mit dem Kopf auf den Boden und zerbrach seine Brille.

„Sie sind erledigt, Gilbert!" brüllte Mayer, als er sich wieder hochrappelte. „Ich werde Sie vernichten, und wenn es mich eine Million Dollar kostet."

Die Garbo gestand später, daß sie in Gilbert verliebt war, ihn aber als zu übermächtig empfand.

„Ich hatte Angst, er würde über mich bestimmen und den Boß spielen", erklärte sie. „Der Boß wollte ich aber immer selbst sein."

Zudem konnte sie seine Alkoholräusche nicht ausstehen, und Stiller war verärgert, daß sie auf einen „so einfältigen Kerl wie Gilbert" hereinfiel. Die Garbo hatte Gilbert nichts davon erzählt, daß Stiller schwul war, und so nahm der an, der Grund ihrer Flucht liege in einer noch andauernden Beziehung zwischen ihr und Stiller.

ABLENKUNGSMANÖVER

Obwohl aus der Hochzeit nichts geworden war, schürte das Studio die Gilbert-Garbo-Romanze jedesmal, wenn die Rede wieder auf lesbische Eskapaden kam. Noch Jahre später brachte der *New York Mirror* die Geschichte, daß Gilbert die Garbo zum Standesamt in Santa Ana gelockt habe, sie aber „ausriß und sich im Bahnhof versteckte, bis ein Zug nach Hollywood einfuhr".

Hearsts Hollywood-Klatschbase Louella Parsons berichtete: „Garbo und Gilbert türmten letzten Freitag in aller Stille aus Los Angeles und ließen sich in einem nahegelegenen Dorf trauen. Die Countys San José oder Ventura werden als Orte der Eheschließung genannt."

Das war natürlich blanker Unsinn. Die Garbo verbrachte ihre Zeit damals gerade mit Nils Asther.

In seiner Verzweiflung heiratete Gilbert am 9. Mai 1929 die Schauspielerin Ina Claire. Sie trennten sich am 31. August 1930 und wurden am 4. August 1931 geschieden. Inzwischen machte Mayer seine Drohung wahr: Gilbert bekam nur noch Hauptrollen in miesen Filmen. Der Börsenkrach an der Wall Street spielte ihm übel mit, aber er hatte noch einen unkündbaren Vertrag mit MGM, auf den er sich jederzeit beziehen konnte. Als der Tonfilm aufkam, nutzte Mayer seine Chance, Gilbert ein für allemal loszuwerden. Gilberts erster Tonfilm war *His Glorious Night*. Mayer brachte die Toningenieure dazu, Gilberts einschmeichelnde Stimme in ein trillerndes Falsett zu verwandeln – für einen romantischen Helden die absolut falsche Stimmlage. Das Publikum schlug sich angesichts des blechernen Winselns belustigt auf die Schenkel, und die Kritiker bezeichneten den Streifen als Lachnummer. Die Fans wandten sich in Scharen von ihm ab. Er griff zur Flasche und trank sich im Alter von neununddreißig Jahren zu Tode.

SEHNSUCHT

Die Schriftstellerin und Dame der feinen Gesellschaft Mercedes de Acosta war der Garbo verfallen, seit sie sie 1924 in Konstantinopel zum ersten Mal gesehen hatte. Bevor sie wußte, daß die Garbo Schauspielerin war, hielt sie sie wegen ihres distinguierten und aristokratischen Aussehens für eine russische Fürstin.

„Ich sah sie später noch öfter auf der Straße", erinnerte sie sich. „Ihre Augen machten mich fast verrückt, und ich sehnte mich danach, sie anzusprechen, brachte es aber nicht fertig."

Sie wußte nicht einmal, in welcher Sprache sie die Garbo hätte anreden sollen, und so kam es damals zu keiner Begegnung.

„Als der Zug, mit dem ich Konstantinopel verließ, aus dem Bahnhof fuhr, hatte ich die starke Vorahnung, daß ich dieses wunderschöne und unvergeßliche Gesicht in einem anderen Land wiedersehen würde."

Mercedes de Acosta war sich in den ersten Jahren ihres Lebens über ihre sexuelle Identität nicht im klaren. Bis zu ihrem siebten Lebensjahr hielt sie sich für einen Jungen. Ihr Eltern förderten diese Selbsttäuschung auch noch. Ihre Mutter hatte immer einen Jungen gewollt, und so nannte sie Mercedes ‚Rafael' und zog ihr eine Schuluniform an. Als Rafael spielte de Acosta mit den anderen Jungen, bis nach ihren Worten „die Tragödie hereinbrach". Ein Junge sagte, sie könne den Ball nicht so weit werfen wie er, weil sie ein Mädchen sei. Sie forderte ihn zum Kampf heraus. Statt sich zu prügeln, zog er sie hinter das Badehaus und zeigte ihr seinen Penis. Sie fand ihn schrecklich und sagte ihm, er sei mißgestaltet.

„Wenn du ein Junge bist und keinen hast, dann bist du mißgestaltet", erwiderte der Junge.

Dann kamen die anderen Jungen hinter das Badehaus und zeigten ihre Penisse.

„Beweis uns, daß du kein Mädchen bist", forderten sie.

Mercedes rannte zu ihrer Mutter nach Hause und rang ihr das Eingeständnis ab, daß sie tatsächlich ein Mädchen war. Sie wurde in ein Kloster geschickt, wo sie die Nonnen mit der Behauptung erzürnte, daß sie weder Mädchen noch Junge sei – „vielleicht bin ich beides."

MERCEDES DE ACOSTA KANN SICH NICHT ENTSCHEIDEN

Greta Garbo bezeichnete sich ebenfalls als Mann.

Viele Jahre später bemerkte Mercedes de Acosta einmal: „Wer von uns gehört schon nur einem Geschlecht an? Ich selbst fühle mich manchmal androgyn."

Mercedes schwankte ohne Zweifel zwischen den Geschlechtern hin und her. Von 1920 bis 1935 war sie mit dem Künstler Abram Poole verheiratet, was sie nicht davon abhielt, sich mit Frauen einzulassen. Sie behauptete sogar, eine Freundin in die Flitterwochen mitgenommen zu haben.

„Ich kriege jede Frau von ihrem Mann los", pflegte sie zu prahlen.

Sie hing gern in Transvestitenklubs herum und verführte auch Männer. Die lesbische Autorin Alice B. Toklas war ebenfalls fasziniert von ihr.

„Mercedes läßt sich nicht so einfach abtun", erklärte sie. „Sie hatte Affären mit den beiden wichtigsten Frauen Amerikas – mit Greta Garbo und Marlene Dietrich."

Mercedes wurde 1925 eingeladen, um Greta Garbo in New York zu treffen – sie war aber verhindert. Dann wurde sie 1931 nach Hollywood gerufen, um ein Drehbuch für Pola Negri zu schreiben. Das ließ sie sich nicht zweimal sagen.

„Die ganze Welt glaubte, in dieser Stadt gebe es ein irres Nachtleben, einen ausschweifenden Lebensstil, Orgien, Karrieren, Stars, die wie Kometen aufstiegen und wie Blei untergingen, zügellose Extravaganzen, ungehemmte Liebesaffären – also mit einem Wort: SÜNDE", schrieb sie in ihren Memoiren, *Here Lies the Heart*.

Drei Tage, nachdem sie an der Westküste eingetroffen war, wurde Mercedes von der deutschen Schauspielerin Salka Viertel, deren Haus das Zentrum des Emigrantenlebens war, zum Tee eingeladen. Auch die Garbo zählte zu den Gästen. Mercedes war fasziniert von ihren Augen, „die in die Ewigkeit zu blicken schienen", und zeigte sich beeindruckt, daß sie Hosen trug.

ENDLICH EIN PAAR!

Zwei Tage später trafen sie sich zum Frühstück und tanzten anschließend im Strandhaus eines Drehbuchautors von Paramount. Die Garbo lud Mercedes zum Mittagessen zu sich nach Hause ein – die hatte jedoch bereits eine Verabredung mit Pola Negri, der sie nicht absagen konnte, weil es „ein intimes Essen zu sechst" war.

Die Garbo lachte.

„Wohl eher für sechshundert", meinte sie. „Du kennst Hollywood noch nicht."

Während des Essens erhielt Mercedes de Acosta einen Anruf. Es war die Garbo.

„Sind jetzt sechs oder sechshundert da?" wollte sie wissen.

„Eher noch sechstausend", erwiderte de Acosta.

Sie stahl sich davon und eilte zu Greta Garbo, die vor ihrem Haus schon in einem schwarzseidenen Morgenmantel und Herrenpantoffeln auf sie wartete …

Eines Tages verließ die Garbo Hollywood, um einen ausgiebigen Urlaub auf einer Insel im Silbersee in der Sierra Nevada zu verbringen, weil sie allein sein wollte. Aber schon nach zwei Tagen kehrte sie unverrichteterdinge nach Los Angeles zurück, um Mercedes de Acosta abzuholen. Als sie wieder auf der Insel waren, sagte Greta: „Wir müssen uns sofort taufen lassen."

Sie warf alle Kleider ab und glitt ins Wasser. Tief beeindruckt, sprang Mercedes kurzerhand hinterher, obwohl das Wasser eiskalt war.

„Wie soll ich die nächsten sechs Wochen schildern?" schreibt Mercedes de Acosta in ihren Memoiren. „Noch beim Schwelgen in der Erinnerung erkenne ich, was für ein Glück mir beschieden war. Diese zauberhaften sechs Wochen waren vollkommen, ja einzigartig in meinem Leben ... Es gab keinen einzigen Mißton zwischen Greta und mir oder in der Natur um uns herum."

„DIE GARBO IN HOSEN"
Die Garbo und Mercedes zogen in benachbarte Häuser in der Rockingham Road in Brentwood und sahen sich jeden Tag.

Mercedes de Acosta war eine der auffallendsten lesbischen Erscheinungen in Hollywood und trug häufig Männerkleidung. Sie ermutigte die Garbo, es ihr gleich zu tun. Beide sind auf einem berühmten Bild verewigt, auf dem sie über den Hollywood Boulevard stolzieren. Die Überschrift lautet: „Die Garbo in Hosen!"

Die Garbo stürzte sich auf lesbische Literatur und hatte eine flüchtige Affäre mit Eva von Berne, der sogenannten „zweiten Garbo", die Irving Thalberg in Wien entdeckt hatte. Sie ging immer in Männerkleidung auf Maskenbälle und sprach oft von ihrem Verlangen, Männerrollen in Filmen zu spielen. Als sie Aldous Huxley darum bat, für sie ein Drehbuch über den heiligen Franziskus von Assisi zu schreiben, erwiderte der: „Wie, mit Bart und allem Drum und Dran?"

Mercedes de Acosta zog sich den Zorn von Thalberg zu, als sie ein Drehbuch verfaßte, in dem die Garbo zumeist als Junge verkleidet auftreten sollte. Thalberg sagte: „Sie müssen übergeschnappt sein. Seit Jahren haben wir die Garbo als große bezaubernde Schauspielerin aufgebaut. Jetzt wollen Sie sie in Hosen stecken und damit Geld verdienen."

Als das Projekt im Papierkorb landete, bestand Greta Garbo darauf, daß Mercedes *Das Bildnis des Dorian Gray* zu einem Drehbuch verarbeitete. Mercedes kommentierte die Absicht mit den Worten: „Dann mußt aber du zu Irving und ihm die Idee unterbreiten, damit er diesmal dich hinauswirft – und nicht mich."

Der Regisseur George Cukor sah noch eine andere Seite an der Garbo. Zu Cecil Beaton bemerkte er einmal: „Natürlich ist sie eine sinnliche Frau, die sich auf alles einläßt, einen Mann anmacht, mit ihm ins Bett steigt, ihn dann aber rauswirft, weil sie sich ihre wahre Sinnlichkeit für die Kamera aufhebt."

„ICH MÖCHTE ALLEIN SEIN"

Und das Publikum liebte sie dafür. Auf der Höhe ihres Ruhms erhielt sie fünfzehntausend Verehrerbriefe pro Woche, viele davon pornographischer Natur. Sie las keinen einzigen.

Im Haus von Anita Loos in Santa Monica lernte sie den charismatischen Dirigenten Leopold Stokowski kennen. Die beiden reisten mehrere Monate durch Europa. „In den nächsten zwei Jahren wird es sicher keine Heirat geben, das lassen meine Verträge und Engagements in Hollywood nicht zu", teilte Greta den Reportern mit. Bald darauf heiratete Stokowski die reiche Erbin Gloria Vanderbilt.

1939 spielte Greta Garbo mit Ina Claire, John Gilberts Exfrau, in *Ninotschka* und machte ihr Avancen. Doch sie bekam einen Korb. Es war Gretas letzter Film. Sie war sechsunddreißig, als sie sich nach New York zurückzog, wo sie die berühmten Worte sagte: „Ich möchte allein sein."

Inzwischen hatte sich die Beziehung zu Mercedes de Acosta abgekühlt. Mercedes war in eine stürmische Affäre mit der Schauspielerin Ona Munson verwickelt, einem ehemaligen Schützling von Alla Nassimowa. Greta erlebte eine kurze Liebelei mit dem Gesundheitsexperten Gayelord Hauser, den sie über Mercedes kennengelernt hatte. Er schlug ihr vor, aus dem Treibhaus der Sünde zu flüchten und sich New York anzusehen. Dort nahm Hauser Greta Garbo mit zur russischen Modeschöpferin Valentina. Deren Mann George Schlee, betrat überraschend den Salon seiner Frau und erblickte die Garbo splitternackt bei einer Anprobe. Bald darauf wurden George, Valentina und Greta überall zusammen gesehen. Bei vielen Partys erschien George mit seiner Frau und der Garbo, die beide in identische blaue Matrosenanzüge gewandet waren.

Es wurde ungeheuer viel darüber spekuliert, wer was mit wem hatte. Schlee soll seiner Frau gesagt haben, er sei in die Garbo verliebt,

„aber sie will keine Ehe, und du und ich haben doch soviel gemeinsam".

Andere behaupteten, Greta Garbo habe in Wirklichkeit Valentina geliebt. Sie wurde jedoch oft allein mit Schlee gesehen, und darüber hinaus unternahmen sie einige Reisen zusammen. Damals fand Greta Garbo auch Zeit für ein kurzes Abenteuer mit Eric von Goldschmidt-Rothschild, doch ungeachtet ihrer anderen Interessen hielt sie ihre unsichere Verbindung mit den Schlees aufrecht, wohnte immer in ihrer Nähe und zog schließlich in die Wohnung über ihnen.

GRETA TRIFFT CECIL BEATON

Im Frühjahr 1946 nahm Schlee Greta Garbo auf ein kleines Fest bei Margaret Case mit, einer Redakteurin der *Vogue*. Dort war auch der Starfotograf Cecil Beaton eingeladen, ein langjähriger Freund von Mercedes de Acosta, den die Garbo schon 1932 in Hollywood getroffen hatte. Er fühlte sich stark zu ihr hingezogen, sie nahm sich jedoch in acht vor ihm, weil „er mit der Presse spricht".

Tatsächlich rührte Beaton schamlos die Propagandatrommel für sich. In Cambridge sandte er selbst Geschichten über sich an Londoner Zeitungen – etwas, das man in den zwanziger Jahren für sehr unschicklich hielt.

Beatons Einstellung zu Frauen war zweideutig. Auf der Schule in Harrow hatte er eine homosexuelle Affäre und schminkte sich. In Cambridge unterhielt er ein Verhältnis mit Ben Thomas, dem spätern Leiter des Central Office of Information. Viele seiner anderen homosexuellen Freunde gingen glückliche Ehen ein und brachten es zu Ansehen. Das wollte Beaton auch. Er konnte seine Homosexualität nicht akzeptieren, aber ebensowenig konnte er sich mit der Idee anfreunden, Sex mit einer Frau zu haben.

Er genoß weibliche Gesellschaft, gab aber in seinem Tagebuch zu: „Ich war noch nie in eine Frau verliebt und glaube auch nicht, daß es je so sein wird, wie ich in Männer verliebt war. Ich bin wirklich ein schrecklicher Homosexueller, der aber alles daran setzt, es nicht zu sein."

Bei seinem zweiten Besuch in New York im Dezember 1929 gestand er Marjorie Oelrichs, der späteren Frau des Bandleaders Eddy

Duchin, daß er noch nie mit einer Frau im Bett gewesen sei. Sie bot sich an, ihm die Unschuld zu nehmen. Zwei Tage später gab ihm Adele Astaire, Fred Astaires Schwester und Tanzpartnerin, eine weitere Kostprobe. Sie lobte ihn für seine Sittsamkeit, bedeckte er sich doch züchtig mit einem Handtuch, während sie nackt war. Als er ein paar Tage später nach Kalifornien abreiste, tauchte sie am Bahnhof mit einem goldenen Federhalter auf, den sie ihm als Andenken an ihr intimes Zusammensein schenkte.

MEHR SCHEIN ALS SEIN

Beaton spielte den Heterosexuellen, so gut er konnte, und verdammte „Schwalben", die ihm, wie er behauptete, „Angst machten und Übelkeit verursachten". Der Modeschöpfer Charles James warf ihm vor, er liebe lediglich die Pose als Heterosexueller, und das traf auch zu. Beaton fühlte sich in der Gesellschaft von Homosexuellen und Lesben wesentlich wohler. Kurz nach seiner Ankunft an der Westküste drehte Beaton täglich seine Runden mit einem schwarzen Boxer namens Jimmy. Er behauptete später, eine Affäre mit Gary Cooper bei seinem ersten Aufenthalt in Hollywood gehabt zu haben.

1930 verliebte sich Beaton in Wien in Peter Watson, den Geliebten des Bühnenbildners Oliver Messel, den Beaton als lebenslangen Rivalen betrachtete. Beaton und Watson unternahmen viele gemeinsame Reisen, hatten aber auf sexueller Ebene ein striktes Stillhalteabkommen miteinander geschlossen. Beaton quälte das zu sehr, und er fiel in abgrundtiefe Verzweiflung.

Watson schlug Beaton vor, er solle sich doch eine Geliebte nehmen, also tat sich der Fotograf mit der bildschönen Vicontessa Castlerosse zusammen. Ganz London kicherte bald über die Affäre. Sogar Lord Castlerosse fand sie amüsant.

Als nächstes ging Beaton mit Lilia Ralli, einer Dame der High Society ins Bett. Das brachte ihm Fototermine mit Prinzessin Olga von Jugoslawien, dem Herzog und der Herzogin von Kent und später sogar mit Königin Elizabeth ein. Der Schauspieler John Gielgud attestierte Beaton zunehmende heterosexuelle Könnerschaft: „Eine befreundete Schauspielerin erzählte mir, Cecil sei der beste Mann gewesen, den sie je im Bett gehabt habe." Nichtsdestotrotz hing Beaton in türkischen Bädern herum und ging auf Homosexuellen-Partys. Er war in der Schwulenszene so bekannt, daß nur wenige seiner homosexuellen Freunde die Geschichten seiner heterosexuellen Eroberungen glaubten.

EIN FOLGENSCHWERER FEHLER
Beaton war von Greta Garbo hingerissen, als er ihr 1932 in Hollywood erstmals begegnete, und fand sie noch genauso attraktiv bei ihrem Wiedersehen 1946 in New York. Er geleitete sie auf die Dachterrasse hinaus und nahm ihr, während er ihr den Rücken streichelte, das Versprechen ab, ihn anzurufen.

Sie machten gemeinsam Spaziergänge durch den Central Park. Eines Tages verkündete sie aus heiterem Himmel: „Mein Bett ist klein und keusch. Ich verabscheue es."

Sie erklärte weiter, sie habe bis zu diesem Zeitpunkt nie in ihrem Leben ernsthaft daran gedacht, sich mit irgendeinem Menschen häuslich in einer Ehe einzurichten. Nun habe sie erkannt, daß dies ein Fehler war. Mit zunehmendem Alter werde sie einsamer und glaube daher, sie brauche „eine dauerhafte Gemeinschaft". Beaton machte ihr augenblicklich einen Heiratsantrag.

Die Garbo rügte ihn wegen seiner Leichtfertigkeit. Ein paar Tage später gestand sie ihm aber ein, in ihn verliebt zu sein. Sie habe jedoch schon eine Reise nach Schweden gebucht, also ginge erst einmal gar nichts. Sie bat ihn zu sich, um ihr Paßbild machen zu lassen. Sobald er hinter der Kamera stand, gefiel sich die Garbo in der Rolle als Fotomodell und posierte für ihn in verschiedenen Kostümen. Als sie abgereist war, brachte Beaton die Aufnahmen zur *Vogue*. In Schweden bekam die Garbo Wind von der bevorstehenden Veröffentlichung und telegrafierte Beaton, sie würde ihm nie verzeihen, wenn die Bilder erschienen. Beaton rief hektisch bei der *Vogue* an, aber es war zu spät. Die Ausgaben waren bereits unterwegs zu den Zeitungskiosken.

Als die Garbo nach New York zurückkehrte, nahm sie Beatons Anrufe nicht entgegen. Einen Monat später gelang es ihm in Hollywood, mit ihr zusammenzutreffen, sie verhielt sich aber abweisend. Eineinhalb Jahre lang bombardierte er sie mit Briefen, Anrufen und

Telegrammen. Es half nichts. Im Oktober 1947 schrieb er in sein Tagebuch: „Ich bin völlig verzweifelt."

BEATON WECHSELT DIE TAKTIK
Eine gemeinsame Freundin, Mona Williams Harrison, riet ihm, der Garbo nicht mehr nachzujagen. Wenn er die Anrufe einstellte, würde sie sich Sorgen machen. Er müsse es gelassen und beiläufig angehen.

Vier Tage, nachdem er mit den Anrufen aufgehört hatte, klingelte sein Telefon im Plaza. Es war Greta.

„Kann ich vorbeikommen? Jetzt gleich?" fragte sie.

Er wich scheu aus: „Es ist zu regnerisch, und ich muß weg."

Sie nahm es nicht zur Kenntnis.

„Ich komme", sagte sie.

Er spielte weiter den Unnahbaren und machte Andeutungen, daß er sich mit anderen Frauen und Männern treffe – er „schlage in beide Richtungen aus", bekannte er.

Am 3. November 1947 kam sie ihn schließlich im Plaza besuchen, und er bot ihr an, ihr den Rücken zu massieren. Sie stand auf und zog die Vorhänge zu. Ihm wurde plötzlich klar, daß jetzt etwas passierte, wovon er schon immer geträumt hatte.

Greta Garbos größte Sorge war, daß Schlee nichts davon erfuhr. Am 14. November regte sie sich darüber auf, daß ein Hotelangestellter sie gesehen hatte, als sie über die Hintertreppe zu Beatons Zimmer schlich. Nach einer Tasse Tee beruhigte sie sich wieder.

„Möchtest du ins Bett gehen?" fragte sie ihn nach einer Weile. Beaton antwortete, er werde das Gefühl nicht los, sie bediene sich nur seines Körpers.

Einmal kritisierte Greta ihn wegen seines weiblichen Auftretens und sagte, sie wolle einen Mann aus ihm machen. Er erwiderte, daß er sie nie heiraten könne, wenn sie ihn nicht ernst nähme.

„Was für eine Abfuhr", kommentierte sie, um dann zärtlich fortzufahren: „Ich liebe dich, Cecil ... ich bin in dich verliebt."

Sie verbrachten in jenem Dezember viel Zeit miteinander und redeten ernsthaft über ihre Beziehung. Sie fanden heraus, daß sie ein gemeinsames Interesse am Cross Dressing hatten, als Beaton ihr Bilder aus Cambridge von sich in Frauenkleidern zeigte. Er sprach über ihre erste Begegnung, und wie froh er sei, daß sie ihre Beziehung hinausgeschoben hätten, bis er erfahrener geworden war. Sie sorge sich, entgegnete Greta, daß sie das Thema Ehe vielleicht schon zu lange hinausgezögert hätten.

EIN LÄSTIGER NEBENBUHLER

Greta Garbo wollte immer noch nicht die ganze Nacht mit Beaton verbringen, und alle ihre Unternehmungen beschränkten sich auf die Wochentage. Die Wochenenden waren Schlee vorbehalten.

Dann tauchte Mercedes de Acosta am Weihnachtsabend in New York auf. Vor Mercedes sprach Greta Cecil als „Mr. Beaton" an. Beaton nannte alle „Liebling", woraufhin die Garbo ihm zuflüsterte: „Sag bloß zu keiner mehr ,Liebling' außer zu mir."

Am zweiten Weihnachtsfeiertag lud Beaton Greta, Schlee und noch einige andere zu einem Drink ein. Die Atmosphäre war angespannt, und Schlee brachte es nicht über sich, Beaton in die Augen zu schauen. Beaton versuchte, Greta zu küssen, als Schlee seine Winterstiefel anzog. Darauf reagierte sie erbost und entsetzt.

Die Garbo wollte den Silvesterabend mit Schlee verbringen, Beaton ging mit Mona Williams Harrison auf eine Party. Gegen halb elf erhielt Beaton einen Anruf von Greta. Sie hatte sich mit Schlee gestritten. Beaton verließ das Fest, ohne sich zu verabschieden, und fuhr mit dem Taxi zur Park Avenue, wo er sich mit ihr traf. Sie feierten Neujahr mit einer Flasche 1840er Whiskey in Beatons Zimmer. Beaton brachte einen Toast auf ihre Hochzeit und ihr Zusammenleben aus. Die Garbo sagte nichts. Ihr Liebesakt in jener Nacht war „wild und zart", so empfand es jedenfalls Beaton.

Er bat sie, mit ihm nach England zu gehen und seine Frau zu werden, doch Greta kam von Schlee nicht los. Sie stießen eines Nachmittags zufällig auf ihn, als sie zusammen aus dem Kino kamen. Greta hatte für Beaton gerade noch ein Kopfnicken übrig und eilte mit Schlee davon. Bei einer anderen Gelegenheit sah Beaton im Theater die Hinterköpfe von ihr und Schlee vor sich.

Eines Tages brachte die Garbo Beaton ohne jede Vorankündigung mit zum Essen bei Mercedes de Acosta. Mercedes war so aufgeregt, daß Greta die Küche übernehmen mußte. Später, als sie kurzzeitig allein waren, bat Mercedes ihn, Greta zu heiraten. Gayelord Hauser, Stokowski und „das Männchen" Schlee würden nicht zu ihr passen.

Die Garbo war ihrerseits entsetzt, als Beaton lieber mit Leonora Corbett zu einer Premiere ging, statt mit ihr den Abend zu verbringen. In der Pause suchte Beaton nach einer Telefonzelle, um sie anzurufen. Nachdem er endlich eine gefunden hatte, war sie ausgerechnet von Schlee besetzt, der offensichtlich die gleiche Absicht hatte wie er selbst.

CECIL BEATON TRÄUMT WEITER

Als Greta Garbo nach Kalifornien aufbrach, um dort ihr Haus zu verkaufen, teilte ihr Schlee mit, er wünsche nicht, daß Beaton sie begleite. Beaton sagte ihr daraufhin, er müsse sowieso nach Hollywood, um die Ausstattung für einen Hitchcock-Film zu besprechen, und daran könne sie nichts ändern.

Bisweilen ging er noch viel geschickter vor. Als sie nach Los Angeles ging, folgte er ihr unter dem Vorwand, er habe einen Fotoauftrag für die *Vogue*. Nach seiner Ankunft traf sie sich mit ihm und nahm ihn mit in ihr Haus in Benedict Canyon.

Beaton kehrte nach England zurück und träumte immer noch davon, die Garbo zu heiraten. Er schrieb ihr und redete sie an als „Sehr geehrte Dame oder Herr", „Lieber Junge" oder „Lieber junger Mann". Sie nannte ihn „Beattie" oder „Beattie Boy".

Im Sommer 1951 flog sie nach England und blieb sechs Wochen bei Beaton. Sie genoß das Leben in Wiltshire und kam mit seinen Bekannten gut zurecht, auch mit Prinzessin Margaret. Allerdings hatte sie eine heftige Auseinandersetzung mit seiner Mutter, die sie als Bedrohung empfand. Der Urlaub endete, als Greta einen langen Brief von Schlee erhielt, der mit den Worten schloß: „Dir bleibt jetzt nur noch, die frohe Nachricht zu verkünden." Die Garbo flog daraufhin rasch zurück nach New York.

Beaton begriff endlich, wie sehr Schlee Gretas Leben dominierte. Schlee würde sie auf keinen Fall aus seinen Klauen lassen. Im darauf folgenden Jahr war sich Schlee seiner Sache so sicher, daß er Greta nach England brachte und persönlich bei Beaton ablieferte.

Trotz seiner jahrelangen Ausdauer verlor Beaton allmählich die

Geduld. 1956 brachte Greta eines Abends in New York die Rede auf einen alten Streit, den sie gehabt hatten.

„Wenn du das nach all den Jahren nicht vergessen kannst, dann habe ich versagt", regte Beaton sich auf und stürmte aus ihrer Wohnung.

„Dann willst du mich also nicht heiraten?" rief sie ihm sarkastisch nach.

AUF UND AB

Bevor Beaton nach England zurückkehrte, gestand ihm die Garbo: „Ich liebe dich wirklich, aber ich glaube, du hast versagt. Du hättest mich am Genick packen und einen ehrlichen Jungen aus mir machen sollen. Du hättest meine Heilsarmee sein können."

Beaton konnte nur noch hervorbringen: „Danke, daß du mir das gesagt hast."

Die Beziehung zog sich weiter hin. 1959 rief er sie an, um ihr mitzuteilen, er habe vor, June Osborn, die Witwe des Pianisten Franz Osborn, zu heiraten.

„Ich komme rüber und säble ihr den Kopf ab", erwiderte die Garbo. „Gib mir noch eine Chance."

Aber sie traf sich immer noch mit Schlee. Beaton hatte mittlerweile auch die Seiten gewechselt. Bei einigen New York-Aufenthalten besuchte er Valentina Schlee, ohne in der Wohnung darüber bei Greta vorbeizuschauen. Dennoch drängte Beaton die Garbo weiterhin zur Ehe.

1964 war die Garbo mit Schlee in Paris, als dieser einen Herzanfall bekam und starb. Im folgenden Jahr traf sie Beaton auf der Yacht von Cécile de Rothschild wieder. Sie kamen immer noch nicht weiter. Es gingen Gerüchte, daß Greta und Cécile de Rothschild ein Liebespaar seien. Ihr Name wurde auch mit dem Schauspieler Van Johnson in Verbindung gebracht. Mitte der siebziger Jahre vertraute Greta einer Freundin nach einem spontanen Besuch in einem Sexshop an, daß sie heilfroh sei, diesen Teil ihres Lebens hinter sich zu haben.

1972 und 1973 veröffentlichte Beaton seine Tagebücher, die lange Abschnitte über seine Liebe zu Greta enthielten. Alle bezichtigten ihn des Treuebruchs. Er gestand ein, daß er seine öffentlichkeitsscheue Geliebte nicht um ihre Einwilligung gebeten habe. Als er sie in New York anrief, legte sie einfach wieder auf. Einem Freund sagte er, er hätte es für unaufrichtig gehalten, wenn er einen beträchtlichen Teil seines Lebens nur wegen „der Neurose dieser Frau" ausgelassen hätte.

„ICH BIN WIEDER DA"
Beaton wurde 1974 durch einen Schlaganfall teilweise gelähmt, aber die Garbo ignorierte ihn noch immer. Erst im Januar 1980 überredete sie ein gemeinsamer Freund, Sam Greene, zu einem Besuch bei Beaton. Als Beaton sie sah, brach er in Tränen aus. Sie setzte sich zu ihm auf den Schoß und sagte: „Beattie, ich bin wieder da."

„Oh, Greta", antwortete er, „ich bin so glücklich."

Am nächsten Morgen kam es zu einem tränenreichen Abschied. Vier Tage später starb Beaton und hinterließ ihr ein Gemälde, das eine einzige Rose zeigt. Die Garbo starb am 15. April 1990 in New York, hinterließ 32 Millionen Dollar und den Ruf, nach Hamlet die schwermütigste Person aus Skandinavien gewesen zu sein.

VII

VON KOPF BIS FUSS
AUF LIEBE EINGESTELLT

Greta Garbos größte Rivalin in Hollywood war Marlene Dietrich, die mit ihrer ambivalenten Sexualität die Welt in Atem hielt.

Sie wurde am 27. Dezember 1901 als Marie Magdalene Dietrich in Schöneberg geboren, das ab 1920 zu Berlin gehörte. Ihr Vater, ein Polizist, verließ ihre Mutter und starb, bevor Marlene zehn war. Sie erklärte später, sie habe die Stelle ihres Vaters „gegen den Willen meiner Mutter" einnehmen wollen.

Sie nannte sich selbst „Paul" und verliebte sich hoffnungslos in ihre Französischlehrerin – „meine geheime Liebe" – Mademoiselle Marguerite Breguand. Den Ausbruch des Ersten Weltkrieges erlebte sie daher mit ausgesprochen gemischten Gefühlen.

Wie alle deutschen Schülerinnen himmelte sie Henny Porten an, Deutschlands ersten großen Filmstar. Anläßlich eines Schullandaufenthalts in Mittenwald ergab sich die große Gelegenheit, ihrem Idol so nahe zu kommen, wie es sich die meisten Mädchen ihres Alters nur in ihren kühnsten Träumen erhofften. Sie fand heraus, daß Porten im nahegelegenen Garmisch ein Hotelzimmer hatte. Sie nahm ihre Geige, kletterte aus dem Fenster des Schullandheims und fuhr mit dem Zug nach Garmisch, wo sie Porten am frühen Morgen ein Ständchen brachte. Der Star war darüber alles andere als begeistert.

In der Schule war Marlene berühmt für ihren „Schlafzimmerblick". Während des Krieges waren die meisten Männer an der

Front, so daß sie ihre Anziehungskraft auf das andere Geschlecht kaum ausprobieren konnte. Mit sechzehn sah sie bereits so attraktiv aus, daß es zur Entlassung eines jungen Assessors an ihrer Schule kam. Sie ließ sich von ihrer besten Freundin Hilde Sperling vergöttern, und bei Schulaufführungen nutzte Marlene jede Chance, sich wie ein Junge zu kleiden.

Nach dem Krieg wurde Marlene auf ein Internat in Weimar geschickt, wo sie ihre Zimmergenossinnen mit einer gewagten Nummer unterhielt, bei der sie nur ein Bettlaken trug und chinesische Götterfiguren darstellte. Sinnlich, wie sie damals schon war, bestand sie darauf, in einem äußerst provokanten dünnen Chiffonkleid die privaten Geigenstunden bei Professor Reitz zu besuchen. Viele Jahre später erzählte Marlene ihrer Tochter, daß sie ihre Jungfräulichkeit an den Herrn Professor verloren hatte. Marlene schaffte die Aufnahme an der Musikhochschule zwar nicht, lernte in Weimar aber einflußreiche Mitglieder des neugegründeten Bauhauses kennen.

MARLENE LEGT SICH FRÜH FEST

Um böswilligem Tratsch über ihre Affäre mit Professor Reitz zu entgehen – der kurz darauf Frau und Kinder wegen einer anderen verließ –, ging Marlene nach Berlin zu ihrem Onkel und ihrer Tante. Sie faßte den Entschluß, es mit der Schauspielerei zu versuchen, und finanzierte ihren Lebensunterhalt mit Geigespielen in einem Kino, dann in einem Theater. Mit ihren langen Beinen saß sie bald nicht mehr im Orchestergraben, sondern stand in der ersten Reihe einer Varietétanztruppe.

Marlene fiel durch die Aufnahmeprüfung bei Max Reinhardt, dennoch arbeitete sie an seinen Theatern. Ihre extravagante Tante Jolli half ihrer Karriere auf die Sprünge, indem sie ihr ausgefallene Kleider zum Ausgehen lieh. Der reiche Onkel Willi kannte Filmregisseure und machte seinen Einfluß geltend, um ihr eine Rolle zu verschaffen. Als sie Rudi Sieber traf, einen Schauspieler, der Besetzungsleiter geworden war, heftete sie sich an seine Fersen. Auch wenn Sieber im Ruf eines Frauenhelds stand, Marlene entschied, daß er der Richtige für sie sei.

Mit einundzwanzig heiratete Marlene Dietrich Rudi Sieber im

Marlene Dietrich

Standesamt von Berlin-Friedenau. Sie blieben dreiundfünfzig Jahre bis zu Rudis Tod 1976 verheiratet.

Rudis ehemalige Verlobte Eva May schnitt sich daraufhin die Pulsadern auf. Sie konnte zwar gerettet werden, aber schon im nächsten Jahr unternahm sie einen erneuten Selbstmordversuch, und der endete tödlich: sie schoß sich ins Herz.

VAMPS UND FREUDENMÄDCHEN

Die Ehe mit Sieber war für Marlene nicht die erhoffte Fahrkarte zum Film. Statt dessen erhielt sie Bühnenrollen als liederliches Schulmädchen oder Kinderfräulein. In Filmen spielte sie Badeschönheiten und spärlich bekleidete Zirkusartistinnen. Alles, was sie machte, stand im Schatten von Greta Garbo, die als Gelegenheitsdirne in *Die freudlose Gasse* triumphierte. 1924 brachte Marlene ihre Tochter Maria oder „Heidele" zur Welt und setzte ein Jahr mit der Schauspielerei aus.

Nach dem Börsenkrach an der Wall Street stürzte Berlin in abgrundtiefe Dekadenz. Jede nur vorstellbare Perversion war auf den Straßen zu haben. Marlene Dietrich und Rudi Sieber machten die Lokale unsicher – und in Jollis Kleidern, mit einem gutaussehenden Begleiter und ihrer blendenden Erscheinung mußte die Dietrich einfach auffallen.

So bekam sie die Rolle einer Pariser Kurtisane in *Der Sprung ins Leben* und erhielt gute Kritiken. Auch wenn einige Produzenten sie für einen Einsatz als zu schön empfanden, auf der Bühne war sie doch einigermaßen erfolgreich.

In *Duell am Lido* (1926) trat sie erstmals in Hosen auf, was selbst in Berliner Zeitungen der zwanziger Jahre für Aufmerksamkeit sorgte. Marlene spielte weiterhin Freudenmädchen und Vamps und trug manchmal ein Monokel, das gewissermaßen ihr Markenzeichen wurde. Diese kleinen Rollen brachten genug Geld ein, daß Rudi dann auch eine Liaison mit einem Revuemädchen namens Tamara „Tami" Matul finanzieren konnte. Die Beziehung sollte sein ganzes Leben lang anhalten. Inzwischen fing die Dietrich ein Verhältnis mit der lesbischen Kabarettistin Claire Waldoff an, die Marlenes auffallend männlichem Rollenspiel den letzten Schliff verpaßte.

Rudi hatte sich bei der Förderung ihrer Karriere als Versager erwiesen. Deshalb machte sich Marlene an Betty Stern heran, die einen einflußreichen Salon führte. Dort lernte sie Willi Forst kennen, das Idol der Berliner Matineen, und folgte ihm nach Wien, wo er einen Film drehte. Der Regisseur Karl Hartl machte Probeaufnahmen mit ihr, die jedoch gründlich mißlangen.

„Deshalb machten wir noch eine Probeaufnahme mit Willi Forst in einer Liebesszene", erzählte Hartl. „Durch ihre Romanze war das nicht besonders schwer."

BESONDERE TALENTE

Marlene bekam eine Rolle in *Wenn ein Weib den Weg verliert* (Titel in Österreich: Café Elektric), und endlich hatte sie Gelegenheit, ihre Beine zu zeigen und ein gutes Mädchen darzustellen, das allerdings böse endet. Anschließend war sie in *Broadway* zu sehen, einer Liebesgeschichte hinter den Kulissen, in der sie an der Seite von Peter Lorre eine Tänzerin in sehr knappem Kostüm spielte. In Wien traf sie auf Otto Preminger, der sie unter Vertrag zu nehmen versuchte.

Marlene Dietrich feilte emsig an ihrem Image. Sie spielte stets am Bühnenrand, dicht vor den Zuschauern. Robert Klein, der künstlerische Leiter der Reinhardt-Theater, sah sie in Wien und rief sie anschließend nach Berlin, wo sie für eine Revue vorsprechen sollte, die noch etwas Sex-Appeal nötig hatte: *Es liegt was in der Luft.* Beim Vorsprechen fragte er sie, ob sie irgendwelche besonderen Talente hätte. Sie antwortete, sie spiele Geige und singende Säge. Er hatte noch nie jemanden gesehen, der eine Säge zum Erklingen bringen konnte, und bat sie um eine Vorführung – sie erhielt die Rolle.

Marlene hatte in der Show kleinere Auftritte, darunter das berühmte lesbische Duett mit Margo Lion. Sie spielten zwei junge Hausfrauen, die sich in der Wäscheabteilung gegenseitig mit luxuriösen Dessous aufreizen. Wenn der Höhepunkt der musikalischen Darbietung erreicht war, kam Oskar Karlweis dazu, der sie um die Ladentheke jagte.

Ein älterer Herr sah sich die Revue fünfundzwanzigmal an. Jedesmal bestand er auf einem Sitz in der ersten Reihe und vergewisserte sich zuvor, daß Fräulein Dietrich am Abend auch wirklich auftrat. Selbst Max Reinhardt erschien. Plötzlich waren Marlene Dietrich und ihre Beine überall präsent. Strumpfhersteller machten Werbung mit ihr, und bald tauchte ihr Bild sogar in amerikanischen Zeitschriften auf.

Es liegt was in der Luft verschaffte ihr die Titelrolle im Film *Prinzessin Olala*, in dem sie einem jungen Prinzen und seiner Prinzessin, die aus Staatsräson geheiratet haben, alles über die Liebe beibringt. Deutsche Filmzeitschriften nannten sie bald die neue Garbo und forderten von G. W. Pabst, die Rolle der Lulu in seinem Film *Die Büchse der Pandora* mit ihr zu besetzen. Marlene hatte schließlich ihr Bühnendebüt mit diesem Stück gehabt. Pabst hatte sie schon so gut wie verpflichtet, obwohl er sie eigentlich für zu alt und zu sexy hielt, als Louise Brooks ihm ihre Zusage gab.

Marlene spielte wieder eine französische Mademoiselle in *Ich küsse Ihre Hand, Madame*. Der damalige zweite Kameramann Fred Zinneman hat sie als ein Mädchen in Erinnerung, „das immer für gute Laune sorgte, besonders im Team". Etwa gleichzeitig begann ihre Affäre mit ihrem Filmpartner, dem Tenor Richard Tauber.

„DER BLAUE ENGEL"
1929 kam Josef von Sternberg nach Berlin, um *Der blaue Engel* zu verfilmen. Er wollte zwei Fassungen machen, eine deutsche und eine englische. In Berlin wurde praktisch jede Schauspielerin für die weibliche Hauptrolle der lasziven Nachtklubsängerin Lola gehandelt. Hunderte stolzierten durch von Sternbergs Büro. Leni Riefenstahl, die später den Nazipropagandafilm *Triumph des Willens* drehte, war überzeugt, die Rolle in der Tasche zu haben, bis sie von Sternberg den Namen Marlene Dietrich erwähnen hörte.

„Ich habe sie nur einmal gesehen", sagte die Riefenstahl in der Absicht, sie herabzusetzen. „Sie saß mit einigen jungen Schauspielerinnen zusammen, und mir fiel ihre tiefe, rauhe Stimme auf. Vielleicht war sie beschwipst. Ich hörte sie mit lauter Stimme sagen: ‚Warum müssen wir immer vollkommene Brüste haben? Warum dürfen sie nicht ein bißchen hängen?' Zur Verblüffung der anderen Mädchen hat sie dann ihre linke Brust hochgehoben und daran herumgespielt."

Von Sternberg hatte Marlenes Brüste bereits in dem deutschen

Film *Die Frau, nach der man sich sehnt* gesehen, der in New York mit einigem Erfolg gelaufen war. Die *New York Times* hatte besonders ihre „garboeske" Schönheit herausgestellt.

MARLENE ZIEHT ALLE REGISTER

Damals trat die Dietrich in Berlins heißester Revue auf. Von Sternberg sah sie sich an und konzentrierte sich so ausschließlich auf sie, daß Hans Albers ganz empört war. Die Dietrich wußte, daß von Sternberg Interesse an ihr hatte, sie gab sich aber gleichgültig. Ihre bisherigen siebzehn Filme hatten ihn nicht besonders beeindruckt, er war aber fest davon überzeugt, sie unter seiner Regie ganz groß herausbringen zu können. Bei der Probeaufnahme sang sie „My Blue Heaven" in ihrem unnachahmlichen Stil. Danach war von Sternberg vollkommen sicher, seinen Star gefunden zu haben.

Als die Riefenstahl erfuhr, daß Marlene Dietrich die Rolle bekommen hatte, war sie so aufgebracht, daß sie ein Interview mit der führenden deutschen Filmzeitschrift absagte. Marlene entspannte sich gerade in einer Transvestitenbar, da kam der musikalische Leiter des Films, Friedrich Holländer, herein, und überbrachte ihr die Neuigkeit.

„Sie bestellte so viel Sekt, daß wir darin hätten baden können", erzählte er.

Während der Dreharbeiten zeigte Marlene alles, was sie hatte. Als sie einmal „Ich bin von Kopf bis Fuß auf Liebe eingestellt" sang, ging von Sternbergs Temperament mit ihm durch.

„Du Sau", brüllte er. „Zieh doch gleich deinen Schlüpfer aus. Alle können dein Schamhaar sehen."

Es handelte sich sicherlich um nichts anderes als einen Anfall von Eifersucht. Das gesamte Filmteam tuschelte ständig über die diskreten Mahlzeiten, die von Sternberg allein mit seiner Entdeckung in ihrer Garderobe einnahm.

Nachdem der Film abgedreht war, nannte ein Kritiker sie „die neue Inkarnation des Sex". Das traf nicht überall auf unbedingten Beifall. Bei der UFA, die den Film produziert hatte, herrschte blankes Entsetzen, nachdem der endgültige Schnitt fertig war – der Film wurde aus dem Verkehr gezogen.

Marlenes Karriere beeinträchtigte das allerdings nicht. Schon vor Ende der Dreharbeiten waren Berichte über von Sternbergs Entdeckkung nach Amerika gelangt. Der Mann von Universal in Berlin, Joe Pasternak, tauchte in Marlenes Garderobe auf, wo er von ihr „in einem durchsichtigen Frisierumhang und nichts darunter" begrüßt wurde. Ben Schulberg von Paramount hatte den Rummel ebenfalls mitbekommen. Sein Vertriebsleiter Sidney Kent sah sie am Set, und Jesse Lasky machte den Vertrag mit ihr. Am 26. Februar 1930 traf Marlene Dietrich in Hollywood ein.

EIFERSUCHTSSZENEN

Dort begann von Sternberg mit den Dreharbeiten zu seinem Film *Marokko*, in dem die Dietrich eine Nachtklubsängerin spielt, die gern in Männerkleidung auftritt. Er wollte eigentlich John Gilbert als ihren Partner, war aber gezwungen, statt seiner Gary Cooper zu nehmen. Vom ersten Drehtag an knisterte es zwischen den beiden. Von Sternberg, der von Marlene wie besessen war, konnte seine Eifersucht kaum verbergen.

Um seiner Geliebten und Cooper Hindernisse in den Weg zu legen, gab von Sternberg seine Anweisungen auf deutsch.

„Du gottverdammter Kraut", beschwerte sich Cooper. „Wenn du in diesem Land arbeiten willst, dann rede gefälligst in der Sprache, die wir hier alle sprechen."

Cooper wußte ganz genau, daß von Sternberg in New York City aufgewachsen war und fast so sehr Amerikaner war wie er selbst.

Coopers damalige Geliebte, die stürmische, hitzköpfige Mexikanerin Lupe Velez, war genausowenig glücklich darüber wie von Sternberg und führte in der Umgebung von Hollywood eine üble Imitationsnummer der Dietrich auf, die sie schließlich sogar an den Broadway mitnahm, als ihre Affäre mit Cooper vorbei war.

In ihrem nächsten Film, *Entehrt* (OT: Dishonoured), spielte Marlene eine Prostituierte, die als Spionin rekrutiert wird. Von Sternberg wollte sie wieder mit Cooper drehen lassen, aber Cooper wollte nicht mehr mit ihm arbeiten. Von Sternbergs Frau hatte ebenfalls genug.

„Warum heiratest du sie nicht?" fragte sie. „Vielleicht macht sie das glücklich."

„Lieber lasse ich mich mit einer aufgeschreckten Kobra in eine Telefonzelle sperren", erwiderte von Sternberg. Ein paar Tage später warf er seine Frau hinaus. Frau von Sternberg rächte sich dafür mit einem 500 000 Dollar-Prozeß gegen die Dietrich, und die Presse brandmarkte sie als „Liebespiratin".

MÄNNERBEKANNTSCHAFTEN
Maurice Chevalier hatte zufällig die benachbarte Garderobe, als sie die Shanghai-Lily spielte, und so konnten sie sich ineinander verlieben. Selbst die Ankunft ihres Ehemannes Rudi und ihrer Tochter Maria vermochte ihre Leidenschaft nicht abzukühlen. Tamara wurde in einem von Marlene finanzierten Pariser Luxusapartment zurückgelassen.

Seine Affäre mit der Dietrich brachte Chevalier in Frankreich in Bedrängnis. Am Vorabend des Zweiten Weltkrieges warf er Marlene während eines Konzerts im Casino de Paris eine Kußhand zu. Die Zuschauer buhten. Er rettete die Situation nur dadurch, daß er auch seiner Entdeckerin und früheren Geliebten, der legendären französischen Revuekönigin Mistinguett, die ebenfalls im Publikum saß, seine Referenz erwies.

Cary Grant spielte an der Seite von Marlene Dietrich in *Blonde Venus*, und in ihrem nächsten Film, *Das Hohe Lied* (OT: Song of Songs), war Brian Aherne ihr Partner. Er sollte einen Künstler mimen, der von ihr eine Aktskulptur anfertigt. Die Verwendung einer Statue ihres nackten Körpers im Film war ein geschickter Schachzug, den Hays-Kodex zu umgehen. Paramount machte sogar einen Schritt darüber hinaus und stellte Reproduktionen der berühmten Aktstatue in den Foyers ihrer Lichtspielhäuser auf. Ansonsten waren sich die Dietrich und Aherne nicht nur darin einig, daß es ein unbedeutender Streifen war, sie verbrachten auch jede Nacht gemeinsam in der Garderobe, wenn das Filmteam abends heimgegangen war.

Die zahlreichen Männerbekanntschaften Marlene Dietrichs brachten ihre Tochter Maria in Verlegenheit. Die Dietrich erklärte ihr, sie sehne sich nach Romantik, nicht nach Sex, der „eine unausweichliche Last sei, die Frauen auszuhalten hätten". Am liebsten seien ihr impotente oder schwule Männer.

„Die sind rührend. Bei denen kann ich behaglich schlafen", sagte sie.

Marlene war nicht immer so offen zu ihrer Tochter. Als Tamara Matul in Hollywood war, veranstalteten Marlene, Tami und Rudi jeden Abend ein Verwirrspiel, damit das Kind nicht herausbekam, wer in Wirklichkeit bei und mit wem schlief.

LASS BLUMEN SPRECHEN

Eines Abends sah die Dietrich Mercedes de Acosta mit Cecil Beaton – es war Liebe auf den ersten Blick. Am nächsten Morgen tauchte sie mit einem riesigen Strauß weißer Rosen bei Mercedes auf und erklärte, sie kenne nur wenig Leute in Hollywood, da sie nie jemandem vorgestellt würde. Sie habe die Blumen mitgebracht, „weil Sie gestern Abend wie ein Prinz ausgesehen haben". Die Dietrich bemerkte auch noch, daß Mercedes traurig aussehe, woraufhin diese erwiderte, daß die Garbo nicht in der Stadt sei.

„Ich bin auch traurig", sagte Marlene, „traurig und einsam. Sie sind der erste Mensch hier, zu dem ich mich hingezogen fühle. Es mag Ihnen ungewöhnlich erscheinen, aber ich wollte Sie sehen, weil ich einfach nicht anders konnte."

Marlene bombardierte Mercedes geradezu mit Blumen – erst mit Tulpen, die Mercedes aber als zu phallisch ablehnte, dann mit Dutzenden von Rosen und Nelken, manchmal zweimal am Tag. Einmal ließ sie zehn Dutzend seltene Orchideen aus San Francisco einfliegen. Als Mercedes de Acostas Dienstmädchen sich beschwerte, sie bekämen so viele Blumen ins Haus, daß ihnen die Vasen ausgingen, schickte Marlene Lalique-Vasen – und noch mehr Blumen.

„Das Haus wurde zu einer Art Irrenanstalt", klagte Mercedes. „Ich ging auf Blumen, ich fiel auf Blumen und ich schlief auf Blumen. Schließlich kamen mir die Tränen, und ich hatte einen Wutanfall."

Sie schickte ihr Hausmädchen mit „den ganzen verdammten Blumen" ins Krankenhaus und drohte, die Dietrich in den Pool zu werfen, wenn sie noch mehr schickte. Deshalb verlegte sich Marlene auf andere Geschenke. Von Bullock am Wiltshire Boulevard traf Schachtel auf Schachtel mit Morgenmänteln, Pyjamas, Schuhen, Pullovern, Lampen und Lampenschirmen ein.

„Das Kaufhaus Bullock vom Wiltshire Boulevard ist in mein Haus eingezogen", sagte Mercedes und schickte die Geschenke zurück in den Laden.

MARLENE UND GRETA GARBOS GELIEBTE

Marlene schüttete in einer Reihe von Briefen und Telegrammen ihr Herz aus. Am 16. September 1932 gab Mercedes schließlich nach. Sie verbrachten den Nachmittag zusammen im Bett. Als Mercedes Marlene am Abend nach Hause fuhr, sprang diese hastig aus dem Auto und rannte ins Haus aus Furcht, ihre Tochter könnte sie sehen.

Marlene und Mercedes hielten sich viel im Strandhaus in Santa Monica auf, das die Dietrich von Marion Davies gemietet hatte, und sie vergnügten sich am Strand mit Schauspielern wie Martin Kosleck und Hans von Twardowski. Marlene kochte meist für Mercedes, und Mercedes konnte Marlene dazu überreden, sich nicht zu schminken und flache Schuhe zu tragen.

Als das Studio sich allmählich Sorgen machte wegen der Gerüchte um Marlenes Affäre, wusch sie Schulberg den Kopf.

„In Europa", sagte sie, „ist es egal, ob du Mann oder Frau bist; wir pflegen die Liebe mit jedem Menschen, den wir attraktiv finden."

Marlene brachte Mercedes weiterhin Geschenke von Bullock mit, konzentrierte sich aber auf Artikel aus der Herrenabteilung. Mercedes de Acosta schrieb Liebesgedichte und -briefe an die Dietrich, nannte sie ihren Goldschatz und versprach, „sie überall zu küssen. Und ich küsse deinen Geist genauso wie deinen schönen Körper".

Sie wies Marlene wegen deren Bekenntnis zurecht, sie würde sie „immer" lieben.

„Sag nie ‚immer', denn in der Liebe ist das Blasphemie", schrieb Mercedes. „Du weißt nie, ob du von nun an wirklich liebst oder Schwüre machst, die du dann einfach vergißt. Sag nie ‚immer', denn in der Liebe bindet einen nichts."

Marlenes Briefe wurden nüchterner. Schließlich wurde ihr Mercedes de Acostas ständiges Gerede über die Garbo zuviel. Es war nun einmal so, daß niemand Greta Garbo aus Mercedes' Herz verdrängen konnte – „Marlene Dietrich war ein Profi, aber Greta Garbo eine Künstlerin", hielt Mercedes in ihren Memoiren fest.

Marlene war aber zur Stelle, um Mercedes zu trösten, als Irving Thalberg sie bei MGM hinauswarf, doch im Mai 1933 brachen Marlene, Maria, Rudi und Tami zu einem gemeinsamen Urlaub nach Europa auf. Da war es dann Mercedes, die Blumen schickte, weil sie noch an der Beziehung hing.

EIN WUNSCH WIRD BEINAHE WIRKLICHKEIT
„Ich werde dir jeden ans Bett bringen, den du willst", schrieb de Acosta verzweifelt. „Und das nicht, weil ich dich so wenig liebe, sondern weil ich dich so sehr liebe, meine Schöne."

In Paris nahm Marlene Dietrich einige Lieder auf, reiste dann aber nicht wie geplant nach London zu einem Treffen mit Brian Aherne, sondern nach Wien, wo ihr alter Geliebter Willi Forst seinen ersten Dokumentarfilm drehte, der den Gerüchten nach von der Dietrich finanziert wurde. Sie verliebte sich Hals über Kopf in den Hauptdarsteller, den achtundzwanzigjährigen Hans Jaray, einem Liebling der Wiener Salons. Bald waren sie unzertrennlich und wurden in Wien oft in Gesellschaft von Forst oder des stets toleranten Rudi Sieber gesehen.

In der Zwischenzeit stürzte Mercedes in tiefe Verzweiflung, und selbst die Rückkehr der Garbo konnte daran nichts ändern. Eines Tages, als sie mit ihrem Dienstmädchen im Wagen unterwegs war, äußerte sie den Wunsch, bei einem Autounfall ums Leben zu kommen. Und beinahe hätte es auch geklappt. Sie hatte tatsächlich einen Unfall, wurde aus ihrem Auto geschleudert und verletzte sich am Kopf. Während sie sich im Krankenhaus von Santa Monica erholte, erhielt sie einen Anruf von Marlene, die sich anbot, ihre Behandlungskosten zu übernehmen.

Nachdem sie die Beziehung zur Garbo wieder aufgefrischt hatte, machte Mercedes ihrem Mann in New York den Vorschlag, er solle sich ein Model als Geliebte nehmen, das er schon immer im Auge gehabt hatte. Er war empört über diesen „unmoralischen Vorschlag". Tatsächlich hatte er den Rat schon längst beherzigt, und ein Jahr später bat er Mercedes um die Scheidung. Sie war am Boden zerstört.

Marlene kehrte nach Hollywood zurück, um die Rolle der unersättlichen Zarin Katharina die Große in einem Film zu spielen, der

Die scharlachrote Kaiserin (OT: The Scarlet Empress) hieß, weil das Hays Office den ursprünglich vorgesehenen Titel *Her Regiment of Lovers* (Ihr Regiment von Liebhabern) nicht zugelassen hatte. Währenddessen tat sich die Dietrich mit einem weiteren Verflossenen von Greta Garbo zusammen – mit John Gilbert.

Die Garbo hatte versucht, Gilbert zu einem Comeback zu verhelfen, indem sie darauf bestand, er solle ihren Liebhaber in *Königin Christina* (OT: Queen Christina) spielen. Nacheinander hatte sie John Barrymore und Laurence Olivier in dieser Rolle abgelehnt. Mayer ließ sich schließlich überreden, doch der Film fiel durch. Das Publikum wollte nun Darsteller vom Schlage eines Clark Gable oder Gary Cooper, die Zeit der frühen Stummfilmstars war endgültig vorbei. Gilbert geriet weiter auf die abschüssige Bahn.

EIN TRAGISCHES SCHICKSAL

Marlene ließ Gilbert ihre ganze Liebe und Zärtlichkeit angedeihen. Sie brachte ihn dazu, seine Alkoholsucht therapieren zu lassen, ging mit ihm essen und tanzen oder sonnte sich mit ihm am Swimmingpool. Unter ihrem Einfluß wurde er abstinent, und sie verschaffte ihm eine Rolle in ihrem nächsten Film *Sehnsucht* (OT: Desire). Er sollte den Verlierer in einer Dreiecksgeschichte neben ihr und Gary Cooper spielen.

Gerüchteweise hieß es, die Dietrich habe Gilbert fallen gelassen, als sie Greta Garbos Wagen in seiner Einfahrt sah. Aber es gab gar keine Neuauflage der Beziehung zwischen Gilbert und der Garbo. Die Dreharbeiten zu *Sehnsucht* fachten aber Marlenes Leidenschaft für Cooper neu an, der sich inzwischen von Lupe Velez getrennt hatte. Gilbert war aufgrund seines langjährigen starken Alkoholkonsums impotent geworden und konnte nicht mehr mit Cooper konkurrieren. Er begann wieder mit dem Trinken.

Die vielen Besäufnisse griffen ihn gesundheitlich schwer an, und er mußte aus dem Film genommen werden. Marlene eilte zwar an seine Seite, aber da war es schon zu spät. Am 9. Januar 1936 erstickte Gilbert jämmerlich. Er war sechsunddreißig Jahre alt. Nach Aussage ihrer Tochter war die Dietrich bei ihm, als seine Erstickungsanfälle einsetzten; sobald sie aber bemerkte, daß er im Sterben lag, machte sie sich auf und davon aus Angst vor einem frühzeitigen Ende ihrer Karriere. Sie wies noch schnell die Bediensteten an, alle Spuren, die auf sie hinweisen konnten, aus dem Schlafzimmer zu entfernen, rief pflichtbewußt einen Arzt an, legte ihm noch eine Kompresse auf und verschwand. Bei seiner Beerdigung brach Marlene vor Kummer zusammen.

Als sie später in London in *Tatjana* (OT: Knight without Armour) eine Gräfin spielte, verliebte sie sich in ihren Filmpartner Robert Donat. Auch wenn sie einer Freundin weiszumachen versuchte, Donat wäre für Romanzen nicht zu haben, weil er glücklich verheiratet sei, so blieb es doch niemandem verborgen, daß sie ihn nach einem heftigen Asthmaanfall, der ihn fast die Rolle gekostet hätte, mit größter Fürsorge wieder aufpäppelte.

DIE LIEBE ZU EINEM GENTLEMAN

Da sie bei Donat keine Chance hatte, nahm sie sich Douglas Fairbanks Jr. zum Liebhaber. Fairbanks wurde mehrmals um fünf oder sechs in der Frühe gesehen, als er sich noch im Abendanzug aus dem Claridge stahl. Der junge CBS-Mogul William S. Paley stellte der Dietrich ebenfalls nach. Er rief sie an und sagte ihr, es sei ein großer Fehler, Fairbanks ihm vorzuziehen. Eines frühen Morgens stieß Paley unverhofft vor Marlenes Suite auf Fairbanks.

„Ich weiß, wo Sie gewesen sind", sagte Paley.

Fairbanks war ein Gentleman. Er hob den Finger an die Lippen und flüsterte: „Ja, aber sagen Sie es Marlene nicht."

Zuerst war Fairbanks ein wenig zurückhaltend wegen Marlenes Verbindung mit Rudi Sieber, vor allem, weil er kein Deutsch verstand. Doch bald erkannte er, daß darin keine Gefahr lag. Ihn irritierte zudem Marlenes Angewohnheit, nackt zu schwimmen. Fritz Lang erklärte ihm auf der Veranda seines Hauses in Beverly Hills, von dem aus man einen wundervollen Blick auf Marlenes Swimmingpool nebenan hatte, daß Nacktbaden ein deutscher Brauch sei. Ihr hüllenloser Badespaß an jenem Nachmittag mußte für Lang wie ein Ausflug in die Vergangenheit gewesen sein, denn in seiner ersten Zeit in Hollywood hatte auch er ein kurzes Abenteuer mit Marlene gehabt.

Marlene zog in Fairbanks' Wohnung am Grosvenor Square ein. Er schilderte sie als „eine wunderbar unkonventionelle Liebhaberin" und „äußerst verdorben". Er machte eine Aktskulptur von ihr, schenkte ihr das Original und behielt nur einen Gipsabdruck für sich.

REMARQUE UND PROBLEME MIT DEM ALTERN

In Berlin lernte sie dann Erich Maria Remarque kennen, den Autor von *Im Westen nichts Neues*. Marlene meinte, er sähe viel zu jung aus, um einen solchen Klassiker geschrieben zu haben. Sie redeten bis zum Morgengrauen, und Marlene war erfreut, als er ihr eröffnete, er sei impotent.

„Oh, wie wunderbar. Was für eine Erleichterung", bemerkte sie.

Sie erklärte ihm, daß ihr der Geschlechtsverkehr nichts bedeute und sie glücklich sei, weil sie miteinander reden, schlafen und einander lieben könnten ohne jeden Druck.

Aus Furcht vor den Nazis flüchtete Remarque nach Paris. Marlene folgte ihm. Sie reisten weiter nach Hollywood, wo sie in einem Bungalow des Beverly Hills Hotels blieben. Er begann mit der Arbeit an seinem Exilroman *Arc de Triomphe*, den er „M. D." widmete.

Inzwischen war Marlene Ende dreißig und nicht mehr die allerjüngste. Ihrer Tochter Maria zufolge begannen ihre berühmten Brüste zu erschlaffen, weil sie jahrelang keinen Büstenhalter getragen hatte. Bald waren in alle Kleider, selbst in ihre Morgenmäntel, fleischfarbene Büstenhalter eingenäht. Von da an empfing sie Liebhaber nurmehr im Dunkeln und gab ihnen keine Chance, sie völlig nackt zu sehen.

Die Dietrich hatte ihr Comeback mit James Stewart in *Der große Bluff* (OT: Destry Rides Again).

„Nach einer Woche Arbeit verliebte ich mich in sie", gab Stewart später zu. „Sie war wunderschön, freundlich, bezaubernd und als Filmschauspielerin erfahren wie keine zweite. Regisseur, Kameramann, Kollegen und Team empfanden alle dasselbe. Wir verliebten uns alle in sie."

Maria behauptete, Stewart habe ihre Mutter während der Dreharbeiten zu *Der große Bluff* geschwängert, und, mit der Neuigkeit konfrontiert, sich einfach verdrückt. Marlene, erzählte ihre Tochter, erledigte die Sache auf die übliche Art.

Als die Dietrich *Das Haus der sieben Sünden* (OT: Seven Sinners) drehte, lief ihr der mittlerweile berühmte John Wayne in der Universal-Kantine über den Weg. Sie ging an ihm vorbei, als sei er Luft, hielt dann aber an, drehte sich halb um, musterte ihn von Kopf bis Fuß und flüsterte: „Papi, den mußt du mir kaufen."

Wayne hatte eine kleine Rolle in *Das Haus der sieben Sünden*. Marlene trug in diesem Film erstmalig ein „Nacktkleid", Kreationen aus dünnen, durchsichtigen Stoffen, die an den strategischen Stellen gerade einmal eine Ziermünze aufgesteckt hatten. Wayne war fasziniert von ihr. Sie hatte nicht gerade eine besonders hohe Meinung von ihm, aber ging dennoch gern mit ihm zum Jagen, Fischen oder in Bars. Sie drehten noch zwei weitere Filme zusammen.

KRIEGSANLEIHEN

Hitler war ein großer Verehrer von Marlene. Leni Riefenstahl überraschte ihn in Berchtesgaden bei der Privatvorführung eines Dietrich-Films. Der Führer hatte Marlene gebeten, nach Deutschland zurückzukommen, die Dietrich lehnte jedoch ab. Am 6. März 1937 erwarb sie statt dessen die amerikanische Staatsangehörigkeit, und während des Krieges verkaufte sie mit viel Engagement US-Kriegsanleihen. Besonders erfolgreich war sie, wenn sie in Nachtklubs warb. Sie setzte sich dann Betrunkenen auf den Schoß, bat sie um einen Scheck, und wartete solange, bis Finanzbeamte geprüft hatten, ob der Scheck gedeckt war. Als Präsident Roosevelt von ihrer Vorgehensweise hörte, bestellte er sie ins Weiße Haus.

„Wir sind Ihnen zu Dank verpflichtet", sagte der Präsident, „doch ich kann diesen Prostituiertentrick nicht gutheißen. Treten Sie bitte nicht mehr in Nachtklubs auf."

Sie nahm sich seinen Wunsch zu Herzen und gehorchte.

In Paris hatte Marlene noch vor dem Krieg den französischen Filmschauspieler Jean Gabin kennengelernt. Als er ins Exil nach Hollywood kam, zog sie mit ihm in ein Haus in Brentwood.

„Er hat die allerschönsten Lenden auf der ganzen Welt", vertraute sie Freunden an.

Selbst ihre Nachbarin, keine geringere als Greta Garbo, war von Gabins Lenden fasziniert und spähte durchs Gebüsch, wenn die beiden nackt badeten und sich sonnten. Das störte Gabin, aber nicht nur das allein. Er war außerdem auf Marlenes Freundinnen eifersüchtig, die sich regelmäßig bei ihr zu einer Damenrunde trafen, darunter Claudette Colbert und Lila Damita.

Marlene nahm auf seine Gefühle Rücksicht und verwandelte sich von einer Sexgöttin in eine gewöhnliche deutsche Hausfrau, die für ihn kochte und sauber machte.

„Diese Frau kostete es absolute Überwindung, eine Schürze anzulegen und ein tolles Essen zu kochen", bemerkte ihr Freund Orson Welles zu dieser Metamorphose.

Gabin nahm es als Selbstverständlichkeit hin. Wie ein altmodischer französischer Bauer saß er da, paffte eine Zigarette und las Zeitung, während er darauf wartete, daß die bezauberndste Frau der Welt ihm das Abendessen auf den Tisch stellte.

Da Gabin unzufrieden war mit den Rollen, die ihm in Amerika angeboten wurden, ging er zur französischen Armee und wurde nach Nordafrika eingeschifft. Er ließ drei wertvolle Gemälde als Treuepfand bei ihr – einen Renoir, einen Sisley und einen De Vlaminck. Nach dem Krieg, sagte er, wolle er nach Amerika zurückkehren, seine Gemälde abholen und Marlene zu seiner Frau nehmen.

MIT JEAN GABIN IN PARIS

In Europa kreuzten sich ihre Wege einige Male, wenn sie etwa dort vor Soldaten auftrat, und nach seinem Abschied aus dem Militärdienst zogen sie in Paris zusammen und drehten dort auch gemeinsam Filme. Marlene sah einige ihrer lesbischen Freundinnen wieder, die sie noch aus dem Vorkriegsdeutschland kannte. Eifersüchtig wie Gabin nun einmal war, begann er sie bisweilen dafür zu schlagen, allerdings wußte sich Marlene dagegen zur Wehr zu setzen.

Gabin hatte durchaus allen Grund, eifersüchtig zu sein, da Marlene eine ganze Reihe heimlicher Affären mit Frauen hatte, darunter eine mit Edith Piaf. Als diese vorbei war, spielte Marlene Ediths Brautjungfer. Eine ganz und gar öffentliche Affäre wurde ihre Beziehung zu General James Gavin, den sie das erste Mal während der

Ardennenoffensive kennengelernt hatte. In Paris wurde darüber gewitzelt, daß der Unterschied zwischen Gabin und Gavin allein in einem einzigen Buchstaben liege. Die Gattin des Generals fand das überhaupt nicht komisch und reichte die Scheidung ein, wobei sie Marlene als Scheidungsgrund anführte. Der General machte daraufhin Marlene einen Heiratsantrag, die aber lehnte ab.

„Ich kann keine Soldatengattin sein", erklärte sie. „Was hätte ich anderen Soldatenfrauen schon zu sagen?"

DIE GROSSE LIEBE

Als sie ins Elysée Parc Hôtel umzog, bat Gabin um die Rückgabe seiner Gemälde, die noch in Kalifornien waren. Marlene hatte immer angenommen, er habe sie ihr geschenkt. Das war auch nicht ganz falsch, Gabin hatte aber gemeint, er wolle zusammen mit ihr und den Gemälden leben, also heiraten und Kinder haben. Marlene wollte in ihrem Alter aber partout nicht mehr schwanger werden und sah nicht ein, warum ihre Karriere hinter seiner zurückstehen sollte. Mit einem Angebot von Paramount in der Tasche flog sie zurück nach Hollywood. Gabin erwähnte ihren Namen danach nie wieder.

Auch wenn sie ihm davongelaufen war, liebte die Dietrich Gabin noch immer. Sie hielt all seine Liebesbriefe in Ehren und kaufte sogar eine Wohnung in seiner Nähe in der Avenue Montaigne, die sie ihr Leben lang behielt. Als sie hörte, daß er heiraten würde, eilte sie nach Paris, doch er wollte sie nicht empfangen. Eines Tages erfuhr sie, daß Gabin sich eine Parzelle auf einem Friedhof in der Normandie unweit seines Geburtsortes gekauft hatte, da erwarb Marlene sogleich die angrenzende Parzelle – kurz danach verkaufte Gabin die seinige wieder. Viele Jahre später, da war Marlenes Mann Rudi Sieber bereits tot, sagte sie angesichts des Todes von Gabin: „Nun bin ich zum zweiten Mal Witwe." Gabin war die große Liebe ihres Lebens.

Was nicht hieß, daß sie sich nach der Trennung von ihm vor Kummer verzehrt hätte. Sie hatte eine kurze Affäre mit Kirk Douglas und eine ausgedehnte mit einem New Yorker Geschäftsmann, der sie heiraten wollte. Sie schlief mit Ed Murrow, dessen Radiosendungen aus London sie während des Blitzkrieges fasziniert hatten. Ihre Tagebücher aus jener Zeit sind gespickt mit Michaels, Johns, Joes und Jimmys.

Für ihre Rolle in *Die rote Lola* (OT: Stage Fright, 1950) erhielt Jane Wyman einen Oscar, Marlene Dietrich den Kollegen Michael Wilding, der ein Dutzend Jahre jünger war als sie. Sie trennten sich, als Marlene Großmutter wurde und nach New York eilte, um Maria und ihrem Neugeborenen beizustehen. Kurz darauf flog sie nach Paris, um Kleider zu kaufen. Bei Balmain erstand sie den teuersten Nerz, der dort je verkauft wurde, und zwar auf Darryl Zanucks Rechnung. Als Dreingabe nahm sie Balmains Directrice Ginette Spanier mit zu sich nach Hause. Die beiden wurden enge Freundinnen. Immer wenn sie in Paris weilte, wohnte Marlene viele Jahre lang bei Ginette Spanier, bis eine kleine Auseinandersetzung über Rühreier in regelrechten Handgreiflichkeiten endete. Frauen seien zwar wundervoll, schloß Marlene, aber ein Zusammenleben mit ihnen sei unmöglich.

TROST BEI YUL BRYNNER

Wieder zurück in Hollywood, mußte Marlene feststellen, daß Wilding ein ihr unerklärliches Interesse an Elizabeth Taylor zeigte.

„Was hat die Taylor, was ich nicht habe?" wollte sie vom Produzenten Herbert Wilcox wissen, der viel zu galant war, ihr unter die Nase zu reiben, daß die Taylor erst neunzehn war, sie aber in einem Jahr fünfzig wurde. Marlene tröstete sich daraufhin mit dem jungen Yul Brynner, der seine Gattin mit der Frau betrog, die er seit seiner Kindheit bewunderte. Sie war die entschlossenste, leidenschaftlichste und besitzergreifendste Geliebte, die er je hatte – und die indiskreteste. Er mietete insgeheim ein kleines Studio, wo er seine Nächte mit Marlene verbringen konnte, doch ein anonymes Apartment kam für eine Frau von Marlenes Format nicht in Betracht. Sie zog statt dessen in eine Wohnung in der Park Avenue, wo sie die Wände mit Spiegel ausstattete, um einen Panoramablick auf ihre Liebesspiele zu haben. Sie bemalte seinen Körper gern mit Farbe, um ihn zu erregen, und lobte seine unerschöpfliche Männlichkeit.

Als eine ihrer Freundinnen ihre Park Avenue-Wohnung als ziemlich „Hollywood" kritisierte, erwiderte sie: „Was ist schlecht an Hollywood?"

Die Beziehung zu Yul Brynner hielt eine ganze Weile, obwohl er sie schlecht behandelte. Ihre Freunde rügten sie, daß sie ihm nachliefe. Während der Verfilmung von *Die Monte Carlo Story* setzte sich Marlene mit einer Ausrede für ein Wochenende nach Paris ab. Am Montag kehrte sie strahlend zum Drehort Monaco zurück.

„Yul war in Paris", gestand sie dem Regisseur Samuel A. Taylor.

Die Affäre fand schließlich ihr Ende, als Marlene irrsinnig eifersüchtig auf Yul Brynners Frau wurde.

„HÄNDE WEG, SIE GEHÖRT MIR"

Während der ganzen Dreharbeiten zu *Die Monte Carlo Story* verbrachte Marlene Dietrich viel Zeit mit einem jungen französischen Mädchen. Samuel Taylor erinnerte sich, daß ihm das Mädchen in der Bar des Hôtel de Paris aufgefallen war, und weil seine Frau nicht da war, hatte er es für den nächsten Abend zum Essen eingeladen. Am Vormittag der geplanten Verabredung erhielt er einen Anruf von Marlene, die ihn in ihre Suite einlud, um mit ihm über das Drehbuch zu sprechen. Als er eintrat, traf er das Mädchen in Marlenes Zimmer an. Sie saß stumm da, während sich Marlene Dietrich mit Taylor über Belanglosigkeiten unterhielt. Keiner beachtete das Mädchen. Am Schluß ihres Gesprächs sagte die Dietrich plötzlich zu Taylor in ihrer unverbesserlichen Manier: „Hände weg, sie gehört mir".

Nachdem der Streifen abgedreht war, sagte Taylor: „Marlene hatte mittlerweile verstanden, daß Sex die wichtigste Antriebskraft des Menschen war, aber ich glaube nicht, daß sie deshalb besonders sinnlich gewesen wäre. Sex mag die treibende Kraft in ihrem Leben gewesen sein, aber eher im geistigen Sinn. Sie war von Sex fasziniert, von jeder Spielart und bei jedem. Sie hätte ein Buch darüber schreiben können."

Wieder in New York, fing die Dietrich eine Affäre mit einer Schauspielerin an, die vorher noch keine sexuellen Erfahrungen mit Frauen gemacht hatte. Sie sagte, Marlene sei im Bett „perfekt und unendlich einfühlsam". Nach einem gemeinsamen Wochenende stellte Marlene ihre Geliebte einem Hollywood-Produzenten vor, der Gefallen an ihr fand. Als sie zu einer Verabredung mit dem Produzenten ging, lieh Marlene ihr einige Stücke ihres Schmucks, damit sie hübsch und adrett aussah. Einige Zeit später heirateten die beiden.

Beim Empfang nahm Marlene die Braut beiseite und flüsterte ihr zu: „Ich wußte doch, was das Beste für dich ist."

Inzwischen ging Marlenes Karriere in Hollywood dem Ende zu. *Engel der Gejagten* (OT: Rancho Notorious) aus dem Jahre 1952 unter der Regie ihres früheren Geliebten Fritz Lang und produziert von Howard Hughes wurde ein Flop. Es war ihr letzter großer Auftritt.

Ernest Hemingway, der Marlene schon in den dreißiger Jahren begegnet war, verfaßte für das Magazin *Life* ein Nachwort auf ihre einzigartige Karriere beim Film. Er schrieb, die Dietrich sei eine große Schauspielerin, weil sie „mehr als jede andere über die Liebe wußte". Der Regisseur Samuel A. Taylor sagte im Hinblick auf Hemingway, daß es wohl richtiger sei zu schreiben, sie wisse mehr über Sex als sonst jemand.

Marlene beklagte nach dem Artikel, daß „Hemingway mich nie bat, mit ihm ins Bett zu gehen". Er spottete häufig über ihre „Mädchen" und schrieb sie als Lesbe ab. Seine Bemerkung, sie wisse „mehr als jede andere über die Liebe" veranlaßte *The Ladies' Home Journal* zur Einrichtung einer Rubrik mit dem Titel „Was macht mich liebenswert", die unter Marlenes Namen lief.

ZURÜCK ZU DEN ANFÄNGEN

Im Bemühen, für *Engel der Gejagten* zu werben, ging die Dietrich auf PR-Tour, die sie glauben machte, es gäbe noch ein Leben für sie auf der Bühne. Gegen den Rat von Maurice Chevalier und Noël Coward kehrte sie im Dezember 1953 ans Varietétheater zurück. Die Premiere war im Sands Hotel in Las Vegas. Während der Vorstellung ließ sie ihr Kleid von den Schultern gleiten. Darunter trug sie eines ihrer „Nacktkleider". Tallulah Bankhead witzelte: „Sie sagte mir, sie hätte nichts zum Anziehen. Und stellen Sie sich vor, ich habe ihr nicht geglaubt."

Die Show wurde ein großer Erfolg, und ihre „Nacktkleider" machten sie zur höchstdotierten Varietékünstlerin der Welt.

Die Dietrich wandte sich endgültig ausschließlich ihrer Bühnenarbeit zu, nachdem ein neuer Mann in ihr Leben getreten war. Es war Burt Bacharach, der ihr im Beverly Hills Hotel begegnete. Er war erkältet, und sie spielte für ihn Florence Nightingale. Bald arbeitete

Burt an neuen Musikarrangements für sie und erweiterte ihr Repertoire. Er wurde für sie, wie sie es nannte, eine *amitié amoureuse*.

Als sie die Werke von Alberto Giacometti im New Yorker Museum of Modern Art gesehen hatte, war Marlene wie besessen von dem Bildhauer. Sie bombardierte ihn mit Rosen und saß auf einer Leiter, um ihn bei seiner Arbeit zu beobachten. Irgendwann brach sein Widerstand zusammen, und er gab ihrem Drängen nach. Kurze Zeit später kehrte er allerdings wieder zurück zu seiner Frau. Marlene tröstete sich mit einem neuen „Herzchen", wie Noël Coward es nannte, dem italienischen Filmstar Raf Vallone.

Trotz dieser Affären blieb Bacharach bis 1965 bei ihr. Mittlerweile war er die Erfolgsleiter hinaufgeklettert und wollte ein bürgerliches Leben mit Frau und Kindern. Das konnte ihm Marlene nicht bieten. Er wandte sich deshalb der Filmschauspielerin Angie Dickinson zu. Die Dietrich war sauer, daß er sie wegen einer Unbekannten verließ.

Bald darauf starb Tamara Matul. Sie wurde von einem Patienten im staatlichen psychiatrischen Krankenhaus von Camarillo, Kalifornien, getötet, in das sie nach einem Nervenzusammenbruch eingeliefert worden war. Die Dietrich und ihre rechte Hand, Bernard Hall, flogen daraufhin nach Kalifornien, um Rudi Sieber auf seiner Hühnerfarm im San Fernando-Tal zu trösten. Rudi war in den Sechzigern, und Marlene nannte ihn immer noch göttlich.

EIN GHOSTWRITER MAG ES NICHT FRANZÖSISCH

Einige Zeit später, bei einer Tournee durch Australien, setzte Marlene ein junger Journalist namens Hugh Curnow wegen eines Interviews zu. Obwohl er verheiratet war und drei Kinder hatte, war er in Sydney in Singlekreisen bestens als Schwerenöter bekannt. Marlene schnappte ihn sich und nahm ihn mit nach Paris, wo er als Ghostwriter ihre Memoiren verfassen sollte. Curnow beklagte sich, daß Marlene, die inzwischen ihren Körper mit Bandagen in Form hielt, wie eine Mumie ausgewickelt werden mußte, und auch an ihrer Liebeskunst hatte er zu mäkeln.

„Sie mochte es Französisch", sagte er, „und haßte es, wenn ich auf ihr lag."

Zu guter Letzt heuchelte er nicht einmal das allerkleinste Interesse an ihren Aufzeichnungen. Marlene schickte ihn kurzerhand zu Frau und Kindern zurück. Einmal noch sah sie ihn kurz in Sydney, als sie nach Adelaide unterwegs war. Noch am selben Tag wurde er Opfer eines makabren Unfalls – das Rotorblatt eines Hubschraubers trennte seinen Kopf vom Rumpf.

Das Liebesleben der Dietrich beschrieb Fritz Lang später einmal mit folgenden Worten: „Wenn sie einen Mann liebte, gab sie alles, schaute sich aber immer noch nach einem anderen um. Das ist die große Tragödie ihres Lebens. Vielleicht mußte sie sich ständig beweisen, daß es immer noch einen anderen geben könnte, wenn ein Mann sie liebte."

MARLENES GRÖSSTER FEHLER

Im Mai 1967 hatte Rudi einen Herzinfarkt, kurz darauf einen Schlaganfall. Marlene eilte an sein Krankenbett und kümmerte sich rund um die Uhr um ihn. Er erholte sich und konnte sogar nach Hause zurückkehren, wo ihn eine Haushälterin versorgte. Ein Bild von Tamara war stets in seiner Nähe.

Danach ging die Dietrich auf ihre Welttournee in Begleitung der kanadischen Olympia-Tennisspielerin Ginette Vachon, die noch keine dreißig war. Sie war sofort zur Stelle, als Marlene sich auf der Bühne in Sydney ein Bein brach. Die Dietrich wurde nach Los Angeles geflogen und ins UCLA Medical Center eingeliefert, wo sie ein Zimmer neben Rudi hatte, der nach einem weiteren Schlaganfall wieder ins Krankenhaus gekommen war. Ihre Tochter Maria bestand darauf, daß sie zur Weiterbehandlung ins Columbia-Presbyterian Medical Center nach New York verlegt wurde, wo man sie als Mrs. Rudi Sieber aufnahm.

Während ihres kurzen Aufenthaltes in Los Angeles hatte sich keine Gelegenheit für ein Treffen mit Rudi gefunden, und es sollte sich auch keines mehr ergeben. Er starb 1976, eine Woche, nachdem Marlene aus dem Krankenhaus entlassen wurde, in seinem Haus im San Fernando-Tal. Daß sie ihn in Los Angeles nicht ein letztes Mal habe sehen können, sei der größte Fehler ihres Lebens gewesen, beklagte die Dietrich. Sie ließ ihn im Hollywood Memorial Park-Friedhof neben Tamara beerdigen. Auf seinen Grabstein ließ sie nur meißeln: „Rudi".

Nach Rudis Tod gab Marlene ihre Karriere auf, ließ sich aber 1978 doch noch einmal zu einem Auftritt mit David Bowie in dessen desaströsem Film *Schöner Gigolo, Armer Gigolo* (OT: Just a Gigolo) überreden und wirkte an einer Filmdokumentation über ihr Leben mit, bei der Maximilian Schell Regie führte.

FLAGGENPARADE

Sie starb am 6. Mai 1992 in ihrer Pariser Wohnung in der Avenue Montaigne, unweit von Jean Gabins früherem Domizil. Beim Gedenkgottesdienst für sie in der Église de la Madeleine wurde der Sarg mit der französischen Flagge bedeckt. Auf dem anschließenden Flug nach Berlin zierte den Sarg das amerikanische Sternenbanner, das am Bestimmungsort gegen die Deutschlandfahne ausgetauscht wurde. Sie konnte dann endlich zur letzten Ruhe gebettet werden.

VIII

OHNE FALSCHE SCHAM

Nicht alle bisexuellen Hollywood-Göttinnen kamen aus Europa. Tallulah Bankhead war ein einheimisches Gewächs und darüber hinaus wohl auch nicht wirklich bisexuell.

„Ich brauchte Publicity, weil ich einen Job brauchte", bekannte sie. „In den Zwanzigern und Dreißigern standen Lesben hoch im Kurs, vor allem wenn sie noch eine Freundin als Draufgabe vorzuweisen hatten."

Tallulah Bankhead mag zwar nicht den Rang einer Garbo oder Dietrich gehabt haben, unter anderem, weil sie mehr auf den Theaterbühnen zu Hause war, doch ihres absolut atemberaubenden Sexlebens wegen wurde sie in und um Hollywood – und überall, wo sie hinging – zur Legende. Sie behauptete, sie habe fünftausend Sexualpartner gehabt, sie hielt Treue für unmöglich und hatte sich besonders darauf verlegt, auf Partys ihre Kleider von sich zu werfen.

„Warum machst du das, Tallulah?" fragte ihre lebenslange Freundin Estelle Winwood sie einmal. „Du hast doch so hübsche Röcke."

In Zeiten restriktiver Moral war sie völlig unverblümt. Eine Reporterin fragte sie in den dreißiger Jahren: „Miss Bankhead, was ist Ihre Definition von Liebe?"

„Meinen Sie Ficken?" erwiderte Tallulah.

Anläßlich einer Hochzeit in besten Gesellschaftskreisen soll Tallulah beim Einzug von Braut und Bräutigam laut bemerkt haben: „Die habe ich beide schon gehabt, Darling, aber keiner von beiden ist gut."

Als der Sexualforscher Alfred Kinsey sie darum bat, ihm ihr Sexualleben zu schildern, konterte sie: „Natürlich, Darling, wenn du mir auch von deinem erzählst."

Später gab sie einmal von sich, daß normale Sexualpraktiken zwar nicht besonders erregend seien, aber außergewöhnliche entweder Platzangst oder eine Kiefersperre verursachten. Als Frau von schonungslosem Scharfsinn war sie sich ihrer Unzulänglichkeiten nur zu bewußt:

„Ich bin so rein wie Schneematsch auf der Hauptstraße", beschrieb sie sich selbst.

BESONDERE KENNZEICHEN: SCHLANGENBISS

Tallulah Bankhead war eine Südstaatenschönheit aus Huntsville, Alabama, wo sie am 31. Januar 1902 zur Welt kam. Ihre Mutter starb drei Wochen nach ihrer Geburt. Ihr Vater war ein Rechtsanwalt, der 1917 in den Kongreß gewählt und später Abgeordnetensprecher wurde.

Tallulah war als Kind ein einziges Energiebündel. Aus ihrer Kindheit erzählte sie besonders gern die Episode von der Klapperschlange, die sie bei einem Picknick im Wald in den Hintern biß. „Blitzschnell riß mir Daddy das Höschen runter und saugte das Blut aus der Wunde." Da ihr Vater einen entzündeten Gaumen hatte, erkrankte er selbst daran. Seitdem ließ sie in ihren Paß unter der Rubrik „Besondere Kennzeichen" stets „Schlangenbiß" eintragen.

Mit fünfzehn gewann sie einen Wettbewerb der Zeitschrift *Pictureplay*. Der erste Preis war ein Filmvertrag mit einer Firma in New York bei einer wöchentlichen Gage von 50 Dollar. Sie stieg im Algonquin ab und lernte schnell die Mitglieder des berühmten Runden Tisches kennen. Als der Vertrag ausblieb, schickte ihr Großvater ihr ein Taschengeld von 50 Dollar pro Woche. Ihr Zimmer kostete 21 Dollar wöchentlich, so daß sie mit der Summe gut hätte auskommen können. Da Tallulah jedoch ein Dienstmädchen für 25 Dollar die Woche einstellte, mußten vier Dollar zum Leben ausreichen, was sie dadurch schaffte, daß sie uneingeladen bei Partys aufkreuzte.

Tallulah Bankhead

Als Statistin trat sie bald in einem Bühnenstück mit dem Titel *The Squab Farm* auf und erhielt kurz darauf eine Rolle in dem Film *Why Men Betray*. 1918 gab ihr Sam Goldwyn – der damals noch unter seinem ursprünglichen Namen Goldfish arbeitete – einen Vertrag für seinen Film *Thirty-a-Week*, und eine Sprechrolle übernahm sie in einem Stück mit dem Titel *39 East*.

„ICH WILL ALLES EINMAL AUSPROBIEREN"

Während dieser Zeit lernte sie Estelle Winwood kennen, eine englische Schauspielerin mit mehr als dreißig Jahren Bühnenerfahrung. Sie nahm die junge Tallulah mit in den Urlaub nach Atlantic City. Im Zug trafen sie den Schauspieler John Barrymore. Tallulah verliebte sich auf der Stelle in ihn, und obwohl in New Jersey schon eine Geliebte auf ihn wartete, hoffte Tallulah, Eindruck bei ihm hinterlassen zu haben. Ihr Wunsch ging in Erfüllung. Als Tallulah wieder in New York war, lud Barrymore sie in seine Garderobe ein. Er bot ihr eine Rolle in seiner Filmversion von *Dr. Jekyll und Mr. Hyde* an, schloß dann die Garderobentür mit der einen Hand und stieß sie mit der anderen auf die Couch. Tallulah, jung und naiv wie sie war, lehnte diese Stegreifrolle ab – war aber dadurch auch die Chance los, im Film mitzuwirken. Dennoch ging ihr Barrymore nicht aus dem Sinn, und sie sah ihn sich dreizehnmal am Broadway in *The Jest* an.

Kurz danach wurde beobachtet, wie sie auf einer Party ein Mädchen küßte.

„Ich will alles einmal ausprobieren", sagte sie. Sie experimentierte bereits mit Marihuana und Kokain, konsumierte damals aber noch keinen Alkohol, weil sie ihrem Vater hoch und heilig versprochen hatte, sich niemals dem Trinken zu ergeben, als der sie nur ungern ans Theater ziehen lassen wollte.

Tallulah bekam John Barrymore zwar nie in ihr Bett, aber bei seiner Schwester Ethel hatte sie mehr Glück. Auf einer Party wurde Tallulah aufgefordert, Ethel zu imitieren. Miss Barrymore, die auch anwesend war, fand daran aber gar kein Gefallen und verpaßte ihr eine Ohrfeige. Später wurden sie allerdings enge Freundinnen. Als Tallulah in London lebte, tauchte Ethel Barrymore bei einem Fest in Tallulahs Wohnung in der Farm Street auf in der festen Absicht, nur ein paar Minuten zu bleiben. Es wurde eine ganze Nacht, und weitere Nächte folgten.

Auf einer Party in New York begegnete Tallulah Lord Napier Alington. Er war kurzfristig von Jeffrey Holmesdale, dem Theaterkritiker der *Morning World*, eingeladen worden, weil es dem Fest an Männern mangelte. Als Holmesdales Anruf Alington erreichte, lag er schon im Bett.

„Mach keinen Aufwand, komm so wie du bist", scherzte Holmesdale. Alington nahm ihn beim Wort und tauchte im Schlafanzug mit einer Flasche Gin unterm Arm auf.

Der junge Adelige Alington war einer Einladung nach Amerika durch Cornelius Vanderbilts Gattin gefolgt, um das Bankwesen zu studieren. Sehr bald schon langweilten ihn seine Studien, und so zog er mit der englischen Varietékünstlerin Teddy Gerrard nach Greenwich Village.

EIN SPONTANES ANGEBOT

Tallulah fand seinen englischen Akzent und seine Verwegenheit entzückend. In einem vertraulichen Gespräch gestand sie ihm, daß sie eigentlich noch Jungfrau sei, und meinte damit, daß sie bislang noch mit keinem Mann ins Bett gegangen war. Eine ältere Schauspielerin habe sie freilich längstens in die Wonnen der sapphischen Liebe eingeweiht.

Alington erklärte sich ohne Umschweife bereit, das bisher Versäumte nachzuholen und eine richtige Frau aus ihr zu machen. Schließlich sei er schon im Schlafanzug, also passend angezogen. Tallulah ging an jenem Abend noch nicht auf sein Angebot ein. Eine geraume Zeit zogen sie unbekümmert von einer Party zur nächsten. Der Dritte im Bunde war Noël Coward, und gemeinsam tanzten sie bis in den Morgen und liefen barfuß durch den Schnee. Dann verschwand Alington plötzlich nach England.

Tallulah wußte um Alingtons lockeren Lebenswandel. Er war Spieler, Frauenheld und vollkommen unbekümmert. Er schrieb ihr nicht einmal.

Sie ging zu einer Wahrsagerin, die ihr verkündete, was sie zu hören begehrte.

„Deine Zukunft liegt jenseits des Wassers", orakelte die Wahrsagerin. „Mach dich auf, auch wenn du schwimmen mußt."

Ein paar Tage später telegrafierte der Impresario Charles B. Cochran aus London, der Tallulah am Broadway gesehen hatte, er habe eine Rolle in einem Stück von Gerald Du Maurier für sie. Kurz darauf kabelte Cochran erneut, Du Maurier habe leider seine Pläne geändert. Tallulah borgte sich tausend Dollar und brach dennoch nach England auf.

DEM ADEL VERPFLICHTET

Ihr Wagemut zahlte sich aus. Als Du Maurier sie leibhaftig vor sich sah, gab er ihr ohne Zögern die Rolle. Sie war die Sensation und sorgte jeden Abend für ein volles Haus. Die Zeitungen meldeten, daß ihre Fans beinahe ausschließlich weiblich seien. Im Gegensatz zu anderen Schauspielerinnen zog sie nur wenige Garderobengalane an, aber unter den wenigen war kein geringerer als Lord Napier Alington.

Alington wirkte auf Tallulah abscheulich und bezaubernd zugleich. Während sie ihm hinterherlief, stellte ihr Sir Francis Laking nach – „ein geistreicher junger Mann unbestimmten Geschlechts" –, der sie auf eine Reise nach Venedig mitnahm. Alington verschwand urplötzlich von der Bildfläche. Tallulah betrauerte seinen Abgang, fand aber Trost in einer Reihe von kurzen Abenteuern. Laking war eifersüchtig bis in die letzte Haarspitze.

Als Tallulah auf Englands Bühnen langsam in den Rang eines Stars aufstieg, kursierten viele Geschichten über sie. Angeblich sollte sie mit der Hälfte des Berks Peerage (dem englischen Adelsverzeichnis) im Bett gewesen sein. Ein besonders glühender Verehrer war der Herzog von Kent. Aber sie beschränkte ihre Gunst nicht allein auf den Adel. Eine Frau, die sich in der Vergangenheit immer darüber beklagt hatte, ihr Mann sei homosexuell, beschuldigte plötzlich Tallulah, ihr ihren Mann ausgespannt zu haben. Und ein Taxifahrer, der sie an einem Freitagabend nach einer Vorstellung heimfuhr, wurde kurzerhand fürs Wochenende eingeladen. Als der gute Mann sie am Montagmorgen erschöpft verließ, rief sie ihm vom Schlafzimmerfenster nach: „Darling, du bist so gut wie der König von England."

Viele dieser Geschichten setzte sie selbst in Umlauf. Sie wußte sich gut zu verkaufen. Wenn ein Journalist zum Interview kam, nahm sie ihn einfach mit ins Bett und ließ ihn dort alle notwendigen Nachforschungen anstellen.

EINE FRAU WILL NACH OBEN

Tony Wilson, Enkel des Earl of Ribblesdale, machte ihr sechs Heiratsanträge. Mit dem Herausgeber des *Evening Standard*, Michael Wardell, hatte sie eine rührende Affäre, und beinahe hätte sie den Grafen Anthony de Bosdari geheiratet, wenn sie nicht im letzten Moment Verdacht geschöpft hätte, daß der Earl ihren Namen mißbrauchen wollte, um ein Spekulationsgeschäft zu lancieren. Später gestand sie, der einzige Mann, den sie wirklich geliebt habe, sei Lord Napier Alington gewesen.

Auf der Bühne spielte sie Dirnen, gefallene Mächen und untreue Ehefrauen.

„Glauben Sie bloß nicht, daß mir dieses Sex-Theater Spaß macht", sagte sie in einem Interview, „doch wenn du nach oben willst, mußt du nehmen, was Gott dir anbietet."

Augustus John, Winston Churchill, Lloyd George und der damalige Premierminister Ramsey MacDonald waren ihr ebenfalls gewogen. Letzterer lud sie in Downing Street 10 zum Essen ein. Kurz darauf brachte er seine sittenstrenge Schwester dazu, Tallulah in ihrer Garderobe aufzusuchen. Tallulah stellte ihr sogleich einen Arzt vor, der sie gerade besuchte: „Sein Name muß Ihnen geläufig sein, meine Liebe; er versteht sich wunderbar auf Abtreibungen."

Einmal bat sie T. E. Lawrence um einen Besuch und ließ ihn vorher wissen, daß sie tapfere Männer liebe. Auf die Frage, was sie täte, wenn er wirklich käme, antwortete sie: „So mutig ist er auch wieder nicht."

Bei der Probe zu einer Verführungsszene mit Godfrey Teale im Stück *Scotch Mist* bot Tallulah eine so überzeugende Vorstellung, daß Teales Frau, die im Zuschauerraum saß, in Tränen ausbrach. Tallulah wandte sich an den Regisseur Basil Dean und sagte: „War's das, Basil? Nur gut, daß ich meine Unterhose anhatte, nicht wahr?"

Sie machte es sich zur Gewohnheit, mit den Hauptdarstellern ins

Bett zu gehen und sie dann zu ihren Frauen heimzuschicken. Leslie Howard, der mit ihr in *The Cardboard Lover* spielte, ließ sie wissen, daß seine Frau argwöhnisch sei und er höllisch aufpassen müsse.

WIEDERSEHEN IN PARIS

Tallulah schenkte auch dem Tennischampion und Wimbledon-Sieger Bill Tilden ihre Gunst und begleitete ihn nach Paris zu einem Davis Cup-Spiel. Wenn die Zuschauer nach links blickten, schaute sie nach rechts, und blickten sie nach rechts, schaute sie nach links, nur um herauszubekommen, ob Alington im Publikum war. Sir Francis Laking hatte inzwischen seinen Kummer über Tallulah Bankhead so stark in Alkohol ertränkt, daß er im Alter von sechsundzwanzig Jahren das Zeitliche segnete.

Bei einem weiteren Aufenthalt in Paris stieß Tallulah endlich auf Alington. Er erklärte ihr, er nehme den Mitternachtszug nach Genf, wo er sich wegen seiner Tuberkulose einer Kur unterziehen müsse. Als es Mitternacht war, blieb sein Abteil leer. Fünf Nächte hintereinander versäumte er den Zug, um bei Tallulah zu bleiben. In der sechsten Nacht bestieg er schließlich den Zug, sprang aber bei der Abfahrt wieder heraus, da er ihren Kummer nicht ertragen könne, wie er sagte. In der siebten Nacht unternahm er einen erneuten Anlauf – und erneut blieb er zurück. Diesmal lautete seine Ausrede, der Zug fahre nach Genua, nicht nach Genf.

In der achten Nacht fuhr er endlich ab, aber zuvor mußte ihm Tallulah erst noch versprechen, zwei Wochen mit ihm in Evians-les-Bains am Genfer See zu verbringen, wo er sich auskurieren wollte. Als sie wie vereinbart in der Schweiz eintraf, war er nirgends zu finden. Sie wartete achtundvierzig Stunden voller Ungeduld, bis schließlich ein Belgier mit allen möglichen und unmöglichen Entschuldigungen auftauchte und verkündete, daß Alington am nächsten Tag wieder da sein werde. Einigermaßen besänftigt, folgte sie der Einladung des Belgiers, das Spielkasino zu besuchen. Dort entdeckte sie Alington beim Bakkarat-Spiel.

Tallulah wollte ihm auf der Stelle die Leviten lesen, es dauerte aber nur wenige Minuten, und schon tranken und lachten sie wieder zusammen. Die noch verbleibenden Tage verbrachten sie gemeinsam.

In der Erinnerung war es für Tallulah eine zauberhafte Zeit. Nach ihrer Abreise weinte sie die ganze Nacht.

Zurück in England, fiel Tallulah wieder in ihren alten Trott. Als sie mit Gerald Du Maurier im Savoy Grill speiste, stürmte plötzlich eine junge Frau an ihren Tisch und versetzte Tallulah eine Ohrfeige, weil sie mit ihrem Ehemann geschlafen habe. Sofort verstummte das ganze Restaurant. Tallulah war dafür berüchtigt, in der Öffentlichkeit Szenen zu liefern, und alle erwarteten, daß nun die Hölle losbräche. Statt dessen wandte sie sich an Sir Gerald, der als Meister des englischen Understatements bekannt war, und nahm unbeeindruckt den unterbrochenen Gesprächsfaden wieder auf: „Wie ich gerade sagte, Darling ..."

UNTER VERTRAG BEIM FILM

1931 unterschrieb Tallulah einen Vertrag mit Paramount und kehrte in die Staaten zurück. Sie kam zuerst nach Astoria auf Long Island, wo Paramount noch ein Studio unterhielt. Dort drehte sie unter der Regie von George Cukor *Tarnished Lady*. Der Regisseur ihrer nächsten beiden Filme, *My Sin* und *The Cheat*, war George Abbott, der behauptete, sie flirte mit ihm, was das Zeug halte. Als er sie besuchte, um das Drehbuch zu besprechen, ließ sie sich von ihm dabei helfen, eine Riesenkanne Milch in ihre Badewanne zu gießen. Dann zog sie sich aus und sagte ihm, sie möge nur ungehobelte Kerle. Er ergriff sofort die Flucht.

Am Set setzte sie sich zwischen den einzelnen Szenen auf seinen Schoß und flüsterte ihm ins Ohr, obwohl nichts zwischen ihnen war.

„Sie war nicht gerade das", resümierte Abbott, „was eine Dame eine Dame nennen würde."

Dann ging es weiter nach Hollywood. Im Zug traf sie Joan Crawford und ihren neuen Ehemann Douglas Fairbanks Jr. Unverblümt bemerkte Tallulah zur Crawford: „Darling, du bist göttlich. Mit deinem Mann hatte ich schon eine Affäre. Jetzt bist du dran."

Die Crawford war leicht eingeschüchtert und stammelte: „Tut mir leid, Miss Bankhead, aber ich liebe nur Männer."

Als sie in Los Angeles eintrafen, waren sie bereits gute Freundinnen geworden.

Tallulah war fest entschlossen, ihrem Ruf, besonders schamlos zu sein, in jeder Beziehung gerecht zu werden, aber in Hollywood erwuchs ihr ernsthafte Konkurrenz. Carole Lombard öffnete Männern gern den Hosenstall, während sie zusammen Probeaufnahmen machten, nur um ihre Reaktion zu testen. Tallulahs Vorgehen war wenig subtiler. Wenn ein Mann, den sie noch nicht kannte, in ein Restaurant oder auf eine Party kam, sagte sie bisweilen: „Ich habe mit allen Männern hier geschlafen, und nun werde ich das auch mit Ihnen tun."

AUFFALLEN UM JEDEN PREIS
Tallulah wandte diese Taktik auch bei Gary Cooper an, beklagte aber hinterher, daß er den ganzen Abend kein Wort geredet habe. Eine Freundin meinte daraufhin, daß er vielleicht nicht „Ja", aber garantiert auch nicht „Nein" gesagt habe. Es kursierten sogar Gerüchte, sie habe auf einer Party Greta Garbo erweichen können.

Tallulah hielt sich einen Wickelbären, den sie auf Partys immer Joan Crawford auf die Schulter setzte.

„Der schlängelte den Schwanz um meinen Hals und ließ prompt einiges auf meinen Rücken fallen", erzählte die Crawford. Sie mußte etliche teure Kleider wegwerfen.

Zu fortgeschrittener Stunde legte Tallulah auf Partys gern einen Strip hin.

„Sie betrank sich und begann aus unerfindlichen Gründen, ihre Kleider auszuziehen", erinnerte sich die Schauspielerin Tamara Geva. „Dann lachte sie wie verrückt. Es war mir ungeheuer peinlich."

Tallulah wohnte mit ihrem damaligen Liebhaber und Zechkumpanen Robert Benchley einige Zeit im „Garden of Alla". Bei einer Party sprangen Tallulah und Tarzan – der ehemalige Schwimm-Olympiasieger Johnny Weismüller – um fünf Uhr früh voll bekleidet vom höchsten Sprungbrett in den Pool. Tallulah trug ein schweres, perlenbesetztes Kleid und sank wie ein Stein auf den Grund. Als sie die Gefahr erkannte, entledigte sie sich ihrer Kleider, tauchte nackt wieder auf und schrie den schlafenden Anwohnern zu: „Alle sehnen sich danach, meinen Körper zu sehen. Jetzt ist es soweit."

Einige nahmen das Angebot an.

Tallulahs ausgefallene Ideen fanden keinen besonderen Anklang bei den Studios, die sich mittlerweile mit den Moralklauseln des Hays-Kodex herumschlagen mußten. Sie hatte indiskrete Treffen mit Beleuchtern und anderen Technikern und beschränkte ihre Gunst nicht wie andere Stars auf die Geschäftsleitung. Als Paramount sie an MGM auslieh, wurde sie plötzlich zu Louis B. Mayer ins Büro gerufen, um sich eine Standpauke über ihr Verhalten anzuhören.

Tallulah bat ihn, doch genauer zu werden.

„Ihr Sexualleben", antwortete Mayer.

Wieder fragte Tallulah nach, was er meine.

„Mit Frauen."

Ein drittes Mal bat sie um nähere Erläuterung.

„Ich habe gehört, Sie hätten sich mit ihnen zurückgezogen", sagte Mayer.

„Sie meinen, ich hätte mit ihnen gevögelt", erwiderte Tallulah.

SCHWEISSTREIBENDE ENTHÜLLUNGEN

Dann spulte sie die Namen aller MGM-Schauspielerinnen ab, mit denen sie im Bett gewesen war, und fügte anschließend noch eine Liste der besten Schauspieler des Studios hinzu, denen sie das gleiche Privileg gewährt hatte. Wenn das volle Ausmaß von Tallulahs Eroberungen dem Hays Office zu Ohren gekommen wäre, hätte das Studio dicht machen können. Mayer wünschte sich, er hätte Tallulah nie danach gefragt. Tallulah ging hinaus und ließ Mayer schweißgebadet hinter seinem großen, runden Tisch zurück.

1933, als Tallulah in New York *Jezebel* probte, mußte sie ins Krankenhaus, zur Entfernung der Gebärmutter. Nachdem sie sich von der schwierigen Operation erholt hatte, verließ sie das Krankenhaus und meinte zu den Ärzten: „Glauben Sie bloß nicht, das war eine Lehre."

Sie verbrachte Weihnachten in Huntsville bei ihrem Vater und versuchte, sich anständiger zu benehmen, um den alten Herrn nicht zu schockieren. Doch einmal betrank sie sich, und als ihr Freund Glenn Anders sie zu Bett brachte, sagte er, sie solle brav sein, dann würde der Weihnachtsmann ihr etwas Schönes in den Strumpf stecken. Anders erhielt sofort einen Vorgeschmack darauf, was Tallulah mit dem Weihnachtsmann anstellen würde, bekäme sie ihn nur in die Finger.

Ein reicher Verleger namens George machte ihr einen Heiratsantrag. Sie hatte damals eine heftige Liebesaffäre mit einem anderen Mann, der sich später erinnerte, wie sie kurz vor dem Höhepunkt ausrief: „Bitte hör jetzt auf. Ich bin mit George verlobt."

1935, als der Stern des jungen Burgess Meredith gerade am Broadwayhimmel zu erstrahlen begann, lud Tallulah ihn zu einer Party ein. Die Tür war noch nicht ganz auf, da packte sie ihn und küßte ihn leidenschaftlich. Es stand für ihn außer Frage, daß er zum Abschluß des Abends bei ihr im Bett landen würde. Im Laufe der Party sah er Tallulah nackt unter ihren Gästen herumstolzieren. Keiner ihrer Bekannten nahm Notiz davon, aber Meredith fielen beinahe die Augen aus dem Kopf.

Trotz allem gehörte Tallulahs Herz immer noch Alington. Mit fünfunddreißig ging sie wieder nach England, um ihm eine letzte Chance zu geben, sie zu heiraten. Cecil Beaton schilderte die Szene ihres Wiedersehens auf einer Party in seinen Tagebüchern: „Tallulah tanzte ausgelassen und steigerte sich mit Napier Alington in einen irren Apatschentanz hinein. Als er plötzlich ging, weinte sie und wehklagte, daß er sie nie geheiratet habe; dann ließ sie alle Hüllen fallen und führte ihre ‚Klassischen Chinesischen Tänze' auf, wie sie es nannte."

Beaton verabschiedete sich baldigst und suchte das Weite.

Tallulah war just im Café de Paris, als Alington dort mit seiner gerade aktuellen Eroberung auftauchte. Er versuchte, Tallulah zu ignorieren, und deshalb ging sie geradewegs auf ihn zu und sagte zu ihm: „Was ist los? Erkennst du mich nicht, wenn ich was anhabe?"

„VOM WINDE VERWEHT"

Da sich ihre Hoffnungen, Lady Alington zu werden, zerschlagen hatten, kehrte Tallulah unverrichteterdinge in die USA zurück, um ihre Anstrengungen zu verdoppeln, beim Film groß herauszukommen. David O. Selznick stellte gerade die Besetzungsliste für *Vom Winde verweht* (OT: Gone with the Wind) zusammen, seine Scarlett O'Hara hatte er aber noch nicht gefunden. Tallulah als Südstaatlerin betrachtete sich als ideale Kandidatin. Das Temperament dazu hatte sie ja. Der größte Förderer des Vorhabens war Jock Whitney, einer ihrer augenblicklichen Liebhaber. Ihn konnte Selznick nicht verprellen.

George Cukor sollte Regie führen, und er vereinbarte eine Probeaufnahme. Tallulah spielte gerade am Broadway und mußte am Samstagabend an die Westküste fliegen, um sonntags für die Aufnahmen zur Verfügung zu stehen. Unterwegs geriet das Flugzeug in ein Gewitter, zudem hatte der Verlust von Alington Spuren hinterlassen; sie trank viel und nahm Schlaftabletten. Trotz Make-up und sorgfältiger Ausleuchtung durch Cukor sah sie nicht ganz wie die frische, muntere Achtzehnjährige aus, die Scarlett zu Beginn des Films ist. Selznick war alles andere als beeindruckt.

TALLULAH MACHT EINEN FALSCHEN SCHACHZUG

Doch Tallulah gab so schnell nicht auf. In Alabama hatte sie viele einflußreiche Freunde. Gemeindeversammlungen wurden abgehalten, Petitionen verabschiedet und Briefkampagnen durchgeführt. Sogar der Gouverneur war auf ihrer Seite. Der Staat Alabama sei einer Meinung, sagte er dem Studioboß: Tallulah Bankhead müsse Scarlett O'Hara spielen. Selznick lenkte beinahe ein. Aber dann machte Tallulah einen falschen Schachzug.

1936 sahen sich Tallulah und einer ihrer Liebhaber, der Dramatiker Edward Barry Roberts, im Westport County Playhouse Dorothy L. Sayers' Krimi *Lord Peters abenteuerliche Hochzeitsfahrt* an. John Emery, der wie ein Doppelgänger von John Barrymore aussah, spielte Lord Peter Wimsey. Während des ersten Akts setzte eine Kerosinlampe die Kulissen in Brand. Emery löschte das Feuer mit bloßen Händen, richtete anschließend einige beruhigende Worte an das Publikum und dann wurde die Handlung wieder aufgenommen.

Tallulah verliebte sich Hals über Kopf in ihn. Nach der Vorstellung rannte sie in Emerys Garderobe und lud ihn ein, mit ihr das Wochenende in dem Haus zu verbringen, das sie eigentlich mit Roberts zusammen in Connecticut gemietet hatte. Er nahm an. Roberts packte unterdessen seine Sachen. Als Tallulah ihn mit der Tasche in der Hand sah, sagte sie: „Eddie, du bist immer taktvoll gewesen."

„Ja", erwiderte Roberts. „Ich weiß, wann ich verloren habe."

Emery kam fürs Wochenende, „aber sie ließ ihn nie wieder los", kommentierte Emerys dritte Ehefrau Tamara Geva.

„Warum zum Teufel heiratest du ihn nicht?" fragte Estelle Winwood sie. „Du hast doch gesagt, du wolltest alles einmal ausprobieren."

Das tat sie dann auch. Doch die Ehe nahm ihr jede Chance, Scarlett O'Hara zu spielen. Im Nu war sie die Unterstützung des einflußreichen Jock Whitney los. Auch bei Hollywoods Homosexuellen-Lobby, die Stimmung für sie gemacht hatte, war sie unten durch. Selbst der bisexuelle Cukor verlor sein Interesse an ihr.

WER SPIELT SCARLETT O'HARA?
Andere drängten sich vor, um die Rolle der Scarlett O'Hara zu erhaschen. Norma Shearer schlief mit Selznick, um zu einer Probeaufnahme eingeladen zu werden, Miriam Hopkins bearbeitete Selznicks Bruder, den Agenten Myron, und Loretta Young schließlich machte sich an Cukor ran.

Die drei Männer brachten viel Zeit damit zu, geeignete Kandidatinnen zu prüfen. Evelyn Keyes erinnerte sich, um Selznicks Schreibtisch herumgejagt worden zu sein, bevor sie eine kleine Rolle im Film erhielt.

Selznick hatte es schon lange auf Joan Fontaine abgesehen, und er lockte sie in sein Büro. Als er ihr seine Couch zeigte, fragte die Fontaine: „Scarlett?"

Selznick schüttelte den Kopf und sagte: „Melanie", die Schwester Scarletts in dem Opus. Die Fontaine lehnte ab. Auf dem Weg zur Tür schlug sie vor, er solle es doch mit ihrer Schwester Olivia de Havilland probieren. Bekanntlich erhielt sie den Zuschlag für die Rolle von Scarletts Schwester.

Eines Tages fand sich ein Hutmodel namens Edith Marriner in Selznicks Büro ein. Sie machte zwei Probeaufnahmen. Auch wenn sie zunächst keine Rolle bekam, blieb sie in Hollywood, änderte ihren Namen in Susan Hayward und machte zielstrebig Karriere.

Viele junge Sternchen gingen sehr weit, um einen bleibenden Eindruck zu hinterlassen. Ein Mädchen etwa ließ sich in einem Paket zustellen. Als es geöffnet wurde, sprang sie halb nackt heraus. Die Sicherheitsvorkehrungen im Studio wurden daraufhin verstärkt, und so ließ sich ein anderes Mädchen am Morgen des Heiligen Abend direkt in Selznicks Haus befördern. Freunde und Angehörige standen gerade um den Baum, als die junge Frau splitternackt aus dem Karton hüpfte und „Fröhliche Weihnachten, Mr. Selznick" rief.

Cukor setzte sich nach Georgia ab, wo er sogar in seinem Hotelzimmer belagert wurde. Im Studio tauchten scharenweise Mädchen aus dem ganzen Land auf, obskure Empfehlungsschreiben von irgendwelchen Scouts in den Händen, von denen noch niemand gehört hatte, und stellten sich als die neue Scarlett vor. Die windigen Talentsucher entgingen ihrer Verhaftung nur, weil die Mädchen meist zu verschämt waren, um gegen sie auszusagen. Einige wurden dennoch wegen Verführung Minderjähriger gerichtlich belangt.

Als die Stimmung schließlich den Siedepunkt erreichte, lüftete Selznick das Geheimnis um Scarlett und schüttelte sein As aus dem Ärmel, das er dort lange verborgen hatte – Vivien Leigh, deren Agent sein Bruder Myron war. Alle waren sich einig, daß es keine bessere Besetzung für die Rolle gab, und sie war gut zehn Jahre jünger als Tallulah.

EINE VERPATZTE PREMIERE

Tallulah und Emery hatten im Haus ihres Vaters in Alabama geheiratet. Auf dem Rückweg nach New York fragte eine Reporterin Tallulah, ob sie vorhabe, sich zurückzuziehen. Ihre Antwort fiel eindeutig aus: „Sie sind vielleicht ein Einfaltspinsel! Würde ich einen Schauspieler heiraten, wenn ich mich zurückziehen wollte?"

Das Paar plante eine Bühnenpartnerschaft und legte gleich mit einer Inszenierung von *Antonius und Kleopatra* los. Sie fiel durch. Die Kritiker mäkelten, Tallulah sei „weniger die Königin des Nils, als vielmehr die des Swannee River"; Emery hingegen erhielt gute Kritiken. Das war alles andere als ein verheißungsvoller Auftakt für ihr Eheleben. Sie hatten auch noch das Pech, daß ihre Premiere zeitgleich mit Orson Welles' Inszenierung von *Julius Cäsar* zusammenfiel, die äußerst positiv aufgenommen und auf einer kahlen Bühne gespielt wurde. Tallulah sah sie sich an. Wieviel die Produktion gekostet habe, wollte sie von Welles wissen.

„Achttausend Dollar", antwortete er.

„Achttausend Dollar!" sagte Tallulah. „Das ist weniger als mein Brustharnisch."

In der Anfangszeit ihrer Ehe hing Tallulah wie eine Klette an Emery. Sie führten ein offenes Haus. Joan Crawford und Douglas Fairbanks stellten sich oft bei ihnen ein. Tallulah spielte das Heimchen am Herd und sorgte dafür, daß Emery jeden Tag zum Frühstück ein Glas Planter's Punch bekam, denn der sei voller Früchte, Nährstoffe und Vitamine, wie sie erklärte. Bisweilen stritten sie sich und warfen sich nicht nur Worte an den Kopf, sondern teilten auch Schläge aus – das tat ihrem Glück zunächst aber keinen Abbruch.

Tallulah machte sich Otto Preminger zum lebenslangen Freund, als sie seiner Familie zur Flucht aus Wien verhalf. Die amerikanische Einwandererquote für Österreich war schon erschöpft, aber Tallulah konnte ihren Vater überzeugen, einen Gesetzesantrag einzubringen, um die Quote zu erhöhen, weil ein Krieg sehr wahrscheinlich sei.

Im Juni 1940, nach Dünkirchen, schwor sie, keinen Alkohol mehr anzurühren, bis die Briten wieder auf dem Kontinent gelandet wären. Sie hielt beinahe Wort und leistete sich in vier Jahren lediglich zwei Ausrutscher. Ein verständlicher Anlaß wäre die Nachricht vom Tode Alingtons als Pilot in der Schlacht um England gewesen, aber da griff sie nicht zur Flasche.

BENEHMEN MANGELHAFT!

Auch wenn sie dem Alkohol entsagt hatte, sie schnupfte weiterhin Kokain und verfiel darauf, Salmiakgeist wie Bourbon zu trinken. Damals war eine ihrer beliebtesten Nummern auf Partys ein Kopfstand, um allen Anwesenden zu zeigen, daß sie keine Unterwäsche trug.

Als Danny Kayes Frau, die Lyrikerin Sylvia Fine, einmal bemerkte, ihr Benehmen sei geschmacklos, antwortete Tallulah: „Woher wollen Sie das wissen? Sie stammen doch aus Brooklyn."

Emery ertrug dieses Verhalten so gut er konnte. Die Ehe hatte seiner Karriere aber bereits geschadet. Bevor Tallulah sich ihn schnappte, hatte er schon einer anderen Hollywoodschönen Hoffnungen auf eine Heirat gemacht, und die verbaute ihm nun den Weg zum Film.

Schließlich verließ er Tallulah wegen ihrer Erzrivalin Tamara Geva. Tallulah war wutentbrannt und verweigerte ihm zunächst die Scheidung. Als sie sich dann doch scheiden ließ, lautete der Grund „seelische Grausamkeit".

Eine von Tallulahs Freundinnen stellte fest, daß eine besondere Ironie in Emerys Wahl der Geva liege. Tallulah habe Emery geheiratet, weil er wie ein zweitklassiger John Barrymore ausgesehen habe, und Emery wiederum habe Tamara Geva geheiratet, weil sie wie eine zweitklassige Tallulah Bankhead wirke. Doch später, als Tallulah gefragt wurde, warum sie Emery geehelicht habe, sagte sie: „Weil ich ihn liebte."

Und warum dann die Scheidung?

„Weil ich ihn liebte."

Irgendwie überschattete Tallulah Emerys weiteres Leben. Er hatte eine ganze Reihe Unfälle, und seine Karriere litt darunter. Mit Tamara Geva blieb er zwanzig Jahre zusammen, dann heiratete er Joan Bennett: „John verlor nie ein schlechtes Wort über Tallulah. Sie blieben Freunde bis zum Schluß", ließ sich die Bennett vernehmen.

LÜCKENBÜSSER

Um die durch die Scheidung entstandene Lücke in ihrem Leben auszufüllen, kaufte sich Tallulah ein Löwenbaby, das sie Winston Churchill nannte. Das immer größer werdende Tier streifte durchs Haus und nagte die Möbel an. Als Tallulah das sah, schrie sie: „Hat denn niemand den verdammten Löwen gefüttert?" Schließlich schenkte sie ihn dem New Yorker Zoo.

Eines Abends erschien ein junger Mann namens Cleveland Amory mit einem Empfehlungsbrief von Katherine Hepburn vor Tallulahs Haustür am Rand von New York und glaubte, drinnen Geräusche wie bei einer Orgie zu hören. Nachdem der Butler Tallulah seine Empfehlung überbracht hatte, hörte er sie schreien: „Zum Teufel noch mal, ich will nicht jeden verdammten Freund von Kate Hepburn empfangen."

Während die Partygeräusche noch andauerten, erhielt Amory kurz darauf einen Zettel: „Der Zeitpunkt ist ungünstig."

Dann tönte Tallulah: „Wie sieht er denn aus?"

Der Butler trat beiseite, damit sie ihn sehen konnte. Amory wurde hereingebeten und war bald ein ständiger Gast des Hauses.

Tallulah leistete immer eifrig ihren Beitrag zu den britischen Kriegsanstrengungen und übernahm für 75 000 Dollar die Hauptrolle in Alfred Hitchcocks *Lifeboat*. Einen weiteren Triumph während des Krieges feierte sie in dem Film *Skandal bei Hofe* (OT: A Royal Scandal), in dem sie Katharina die Große spielte. Es war eigentlich ein Ernst Lubitsch-Projekt, doch nachdem er einen Herzinfarkt erlitten hatte, sprang Otto Preminger ein. Preminger holte sich Tallulah. Die Garbo ließ Lubitsch an seinem Krankenbett ausrichten, daß sie die Rolle wolle. Preminger bestand aber darauf, daß Tallulah, die bereits engagiert sei, nun auch spiele. Die Garbo könne bleiben, wo der Pfeffer wächst. Alle waren sich einig, daß Tallulah die Rolle wie auf den Leib geschrieben war. Lubitsch und andere brandmarkten sie aber in Hollywood als die Frau, die Greta Garbos Comeback vereitelt habe.

LETZTE WORTE

In den fünfziger Jahren wandte sich Tallulah dem Radio zu. Sie hatte ihre eigene Sendung, die mit Anspielungen und regelrechten Zoten gespickt war.

Ein beträchtliches Risiko ging Tallulah Bankhead ein, als sie ihre Haushälterin wegen Diebstahls anzeigte. Vor Gericht versuchte die Haushälterin, den Namen ihrer Klägerin in den Schmutz zu ziehen, indem sie ausführlich über den Drogenkonsum Tallulahs und die Sexorgien in ihrem Haus berichtete. Tallulah trat vor Gericht mit der ihr eigenen Selbstsicherheit und wickelte die Jury wie ihr Publikum um den kleinen Finger.

Tallulah spielte weiterhin Theater und fand immer noch junge Männer, doch zunehmend umgab sie sich mit jungen Homosexuellen, die sie ihre „Balljungen" nannte. 1964 stand sie letztmalig in England vor der Kamera, um einen Horrorfilm mit dem Titel *Fanatic* zu drehen, der in den USA als *Die! Die! My Darling!* anlief.

Sie starb 1968 in New York. Ihr letztes verständliches Wort war „Bourbon".

IX

DIE LIEBE DER TOREROS

Ava Gardner wurde 1922 in Brogden, North Carolina, geboren. Als Kind war sie stundenlang im Freien und streifte zumeist barfuß durch die Tabakfelder ihrer Heimat. Es kam ihr nie in den Sinn, Filmstar zu werden. Mit achtzehn besuchte Ava ihre große Schwester Bappie, die einen Fotografen geheiratet hatte und zu ihm nach New York gezogen war. Ihr Schwager machte einige Aufnahmen von ihr, die er ins Schaufenster seines Studios in Manhattan stellte. Dort entdeckte sie ein Agent von MGM, der Ava nach Hollywood schickte. Bappie begleitete sie.

„Sie kann nicht spielen. Sie kann nicht sprechen", sagte Louis B. Mayer, als er die Probeaufnahmen mit Ava sah. „Aber sie ist klasse."

Er gab ihr einen Siebenjahresvertrag für 50 Dollar die Woche. Schließlich hatte Ava Gardner alles, was Mayer an einer Frau schätzte – Alabasterhaut, Wespentaille, hohe feste Brüste und vorstehende Brustwarzen.

Sie erhielt Schauspiel- und Sprechunterricht, um ihr den breiten Südstaatendialekt abzugewöhnen. Nach vier Monaten in Hollywood wurde Ava in einem Aufnahmeraum von jemandem angestarrt, den sie für Carmen Miranda hielt. In Wirklichkeit war es aber Mickey Rooney in Frauenkleidern. Er konnte die Augen nicht von ihr lassen.

Obwohl Rooney nur zwei Jahre älter war als Ava – und zwei Zentimeter kleiner –, war er schon ein großer Star in Hollywood. Er rief sie zwei Wochen lang jeden Tag an und bat um ein Rendezvous. Sie lehnte ab. MGMs Werbeabteilung hielt es für eine gute Idee, wenn sie sich mit einem großen Filmstar sehen ließe – und auch Mickey würde es ganz und gar nicht schaden, ein hübsches Mädchen an seiner Seite zu haben. Ava war aber sehr streng erzogen worden und bestand darauf, Bappie jedesmal als Anstandsdame dabei zu haben.

GERINGE GEMEINSAMKEITEN
Rooney kriegte schnell mit, daß Ava die Vorstellung hatte, Küssen ohne Trauschein wäre so etwas wie Prostitution. Deshalb machte er ihr einen Heiratsantrag. Ava nahm unter der Bedingung an, daß die Hochzeit erst stattfinden sollte, wenn sie neunzehn wäre.

Rooney präsentierte Ava seiner Mutter. Mama spähte über den Rand der neuesten Nummer von *Racing Form*, als er ihr beiläufig mitteilte, daß sie heiraten wollten, und sagte daraufhin zu Ava: „Ich nehme an, er ist Ihnen noch nicht an die Wäsche gegangen."

Mayer war gegen die Ehe, gab aber nach einer tränenreichen Zusammenkunft mit Rooney schließlich seine Zustimmung. Das Paar wurde am 10. Januar 1942 in aller Stille außerhalb von Los Angeles getraut. Selbst mit dem Ehering am Finger war Ava noch nicht wirklich zum Sex bereit. Rooney jedoch hatte schon reichlich Erfahrungen mit Frauen hinter sich. Er gab sich Ava gegenüber zunächst zurückhaltend, und so überwand sie allmählich ihre Scheu und faßte Vertrauen zu ihm. Jahre später gestand Mickey, stolz darauf zu sein, Ava entjungfert zu haben.

Am Tag nach der Trauung ging er zum Golfspielen. Ava beklagte sich später, sie habe in ihren Flitterwochen den PR-Mann von MGM, der sie begleitete, häufiger zu Gesicht bekommen als ihren Ehemann. Das verzieh sie ihm nie.

Wieder in Hollywood, mußte Ava feststellen, daß sie nicht nur mit dem Golfplatz, der Rennbahn und dem Pokerspiel, sondern auch mit den Saufkumpanen Mickeys in Konkurrenz stand. Freundinnen erzählte Ava, sie und ihr Mann paßten zwar sexuell zusammen, aber ansonsten seien ihre Gemeinsamkeiten gering.

Bald mußte sich Ava wegen einer Blinddarmentzündung behandeln lassen. Da, berichtete sie, sei er ein bißchen fürsorglicher und

Ava Gardner

auch häuslicher geworden. Er hatte ihre Sorgen ernst genommen und nahm sie nun mit auf Partys, bekam aber Eifersuchtsanfälle, wenn sie sich gut amüsierte und mit anderen Männern tanzte.

Er machte seinen ganzen Einfluß geltend, um ihr bessere Rollen zu verschaffen. Später, da war sie schon ein Star, gab sie zu, daß sie alles Rooney verdanke.

25 000 DOLLAR UND EIN AUTO

„Von der Ehe verstand er nichts", sagte sie, „aber vom Showbusineß verstand er dafür um so mehr."

Im Herbst 1942, weniger als neun Monate nach ihrer Hochzeit, wollten sie sich schon trennen. Um die schlechte Presse besorgt, die eine Scheidung nach sich zöge, überredete Mayer sie, es noch einmal miteinander zu probieren. Sie zogen in ein Landhaus in Bel Air, und Ava wurde mit der Hauptrolle in *Ghosts on the Loose* belohnt. Aber Rooney änderte sich nicht, und ihre Auseinandersetzungen wurden immer heftiger. Wenn er betrunken heimkam, bewarf sie ihn mit Gegenständen und traktierte Möbel und Vorhänge mit einem Messer.

Rooney war der Ansicht, ein Baby könne ihre Ehe retten. Doch Ava drohte ihm geradeheraus: „Wenn ich je schwanger werde, bringe ich dich um."

Sie besuchte Nachtklubs mit Lana Turner, die sich gerade vom Bandleader Artie Shaw hatte scheiden lassen. Als Rooney ihr eine Szene machte, warf sie ihn hinaus.

Mayer sorgte sich um die beiden und schickte Rooney nach Connecticut zu den Dreharbeiten für *A Yank at Eaton.* Rooney liebte Ava immer noch und bombardierte sie vom anderen Ende der Staaten mit teuren Geschenken. Kaum daß er nach Kalifornien zurückgekehrt war, versuchte er, sich gewaltsam Zutritt zu ihrer Wohnung zu verschaffen. Er mußte mit aller Macht daran gehindert werden.

Ava teilte der Presseabteilung von MGM mit, wenn Rooney sich weiter so benehme, werde sie an die Öffentlichkeit gehen. Mayer nahm Rooney beiseite und überredete ihn, sie in Ruhe zu lassen. 1943 wurden sie geschieden. Sie erhielt 25 000 Dollar und ein Auto. Mayer warnte sie, höhere Forderungen zu stellen, andernfalls würde sie nie wieder für MGM – oder irgendein anderes Studio – arbeiten.

Als junges Hollywood-Starlet auf dem Weg zum Ruhm wurde von Ava erwartet, daß sie sich in Nachtklubs zeigte. Sie ließ sich mit dem britischen Herzensbrecher Peter Lawford, dem türkischen Schauspieler Turhan Bey und dem südamerikanischen Star Fernando Lamas sehen, doch als sie eine Geliebte in *Three Men in White* spielen sollte, wandte sie sich ratsuchend an keinen von ihnen, sondern an Rooney. Er kam während der Dreharbeiten ans Set. Danach wurden sie händchenhaltend in einem Restaurant gesehen, und die Presse spekulierte bereits über eine Versöhnung. Der Film war ein Riesenerfolg.

Als Rooney zum Militär eingezogen wurde, sagte ihm Ava, sie werde auf ihn warten. Er schrieb jeden Tag, und sie beantwortete zuerst jeden Brief. Allmählich wurden ihre Briefe immer spärlicher, bis sie gar keine mehr schickte. Sie rief ihn an und bat ihn, keine Briefe mehr zu senden. Er sagte ihr, daß er sie noch liebe. Dennoch gab sie ihm den Laufpaß, woraufhin er in Tränen ausbrach und sich hemmungslos betrank.

HOWARD HUGHES

Ava begann eine Affäre mit dem Rechtsanwalt Greg Bautzer, der schon mit Lana Turner und Joan Crawford ins Bett gegangen war. Es folgten kurze Beziehungen zum Schauspieler John Carroll und zum Sänger Billy Daniels. Schließlich hatte sie ein Blind Date mit Howard Hughes, der auch mit Lana Turner angebändelt hatte. Die Turner war überzeugt, daß er sie heiraten würde.

Hughes hatte sich bereits ausgiebig der Hollywood-Göttinnen bedient: Ida Lupino, Billie Dove, Olivia de Havilland, Constance Bennett, Carole Lombard, Ginger Rogers, Bette Davis, Susan Hayward. Frisch geschiedene Frauen hatte er besonders gern.

Seine Mätressen lebten in von ihm gemieteten Häusern, die über ganz Hollywood verteilt waren, und mußten sich jederzeit für ihn zur Verfügung halten. Ava weigerte sich zunächst, in dem für sie gewählten Haus zu wohnen, und blieb statt dessen bei ihrer Schwester Bappie. So leicht entkam sie Hughes allerdings nicht. Schließlich zog sie doch in das besagte Haus ein. Einer seiner Mormonen-Leibwächter hatte den Auftrag, sie rund um die Uhr zu überwachen. Bald hatte sie aber heraus, wie sie ihm entschlüpfen konnte. Eines Abends im Mocambo lernte sie einen mexikanischen Stierkämpfer kennen – den ersten in einer langen Reihe – und nahm ihn mit zu sich nach Hause. Als er am Morgen gerade gehen wollte, traf Hughes ein. Ava und Hughes hatten einen heftigen Streit. Die Ohrfeige, die er ihr verabreichte, war so heftig, daß er ihr den Kiefer ausrenkte. Dafür schlug sie ihn mit einem Messingrohr nieder.

Trotz solcher Auseinandersetzungen hielt die stürmische Beziehung zwei Jahre an. Sie war tief beeindruckt, wenn er sie spontan in seinem Privatflugzeug auf einen Trip nach Mexiko mitnahm, ein ganzes Restaurant nur für sie beide reservierte oder ihr aus einer Laune heraus Hunderte von Blumen schickte.

Es konnte allerdings gefährlich werden, wenn man sich mit ihm anlegte. Einmal ließ er den Cadillac, den er ihr zum Geburtstag geschenkt hatte, nach einem kleinen Streit in die Werkstatt bringen. Als sie ihn zurückerhielt, kam sie nur ganze drei Kilometer weit, dann fiel der Motor aus. Hughes selbst, so wurde ihr gesagt, habe das arrangiert.

Jahre später gestand sie, sie wäre keineswegs in Hughes verliebt gewesen, doch welche Frau könne schon einem Kerl widerstehen, der mit einem Tablett voller Diamanten ankommt und sie bittet, sich einen davon auszusuchen?

EIN STRENGER ZUCHTMEISTER

1945 lernte Ava im Mocambo den Bandleader Artie Shaw kennen. Der Ex-Gatte von Lana Turner hatte Affären mit Judy Garland und Betty Grable hinter sich. Als er die Turner heiratete, weinte Judy Garland, und Betty Grable hatte ihre erste Abtreibung.

Ava war auf der Stelle hingerissen von ihm. Nach mehreren Rendezvous zog sie in sein Haus am Bedford Drive. Das Studio war bestürzt – seine Stars sollten nicht zusammenleben. Mayer behielt sie nur, weil sie mit Mickey Rooney verheiratet gewesen war, und die PR-Abteilung von MGM schwitzte Blut und Wasser, daß Avas häusliche Verhältnisse den Zeitungen verborgen blieben.

Shaw war ein strenger Zuchtmeister, und als er entdeckte, daß Ava kein Buch gelesen hatte außer *Vom Winde verweht*, kümmerte er sich um ihre Bildung. Ob ihres Kummers, daß sie nur kleine Rollen bekam, schickte er sie zum Analytiker.

„Das hat mich wirklich vollkommen durcheinandergebracht", meinte sie dazu.

Sie schrieb sich an der Universität von Los Angeles ein, um Shaws Anforderungen gerecht zu werden. Die Tischgespräche seiner intellektuellen Freunde wuchsen ihr über den Kopf. Sie tratschte lieber darüber, wer mit wem schlief, und ergötzte sich an den delikaten Einzelheiten von Hollywoods Scheidungsfällen. Filmzeitschriften lagen ihr mehr als Hemingway oder Steinbeck, und nichts tat sie lieber, als ihre Schuhe abzustreifen und barfuß durchs Haus zu gehen, auch wenn Gäste geladen waren.

„Das gehört sich nicht", bellte Shaw. „Du bist nicht mehr auf den Tabakfeldern."

Ava rannte tränenüberströmt aus dem Zimmer.

DIE FALSCHE WAHL

Angesichts solcher Szenen mutmaßten ihre Freunde bereits, daß die Beziehung kurz vor dem Ende stand. Die Boulevardpresse stellte bereits Spekulationen an, und Mayer forderte ultimativ eine Entscheidung von ihnen: Heirat oder Trennung. Sie wählten die Ehe, und beide wußten, daß die Entscheidung falsch war, doch Ava war hoffnungslos verliebt in Shaw, und Shaw war wie Rooney ihrem Körper vollständig verfallen.

Trotz dieser Ehe war das Studio nicht mit Ava zufrieden und überließ sie anderen Produktionsfirmen. Für Universal spielte sie an der Seite von Burt Lancaster in *Rächer der Unterwelt* (OT: The Killers) nach einer Kurzgeschichte von Hemingway. Sie lernte den Schriftsteller persönlich kennen, und es ging bald das Gerücht, sie wären ein Paar.

Avas Karriere begann jetzt erst richtig, und tagsüber war sie viel im Studio. Als Bandleader arbeitete Shaw hauptsächlich nachts; sie sahen sich also kaum noch und teilten auch das Bett nicht mehr miteinander. Am 8. Juli 1946 zog Ava bei Shaw aus.

Hughes – den sie Gerüchten zufolge immer noch traf – war mit dem Flugzeug abgestürzt, und Ava eilte an sein Krankenlager. Dort traf sie Lana Turner. Während Hughes' langwieriger Genesung hatten die beiden jede Menge Zeit, sich über Shaw zu unterhalten. Lana klagte unter anderem, das Leben mit Artie sei eine einzige Collegeausbildung. Ava stimmte ihr zu und meinte, sie sei aus Angst gegangen, ihre Prüfung nicht zu bestehen.

Ava reichte die Scheidung ein. Grund: seelische Grausamkeit. Sie verlangte weder eine Abfindung noch einen Teil von Shaws Besitz. Als Shaw sein Haus zum Verkauf anbot, bemerkten die Kaufwilligen, daß ein Waffeleisen im Inventar fehlte.

„Das hat Ava mitgenommen", erklärte Shaw.

So kam der Scherz auf, Avas einzige Abfindung sei ein Waffeleisen gewesen.

SCHUNDLITERATUR

Bereits zwei Tage nach ihrer rechtskräftigen Scheidung heiratete Shaw Kathleen Windsor, Autorin des Bestsellers *Forever Amber*. Als Ava davon hörte, war sie äußerst wütend. In Chicago hatte sie einmal eine Ausgabe von *Forever Amber* gekauft. Sobald Shaw das Buch entdeckt hatte, entriß er es ihr und warf es durchs Zimmer.

„Ich sorge mich um deine Bildung, und du liest so einen Schund", hatte er getobt.

Shaw gestand seiner neuen Braut gegenüber ein, er habe ihr Buch nie gelesen – es sei zu lang. Die Ehe dauerte zwei Jahre.

Als Hughes aus dem Krankenhaus entlassen wurde, nahm er seine stürmische Affäre mit Ava wieder auf. Er machte ihr einen Heiratsantrag, aber das tat er bei vielen Frauen. Elizabeth Taylor bot er eine Million Dollar, wenn sie seine Frau würde. Sie zog ihm aber Michael Wilding vor. Gene Tierney, Terry Moore und zahlreichen unbekannten Mädchen hatte Hughes schon die Ehe angetragen. Es war eigentlich nur eine Masche, um sie ins Bett zu bekommen. Wenn sie annahmen, schleppte Hughes sie ab und kaufte sich später wieder frei. Ava ließ sich auf dieses Spielchen nicht ein, und wenn Hughes unterwegs war, hatte sie freie Bahn.

Einer Freundin fiel auf, daß Ava nach der Trennung von Artie nicht mehr dieselbe war. „Sie traute den Männern nicht mehr. Es war so, als wollte sie es ihnen heimzahlen. Schnell ins Bett, und dann nichts wie weg. Sie war zügellos. Sie bevorzugte flüchtige Beziehungen. Das war ganz und gar nicht mehr die Ava, die mit dem Traum nach Hollywood gekommen war, einen netten Kerl zu treffen und bis ans Lebensende glücklich mit ihm zusammenzuleben."

OHNE HEMMUNGEN

Ava Gardner schlief mit dem englischen Schauspieler David Niven, der Hollywood als seinen ganz persönlichen Spielplatz betrachtete, und mit dem Regisseur John Huston. Letztere Affäre überdauerte auch Hustons vierjährige Ehe mit Evelyn Keyes und bescherte Ava Rollen in *Die Nacht des Leguan* (OT: Night of the Iguana) und *Die Bibel* (OT: La Bibbia). Inzwischen erneuerte sie ihre Liebesbeziehungen mit Fernando Lamas und Peter Lawford und begann eine neue mit dem Sänger Mel Torme. Eines Tages sah Torme sie am Arm von Peter Lawford. In derselben Nacht noch erhielt er um halb drei einen Anruf von Ava, er möge doch bitte zu ihr kommen. Als er eintraf, öffnete Lawford die Tür und erklärte, er sei gerade im Begriff zu gehen. Torme trat ein und übernahm.

Ava kannte überhaupt keine Scheu mehr. Während der Dreharbeiten zu *Der Windhund und die Lady* (OT: The Hucksters) hatte sie eine Affäre mit Clark Gable. Der Schauspieler Howard Duff ließ Yvonne de Carlo fallen, um ein Verhältnis mit Ava zu beginnen, das lange Bestand hatte, obwohl sie sich nebenbei noch mit dem Bandleader Jerry Wald, dem Gangster Johnny Stompanato, Peter Lawford und Howard Hughes vergnügte.

In *Venus macht Seitensprünge* (OT: One Touch of Venus) spielte Ava eine Statue, die durch einen Kuß zum Leben erweckt wird. Sie posierte nackt für den Bildhauer, doch der Regisseur bestand darauf, daß sie sich bedeckte. Im Film trug sie ein dünnes griechisches Gewand ohne etwas darunter. Universal setzte in Filmen solcherart gern die Windmaschine ein.

Während der Dreharbeiten zu *Venus macht Seitensprünge* begann Ava eine Beziehung mit ihrem Kollegen Robert Walker, der noch seiner Exfrau Jennifer Jones nachtrauerte. Dessenungeachtet verliebte er sich unsterblich in Ava und war regelrecht besessen von ihr. Sie mußte sich in fremden Wohnungen vor ihm verstecken und Howard Duff als Beschützer rufen. Erst durch Walkers Tod wurde sie von ihm erlöst. Er starb an einer Alkoholvergiftung, verstärkt durch eine medikamentöse Behandlung, mit der die Ärzte versucht hatten, sein Leben zu retten.

Heimlich traf sich Ava auch mit Frank Sinatra. Er war bei MGM unter Vertrag und damals Vater von zwei Kindern. Seine Affären mit Lana Turner und Marilyn Maxwell hatte Louis B. Mayer bis dahin noch geheimhalten können.

In *Geheimaktion Carlotta* (OT: The Bribe) spielte Ava an der Seite von Robert Taylor, der mit Barbara Stanwyck verheiratet war. Die Ehe kriselte, denn Taylor litt zeitweise an Impotenz. Ava kurierte ihn. Am Set wurde beobachtet, wie sie seinen Unterleib mit ihrem großen Zeh massierte. Für ihre Schäferstündchen nahm er sie mit ins Haus seiner Mutter. Als diese sich darüber aufregte, wies er sie daraufhin, daß er doch nur seine Karriere absichere.

„Wäre es dir lieber, ich ginge in ein Motel und würde dabei auch noch fotografiert?" fragte er.

MGM stellte sich endlich hinter Ava. Sie erhielt pro Woche eine Gage von 1250 Dollar, bekam Norma Shearers ehemalige Garderobe und wurde als „Hollywood-Glamourgirl 1948" gefeiert. In diesem Jahr hatte sie eine Abtreibung, die das Studio geheimhalten konnte.

FRANK SINATRA MACHT DAS RENNEN

MGM gab bekannt, das Verlöbnis zwischen Ava und Howard Duff stehe kurz bevor. Ihre anderen Affären konnte das Studio kaum bekanntgeben. Jane Russell meinte, Ava sei 1948 Howard Hughes' Mädchen gewesen, das Rennen machte aber schließlich Frank Sinatra.

Während einer Zechtour in einem Ort namens Indio, unweit von Palm Springs, Kalifornien, schossen Sinatra und Ava wie wild um sich. Schaufenster und Straßenlampen gingen zu Bruch. Eine Kugel streifte einen Mann am Bauch. Die beiden wurden verhaftet. Sinatras altgedienter Pressemann George Evans erwirkte ihre Freilassung und bezahlte die Schäden. Die Anklage wurde fallen gelassen und die ganze Sache vertuscht.

In *My Forbidden Past* spielte sie an der Seite von Robert Mitchum und setzte alles daran, ihn zu verführen. Sie legte ihr ganzes Können in die Liebesszenen. Ihre Küsse waren lang, lodernd und leidenschaftlich. Mitchum hatte jedoch ein Problem. Er war kürzlich wegen des Besitzes von Marihuana verhaftet worden. Die Polizei hatte ihn mit einem Freund und zwei Schauspielerinnen beim Rauchen eines Joints erwischt. Seine Frau und auch Howard Hughes standen ihm bei. Hughes gab ihm Geld für den Bau eines Hauses und unterstützte tatkräftig seine Bewerbung als Partner von Ava in *My Forbidden Past*, als niemand sonst ihn haben wollte. Mitchum wußte, daß Ava eine enge Freundin von Hughes war. Deshalb rief er ihn an und fragte, ob er mit ihr ins Bett gehen sollte.

„Wenn du es nicht machst, halten dich alle für eine Schwuchtel", erwiderte Hughes. Das war nicht besonders hilfreich. Ob Ava ihn wirklich bekam, weiß niemand. Er war auf jeden Fall von ihr eingenommen und nannte sie liebevoll „Ava die Aufrichtige", weil sie ihre Brüste nicht auspolsterte. In ihren Memoiren behauptete sie, sie sei ihm nicht nachgelaufen, weil sie viel zu beschäftigt mit Sinatra gewesen sei.

EIN SCHWIERIGER BEGINN

Bei ihrer ersten Begegnung herrschte noch große gegenseitige Abneigung zwischen Ava Gardner und Sinatra. Sie empfand ihn als aufdringlich und arrogant, er sie als ausweichend. Sie verbrachte nicht mehr als einen oder zwei Abende mit ihm.

Sinatra hatte sich während seiner vier Jahre in Hollywood mit vielen Frauen getroffen, blieb aber seiner Familie treu. Seine Frau Nancy sagte der Klatschkolumnistin Hedda Hopper, Frank wolle seine Freiheit, aber keine Scheidung. Nach einer zweiwöchigen Trennung wegen einer Affäre mit Lana Turner holte Nancy ihn 1946 wieder zu sich zurück.

Im Januar 1950 sollte Ava in Spanien *Pandora und der Fliegende Holländer* drehen. Sinatra überredete sie, ihn zuvor in New York zu treffen. Sie stiegen zusammen in einer Suite im Hampshire House ab und besuchten gemeinsam die Premiere von *Blondinen bevorzugt* (OT: Gentlemen Prefer Blondes). George Evans mußte Überstunden machen, damit nichts an die Öffentlichkeit drang, und er schaffte es, der Presse weiszumachen, sie seien einander nur zufällig bei der Premiere „über den Weg gelaufen". Doch als Sinatra am 12. Dezember im

Copacabana seinen Geburtstag feierte, da kam er in Begleitung von Ava Gardner.

Ava ließ Howard Duff fallen, und Sinatra bat seine Frau um die Scheidung. Es sei ein Fehler gewesen, gestand er später. Aber er war so verliebt, daß ihm alles egal war. Seine Frau nahm es gelassen auf.

„Frank ist schon vorher ausgebüxt, und er wird es immer wieder tun", erklärte Nancy. „Doch für mich ist das noch kein Ehebruch."

Nancy war eine gute Katholikin, also konnte es eigentlich zu keiner Scheidung kommen.

DIE EREIGNISSE ÜBERSCHLAGEN SICH

Dann liefen die Dinge aus dem Ruder. Die Dreharbeiten zu *Pandora und der Fliegende Holländer* wurden auf März verschoben, und Ava kehrte nach Los Angeles zurück. Evans, der Sinatras Affären vier Jahre lang aus den Schlagzeilen heraus- und seine Ehe mit Nancy im Lot gehalten hatte, brach zusammen und starb mit achtundvierzig Jahren. Mayer fand heraus, was da zwischen seinen Stars ablief, und verbot Ava, Los Angeles zu verlassen. Das war für sie wie ein rotes Tuch. Sie flog mit Sinatra nach Huston, wo er für zwei Wochen gastierte. Ein Pressefotograf erspähte sie in einem gemütlichen italienischen Lokal. Am nächsten Tag sorgte ihr Verhältnis rund um den Globus für Schlagzeilen.

Am Valentinstag wechselte Nancy die Schlösser in ihrem Haus in Toluca Lake aus. Boulevardjournalisten nannten Ava eine „Jezebel", die den Ehefrieden störe. Die Post, die für sie eintraf, war noch eindeutiger. Mayer war außer sich. Er konnte Ava nicht mehr bestrafen, dafür war sie zu berühmt geworden, er beendete aber Sinatras Vertrag. Sinatra war eher erleichtert. Er hatte es satt, immer nur Matrosenrollen zu spielen. Außerdem, sagte er der Presse, verstehe er ganz und gar nicht, warum man so viel Wirbel um „ein paar Verabredungen mit Ava" mache.

Ava flog mit Sinatra nach New York, wo er im Copacabana auftrat. Obwohl sie getrennte Suiten im Hampshire House bezogen, hatte die Presse ihren großen Tag. Sinatras Karriere war gefährlich ins Schlingern geraten, und seine Familie sowie seine Freunde setzten ihn stark unter Druck, damit er wieder in ihren Kreis zurückkehrte.

Ava half ihm in der Garderobe, seine Nerven zu beruhigen, und setzte sich demonstrativ ins Publikum, um ihn zu unterstützen.

Es lief nicht besonders gut für ihn. Franks Stimme war schwach, und die Kritiker verrissen seine Show. Als er „Nancy with the Laughing Face" sang, hielten das viele für einen schlechten Witz. Ava schäumte vor Wut. Sinatra erklärte, das sei sein Glückslied, und er singe es schon seit Jahren.

„Entweder verschwindet dieses Lied, oder ich gehe", drohte sie.

Er verzichtete auf den Song.

ZWEI SCHÜSSE AM TELEFON

Artie Shaw wollte Öl ins Feuer gießen. Deshalb lud er Ava und Frank ins Bop City ein, wo er auftrat, und anschließend zum Essen in seine Wohnung. Sinatra haßte Shaw und sagte rundweg ab. Ava folgte der Einladung. Als Sinatra nach seiner Show im Copacabana ins Hampshire House zurückkam, glaubte er, Ava würde dort auf ihn warten. Aber sie war nicht da. Er rief bei Artie Shaw an, ließ sich Ava geben und sagte Lebewohl. Dann hörte sie zwei Schüsse durchs Telefon.

Im Hampshire House vernahm auch David Selznick die Schüsse.

„Ich glaubte, der Mistkerl hätte sich erschossen", erzählte er später.

Der Chef von Columbia Records, Manie Sachs, und der Schauspieler Tom Drake eilten in Sinatras Suite. Sie fanden ihn mit einer Waffe in der Hand und sahen zwei Einschußlöcher in der Matratze. Sie nahmen ihm die Waffe ab und tauschten die Matratze rasch gegen die in Sachs' Zimmer aus, bevor die Polizei eintraf.

Ava mußte sich durch die Schaulustigen kämpfen, um ins Hotel zu gelangen. Als sie ins Zimmer trat, saß Sinatra im Bett und las ein Buch. Vor der Polizei platzte sie mit ihrer Version der Geschichte heraus. Sinatra stritt alles ab.

Am nächsten Tag bestand MGM darauf, daß sie augenblicklich die nächste Maschine nach Spanien nehme, ansonsten würde man ihren Vertrag auf Grund der Moralklausel aussetzen. Angesichts von Sinatras vorgetäuschtem Selbstmord war sie letztlich heilfroh, den Ort des Geschehens verlassen zu können.

Während der Dreharbeiten zu *Pandora und der Fliegende Holländer* fand Ava Gefallen an Mario Cabre, einem professionellen Stierkämpfer, der im Film den Matador spielte. Er war der dunkle, schmalhüftige Typ des Latin Lovers, dem sie nie widerstehen konnte. Er sprach wenig Englisch, schrieb ihr aber Liebesgedichte und brachte ihr Ständchen auf der Flamencogitarre.

WIE DU MIR, SO ICH DIR

Obwohl es für sie nur eine beiläufige Affäre war, packte MGM die Gelegenheit beim Schopf, den Schaden zu beheben, der durch ihre Beziehung zu Sinatra entstanden war, und ließ Bilder von den beiden in der Presse veröffentlichen. Sinatra wurde furchtbar eifersüchtig. Am Telefon versicherte ihm Ava, daß an den Pressemeldungen nichts dran wäre, gab aber später zu, sie sei nach einer durchzechten Nacht in Spanien am Morgen in ihrem Bett neben Cabre aufgewacht. Im Gegenzug ließ sich Sinatra mit seiner alten Liebe Marilyn Maxwell in der Öffentlichkeit sehen. Die Anrufe zwischen New York und der Costa Brava wurden hitziger.

Dann versagte Frank die Stimme. Er mußte die restlichen Vorstellungen im Copacabana absagen und flog gegen den Rat seines Arztes nach Spanien, im Gepäck eine Diamantenhalskette im Wert von 10000 Dollar. Ohne Filmvertrag, ohne Plattenerfolg und Engagements sowie mit heiseren Stimmbändern konnte er sich dieses Geschenk kaum leisten.

Heftiger Regen unterbrach die Dreharbeiten. MGM hatte von Sinatras bevorstehendem Eintreffen rechtzeitig erfahren und schickte Cabre nach Italien, wo er Journalisten auf einer Pressekonferenz von seiner tiefen und ernsthaften Liebe zu Ava Gardner berichtete und einige seiner Liebesgedichte vorlas. MGM sorgte dafür, daß Sinatra und die Gardner in getrennten Villen untergebracht wurden und ließ sie rund um die Uhr beaufsichtigen. Das hielt die beiden allerdings keineswegs davon ab, ihren Streit weiterhin in aller Öffentlichkeit auszutragen.

„Wenn sich dieser spanische Knilch noch einmal bei dir blicken läßt, bringe ich ihn und dich um", drohte Sinatra bei einem Abendessen vor vielen Gästen.

Ava wies ihn daraufhin, daß sie und der „spanische Knilch" immerhin zusammen einen Film drehten. Außerdem sei er schließlich mit Marilyn Maxwell gesehen worden.

„Wir sind doch schon lange befreundet", warf Sinatra ein.

„Nun, Mario und ich sind eben erst seit kurzem befreundet", erwiderte Ava lakonisch.

Sinatra brach seinen Aufenthalt ab und traf in Los Angeles gerade noch rechtzeitig ein, um in den Zeitungen von Avas leidenschaftlicher Wiederbegegnung mit Cabre bei einem Stierkampf in Tossa del Mar zu lesen. Den Berichten zufolge hatte Cabre seine Brust entblößt, um ihr die Blessuren zu zeigen, die er am Vortag in der Arena davongetragen hatte. Er habe an sie gedacht und sei unkonzentriert gewesen, hatte er erklärt.

Es waren ausreichend Pressevertreter zugegen, die bezeugen konnten, wie Cabre und die Gardner sich am Flughafen zum Abschied küßten. Ava erklärte Sinatra am Telefon knapp, sie habe schon eine Menge Leute geküßt. Er nahm ihr das nicht ab und regelte seine Vermögensverhältnisse neu, indem er ein Drittel seines schwindenden Einkommens Frau und Kindern vermachte.

WAFFENSTILLSTAND UND PROBLEME OHNE ENDE

Ava flog nach London, um die Dreharbeiten abzuschließen. Frank hatte ebenfalls dort zu tun. Er trat erstmals im Londoner Palladium auf. Bei seiner triumphalen Premiere in Großbritannien saß sie in der ersten Reihe. Sie wurden überall als Paar eingeladen und trotz einiger Einwände von Kirchenvertretern sogar bei einem Empfang der Queen vorgestellt.

Zurück in Los Angeles, sah die Sache schon wieder ganz anders aus. Nancy weigerte sich noch immer, in die Scheidung einzuwilligen, und das Studio versuchte verzweifelt, den Ruf seines Stars zu retten. Ava wurde verboten, Sinatra allein zu treffen. Sie scherte sich nicht einen Deut darum und flog mit ihm nach New York, wo sie sich den Titelkampf zwischen Joe Louis und Ezzard Charles ansahen. Ungeachtet all dessen bekam Ava die begehrte Rolle der Mulattin Julie in *Mississippi-Melodie* (OT: Show Boat). Dinah Shore, die sich allergrößte Hoffnung gemacht hatte, wollte die Rolle unbedingt haben und fragte deshalb den Produzenten Arthur Freed, warum sie nicht genommen worden war. Seine Antwort fiel kurz und eindeutig aus: „Weil Sie keine Hure sind. Aber Ava ist eine."

ES BLEIBT KOMPLIZIERT

Trotz Sinatras Londoner Triumph blieb seine Karriere weiterhin gefährdet. Die eingeplanten Fernseh- und Radioserien wurden abgesagt. Ava nützte ihren Einfluß bei Hughes, damit er zwei Sinatra-Songs in der RKO-Serie *Double Dynamite* einsetzte. Sinatra akzeptierte magere 25 000 Dollar für den Film *Zu allem entschlossen* (OT: Meet Danny Wilson), der sehr frei seine eigene Lebensgeschichte erzählt. Am Set besuchten ihn seine Kinder, ein Priester und diverse Psychiater. Ihm versagte erneut die Stimme, und er zerstritt sich zudem mit seiner Filmpartnerin Shelley Winters. Sie stieg aus der Produktion aus und kehrte erst wieder zurück, nachdem Nancy Sinatra ihr am Telefon erklärt hatte, Frank bekomme die 25 000 Dollar nur, wenn der Film fertiggestellt sei, und außerdem drohe eine Kündigung der Hypothek auf ihrem Haus durch die Bank.

Sinatra blieb den Kindern zuliebe viel zu Hause. Ava glaubte, eine saubere Trennung wäre für alle Beteiligten das beste – vor allem, weil Sinatra sie beschuldigte, immer noch mit Artie Shaw zu schlafen.

In ihrem nächsten Film *Mann gegen Mann* (OT: Lone Star), spielte sie an der Seite von Clark Gable, der sich gerade von seiner vierten Frau, Lady Sylvia Ashley, getrennt hatte. Sie schütteten einander ihr Herz aus. Als der Streifen abgedreht war, teilte Ava Frank Sinatra mit, sie werde in Mexiko Urlaub machen. Er geriet in Torschlußpanik und bedrängte seine Frau, endlich in die Scheidung einzuwilligen. Obwohl die Nancy bislang gewogene Berichterstattung in der Presse sich langsam gegen sie verkehrte, blieb sie dennoch unbeirrbar.

Sinatra reiste mit Ava nach Mexiko. Sie nahmen so viel Gepäck mit, daß das Gerücht entstand, Sinatra plane eine mexikanische Scheidung, eine Blitzhochzeit und lateinamerikanische Flitterwochen. Wo sie auch hingingen, die Reporter waren schon da. Ava nahm das im Gefühl ihres wachsenden Ruhms mit Gelassenheit. Sinatra empfand das allerdings nicht so, fürchtete er doch, er sei erledigt. Es kam zu häßlichen Szenen. Einmal mußte die Polizei gerufen werden, da Sinatra drohte, einen Fotografen zu erschießen. Ein anderes Mal, auf dem Flughafen von Los Angeles, rannte Sinatra beinah einen Reporter um, als er zusammen mit Ava der Presse-Meute zu entfliehen suchte.

MGM SCHALTET SICH EIN

MGM war es nun endgültig zuviel: Die Gardner sollte Sinatra entweder heiraten oder ihn aufgeben. Noch konnte Frank auf gute Freunde zählen. Es wurden ihm Konzerte in Reno und Las Vegas angeboten, die ihm das dringend benötigte Geld und einen Wohnsitz in Nevada einbringen sollten, um dort seine Scheidung von Nancy voranzutreiben. Er unternahm darüber hinaus immer wieder Versuche, sein ramponiertes Verhältnis zur Presse zu verbessern. Doch am 1. September 1951 geriet er erneut in die Schlagzeilen. Es hieß, er habe nach einem heftigen Streit mit Ava eine Überdosis Schlaftabletten genommen.

Sinatra stritt alles ab, und Ava eilte ihm zu Hilfe. Das Studio wurde ungeduldig. Rechtsanwälte von MGM nahmen nun die Scheidungssache in die Hand, um weitere Verzögerungen auszuschließen. Das Studio setzte darüber hinaus einen Hochzeitstermin fest – den 19. September, einen Tag nach Ablauf der sechswöchigen Frist, die es einzuhalten galt, wenn man einen Wohnsitz neu in Nevada genommen hatte. Doch Ava und Frank konnten nicht warten. Am 17. September erschienen sie beide zur Premiere von *Mississippi-Melodie*. Den Leuten von MGM standen die Haare zu Berge, aber der scheinbare Fehler geriet zum Triumph. Die Menge vor Hollywoods Egyptian Theatre jubelte dem Paar frenetisch zu, und der Film wurde ein großer Erfolg.

Nancy focht die Scheidung an und bestand auf einer nach kalifornischem Recht. Sie bemächtigte sich ferner Sinatras Haus in Palm Springs zur Sicherung ihrer Unterhaltszahlungen. Ava brach unter dem Druck der Ereignisse zusammen und wurde ins Krankenhaus gebracht. Es kursierten aber auch Gerüchte, sie habe eine Abtreibung vornehmen lassen.

Am 31. Oktober erhielt Nancy die Scheidung nach kalifornischem Recht wegen seelischer Grausamkeit. Ava und Frank schmiedeten unterdessen Hochzeitspläne. Auch wenn MGM Avas Hochzeit mit Mickey Rooney so überaus diskret geregelt hatte, wollte Sinatra unter keinen Umständen die Einmischung des Studios. Er bestellte das Aufgebot in Pennsylvania, wo sie heiraten wollten, weil dort der Gründer von CBS, Isaac Levy, zu Hause war.

SINATRAS MUTTER RETTET DIE HOCHZEIT

Ava und Frank verbrachten das Wochenende vor der Hochzeit in New York. Am Samstagabend gingen sie mit James Mason und seiner Frau in den Sugar Hill Club in Harlem. Sinatra flirtete unverhohlen mit einer Frau am Nachbartisch. Ava machte ihm eine Szene. Sie drohte Frank, die Hochzeit könne er vergessen, und warf ihren Verlobungsring mit dem sechskarätigen Diamanten quer durch das Lokal.

Der wahre Grund für den Streit war nicht Franks Flirt. Es war ein Brief, den Ava von einer Frau bekommen hatte, die sich als Prostituierte ausgab und behauptete, sie habe eine Affäre mit Sinatra gehabt.

Im Hampshire House setzten sie den Streit fort. Sinatra warf ein sehr teures Goldarmband, das Howard Hughes Ava geschenkt hatte, aus dem Fenster und ereiferte sich, Hughes sei für den Brief verantwortlich. Schon einmal hatte Hughes Sinatra beschatten lassen und Ava mitgeteilt, Frank habe etwas mit einem Revuegirl.

James Mason schritt ein, und der Streit konnte schließlich endgültig beigelegt werden, als Sinatras Mutter Dolly sie nach Hoboken zu einem original italienischen Essen einlud. Dolly und Ava verstanden sich auf Anhieb. Beide liebten sie Frank und beide wollten ihn wieder ganz oben sehen. Die Hochzeit am Donnerstag fand wie geplant statt.

Der mehr oder weniger öffentlich ausgetragene Streit in New York war allerdings nicht unbemerkt geblieben. Die Presse war dem Paar wieder auf den Fersen. Einige Journalisten hatten Wind von der Trauung bekommen und tauchten vor Levys Haus auf. Sinatra, ganz der Alte, bedrohte Reporter und Fotografen, doch die Hochzeit ging ohne Störung vonstatten, und das frischgebackene Ehepaar brach in die Flitterwochen nach Florida auf. Sobald ihr Gepäck angekommen war, fuhren sie weiter nach Havanna ins Hotel Nacional.

Nachdem die Frischvermählten in Sinatras Haus in Palm Springs eingezogen waren, versorgte die MGM-Presseabteilung die Fanzeitschriften mit Avas Renovierungsplänen, den Kochrezepten, die Dolly dem Paar zusandte, und mit Informationen aus erster Hand über das eheliche Glück. Trotz der redlichen Bemühungen von MGM nannten die Boulevardjournalisten das Paar bald nur noch die „Kampf-Sinatras". Ihre stürmische Beziehung hielt überhaupt nur, weil sie eine besondere Art der Versöhnung hatten. Besucher berichteten, daß nach einem heftigen Streit eine Duftwolke von Avas Parfüm die Treppe herabwehte. Über Franks Gesicht huschte dann ein Lächeln, und er ging immer der Nase nach treppauf. Nach einer halben Stunde kamen sie dann strahlend Arm in Arm wieder herunter. Kurz danach brach der Streit aber meistens wieder von vorne los.

Sinatra hatte seinen Zenit überschritten, und Ava nahm sich immer Zeit für ihn, wenn er sie brauchte. Aus diesem Grund wurde sie vom Studio ihrer Verpflichtungen entbunden. Da sie MGMs Zugpferd war, wurde sie allerdings schnell wiedergeholt. Im Mai 1952 drückte sie Hände und Füße in den frischen Beton vor Grauman's Chinese Theater. Bald darauf wurde sie wegen Verdachts auf eine Fehlgeburt in ein Krankenhaus eingeliefert – Hollywoods halbamtliche Sprachregelung für eine Abtreibung.

EMOTIONEN

Freilich gab es auch ernsthafte Beziehungsprobleme. Ava wurde besitzergreifend. Sie hielt Sinatra etwa davon ab, seine Kinder zu besuchen. Als er eines Abends in einem Restaurant zu lange mit einem Freund sprach und Ava sich übergangen fühlte, fuhr sie schnurstracks zum Flughafen und nahm das nächste Flugzeug nach Italien. An einem anderen Abend entdeckte sie Sinatras alte Liebe Marilyn Maxwell bei einem Konzert in der ersten Reihe. Sinatra sang „All Of Me", und Ava war sicher, er richte den Song an Maxwell. Sie stürmte auf der Stelle davon und schickte ihm ihren Ehering per Post zurück.

Bald ließ sie keine Hollywood-Party mehr aus. Er war durch ein Engagement in St. Louis gebunden, das noch zehn Tage dauerte, bevor er wieder nach Los Angeles zurückkehren konnte. Jeden Morgen las er Einzelheiten über ihren ausgelassenen Lebenswandel in der Presse. Das Warten wurde zur Folter.

„Das hast du davon, wenn du von einem Mädel nicht mehr loskommst", vertraute er Sammy Davis Jr. an.

SZENEN EINER EHE

In der Zwischenzeit ging Avas Ehering verloren. Sinatra ließ ein Duplikat anfertigen, das er ihr bei seiner heißersehnten Rückkehr in Los Angeles über den Finger streifte. Anschließend brachen die beiden nach Tijuana zum Stierkampf auf.

Ihre Ehe blieb ein einziger Kampf. Nach einem Streit in Los Angeles verkündete Sinatra, er sei in Palm Springs bei Lana Turner, falls sie etwas von ihm wolle. Die Turner wohnte damals dort in Avas Haus. Ava setzte ihm nach, denn sie wollte die beiden unbedingt in flagranti ertappen. Es gibt verschiedene Versionen darüber, was dann geschah, aber alles endete damit, daß die Polizei gerufen wurde, weil die beiden das ganze Haus kurz und klein schlugen. Ava stürmte wutentbrannt davon, und Sinatra mußte erst in der Presse eine demutsvolle Entschuldigung abgeben, bevor sie zu ihm zurückkehrte. Die Versöhnung fand bei einer Wahlparty für den demokratischen Präsidentschaftskandidaten Stevenson statt. Ava kam in einem trägerlosen schwarzen Seidenkleid auf die Bühne und sagte: „Meine Damen und Herren, ich selbst kann nichts vortragen, aber ich kann Ihnen einen wundervollen, ganz wundervollen Mann ankündigen, dessen größter Fan ich selbst bin. Meinen Mann, Frank Sinatra."

Frank begleitete sie nach Uganda, wo Ava mit Clark Gable *Mogambo* drehte. Da Sinatra den Part des Angelo Maggio in *Verdammt in alle Ewigkeit* (OT: From Here to Eternity) wollte, ließ Ava ihren ganzen Einfluß spielen, um ihm einen Termin für Probeaufnahmen zu verschaffen. Er mußte dafür zurück nach Los Angeles, und sie nutzte unterdessen die Gelegenheit und flog nach London, um in einer Frauenklinik in Chelsea eine weitere Abtreibung vornehmen zu lassen. Ava meinte in ihrer Autobiographie dazu: „Ich glaube, Frank wußte im Grunde seines Herzens, was ich vorhatte."

Als sie nach der Operation aufwachte, saß Sinatra mit Tränen in den Augen an ihrem Bett.

Während Sinatra auf Hawaii *Verdammt in alle Ewigkeit* drehte, war die Gardner wieder in London und stand mit Robert Taylor für *Rit-*

ter der Tafelrunde (OT: Knights of the Round Table) vor der Kamera. Sie waren vier Monate getrennt, und Ava argwöhnte, daß er sich mit anderen Frauen träfe. Nach Abschluß der Dreharbeiten auf Hawaii kam er nach London, und Ava begleitete ihn auf einer katastrophalen Europatournee. Als sie am Ende der Tournee nach London zurückkehrten, gingen sie wieder wie die Kampfhähne aufeinander los. An einem Abend wollten Stewart Granger und seine Frau Jean Simmons sie zu einem Auftritt von Frank in den Ambassadors Club abholen. Als sie in Avas und Franks Wohnung kamen, merkten sie sofort, daß die beiden einander anschwiegen. Doch im Ambassadors Club sang Frank alle seine Liebeslieder nur für Ava. Sie weinte.

„Dieser verdammte Hurensohn", sagte sie. „Wer könnte ihm da noch widerstehen?"

ESKAPADEN

Sinatra machte sich allein auf den Weg zurück in die Staaten. Ava verbrachte einen Kurzurlaub in Spanien, wo sie den berühmten Matador Luis Miguel Dominguin kennenlernte.

„Als ich Luis Miguel Dominguin das erste Mal begegnete", erzählte sie, „wußte ich sofort, daß er der richtige für mich war. Er war groß und elegant mit durchdringenden, aufmerksamen Augen, die er gern hin- und herbewegte, ohne dabei den Kopf zu drehen."

Einem Stierkämpfer konnte sie einfach nie widerstehen.

Sinatra trat im Sands in Las Vegas auf, während sie die Premiere von *Mogambo* in New York besuchte. Dann flog sie nach Palm Springs. Er war wütend, denn er meinte, ihr Platz sei an seiner Seite. Um seiner Verärgerung Ausdruck zu geben, ließ er sich auf einer Party mit zwei Revuegirls fotografieren. Ava rief ihren Anwalt an.

Die Klatschspalten der Zeitungen waren unterdessen voll von Sinatras Eskapaden in Las Vegas. Ava glaubte, ihm sei jede andere Frau lieber als sie.

„Wenn ich bereit gewesen wäre, Frank mit anderen Frauen zu teilen, wären wir vielleicht glücklicher gewesen", klagte sie.

Sinatra stritt rundheraus ab, daß er sich mit anderen Frauen einließ.

„Selbst wenn es fünfundsiebzig Jahre dauern würde, um mich scheiden zu lassen, gäbe es keine andere Frau", beteuerte er.

Ava hatte die Ehe satt. Sie wollte möglichst weit weg. Im Studio zog sie alle Register, um über die Köpfe von Elizabeth Taylor und Rita Hayworth hinweg den Part der Maria Vargas in *Die barfüßige Gräfin* (OT: The Barefoot Contessa) zu bekommen. Der Film sollte in Rom gedreht werden. Es war die perfekte Rolle für sie, da der Film gewissermaßen die Geschichte ihres Lebens erzählte: die Laufbahn einer Filmschauspielerin, die gerne barfuß geht und von einem Liebhaber zum anderen wechselt.

Während Avas Abwesenheit ging es Sinatra immer schlechter. Freunde befürchteten einen Nervenzusammenbruch oder gar einen Selbstmord. Er rief Ava regelmäßig an, doch sie blieb hart: Sie bräuchten einen sauberen Trennstrich.

„Es war Ava, die ihm beigebracht hat, wie eine Schnulze zu singen ist", verriet der Bandleader Nelson Riddle.

„Sie war die Liebe seines Lebens, und er verlor sie."

EIN FURCHTLOSER MATADOR

In Rom traf sich Ava regelmäßig mit dem jungen italienischen Komiker Walter Chiari. Über Weihnachten hatte sie eine Woche drehfrei und wollte nach Spanien, um Luis Miguel Dominguin zu treffen, doch Sinatra kündigte ihr telefonisch an, er käme sie in Madrid besuchen.

Dort verbrachten sie gemeinsam Weihnachten, aber als er mit einer Grippe das Bett hütete, nutzte Ava die Chance zu einem Rendezvous mit dem Stierkämpfer.

Zum Jahreswechsel flog Frank mit Ava zurück nach Rom. Sie blieben ein paar Tage zusammen, bevor Sinatra wieder in die Staaten zurückmußte. Kaum war er abgeflogen, traf Dominguin in Rom ein.

„Ich werde mich bei euch Weibern nie auskennen", sagte Humphrey Bogart, der die männliche Hauptrolle in *Die barfüßige Gräfin* spielte. „Die Hälfte der weiblichen Bevölkerung würde sich Frank zu Füßen werfen, aber du machst hier mit Typen rum, die Capes und Ballettschühchen tragen."

Doch Dominguin hatte alles, was Sinatra nicht hatte. Er stammte aus einer Adelsfamilie, Sinatra war der Sohn italienischer Einwanderer. Dominguins Freunde hießen Hemingway, Picasso und Strawinski, Sinatra pflegte Umgang mit Gangstern; der eine betrat furchtlos die Arena – der andere hatte Bodyguards.

Sinatra nahm es hin, daß alles aus war. In seinem Haus in Hollywood schuf er einen kleinen Schrein für Ava. Spätabends saß er dann mit einer Flasche Cognac davor und betrachtete ihr Foto sowie eine Statue, die für *Die barfüßige Gräfin* von ihr angefertigt worden war.

„Wir hätten uns schon wieder zusammengerauft", sagte er Freunden. In seinem Kummer ging er mit Judy Garland und Elizabeth Taylor aus.

HOWARD HUGHES KEHRT ZURÜCK

Ava flog nach Lake Tahoe, um einen Wohnsitz in Nevada anzumelden. Dominguin folgte ihr, und kaum daß er wieder nach Madrid abgereist war, kehrte Howard Hughes in Avas Bett zurück.

Kurz darauf plante sie eine Werbetournee für *Die barfüßige Gräfin* durch Südamerika. Zufällig fielen die Termine mit Dominguins Stierkampftournee dort zusammen. Weil die Tour miserabel organisiert war, brach sie sie nach der Hälfte ab. Dominguin kam daraufhin zu ihr nach New York und machte ihr einen Heiratsantrag. Sie lehnte ab, worauf er nach Madrid flog und für immer aus ihrem Leben verschwand.

Hughes wollte Ava unbedingt heiraten, und sie hielt ihn bei Laune. Schließlich machte er ihr das Leben so leicht. Der Zeitschrift *Look* sagte sie: „Wenn du in Palm Springs bist und ein paar Einkäufe in Mexico City erledigen willst, brauchst du nur anzurufen, und Minuten später wartet draußen ein Chauffeur, um dich zum Flugplatz zu bringen."

Es gab allerdings auch Schattenseiten. Die Gardner saß wieder bei Hughes in der alten Falle. Er umgab sie mit seinen Spitzeln, wenn er selbst nicht da war. In ihrer Enttäuschung darüber unternahm sie eines Tages eine Sauftour mit einem Journalisten. In einer Bar in Mexicali wurde er gefragt, ob seine Begleiterin nicht Ava Gardner sei. Der Journalist verneinte dies, sie sehe nur aus wie die Gardner.

„Ein Glück, daß Sie bloß so aussehen", sagte der Mann, „denn ich hoffe, Sie sind moralisch nicht so verdorben."

Sie war schockiert. Ihre Moral sei über jeden Tadel erhaben. Sie gab ihrem Begleiter die Schuld für die abfälligen Bemerkungen des Mannes über sie.

„Wohin ich auch gehe, es ist überall dasselbe", warf sie dem Journalisten vor, „und das habe ich den lausigen Berichten zu verdanken, die Reporter wie du über mich in die Welt setzen."

An jenem Abend versuchte sie, den Journalisten ins Bett zu kriegen.

EIN FALSCHER EINDRUCK

Sammy Davis Jr., ein guter Freund Sinatras, rief Ava eines Tages an und fragte sie, ob sie sich mit ihm zusammen für die Titelseite der Zeitschrift *Ebony* ablichten lassen wolle. Einige Bilder wurden dem Hollywood-Skandalblatt *Confidential* zugespielt, das die Fotos ausnutzte, um eine Affäre zwischen Ava und Sammy zu konstruieren. Man behauptete in dem entsprechenden Artikel zudem, sie habe weitere „farbige Freunde". Ava wurde von einer Klage abgeraten, da ein Prozeß nur die übrige Presse auf die Geschichte aufmerksam machen würde. Angewidert verließ sie Hollywood und zog nach Spanien.

In Pakistan filmte sie *Knotenpunkt Bhowani* (OT: Bhowani Junction) mit Stewart Granger, den sie schon immer gerne einmal im Bett gehabt hätte. Doch der war glücklich verheiratet und machte einen weiten Bogen um sie. Während der Dreharbeiten wurde ihr Name zwar kurzzeitig mit dem britischen Schauspieler Bill Travers in Verbindung gebracht, allgemein aber hieß es, sie sei „erstaunlich keusch" geworden. Damit kein falscher Eindruck entstand, legte sie auf dem Weg nach Spanien einen kurzen Zwischenstopp in Rom ein, um ihre Romanze mit Walter Chiari aufzufrischen.

Sinatra hatte die vierundzwanzigjährige Sängerin Peggy Connelly im Schlepptau, als er in Spanien *Stolz und Leidenschaft* (OT: The Pride and the Passion) drehte. Obwohl er des öfteren alleine mit Ava Gardner essen ging, gab es keine Versöhnung. Er verließ Spanien sogar sieben Wochen früher als geplant mit dem Versprechen, die restlichen Szenen in Los Angeles abzudrehen.

Da ihm der Ausschuß für Unamerikanische Umtriebe zusetzte, zog Artie Shaw mit seiner achten Frau Evelyn Keyes an die Costa Brava. Sie besuchten Ava und Chiari auf einen Drink und sprachen über die alten Zeiten. Ava und Evelyn hatten noch einen anderen gemeinsamen Bekannten – John Huston, mit dem beide in den vierziger Jahren ausgegangen waren.

EIN VERWIRRTER KOMIKER

Ava mußte für die Dreharbeiten zu Ernest Hemingways *Verloren und verdammt* (OT: The Sun Also Rises) nach Mexiko. Sie sorgte dafür, daß Robert Evans die Rolle des jungen Matadors im Film entzogen wurde, und sie ließ ihn durch den echten Stierkämpferstar Alfredo Leal ersetzen. Sie war sehr viel mit dem Drehbuchautor Peter Viertel zusammen, als sie aber ihren freien Tag hatte, verschwand sie mit dem Matador. Unterdessen kreuzte Walter Chiari in Mexico City auf; der war ob der Verhältnisse so verwirrt, daß er annahm, sie habe eine Affäre mit ihrem Filmkollegen Tyrone Power.

In Mexico City reichte Ava Gardner die Scheidung von Sinatra ein. Zur Begründung gab sie an, Sinatra habe sie betrogen. Tatsächlich löste Sinatras Affäre mit der frisch verwitweten Lauren Bacall die endgültige Trennung aus. Als die Gardner wieder in Spanien war, fing sie an zu trinken. Einmal versuchte sie sich auch als weiblicher Torero im Stierkampf und trug dabei einen Schnitt an der Wange davon. Die Wunde heilte vollständig, und mit etwas Make-up war die Narbe nicht zu sehen. Doch niemand konnte sie je davon überzeugen.

Während der Dreharbeiten zu *Die nackte Maja* (OT: La maja desnuda) in Rom setzte sie ihren Filmkollegen Tony Franciosa nach, zumindest laut dessen damaliger Frau Shelley Winters. Die Winters verbreitete die Geschichte, es hätte einen Kampf zwischen ihnen gegeben, bei dem sie der Gardner so viele Haare ausgerissen habe, daß sie nicht mehr in dem Film auftreten konnte. Ava rief Sinatra an und bat ihn, nach Rom zu kommen. Doch als sie wenig später von seiner letzten Affäre mit Lady Adele Beatty hörte, nahm sie seine Anrufe nicht mehr an.

Während der Verfilmung von *Das letzte Ufer* (OT: On the Beach) in Australien zeigte sich Ava Gardner mit dem Tenniscrack Tony Trabert. Auf Bitten Avas hin flog Chiari auf eigene Kosten nach Sydney, wurde dort aber von ihr mehr oder weniger ignoriert. Um seine Ausgaben zu decken, organisierte er einen Auftritt, doch sie beschuldigte ihn, er wolle nur von ihrer Beziehung profitieren, und erschien nicht zu seiner Vorstellung. Daraufhin fing er etwas mit der Tänzerin Dawn Keller an und ließ in der Presse verlautbaren, seine Beziehung zu Ava sei beendet.

AUSGEBRANNT!

Auch Sinatra tauchte in Australien auf, aber er war auf einer Tournee und konnte nur eine halbe Stunde für sie erübrigen. Nach Abschluß der Dreharbeiten zu *Das letzte Ufer* folgte sie ihm in jede Stadt der Vereinigten Staaten, in der er gastierte. Die Situation hatte sich umgekehrt. Er war wieder gefragt, sie hatte keinen Vertrag mehr mit MGM. Ava war ausgebrannt.

Zurück in Spanien, hatte sie zahlreiche Affären mit jungen Spaniern und amerikanischen Luftwaffenoffizieren, die in der Nähe ihres Wohnsitzes stationiert waren. Als sie die Rolle einer Prostituierten in *Glut* (OT: The Angel Wore Red) bekam, versuchte sie, Sinatra in dem Film eine Rolle als Priester zu verschaffen, doch der lehnte ab: „Andere Verpflichtungen".

Danach blieb die Gardner drei Jahre lang unbeschäftigt. Sie vergnügte sich in den Lokalen von Madrid und Umgebung, und es wurden alle möglichen Geschichten über ihre Eskapaden in Umlauf gesetzt. Wenn sie in den Staaten war, wurde sie gelegentlich in Gesellschaft von Frank Sinatra gesehen.

1962 spielte Ava Gardner in *55 Tage in Peking* (OT: 55 Days at Peking), dann in *Sieben Tage im Mai* (OT: Seven Days in May). Ihr früherer Liebhaber John Huston gab ihr anschließend einen Vertrag für *Die Nacht des Leguan* (OT: The Night of Iguana). Die Besetzungsliste des Films mit ihrem hochexplosiven Beziehungsgeflecht unter den Akteuren liest sich wie ein Lehrstück in Psychologie. Hustons Exfrau Evelyn Keyes war mit Avas Exmann Artie Shaw verheiratet. Deborah Kerrs zweiter Mann Peter Viertel war ein früherer Liebhaber Avas. Richard Burton brachte Elizabeth Taylor mit, die noch mit Eddie Fisher verheiratet war, während ihr Exmann Michael Wilding für Burton die PR machte. Zu guter Letzt standen sowohl Richard Burton als auch Ava Gardner in dem Ruf, mit ihren Filmpartnern zu schlafen.

Am Set schenkte John Huston allen vergoldete Derringers und Kugeln, auf denen die Namen der übrigen Mitspieler standen.

„Wenn der Wettbewerb zu heftig wird", sagte er, „könnt ihr immer noch eure Waffen einsetzen."

Ava versuchte dann tatsächlich, Richard Burton zu verführen.

„Richard ist der Mann, den ich hätte heiraten sollen", sagte sie Elizabeth Taylor. „Er hat Sinn für Humor und ist ein echter Kerl."

Die Taylor konterte diese Bemühung Avas damit, daß sie am Set keine Gelegenheit ausließ, um alle Blicke auf sich zu ziehen, obwohl sie keinen Part im Film hatte. Sie trug hauchdünne Tops ohne Büstenhalter und führte eine Kollektion von vierzig knappen Bikinis vor. Ava mußte sich mit einigen Strandgigolos zufriedengeben. Bei der Premiere sechs Monate später erschienen Burton und die Taylor als frischvermähltes Paar, die Kritiker waren sich aber darin einig, daß darstellerisch die Gardner allen den Rang abgelaufen hatte.

Ava kehrte nach Spanien zurück, wo sie in Gesellschaft einer Reihe junger Matadore gesehen wurde. Nachbarn zufolge gaben sie sich zu allen Tages- und Nachtzeiten die Klinke in die Hand.

EIN HARTNÄCKIGER FALL

Huston entschied sich, Ava Gardner in seinem Film *Die Bibel*, der in Italien gedreht wurde, die Sarah spielen zu lassen. Ihr Partner war George C. Scott als Abraham. Nach einem Flirt mit dem Produktionsassistenten ließ sich Ava mit Scott ein, der damals verheiratet war und dennoch eifersüchtig auf sie wurde. Die Affäre begann ihr lästig zu werden. Schließlich suchte sie Zuflucht vor ihm in einer Villa, die Sinatra außerhalb von Rom gemietet hatte, als er für *Von Ryan's Express* vor der Kamera stand. Huston drehte die Szenen mit ihr sehr früh ab, und als sie vor Scott nach London floh, eilte er ihr schleunigst hinterher. Er brach die Tür ihrer Suite im Savoy auf und schlug sie. Daraufhin wurde er verhaftet und mußte die Nacht in einer Zelle verbringen. Am nächsten Morgen wurde er vor das Bezirksgericht in der Bow Street geladen.

Scott versuchte es noch einmal auf dieselbe Tour in einem Hotel in Hollywood. Nachdem Sinatra zwei Bodyguards für Ava angeheuert hatte, verschwand Scott für lange Zeit von der Bildfläche.

„Soweit kann die Liebe einen Mann bringen", meinte Huston.

In der Zwischenzeit heiratete Sinatra die neunzehnjährige Mia Farrow.

„Ich habe schon immer gewußt, daß er mit einem Jungen im Bett enden würde", bemerkte Ava dazu.

Nichtsdestoweniger unterstützte Frank Ava, die mittlerweile in Geldnöten steckte, und sie eilte an sein Bett, wenn er erkrankte.

Sie nahm die Rolle der österreichischen Königinmutter in *Mayerling* hauptsächlich an, weil ihr alter Freund James Mason mitwirkte, wenngleich der junge Omar Sharif weit mehr nach ihrem Geschmack war. John Huston verschaffte ihr danach die Rolle der Lillie Langtry in *Das war Roy Bean* (OT: The Life and Times of Judge Roy Bean). Als sie in Tucson, Arizona, drehten, stand George C. Scott ganz in der Nähe für *Die Rache ist mein* (OT: Rage) vor der Kamera. Huston verstärkte zwar die Sicherheitsvorkehrungen, doch Ava machte sich einen Spaß daraus, ihren Aufpassern zu entkommen und Scott zu besuchen.

Sie zog nach London, wo sie mit dem Schauspieler Charles Gray, dem Entertainer Bobby Short, dem MGM-Vorstandsmitglied Paul Mills und dem schwarzen Sänger Freddie Davis gesehen wurde. Davis war dreißig, Ava zweiundfünfzig, aber das war Ava egal. Sie begab sich sogar in eine Klinik für Schönheitschirurgie und schwor ihm zuliebe dem Alkohol ab.

Howard Hughes trat noch einmal kurz in ihr Leben, bevor er sich 1976 völlig zurückzog. Sinatra heiratete Barbara Marx, die Ava auffallend ähnlich sah. Er blieb mit Ava bis zu ihrem Tod 1990 in Verbindung, und laut Schätzungen gab er mehr als eine Million Dollar für die Behandlung ihrer letzten Krankheit aus.

X

DAS „SWEATER GIRL"

Die Entdeckung Lana Turners ist eine echte Hollywoodlegende. Sie trank gerade eine Cola im Lebensmittelladen gegenüber ihrer Schule, der Hollywood High, als ein gutgekleideter Herr auf sie zutrat und sie fragte, ob sie zum Film gehen wolle.

Der Mann hieß Billy Wilkerson, und seine Vorliebe für hübsche junge Mädchen war allgemein bekannt. Lana war fünfzehn und gerade erst einen Monat in Los Angeles und hatte von Wilkersons Masche noch nie gehört. Das war aber nicht weiter tragisch, da Wilkerson es diesmal ausnahmsweise ernst meinte. Er gab ihr seine Visitenkarte, und so erfuhr sie, daß er der Herausgeber des *Hollywood Reporter* war.

Wilkerson brachte sie zu Zeppo Marx, dem vierten der Marx-Brothers, der das Quartett verlassen hatte, um Agent zu werden. Er verschaffte ihr eine erste Rolle als Statistin in der 1937er Version von *Ein Stern geht auf* (OT: A Star is Born).

Etwa um diese Zeit suchte der Regisseur Mervyn LeRoy für den Film *They Won't Forget* ein junges Mädchen, das unschuldig und sexy zugleich aussah. Schon mehr als fünfzig Mädchen hatte er an sich vorüberziehen lassen, als Lana in sein Büro tänzelte. Er wußte augenblicklich, daß sie alles hatte, was er suchte – und noch einiges mehr.

„Es brodelte in ihr", erzählte er, „und sie hatte eine phantastische Figur."

Er steckte sie in einen engen Rock, der ihren Hüftschwung betonte, und in einen seidenen BH ohne Polsterung. Der Büstenhalter war blau, damit er unter dem enganliegenden blauen Pulli, in Amerika Sweater genannt, nicht zu sehen war. Um sie für das Publikum noch attraktiver zu machen, ersannen die Werbestrategen des Studios den Namen „Sweater Girl" für sie, dem sie jedoch nie gerecht wurde.

LeRoy war von ihrer Wirkung auf der Leinwand so fasziniert, daß er Lana selbst unter Vertrag nahm. Er trimmte sie auf Erfolg, und als er 1938 zu MGM wechselte, ging sie mit. Sie wurde sofort ein Objekt der Begierde und bekam gleich eine Rolle in *Love Finds Andy Hardy*. Sie beschwerte sich beim Produzenten Carey Wilson über ihr „Sweater-Girl"-Image, der sofort reagierte und sie in einen Badeanzug steckte.

NEUGIER GENÜGT

Da Lana die High School noch nicht abgeschlossen hatte, mußte sie das „kleine rote Schulhaus" auf dem MGM-Gelände besuchen, wo sie mit ihrem Filmpartner Mickey Rooney die Schulbank drückte. Der war begeistert, daß sie ebenso erfahrungshungrig war wie er selbst. Erst Jahre später fand er heraus, daß er sie geschwängert hatte und sie eine Abtreibung hatte vornehmen lassen.

Für *Idiot's Delight* färbte sie ihr braunes Haar blond, und schon mit siebzehn war sie die Königin der Nachtklubs in Hollywood. Jeden Abend wurde sie mit einem anderen Mann gesehen. Ein Schauspieler beklagte sich, daß „Lana wie ein romantischer Teenager wirkt, um sich dann in einen fiebrigen, leidenschaftlichen Tiger zu verwandeln, der nie genug kriegen kann". Mayer wies sie seinerseits auf die Moralklausel in ihrem Vertrag hin.

Lana mag jung und wild gewesen sein, aber auf den Kopf gefallen war sie nicht. Nach dem Gespräch mit Mayer ließ sie sich zwar weiterhin überall sehen – aber nur noch mit einem einzigen Mann. Sie hatte allerdings keine sehr glückliche Wahl getroffen, denn es handelte sich um Greg Bautzer, Hollywoods berühmten Anwalt, der es mit jedem Star und Starlet trieb, die in seine Hände fielen.

„Ich war siebzehn, romantisch und noch Jungfrau", schrieb Lana nicht ganz aufrichtig in ihrer Autobiographie. „Ich hatte bis dahin

Lana Turner

nur Erfahrung mit Schmusen und im Petting. Ich habe mich immer gewehrt, wenn übereifrige junge Verehrer mir an die Brüste fassen wollten."

Bautzer war viel zu erfahren, um auf dem Autorücksitz an ihr herumzufummeln. Als es dann endlich so weit war, fühlte Lana sich geschmeichelt, daß er sie nicht in ein Motel, sondern in sein Haus mitnahm.

„Greg war liebevoll und geduldig mit mir", schrieb sie. „Der Akt an sich tat höllisch weh, und ich muß gestehen, daß ich ihn überhaupt nicht genoß. Ich wußte nicht einmal, was ein Orgasmus ist. Aber ich mochte es, Greg ganz nahe zu sein ... Ich überließ mich ihm voll und ganz. Er sollte wissen, wie sehr ich in liebte, anbetete und verehrte. Nun gehörte ich ihm mit Haut und Haar."

VOM REGEN IN DIE TRAUFE

Den Orgasmus lernte sie schließlich doch noch kennen. Bautzer kaufte ihr einen Diamantring und wiegte sie im Glauben, sie seien verlobt. Die Ernüchterung kam, als Joan Crawford sie zu sich einlud und Lana eröffnete, die Beziehung zwischen ihr und Bautzer sei aus. Bautzer gehöre ihr.

„Mich liebt er wirklich", sagte die Crawford. „Aber er ist sich noch nicht im klaren darüber, wie er dich loswerden soll."

Lana war verletzt, wollte es aber nicht zeigen. Sie stellte Bautzer zur Rede, der natürlich alles abstritt, aber Lana war schnell sonnenklar, daß Joan Crawford die Wahrheit gesagt hatte.

Lana geriet vom Regen in die Traufe. Bei den Dreharbeiten zu *Dancing Co-ed* hatte sie den „King of Swing", Artie Shaw, kennengelernt und ihn egoistisch und unerträglich gefunden. Als er jedoch später am Set zu *Two Girls on Broadway* auftauchte und Lana um ihre Telefonnummer bat, gab sie ihm diese bereitwillig.

Eines Abends ließ Bautzer sie sitzen. Da rief Artie an und lud sie zum Essen ein. Während der Fahrt über den Sunset Boulevard redeten sie davon, zusammenzuziehen und Kinder zu haben. Eine Hochzeit in Nevada konnte jederzeit unproblematisch vollzogen werden.

„Angenommen, ich riefe jetzt gleich an und charterte ein Flugzeug?" fragte Shaw. „Würdest du mitkommen?" Sie nickte.

Sie ließen das Abendessen sein und flogen nach Las Vegas. Mit dem Taxi fuhren sie zu Friedensrichter George E. Marshall, der sie im Bademantel traute. Artie zog sich einen Ring mit einem blauen Saphir vom Finger, steckte ihn ihr an und küßte die Braut. Als sie die Eheschließung bei einer Tasse Kaffee in einem rund um die Uhr geöffneten Restaurant feierten, fiel Lana plötzlich ein, daß ihre Mutter keine Ahnung hatte, wo sie steckte. Also schickte sie ein Telegramm mit folgendem Wortlaut: „Habe in Las Vegas geheiratet. Ruf Dich später an. In Liebe, Lana."

HEIRAT AUS RACHE

Lanas Mutter nahm selbstverständlich an, sie habe ihren festen Freund geheiratet und rief Bautzer an. Der wußte nichts von einer Hochzeit und telefonierte herum, um herauszufinden, was los war. Natürlich rief er damit die Presse auf den Plan.

Als Lana und Artie zur Hochzeitsnacht in sein Haus am Summit Ridge Drive zurückkehrten, fanden sie es von Zeitungsreportern belagert. Lana war von MGM eingeschärft worden, vor der Presse Ruhe zu bewahren. Shaw allerdings drehte durch. Er warf mit Schimpfwörtern nur so um sich und ließ es beinahe zu einer tätlichen Auseinandersetzung kommen.

Nachdem die Frischvermählten ins Haus getreten waren, klopften die Reporter an die Fenster. Eine Scheibe ging zu Bruch. Lana bewahrte Fassung und rief das Studio an. Der PR-Chef von MGM Howard Strickling schickte sofort ein Team, um die Situation zu entschärfen.

Spät in der Nacht schlich das Paar aus dem Haus und fuhr in die Wohnung von Arties Freund Edgar Selwyn. Er überließ ihnen das Gästezimmer.

Lana war nach all der Aufregung müde und wollte nur noch schlafen, doch Shaw ließ das nicht gelten. In etwa einer Minute war alles vorbei. Darauf kehrte er ihr den Rücken zu. Da erst wurde ihr bewußt, daß sie nur geheiratet hatte, um sich an Greg Bautzer zu rächen. Nun war sie mit einem Mann verheiratet, den sie weder mochte noch kannte.

Die siebzehnjährige Judy Garland war ebenfalls nicht glücklich. Sie hatte sich schon des öfteren mit Shaw getroffen und brach in Tränen aus, als sie am nächsten Morgen beim Frühstück die Schlagzeilen las. Betty Grable, die von Shaw schwanger war, rief dessen Freund Phil Silvers an und fragte: „Dieser Hurensohn, für wen hält der sich eigentlich?"

Am unglücklichsten aber war Louis B. Mayer. Schließlich sollte sein größtes Talent nicht verheiratet, und erst recht nicht schwanger sein. Er zitierte Lana und Shaw in sein Büro und schärfte ihnen ein, Kondome zu benutzen.

AUS NACH FÜNF MONATEN!

Mayer gab ihr für die Flitterwochen nur drei Tage frei, von denen auch noch ein Großteil für die vom Studio arrangierten Pressekonferenzen draufging. Erst da erfuhr Lana, daß ihr Ehemann bereits zweimal verheiratet war.

Shaw erlaubte Lana nicht, sich zu schminken. Er verbat ihrer Mutter das Haus, warf ihre selbstgemachten Spaghetti vor Gästen auf den Boden und bestand auch noch darauf, daß sie das selbst aufputzte. Nach fünf Monaten hielt Lana es nicht mehr aus. Sie rief Greg Bautzer an, und der half ihr aus der Klemme.

Das Studio schickte sie zur Erholung nach Hawaii, dann kam sie wegen „nervlicher Erschöpfung" in ein Krankenhaus – anders gesagt, sie hatte eine Abtreibung. Sie ließ sich von Shaw scheiden, was sie aber nicht daran hinderte, ihn weiterhin zu besuchen und die Nacht mit ihm zu verbringen.

Zu dieser Zeit wurde sie in der Stadt mit Bautzer, dem Drummer Buddy Rich, dem Bandleader Tommy Dorsey, dem muskelbepackten Schauspieler Victor Mature und dem Sänger Tony Martin gesehen. Während der Dreharbeiten zu *Mädchen im Rampenlicht* (OT: Ziegfeld Girl) traf sie heimlich ihren Filmpartner James Stewart.

Carole Lombard ging an die Decke, als sie erfuhr, daß Lana Turner an der Seite ihres Mannes Clark Gable spielen sollte. Gable schlief gewohnheitsmäßig mit seinen Filmpartnerinnen, und wegen der Gerüchte über eine Affäre zwischen den beiden drehte die Lombard dermaßen durch, daß sie vom Set verbannt werden mußte.

Lana erzählte, während der Verfilmung von *Der Tote lebt* (OT: Johnny Eager) etwas mit Robert Taylor gehabt zu haben. Taylor gab sich leicht enttäuscht, daß sie nicht so vollbusig war wie auf ihren Pressefotos. Allerdings sei ihr Gesicht zart und fein, und er habe noch nie schönere Lippen gesehen als ihre.

„Ich gehöre nicht zu denen, die Blondinen nachlaufen, aber Lana bildete eine Ausnahme", gestand er. „Ich konnte die Augen nicht mehr von ihr lassen, und während wir *Der Tote lebt* drehten, gab es Momente, in denen ich dachte, ich müßte gleich explodieren."

Am meisten zog ihn ihre Stimme an. Sie klang wie ein atemloses Kind. Sie schien überhaupt nicht zu wissen, wie sie sprechen sollte, ohne sexy zu klingen, klagte er. Sie brauchte nur „Guten Morgen" zu sagen, und schon schmolz Taylor dahin.

„Sie war der Typ Frau, für die ein Kerl fünf Jahre Haft in Kauf nimmt", meinte er.

Taylor wollte sie unbedingt für sich haben, und sei es auch nur für eine Nacht. Das Problem war allerdings, daß er damals mit Barbara Stanwyck verheiratet war. Er gestand ihr sein Verlangen nach Lana und bat um die Scheidung, doch nach einer kurzen Trennung gaben sie sich wieder versöhnlich. Die Stanwyck sprach allerdings nie wieder mit Lana Turner.

Bei den Dreharbeiten zu *Somewhere I'll Find You* traf Clark Gable wieder auf Lana Turner. Carole Lombard fiel von einem Eifersuchtsanfall in den nächsten. Die Beziehung zwischen der Lombard und Gable war äußerst gespannt, als sie am 16. Januar 1942 bei einem Flugzeugabsturz ums Leben kam. Joan Crawford behauptete, Gable sei in der Nacht des Absturzes bei ihr gewesen, doch Louis B. Mayer schickte ihm Lana als Trösterin.

ZIEL: LAS VEGAS

Als Gable zur Luftwaffe eingezogen wurde, lernte Lana eine zwielichtige Gestalt namens Stephen Crane kennen. Mayer warnte sie vor ihm. Crane behauptete, er sei im Tabakgeschäft tätig, tatsächlich war er ein Ganove, der mit Bugsy Siegel befreundet war.

Sie verliebte sich dennoch Hals über Kopf in ihn. Nach nur drei Wochen machten sie sich auf und davon nach Las Vegas. Diesmal bat sie den Friedensrichter, das Band der Ehe etwas besser zu knüpfen als damals mit Shaw.

Obwohl Crane im Haus herumlungerte, während Lana arbeitete, lief in den ersten fünf Monaten alles glatt. Als sie ihm jedoch gestand, schwanger zu sein, teilte er ihr mit, daß er nur einen vorläufigen Scheidungsbescheid habe. Die Ehe mit seiner Frau war noch nicht rechtsgültig geschieden. Lana lebte mit einem Bigamisten zusammen.

Sie warf Crane aus dem Haus und ließ die Schlösser auswechseln. MGM sorgte für eine Annullierung der Ehe, und der Richter übertrug ihr das alleinige Sorgerecht für ihr ungeborenes Kind. Crane war am Boden zerstört. Er bat Lana erneut, ihn zu heiraten, damit er ihrem Kind ein richtiger Vater sein könne. Sie wies ihn ab. In der Nähe ihres Hauses stürzte er sich mit seinem Wagen eine Klippe herunter, blieb aber unverletzt. Ein paar Tage später versuchte er, seinem Leben mit einer Überdosis Schlaftabletten ein Ende zu setzen, doch ein Freund brachte ihn noch rechtzeitig ins Krankenhaus. Sie eilte an sein Krankenbett.

Mit der Zeit hielt sie dem Druck nicht mehr stand, und am Valentinstag entwischten die beiden erneut, diesmal nach Tijuana in Mexiko. Der Trauzeuge war ein Fremder, den sie von der Straße holten und der wahrscheinlich nicht einmal Englisch sprach.

Mayer verlor fast die Beherrschung.

MUTTERFREUDEN

Crane wurde zum Militär eingezogen. Lana machte ihren ganzen Einfluß geltend, damit er zu den Special Services im nahegelegenen Fort MacArthur versetzt wurde, wo er an Wochenenden und über Nacht Ausgang bekommen konnte. Während der Geburt ihrer Tochter Cheryl war er bei einem Boxkampf.

Lana kümmerte sich daheim um das Baby, er verbrachte unterdessen seine Nächte im Ciro oder im Mocambo. Bald wurde das Geld knapp, und Crane war ihr keine Hilfe. Der schnellste Weg, an Geld zu kommen, waren Radiosendungen. Die Sender zahlten pro Auftritt 5000 Dollar. Also ging Lana nach New York. Crane erschwindelte sich einen Urlaub und begleitete sie. Auf dem Rückweg nach Los Angeles wollte er ihr zeigen, wo er aufgewachsen war. Er fuhr mit ihr nach Crawfordsville, Indiana, und brachte sie in einen heruntergekommen Billardsalon, der als Zigarettenladen getarnt war. Das waren seine Tabakgeschäfte. Plötzlich erschien er in einem ganz anderen Licht.

Während der Dreharbeiten zu *Marriage is a Private Affair* hatte sie eine solche mit ihrem Filmpartner John Hodiak. Sie traf sich auch mit Turhan Bey. Crane überraschte sie beim Tanzen. Bei der anschließenden Prügelei zog sich Crane zwei blaue Augen zu.

Als Lana sich im April 1944 von Crane scheiden ließ, versuchte er es bei Columbia mit einer eigenen Filmkarriere. In drei Filmen erhielt er kleinere Rollen. Er hatte eine Affäre mit Rita Hayworth, doch als er sich an die Freundin des Columbia-Chefs Harry Cohn heranmachte, zerriß dieser seinen Vertrag, und damit war er auch schon am Ende seiner Laufbahn.

ALTE UND NEUE FREUNDE

Howard Hughes hatte einen besonderen Hang zu frisch geschiedenen Frauen und sprang deshalb bei Lana in die Bresche. Er behauptete, Lana Turner sei sich einer Heirat so sicher gewesen, daß sie das Monogramm ‚HH' auf ihre Bettlaken habe sticken lassen. Das allerdings stritt Lana ab.

Gerüchte brachten sie mit Rory Calhoun, Robert Hutton, Rex Harrison und Frank Sinatra in Verbindung. Peter Lawford behauptete 1944, er sei mit Lana verlobt. Sie ließ ihn wegen des Musikers Gene Krupa, Artie Shaws Freund, im Stich. Auch mit ihrer alten Liebe Greg Bautzer und ihrem Exmann Stephen wurde sie gesehen.

In *Im Netz der Leidenschaften* (OT: The Postman Always Rings Twice) spielte sie an der Seite von John Garfield. Es knisterte gewaltig zwischen ihnen. Regisseur Tay Garnett aber meinte: „John machte neckische, anzügliche Scherze über sie, weshalb ich eher glaube, daß zwischen ihnen nichts lief."

Das könnte so gewesen sein, denn Lana waren seine „persönlichen Vorlieben" nicht unbekannt.

„Er hatte es auf junge Mädchen abgesehen, manchmal wollte er auch zwei gleichzeitig", sagte sie. „Und er genoß den Ruf, ein dämonischer Liebhaber zu sein. Er starb jung und im Bett – was niemanden wunderte."

Bald darauf lernte Lana die Liebe ihres Lebens kennen: Tyrone Power. Sie war ihm in Nachtklubs und auf Partys begegnet und fühlte sich zu ihm hingezogen, doch da er verheiratet war, ließ sie die Finger von ihm. Nachdem er sich von seiner Frau, der französischen Filmschauspielerin Annabella, getrennt hatte, lud er Lana auf ein paar Drinks zu sich ein. Bald war sie hoffnungslos in ihn verliebt. Power war der Mann, den sie vor allen anderen begehrte – und der Mann, der ihr nie gehören sollte.

VERGEBLICHE LIEBESMÜH

Sie war in dem Glauben, Tyrone Power würde sie sofort heiraten, wenn es ihm gelänge, seine Scheidung rasch hinter sich zu bringen. Freunde sprachen sogar von einer geheimen Verlobung. Lana wurde schwanger, aber er bestand auf einer Abtreibung. Das Studio gab ihr Rückendeckung und ließ diskret für sie einen Urlaub in Südamerika buchen. Tyrone Power war die ganze Zeit auf einer PR-Tour.

Ihre Beziehung zueinander, sagte Lana, war nicht leidenschaftlich sexuell – „Was uns vereinte, war für mich weitaus wichtiger als die körperliche Liebe."

In ihrer Autobiographie gestand Lana, daß sie nicht die beste Liebhaberin gewesen sei. „Ich war nicht frigide, aber wenn ich einige Wochen lang keinen Sex hatte, machte mir das nichts aus." Händchenhalten, Kuscheln und Nähe waren ihr wichtiger als Sex.

„Tyrone bedrängte mich nie", schrieb sie. „Später hörte ich Gerüchte über eine homosexuelle Neigung, aber ich merkte nichts davon."

Sie blieben zwei Jahre zusammen, aber Tyrone Power drängte seine Frau nie zur Scheidung. Er nahm sich nicht einmal einen Anwalt und bat seine Frau abzuwarten. Er wußte, daß Lana ihn augenblicklich unter Druck setzen würde, wenn er frei wäre.

Inzwischen riskierte Lana alles für Tyrone. Als er *Der Hauptmann von Kastilien* (OT: Captain from Castile) im mexikanischen Patzcuaro drehte, stahl sie sich fort von den Dreharbeiten zu *Taifun* (OT: Green Dolphin Street), um mit ihm zusammen Neujahr feiern zu können. Wegen des schlechten Wetters saß sie dann in Patzcuaro fest, und Mayer tobte: „Warum muß sie einem Mann bis nach Mexiko nachjagen? Hat sie hier nicht genug zu tun?"

Als sie zurückkam, hatte sie zwei volle Drehtage verpaßt. Sie eilte vom Flugzeug direkt zum Set. Dort war alles dunkel. Plötzlich gingen die Lichter an, Kollegen und Techniker kamen hinter den Kulissen hervor und sangen „South of the Border". Regisseur Victor Saville hatte andere Szenen vorgezogen und ihr damit eine Strafe und eine schwere Rüge vom Studio erspart. Ihr wurden nur zwei Tagesgagen gestrichen.

TYRONE POWER BLEIBT UNERREICHBAR

Als Tyrone Power nach Los Angeles zurückkehrte, bedrängte sie ihn wegen einer Heirat. Er behauptete, er könne nichts tun, bevor seine Frau nicht aus Frankreich zurück sei, wo sie für *Eternel Conflict* vor der Kamera stand. Als sie dann zurück war, mußte Tyrone wieder auf PR-Tour, diesmal durch Europa. Lana organisierte eine Abschiedsparty, und ihre Freunde glaubten, sie gäben nun die Verlobung bekannt. Das Motto der Party war Cupido, und Lana hatte das Haus mit Herzen und Bögen geschmückt. Tyrone wurde es zu ungemütlich und ging sehr früh nach Hause.

„Sie erdrückt mich", beklagte er sich.

Lana war erneut schwanger, und wieder folgte eine Abtreibung.

Während Tyrone Power durch Europa tourte, flog Lana nach New York, wo sie mit Frank Sinatra gesehen wurde. Das bestätigte Powers langgehegte Befürchtungen: Lana konnte einfach nicht monogam leben. In Rom lief ihm die Schauspielerin Linda Christian über den Weg, mit der Lana bei den Dreharbeiten zu *Taifun* einen Streit gehabt hatte. Sie verliebten sich ineinander.

Lana rief Power an und vereinbarte mit ihm ein Treffen in New York. Er hielt sich nicht daran und flog statt dessen nach Los Angeles. Sie folgte ihm dorthin, wer sie am Flughafen aber nicht abholte, war Power. Als er schließlich doch noch auftauchte, war er betrunken. Sie fragte ihn geradeheraus, ob eine andere Frau im Spiel sei. Er gab es zu.

„Das muß nicht das Ende für uns bedeuten", fügte er hinzu. „Du weißt doch, daß ich dich mag, wir können doch Freunde bleiben, oder?"

„Nein", erwiderte Lana. „Geh bitte."

Wie um Salz in Lanas Wunden zu streuen, willigte Tyrone Powers Frau im nächsten Monat in die Scheidung ein. Noch am selben Tag heiratete er Linda Christian in Rom.

EINE RICHTIGE HEIRAT

Lana flog zurück nach New York, wo sie eine kurze Affäre mit dem Tycoon John Alden Talbot hatte. Seine Frau reichte die Scheidung ein. Dann ging sie mit Bob Topping aus, der 140 Millionen Dollar vom Weißblechkönig Daniel J. Reid geerbt hatte. Als Lana ihm sagte, sie liebe ihn nicht, sagte er zuversichtlich: „Das wird schon noch."

Topping trennte sich von seiner Frau, der Schauspielerin Arlene Judge, die den Zeitungen gegenüber behauptete, ihre Ehe sei völlig in Ordnung gewesen, bis Lana auftauchte.

Am Abend vor Lanas Rückflug nach Los Angeles aß sie mit Topping im Club 21 zu Abend. Am Boden ihres Glases funkelte etwas, sie fischte es heraus. Es war ein Ring mit einem fünfzehnkarätigen Marquise-Diamanten.

„Was soll das bedeuten?" fragte Lana.

„Das ist ein Heiratsantrag", entgegnete Topping.

„Da kann ich wohl kaum noch nein sagen", antwortete sie und streifte den Ring über den Finger.

Topping flog mit Lana an die Ostküste. Mayer war erzürnt. Sie war nun in zwei Scheidungsfälle verwickelt, hatte die Rolle der Lady de Winter in *Die drei Musketiere* (OT: The Three Musketeers) abgelehnt und war seit fünf Tagen nicht zur Arbeit erschienen. Er hob ihren Vertrag ohne Bezahlung auf und drohte, sie wegen der Kosten für die Vorproduktion auf Schadenersatz zu verklagen.

Hektische Sitzungen folgten. Lana erklärte, sie habe die Mitwirkung an den *Drei Musketieren* abgelehnt, weil ihr die Rolle zu klein sei. Eine Woche später war sie für 5000 Dollar die Woche wieder auf der Gehaltsliste.

Topping wurde am Freitag, dem 23. April 1948, geschieden. Er heiratete Lana am folgenden Montag. Zweimal schon hatte Lana in aller Heimlichkeit geheiratet. Diesmal wollte sie eine richtige Hochzeit.

Die Hochzeit sollte in Billy Wilkersons Villa am Sunset Boulevard stattfinden. Topping füllte sie mit Blumen. Es gab einen riesigen

Empfang. Don Loper kreierte ein champagnerfarbenes Hochzeitskleid aus Seide mit Alençon-Spitzen im gleichen Ton. Ihr Brautstrauß bestand aus Orchideen, die extra aus Hawaii eingeflogen worden waren. Die Presse, von PR-Leuten zum Empfang begleitet, fand das Spektakel selbst für Hollywood-Verhältnisse etwas zu pompös.

Die Frischvermählten fuhren mit dem Schiff in die Flitterwochen nach Europa. In Großbritannien, das sich noch vom Krieg erholte, wurde dem extravaganten Paar ein kühler Empfang bereitet. Nach einer herrlichen Zeit in Südfrankreich kehrten sie in Toppings Haus nach Connecticut zurück. Lana war bereits schwanger.

Topping gab ausgefallene Partys. Lana sprach davon, sich aus dem Filmgeschäft zurückzuziehen. Dann fiel ihr auf, daß Topping mehr trank als ihm guttat.

Im Januar 1949 wurde Lana ins Krankenhaus gebracht. Sie hatte eine Totgeburt. Zur Erholung fuhr Topping mit ihr in die Karibik. Zurück in Connecticut, stellte er fest, daß er sich sein Anwesen dort nicht mehr leisten konnte.

EINE ANGELTOUR IN OREGON

MGM wollte Lana im Sommer 1949 für die Verfilmung von *A Life of Her Own* zurück ins Studio haben. Sie hatte mehr als dreißig Pfund zugenommen und unterzog sich einer strengen Diät. Ein Umzug nach Kalifornien wurde beschlossen, und Lana kaufte von ihrem Geld ein Haus mit vierundzwanzig Zimmern am Mapleton Drive. Topping überschüttete sie weiterhin mit Schmuck, Pelzen und anderen Geschenken, und als sie sich endlich in ihn verliebte, war es zu spät. Er war hoffnungslos dem Suff verfallen und finanziell ruiniert.

Lanas Karriere stand auf des Messers Schneide. Sie mußte mit dem Trinken aufhören, um ihr Gewicht zu halten. Der Haken war nur, daß Topping allein ausging, wenn sie nicht mit ihm trank. Sie wurde argwöhnisch und beschuldigte ihn, sich mit einer anderen Frau zu treffen. Er packte seine Sachen – angeblich für eine Angeltour in Oregon. Tatsächlich ging er mit einer Eislauftrainerin nach Sun Valley. Lana reichte die Scheidung ein, und das Studio ließ die übliche Geschichte verlautbaren, daß beide Partner wieder ihre eigenen Karrieren verfolgen wollten.

Lana fiel in eine schwere Depression und versuchte, sich das Leben zu nehmen. Ihr Agent Ben Cole rettete sie. In ihrem nächsten Film, *Die lustige Witwe* (OT: The Merry Widow), trug sie schwere Armreifen und Handschuhe, um die Narben an ihren Handgelenken zu verdecken. Ihr Gesicht zeigte keine Anzeichen von Depression mehr, und es gab auch keinen Grund mehr dafür, denn sie hatte bereits wieder eine leidenschaftliche Affäre mit ihrem Filmpartner, dem Südamerikaner Fernando Lamas. Sie hatte ihm die Schlüssel zu ihrem Haus gegeben, und er konnte kommen und gehen, wie es ihm beliebte. Auch wenn sie öffentlich verkündete, sie habe keineswegs die Absicht, sich wieder zu verheiraten, so sah sie in ihm doch den potentiellen Ehemann Nummer vier.

LATIN LOVERS

Während der Verfilmung von *Stadt der Illusionen* (OT: The Bad and the Beautiful) hielt sich hartnäckig das Gerücht, Lana treffe sich heimlich mit ihrem Filmpartner Kirk Douglas, wenngleich sie abwiegelte und ihre Beziehung zu Lamas betonte. Lamas und sie sollten in ihrem nächsten Film – *Serenade in Rio* (OT: Latin Lovers) – wieder zusammen vor der Kamera stehen, mittlerweile hatten sie sich allerdings zerstritten. Auf einer Party in Marion Davies' Strandhaus in Malibu bat sie der damalige Tarzandarsteller Lex Barker um einen Tanz. Als er etwas zu eng auf Tuchfühlung mit ihr ging, brüllte Lamas: „Warum gehst du nicht gleich mit ihr hinter die Büsche?"

Später flogen dann die Fetzen im Hause. Im Studio zeigte sie Benny Thau ihre blauen Flecken. Fernando Lamas wurde daraufhin von der Besetzungsliste gestrichen und durch Ricardo Montalban ersetzt.

Vor ihrer Scheidung von Topping hielt sich Lana Turner im Haus von Frank Sinatra in Palm Springs auf und wurde Zeugin des furchtbaren Streits zwischen Sinatra und Ava Gardner. Hinterher unternahmen die beiden Frauen eine Vergnügungsreise nach Mexiko.

Zurück in Hollywood, stürzte sich Lana in eine kurze Affäre mit dem Stierkämpfer Luis Sallano, dann brach sie zu ihrem Scheidungstermin nach Nevada auf. Vor dem Gerichtsgebäude erklärte sie den versammelten Reportern, sie wolle nie wieder heiraten.

Kurz darauf ehelichte Topping seine Eislauftrainerin. Lana war darüber äußerst deprimiert, fühlte sie sich doch stark an die Geschichte mit Tyrone Power erinnert.

EIN BÖSER STIEFVATER

Lana bekam eine Rolle an der Seite von Clark Gable in *Mogambo* angeboten – lehnte jedoch ab, um *Flammende Sinne* (OT: Flame and the Flesh) in Italien zu drehen, wo auch ihre jüngste Eroberung Lex Barker vor der Kamera stand. Sie heirateten 1953 in Turin und verbrachten die Flitterwochen auf Capri. Nach der Rückkehr in die USA mußten sie die Ehe noch einmal schließen weil Barkers Scheidung von seiner vorigen Frau noch nicht rechtskräftig war, als sie sich in Italien das Jawort gegeben hatten.

Lana spielte in *Tempel der Versuchung* (OT: The Prodigal) neben Edmund Purdom, der damals eine Affäre mit Linda Christian hatte. In dem Streifen schreitet Lana in einem Kostüm durch den Tempel der Liebe, das aus nichts anderem als einem G-String und einer Handvoll Perlen bestand. Das kam noch so eben durch die Zensur, einige Standfotos mußten allerdings retuschiert werden.

Auf Hawaii drehte sie *Der Seefuchs* (OT: The Sea Chase) mit John Wayne. Es hielten sich zwar hartnäckige Gerüchte über eine Affäre zwischen den beiden Stars, doch beide waren damals gerade verliebt in ihre jeweiligen Ehepartner. Das änderte sich schlagartig, als sie wieder nach Hollywood zurückkehrten. Barker traf sich mit anderen Frauen, und, viel schlimmer noch, begann Lanas halbwüchsige Tochter Cheryl zu mißbrauchen. Darauf angesprochen, erklärte Barker, er gebe ihr Lektionen in der Liebe, indem er sich ihr zeige. Später, als Lana wieder eine Fehlgeburt hatte, vergewaltigte er ihre Tochter.

Richard Burton, der berühmt dafür war, seine Filmpartnerinnen zu verführen, stand in *Der große Regen* (OT: The Rains of Ranchipur) neben Lana vor der Kamera. Allen Berichten zufolge widerstand sie seinen Annäherungsversuchen. Burton hatte die Rolle eines indischen Arztes in dem Film, wollte jedoch partout keinen Inder spielen.

„In seiner Garderobe beschäftigte er sich allerdings ausgiebig mit unseren dunkelhäutigen Statistinnen", bemerkte Lana. „Für jemanden, der keinen Inder spielen wollte, schien er viel Gefallen daran zu finden, *mit* ihnen zu spielen."

Mehr Gerüchte kursierten allerdings über Lana und Jeff Chandler, mit dem sie *Immer Ärger mit den Frauen* (OT: The Lady Takes a Flyer) drehte. Auch über Lex Barker gingen in Hollywood Gerüchte um. Sie wurden so hartnäckig, daß Lana sie nicht mehr als grundloses Geschwätz abtun konnte, und so stürzte sie sich wieder ins Nachtleben.

Zu Hause stieg die Belastung ins Unerträgliche. Trotz Barkers Drohungen sprach Cheryl offen über den Mißbrauch durch ihren Stiefvater. Lana ließ sie von einem Arzt untersuchen, der die Aussage des Kindes bestätigte.

Eines Abends, als Lex schon im Bett lag, kam Lana mit einer Waffe ins Zimmer. Er glaubte, sie wolle ihn umbringen. Statt dessen gab sie ihm zwanzig Minuten, um seine Sache zu packen und zu verschwinden. Er stritt die Anschuldigungen Cheryls ihm gegenüber ab, suchte aber vorsichtshalber das Weite. Er ging wieder nach Italien und teilte der Presse mit, Cheryl allein sei für das Scheitern seiner Ehe verantwortlich.

SCHWERE ANSCHULDIGUNGEN

Lana lernte unterdessen den zweiundzwanzigjährigen Basketballstar Michael Dante kennen, der ins Schauspielfach gewechselt war. Sie folgte ihm nach Palm Springs, und einige Zeit später kam auch Cheryl nach. Lana warf ihrer dreizehnjährige Tochter vor, mit Michael zu flirten, ihn anzulächeln und mit ihrem Hintern zu wackeln.

„Ich hab dich beobachtet – das hast du schon einmal getan", behauptete sie und beschuldigte Cheryl abstruserweise, auch mit Lex Barker geflirtet zu haben.

Cheryl war zutiefst verletzt. Auf dem Rückweg sprang sie aus dem Auto, irrte ziellos durch die verrufene Innenstadt von Los Angeles, hatte aber Glück im Unglück, als ein Mann sie aufgriff und die Ausreißerin bei der nächsten Polizeiwache ablieferte.

Während der Dreharbeiten zu *Glut unter der Asche* (OT: Peyton Placec) erhielt Lana Anrufe von einem mysteriösen John Steele. Sie wußte nicht, um wen es sich handelte, und wollte seine Anrufe auch nicht länger entgegennehmen. Darauf begann er sie mit Blumen zu überschütten, in denen seine Karte und seine Telefonnummer steckten. Schließlich rief sie ihn an. Er gab sich als Freund von Ava Gardner aus, Lana blieb aber ablehnend.

Es kamen noch mehr Blumen, diesmal zusammen mit den Platten ihrer Lieblingskünstler. John Steele hatte offenbar seine Hausaufgaben gemacht. Sie rief ihn wieder an, und diesmal willigte sie ein, sich auf einen Drink mit ihm zu treffen. Er sollte zuerst anrufen, daher gab sie ihm ihre Privatnummer. Als sie aus dem Studio heimkam, wartete er schon in seinem schwarzen Lincoln Continental vor dem Haus.

Sie fuhren in eine Bar. Er sprach von Ava. Er habe Ava getroffen, aber eine Romanze sei nicht daraus geworden. Er ging, Lana versprach ihm, ihn wiederzusehen.

Bei seinem nächsten Anruf schlug er ein kleines Essen in ihrer Wohnung vor. Er brachte ihr Lieblingsgericht aus ihrem Lieblingsrestaurant mit. Dann kam ein Bote und überstellte ein Päckchen für sie. Es enthielt eine diamantenbesetzte, goldene Uhr. Sie weigerte sich, das Geschenk anzunehmen. Er sagte, er könne es unmöglich zurücknehmen, weil schon ihr Name eingraviert worden sei.

JOHN STEELE ALIAS JOHNNY STOMPANATO

Im Sommer 1957 traf sich Lana mit vielen Männern, doch keiner war so aufmerksam wie Steele. Er kaufte ihr Schmuck, immer mit demselben Blattmuster. Angesichts all der teuren Geschenke fragte sie ihn: „Hast du zufällig einen Geldbaum?"

„Nein, bloß die Blätter", erwiderte er.

Er gab ein Porträt von ihr bei einem Künstler in Auftrag, der Lana unbekannt war. Es zeigt sie liegend, nur ein dünnes Tuch bedeckt ihren Körper. Sie mochte es nie; es war ihr peinlich.

Doch bald hatte sie sich bis über beide Ohren verliebt. Erst jetzt fand sie heraus, daß John Steeles richtiger Name Johnny Stompanato war – ein Gangster und berüchtigter Frauenheld. Als sie ihn zur Rede stellte, gab er alles zu. Hätte er ihr gleich seinen wirklichen Namen verraten, so Stompanato, wäre sie niemals mit ihm ausgegangen. Auf der Stelle wollte sie die Beziehung abbrechen.

„Versuch nur, mich loszuwerden", sagte er lachend.

Und sie bemühte sich nach Leibeskräften, aber Stompanato blieb hartnäckig. Eines Nachts brach er in ihre Wohnung ein. Sie lag schon im Bett. Er drückte ihr ein Kissen aufs Gesicht, und als sie meinte, ersticken zu müssen, zog er es weg und versuchte, sie zu küssen. Sie stieß ihn unter einer Salve grober Schimpfwörter von sich und drohte mit der Polizei, wenn er nicht sofort verschwände. Er wußte, es wäre das letzte, was sie täte. Einen Skandal konnte sie sich nicht leisten.

Sie sah keine Alternative. Außerdem fand sie seine glühende Leidenschaft sonderbarerweise erregend.

„Nennen Sie es verbotene Früchte", gestand sie später, „jedenfalls zog er mich ungeheuer an – vielleicht war es etwas Krankhaftes in mir – und meine gefährliche Verstrickung ging weit über das Sexuelle hinaus."

Tatsächlich war an Stompanato sexuell nichts Außergewöhnliches, aber sie war so besessen von ihm, daß nunmehr sie teure Geschenke für ihn kaufte.

RASENDE EIFERSUCHT

Ein Ausweg bot sich an, als sie für Dreharbeiten zu *Herz ohne Hoffnung* (OT: Another Time, Another Place) nach England mußte. Stompanato bettelte darum, sie begleiten zu dürfen, da sie aber Koproduzentin und Star des Films zugleich war, wußte sie, daß sie wenig Zeit für ihn haben würde. Sie versprach ihm zu schreiben.

Stompanato rief täglich an und sandte lange Liebesbriefe. Bald fühlte sich Lana einsam in England, und sein Betteln tat ein übriges. Sie schickte ihm ein Flugticket, und er reiste unter dem Namen John Steele nach London.

Lana wollte mit Stompanato nicht gesehen werden und versteckte ihn in einem von ihr gemieteten Haus in Hampstead. Auch das Set war für ihn tabu.

Am Ende eines Drehtags ging Lana manchmal mit Sean Connery in eine Kneipe – *Herz ohne Hoffnung* war einer seiner ersten Filme. Stompanato bekam Wind davon, wurde rasend vor Eifersucht und tauchte plötzlich mit einer Waffe in der Hand am Set auf. Connery streckte ihn mit einem Schlag zu Boden, und das Sicherheitspersonal warf Stompanato aus dem Studio.

Stompanato ärgerte sich furchtbar darüber, daß Lana sich unter gar keinen Umständen mit ihm in der Öffentlichkeit zeigen wollte. Er brauchte die Anerkennung als ihr Geliebter. Während eines heftigen Streits in Hampstead drohte sie, die Polizei zu rufen. Er versuchte, sie zu erdrosseln, aber ihrem Dienstmädchen gelang es noch rechtzeitig, die beiden zu trennen. Doch Lanas Kehlkopf war verletzt. Sie konnte nicht mehr sprechen, und die Dreharbeiten mußten für einige Tage ausgesetzt werden. Schließlich rief Lana Scotland Yard an und ließ Stompanato ausweisen. Zwei Polizisten begleiteten ihn auf dem Flughafen bis an die Gangway.

VERGEWALTIGUNG, DROHUNGEN UND MORD
Nach Beendigung der Dreharbeiten hatte Lana vor, einen langen Urlaub in Mexiko zu verbringen. Auf dem Weg dorthin mußte sie in Dänemark zwischenlanden. Am Kopenhagener Flughafen wartete schon Stompanato auf sie, und die Presse konnte endlich Bilder von den beiden schießen.

In Acapulco bestand Lana darauf, daß Stompanato sich ein eigenes Zimmer nahm. Es war Januar und Hochsaison, und das Hotel konnte nur eine Kammer mit einem Waschbecken ohne Toilette anbieten. Bald erreichten die Meldungen von ihrem gemeinsamen Urlaubsaufenthalt in Mexiko auch Hollywood. Lana flüchtete sich in den Alkohol. Als sie sich weigerte, mit ihm zu schlafen, trat Stompanato kurzerhand ihre Schlafzimmertür ein, drückte ihr eine Pistole an die Schläfe und vergewaltigte sie.

„Ich ließ es ohne jedes Gefühl über mich ergehen", sagte sie. „Der Wodka, den ich getrunken hatte, half mir dabei."

Zurück in Hollywood, erfuhr Lana, daß sie für ihre Rolle in *Glut unter der Asche* einen Oscar erhalten sollte. Sie mußte zur Verleihung, doch es war unmöglich, Stompanato daran teilhaben zu lassen – mit einem Gangster konnte sie sich auf keinen Fall in der Öffentlichkeit sehen lassen. Er akzeptierte unter der Bedingung, daß sie auf den anschließenden Ball verzichte. Natürlich ging sie hin. Als sie heimkam, wartete er schon ungeduldig auf sie. Es kam zu einem fürchterlichen Krach, und Lana wurde grün und blau geschlagen. Cheryl bekam alles mit. Stompanato bedrohte Mutter wie auch Tochter. Bei seinen

Beziehungen zur Mafia, tönte er, könne er sie ganz einfach verschwinden lassen, ohne daß jemals jemand erführe, was geschehen wäre. Lanas Mutter rief die Polizei an, mußte sich aber anhören, daß ein Einschreiten erst möglich sei, wenn Lana selbst eine Anzeige mache. Lana glaubte, sich das aber auf keinen Fall leisten zu können.

Schließlich erstach Cheryl Stompanato während eines erneuten Streits. Obwohl Lana vorgab, die Tat begangen zu haben, wurde Cheryl verhaftet. Der Rechtsanwalt Jerry Geisler, der sowohl Charlie Chaplin als auch Errol Flynn bei Anklagen wegen Verführung Minderjähriger erfolgreich verteidigt hatte, holte sie wieder aus dem Gefängnis: es sei doch offensichtlich ein Fall von Notwehr, wenn eine Vierzehnjährige einen Schwerverbrecher töte.

EIN PROZESS UND EIN ÜBERRASCHENDES COMEBACK

In Stompanatos Wohnung wurde unterdessen eingebrochen. Es wurden einige Liebesbriefe entwendet, die Stompanatos Spießgeselle, der Gangsterboß Mickey Cohen, dem *Los Angeles Herald Examiner* überantwortete. Lanas affektierte Liebesbriefe machten sie lächerlich, aber es wog noch schwerer, daß sich in dem Bündel auch Liebesbriefe von Cheryl fanden. Das warf ein neues Licht auf den Fall, womöglich war Cheryls Motiv für die Tat nicht Notwehr, sondern Eifersucht.

Bei der anschließenden gerichtlichen Untersuchung wurde Cheryl von der Mordanklage zwar freigesprochen, die Kommentatoren der Zeitungen sprachen Lana aber unisono schuldig: die Umstände des Falles ließen überhaupt keinen Zweifel daran, daß sie als Mutter versagt habe. Cheryl wurde unter Vormundschaft gestellt und bei ihrer Großmutter untergebracht.

Nach dem Prozeß war Lana finanziell am Ende und hatte ihren Kredit beim Publikum restlos verspielt. Der Produzent Ross Hunter hatte die rettende Idee: Er bot ihr die Titelrolle in *Solange es Menschen gibt* (OT: Imitation of Life) an. Der Film handelt von einer Schauspielerin, die ihre halbwüchsige Tochter und ihren Geliebten für ihre Karriere opfert. Lana hätte die Rolle beinahe abgelehnt, da sie ihr zu naheging, doch Hunter argumentierte, gerade das sei von Vorteil für diese Rolle. Der Film war ein Bombenerfolg. Lana wurde für einen Oscar nominiert und gewann dadurch die Gunst des Publikums zurück.

Während der Dreharbeiten zu *Solange es Menschen gibt* lernte sie Fred May kennen, einen reichen Grundstücksmakler, der Tyrone Power verblüffend ähnlich sah. Bald zog sie zu ihm auf seine Ranch, was sie jedoch nicht daran hinderte, während ihrer PR-Tour für den Film einige kleinere Affären in Chicago zu beginnen.

EHEMANN NR. 5 IST EIN LANGWEILER

Solange es Menschen gibt brachte Lana Turner wieder zurück auf die Straße des Erfolgs, und im November 1960 heiratete sie May. Er war ein verläßlicher und verständnisvoller Ehemann.

„Ich wünschte, ich hätte ihn vor Jahren kennengelernt", sagte Lana. Aber trotz aller Geduld und Sympathie paßten sie nicht zueinander: May war eine eher langweilige Erscheinung, und Lana brauchte prickelnde Spannung. Eines Abends brach sie ganz unvermittelt einen Streit vom Zaun und brauste dann auf dem Pacific Coast Highway davon. Sie hielt an einer Bar und bändelte mit dem Barkeeper an. Als May sich auf die Suche nach ihr machte, entdeckte er ihr Auto vor dem Haus des Barkeepers. Während er an die Haustür klopfte, entwischte Lana nur mit einem Pelzmantel bekleidet und dunkler Brille durch die Hintertür. Im Oktober 1962 wurden sie geschieden, blieben aber gut befreundet.

Zur Zeit, da Lanas Scheidung lief, veröffentlichte Harold Robbins *Wohin die Liebe führt* (OT: Where Love Has Gone), eine kaum verhüllte Geschichte des Mordfalls Stompanato. Um dem Aufsehen zu entkommen, ging Lana nach Mexiko, wo sie *Heißer Strand Acapulco* (OT: Love Has Many Faces) drehte. Mexiko weckte allerdings zu viele unerfreuliche Erinnerungen in ihr, und so tröstete sie sich mit Alkohol und Strandgigolos.

Sie kehrte nach Hollywood zurück, um in *Madame X* zu spielen, die Geschichte einer Ehebrecherin, die zur Prostituierten wird. Während der Verfilmung lernte sie Robert Eaton kennen. Er war gutaussehend, athletisch gebaut und zehn Jahre jünger als sie.

„Offen gesagt, erst durch Bob lernte ich, was Erfüllung und Vergnügen am Sex ist", bekannte sie. Mit dreiundvierzig, nach fünf Ehen und zahllosen Liebhabern, entdeckte sie endlich sexuelle Leidenschaft. „Seine Art Liebe zu geben, war mir neu – nichts Grobes oder Ungewöhnliches, nein, etwas Sinnliches, Sanftes und Zärtliches. Ich fühlte mich angebetet, ganz Frau und wunderschön."

Bob brachte sie zum Lachen, und sie amüsierte sich köstlich, wenn er ihr seine Bettgeschichten erzählte, vor allem „wußte er immer, wie er die Leidenschaft neu entfachen konnte".

EHEMANN NR.6 IST EIN SCHWERENÖTER

Sie heirateten im Juli 1965. Sie gewährte ihm einen Unterhalt von 2500 Dollar im Monat.

„Ich war die vollkommene Verkörperung einer albernen erwachsenen Frau, die sich verliebt hat", gestand sie.

Und Eaton blieb seinem Ruf als Schwerenöter treu.

„Nun ja – ich schaute einfach weg."

Aber nur, bis sie von einer Vietnam-Tournee zurückkehrte, wo sie vor amerikanischen Soldaten aufgetreten war. Eaton hatte mittlerweile seine Eroberungen auch in ihr Haus in Malibu mitgenommen. Das Dienstmädchen bewahrte sogar die mit Lippenstift verschmierten Laken als Beweismittel auf.

„Seine Untreue an sich war schon schlimm genug", sagte Lana. „Ich konnte das noch nie gut ertragen. Aber dann noch in meinem eigenen Bett!"

Lana bat Eaton, seine Sachen zu packen. Er ging. Lana schwor, ihn nie wieder zu sehen, überhaupt nie wieder einem Mann zu vertrauen. Aber schon bald war Eaton zurück, und sie probierten es noch einmal miteinander.

Eaton stellte ihr Harold Robbins vor, dem sie *Where Love Has Gone* nie verziehen hatte. Sie ließ sich aber dennoch überreden, in der TV-Serie *Die Macht des Geldes* (OT: The Survivors) die Rolle einer Ehebrecherin zu spielen. Während der Dreharbeiten verfiel Eaton wieder auf seine alte Tour. Lana warf ihn erneut hinaus, und im April 1969 wurden sie geschieden.

Etwa um diese Zeit herum besuchte Lana in Los Angeles eine Discothek namens „The Candy Store", wo sie Eaton an der Bar mit einer auffälligen Brünetten erspähte. Als ein großer Mann in Weiß mit ihr tanzen wollte, war sie keinesfalls abgeneigt. Er hieß Ronald Dante und war Hypnotiseur in einem Nachtklub. Zwei Tage später rief er an und bat sie um ein Treffen. Er kreuzte mit einem Motorrad bei ihr auf. Sie war noch nie Motorrad gefahren, stieg aber wie selbstverständlich auf und hielt sich gut an ihm fest.

HEIRAT UNTER HYPNOSE

Beinahe auf der Stelle trug er ihr die Ehe an. Sie lehnte ab. Als er in einem Nachtklub in Arizona auftrat, ging sie nicht hin. Kurz darauf rief er wieder an und bat sie erneut um ihr Jawort, und diesmal gab sie nach. Sie heirateten im Mai 1969 in Las Vegas, fünf Wochen, nachdem ihre Scheidung von Eaton durch war.

Dante war hager und seine Augen standen weit hervor. Lanas Bekannte witzelten, sie müsse ihn wohl unter Hypnose geheiratet haben. Tatsächlich hatte 1963 eine Ex-Frau Dantes die Annullierung ihrer Ehe erreicht, weil sie glaubhaft versicherte, Dante habe sie an ihrem Hochzeitstag hypnotisiert, um an ihre Ersparnisse zu gelangen. Die Ehe wurde annulliert, und sie bekam ihr Geld zurück.

Dantes häufige auswärtigen Engagements waren Lana überhaupt nicht recht, und so gab sie ihm eines Freitags einen Scheck über 35 000 Dollar, damit er sich eine Wohnung kaufen und öfter zu Hause bleiben konnte. Tags darauf besuchten sie gemeinsam eine Wohltätigkeitsveranstaltung in San Francisco. Nach reichlichem Alkoholgenuß ging Dante weg, um angeblich ein paar Sandwiches zu holen – und kehrte nicht wieder zurück. Einen Tag später mußte Lana feststellen, daß Dante nicht nur das Haus verlassen, sondern auch seine Kleider, sein Motorrad und die 35 000 Dollar mitgenommen hatte. Lana reichte die Scheidung ein.

Während ihrer kurzen Ehe mit Dante hatte Lana Turner den ehemaligen Sänger Taylor Pero als Sekretär eingestellt. Er war Ende zwanzig, geschieden, hatte eine junge Tochter, die bei ihrer Mutter lebte, und machte keinen Hehl aus seiner Homosexualität.

Die beiden wurden häufig zusammen in der Öffentlichkeit gesichtet, und Anfang 1970 behauptete Pero, sie seien ein Liebespaar. Sie verbrachten einen gemeinsamen Urlaub auf Hawaii. Er führte sie in

Schwulenbars aus, aber schon bald wurde sie auf seine männlichen Freunde eifersüchtig.

„Niemand, ob Mann oder Frau, macht Lana Turner einen Liebhaber abspenstig", schwor Pero.

IM ZÖLIBAT

Inzwischen geriet Lana in arge emotionale Turbulenzen wegen Cheryl, die mit einer Freundin zusammenzog und erklärte, sie fühle sich zu ihrem eigenen Geschlecht hingezogen. Lana gab sich die Schuld daran. Sie glaubte, Cheryls Neigung gehe auf ihre Vergewaltigung durch Lex Barker zurück, und den Mißbrauch wiederum erklärte sie sich damit, Barker damals vernachlässigt zu haben.

Pero wurde die Stütze ihres Lebens. 1971 trat sie zum ersten Mal in einem Theaterstück auf, in dem sie eine vierzigjährige geschiedene Frau spielte, die in einen um die Hälfte jüngeren Mann verliebt ist, und feststellt, daß es ihr nicht schadet, mit einem hübschen jungen Mann gesehen zu werden. Sie war mittlerweile fünfzig. Als sie gefragt wurde, ob sie Pero liebe, lachte sie und antwortete, er sei ihr Sekretär und sonst nichts. Aber sie waren fast immer zusammen, und wenn er auf Partys mit anderen Frauen sprach, wurde sie eifersüchtig. Nur wenige Leute, die sie gemeinsam erlebten, bezweifelten, daß sie ein Liebespaar waren.

Als sie sich im November 1979 trennten, brach sie zusammen. Ihr Körpergewicht betrug kaum noch hundert Pfund. Auch Pero nahm die Trennung mit und erklärte, er habe Lana heiraten wollen. Er wolle aber nicht um seine Wiedereinstellung betteln. 1982 schrieb sie ihre Autobiographie *Lana: The Lady, the Legend, the Truth.* Darin heißt es, sie sei nie mit ihm im Bett gewesen und habe seit 1969 zölibatär gelebt. Sie zog sich dann ganz aus der Öffentlichkeit zurück und verbrachte ihre letzten Jahre in aller Stille.

XI

DIE LIEBESGÖTTIN

Die erste Leinwandgöttin in Technicolor, Rita Hayworth, wurde am 17. Oktober 1918 als Margarita Carmen Cansino in Brooklyn geboren. Sie vergötterte ihren Vater Eduardo Cansino, einen spanischen Varietétänzer aus Sevilla, der sie schon mit vier Jahren in eine Ballettschule schickte.

Als Rita neun war, zogen ihre Eltern nach Kalifornien, wo ihr Vater beim Film unterzukommen hoffte. Nach einer kurzen Karriere als selbständiger Choreograph eröffnete er seine eigene Tanzschule. Rita hatte ihren ersten Auftritt 1931 in Los Angeles im Cathay Circle Theater, weil sich die Tanzpartnerin ihres Bruders den Knöchel verstaucht hatte.

Mit dreizehn Jahren war Rita bereits prächtig entwickelt und sah hinreißend aus.

„Von einem auf den anderen Tag hatte ich begriffen", sagte ihr Vater. „Mein Gott, was für eine Figur sie hatte. Sie war wirklich kein kleines Mädchen mehr."

Da ihr Vater in ständigen Geldnöten steckte, nahm er sie aus der Schule und machte sie zu seiner eigenen Tanzpartnerin. Obwohl er zweiundzwanzig Jahre älter war als sie, hielten die Leute sie für Geschwister. Während der Prohibitionszeit klapperten sie die schwimmenden Kasinos an der Küste ab, während die Mutter mit den übrigen Kindern zu Hause in Chula Vista blieb. Rita und ihr Vater traten auch in Tijuana auf, das in jener Zeit den Ruf eines „Sündenbabels" genoß – die Prostitution blühte und Tänzerinnen galten für gewisse Summen als käuflich. Eduardo beschützte seine junge Tochter erbittert vor allem und jedem – nur nicht vor sich selbst. Später eröffnete sie ihrem zweiten Mann, Orson Welles, daß ihr Vater wiederholt mit ihr geschlafen habe.

Ritas Mutter wußte Bescheid. Daheim in Chula Vista schlief sie bei Rita, um sie vor den inzestuösen Zudringlichkeiten des Vaters zu schützen. Sie vernachlässigte sogar ihre anderen Kinder, nur um ihre Tochter zur Arbeit zu begleiten. Damals tanzten Rita und Eduardo im Agua Caliente, einem Klub, der Joseph M. Schenck gehörte. Schenck hatte zusammen mit Darryl F. Zanuck, dem späteren Gönner von Marilyn Monroe, die Twentieth Century Films gegründet.

DIE NEUE DOLORES DEL RIO

Andere Mädchen in Ritas Alter trafen sich mit Jungen, doch ihr Vater ließ das nicht zu. Nur einmal blieb ein netter junger Mann, ein Student der Loyola University, so hartnäckig, daß Eduardo nachgeben mußte. Er bestellte im Klub einen Tisch für sie und spendierte ihnen sogar eine Flasche Sekt, setzte sich aber an den Nebentisch und beobachtete argwöhnisch jede Bewegung. Der junge Mann war so eingeschüchtert, daß er aufgab. Seit diesem Rendezvous hatte Rita bis zu ihrer Hochzeit keine weiteren Verabredungen mehr.

Das Agua Caliente war voll von Filmleuten, und ihr Vater ermunterte Rita, auf ihre Partys zu gehen, hoffte er doch insgeheim, sie käme so zu einem Filmvertrag. Alle mutmaßten zunächst, Rita, die dunkle Schönheit, sei Mexikanerin. Wenn sie nicht auf der Bühne stand, gab sie sich derart schüchtern, daß man glaubte, sie spreche kein Wort Englisch. Als Joe Schenck dem Produktionsleiter von Fox, Winfield Sheenan, aber bedeutete, Rita sei Amerikanerin, vereinbarte er sofort einen Vorsprechtermin. Die Ergebnisse verschlugen Sheenan schier den Atem. Rita Cansino wurde als die neue Dolores del Rio angekündigt – ein mexikanischer Star der Stummfilmzeit – und bekam eine kurze Tanznummer in *Dante's Inferno*, Spencer Tracys letztem Film für Fox.

Sie erhielt einen Vertrag für sechs Monate und spielte dunkelhäu-

Rita Hayworth

tige Schönheiten in *Under the Pampas Moon, Human Cargo* und *Charlie Chan in Ägypten*. Schließlich gab man ihr die Hauptrolle in Hollywoods erstem Technicolorfilm, *Ramona*. Rita war gerade sechzehn.

Während ihr Vater sie daran hinderte, sich mit gleichaltrigen Jungen zu treffen, boten sich jede Menge älterer Herren auf dem Studiogelände an, ihre Karriere zu befördern – im Austausch für sexuelle Gefälligkeiten, versteht sich. Auf den Rat von Pinky Tomlin, der mit Rita in *Paddy O'Day* zu sehen war, ließ sie diese Herren sämtlich und sonders abblitzen. Nach dem Zusammenschluß von Fox und Twentieth Century wurde Ritas Gönner Winfield Sheenan gefeuert. An seine Stelle trat Darryl Zanuck, der König der Besetzungscouch. Er rief Rita in sein Büro, damit sie ihr Können „unter Beweis stelle". Sie wollte nicht und war prompt ihren Job los.

Regisseur Allan Dwan zeigte sich darob ziemlich verärgert. Er war schließlich von Ritas Talent vollkommen überzeugt.

EIN GEWIEFTER VERTRETER

„Der einzige Grund, weshalb sie meiner Meinung nach fallengelassen wurde, lag darin, daß sie sich nicht an die Spielregeln hielt", sagte er. „Die großen Bosse mochten keine Mädchen, die nicht auf ihre Partys kamen, und wenn ein Mädchen ,Nein' sagte, spielten sie ihre ganze Macht aus, warfen sie hinaus und engagierten Bereitwilligere."

Ritas junge Karriere schien schon zu Ende, da erschien Eddie Judson – ein neununddreißigjähriger Handelsvertreter, der durch Ehen mit reichen Frauen hochgekommen war. Nachdem er Rita in *Ramona* gesehen hatte, hielt er sie für eine ganz heiße Nummer. Er überredete ihren Vater, ihm freie Hand zu lassen, und setzte sich bei den Studios für sie ein. Natürlich mußte sie sich mit ihm in den Nachtklubs Hollywoods zeigen. Er kaufte ihr Kleider, gab ihr einen gewissen Schliff und führte sie in die richtigen Lokale. Eduardo, immer knapp bei Kasse, hatte keine andere Wahl, als Judsons Pläne gutzuheißen.

Obwohl Judson keine Verbindungen zur Filmindustrie besaß, war er ein gewiefter Vertreter. Er sicherte Rita rasch einige Nebenrollen in unbedeutenden Filmen und konnte für seinen Schützling schließlich einen Siebenjahresvertrag bei Columbia herausholen.

Studioboß Harry Cohn wurde auf sie in einem Film namens *Girls Can Play* aufmerksam. Sie gefiel ihm, doch der Name Cansino klang ihm zu spanisch. Deshalb änderte Judson ihn in Hayworth um, den Mädchennamen ihrer Mutter. Kurze Zeit später wechselte sie ihren Namen erneut: Judson und sein vielversprechender Schützling türmten nach Yuma, Arizona, und heirateten. Am Morgen danach schickten sie Ritas Eltern ein Telegramm. Deren Begeisterung hielt sich in Grenzen. Ritas Mutter hatte jahrelang alles getan, sie nicht in die Fänge eines älteren Mannes geraten zu lassen. Nun mußte sie miterleben, daß ihre Bemühungen vollkommen umsonst gewesen waren. Eduardo hatte seinen Augenstern verloren, Judson eine lukrative Geldanlage gewonnen.

INVESTITION IN DIE ZUKUNFT

„Ich habe ihn aus Liebe geheiratet", sagte Rita später über Judson. „Er hat die Ehe mit mir als Investition betrachtet. Von Anfang an übernahm er alles, und fünf Jahre lang behandelte er mich, als hätte ich weder Verstand noch Seele."

Viele Jahre danach gestand die Hayworth aber ein, daß sie alles Judson verdankte.

„Ohne ihn hätte ich in Hollywood nie den Durchbruch geschafft. Meine ganze Karriere war seine Idee", meinte sie. „Nach unserer Hochzeit tat er alles für die Förderung meiner Karriere, und seine Bemühungen zahlten sich aus."

Obwohl Judson es sichtlich genoß, eine so junge Frau zu haben, sagte der Publizist Henry C. Rogers im Rückblick: „In Judsons Leben gab es nur eine einzige Leidenschaft: Ritas Karriere."

Zuerst ging es damit noch nicht so recht voran. Judson dachte angestrengt über die Gründe dafür nach. Schließlich kam er zu dem Schluß, daß der lateinamerikanische Touch, der Rita ursprünglich nach Hollywood gebracht hatte, mittlerweile passé war. Er ließ ihr Haar kastanienbraun färben und ihren Haaransatz durch einen schmerzhaften Eingriff höher legen.

Judson versuchte darüber hinaus, Ritas Bekanntheitsgrad in der Öffentlichkeit zu steigern, und schon bald stand sie in dem Ruf, die „bereitwilligste Frau in Hollywood" zu sein. Sie ließ keine Gelegenheit zu einem Interview oder Fototermin aus. Ihre wachsende Popularität beeindruckte Studioboß Harry Cohn, der sie in einer Reihe von B-Movies einsetzte. Judson sorgte schließlich auch dafür, daß sie in anderer Hinsicht „bereitwillig" wurde.

„Er versuchte sie in Affären zu drängen, wenn für sie etwas dabei heraussprang", meinte Henry C. Rogers' Ehefrau Roz. Judson schien es nichts auszumachen, daß seine Frau mit anderen Männern schlief, solange er bestimmte, mit wem und wann: „Er hätte sie an jeden Meistbietenden verkauft."

„Es ist eine überaus traurige Geschichte", sagte Orson Welles später. „Sie hatte diese schreckliche Erfahrung mit ihrem Vater. Und in der einen oder anderen Form lief es weiter so. Ihr erster Mann war ein Loddel. Ein Kuppler im buchstäblichen Sinne. Daraus läßt sich ermessen, wie es ihr erging. Ihr Leben war eine einzige Pein."

EINE KARAFFE EISWASSER

Rita erhielt ihre erste bedeutende Rolle in *SOS Feuer an Bord* (OT: *Only Angels Have Wings*). Wie es dazu kam, ist legendär in Hollywood. Sie kaufte sich für 500 Dollar eine modische Robe in drei Grauschattierungen, die sie aussehen ließ, als ob flüssiges Silber über ihren Körper gegossen worden wäre. Dann ging sie ins Trocadero, wo Howard Hawks und Harry Cohn das Projekt besprachen. Sie wurde auf der Stelle engagiert.

Erst am Set entdeckte Hawks Ritas entscheidendes Manko: Sie war keine Schauspielerin. Er schrieb das Drehbuch um und sagte Rita, sie solle nur vor der Kamera stehen und ihre Figur präsentieren. In einer berühmten Szene, für die sie großes Lob erhielt, mußte sie eine Betrunkene spielen. Hawks fand heraus, daß es nur einen einzigen Weg gab, um ihr eine natürliche Reaktion zu entlocken: Er ließ ihr von Cary Grant eine Karaffe mit Eiswasser über den Kopf gießen.

Trotz der schwachen schauspielerischen Leistung wußte die Hauptdarstellerin Jean Arthur von Anfang an, mit wem sie es zu tun hatte. Die beiden Frauen sprachen während des Drehs kein Wort miteinander, und Jean weigerte sich, gemeinsame Presseaufnahmen mit ihr zu machen, weil, so ihre Begründung, Rita zu hübsch sei.

Auch Hawks erfaßte ihre Möglichkeiten. Cohn zahlte ein Vermögen, um Stars aus anderen Studios auszuleihen. Hawks sagte zu ihm, wenn er bei Columbia einen studioeigenen Star wolle, müsse Ritas Ego aufgebaut werden:

„Das Geheimnis von Stars ist, daß sie durch die Tür gehen und denken: ‚Alle wollen mich im Bett haben'."

Darryl F. Zanuck wollte das bestimmt. Wie alle in Hollywood hatte auch er mitbekommen, daß Judson seine Frau verkuppelte, und deshalb heuerte er sie für sein Remake von *König der Toreros* (OT: Blood and Sand) an und verwandelte sie in eine exotische, erotische *femme fatale*.

EIN WOCHENENDE MIT FOLGEN

Cohn war ebenfalls scharf darauf, Rita ins Bett zu bekommen. Anläßlich ihrer Vertragsverlängerung lud er Rita und ihren Mann übers Wochenende auf seine Yacht ein. Taktvoll entfernte sich Judson nach einiger Zeit und schärfte Rita ein, unbedingt mit Cohn zu schlafen. Als der entscheidende Augenblick gekommen war, gab Rita Cohn allerdings einen Korb. Das entfachte die Leidenschaft des Filmmoguls um so heftiger. Er schmachtete wie ein eifersüchtiger Liebhaber und verfolgte sie auf Schritt und Tritt. Er ließ sogar Wanzen in ihrer Garderobe anbringen.

„Er hatte seine Spione überall", erinnerte sich ihre langjährige Sekretärin Shifra Haran. „Miss Hayworth konnte nicht einmal auf die Toilette gehen, ohne daß er davon wußte."

Cohn erneuerte dennoch ihren Vertrag, und die unerwidert gebliebene Leidenschaft des Filmmoguls bildete den Kern ihrer zwanzigjährigen Zusammenarbeit bei Columbia. Er war unerträglich grob zu ihr. Sie war längst ein großer Star, da mußte sie bei Columbia noch immer ihre Karte an der Stechuhr abstempeln.

„Er war wirklich in Rita verliebt", meinte die Schauspielerin Ann Miller. „Ihr ganzes Leben spielte sich vor ihm ab."

Doch Rita gab sich Cohn gegenüber großmütig:

„Sollte er jemals verliebt gewesen sein, dann bestimmt heimlich in mich."

In der Absicht, Rita an die Wäsche zu gehen, gab Cohn der naiven Schönen eine Rolle an der Seite von Fred Astaire in *Reich wirst du nie*

(OT: You'll Never Get Rich), der prestigeträchtigsten Columbia-Produktion jener Zeit. Die Arbeit mit Astaire lief harmonisch und reibungslos, aber ihr Mann war über ihren Erfolg nicht besonders glücklich. Da sie immer lange am Set blieb, drehte er fast durch. Das Studio begann zudem, ihr Image als neue Liebesgöttin stärker herauszustellen. Obwohl Judson Rita dazu gedrängt hatte, mit anderen Männern ins Bett zu gehen, machte es ihn nun rasend, wenn sie sich auf eigene Faust Liebhaber nahm. Schon ihre provokanten Presseaufnahmen quälten ihn. Wenn sie erschöpft von der Arbeit heimkam, bestand er darauf, daß sie mit ihm noch durch die Nachtklubs zog. Er hatte viel freie Zeit zur Verfügung, und die nutzte er immer häufiger für Affären mit anderen Frauen.

EIN MIESER ABGANG

Zwar kontrollierte Judson immer noch ihre Finanzen, aber seit Rita Harry Cohn eine Abfuhr erteilt hatte, spürte er, daß sie ihm entglitt. Im Bewußtsein seiner beginnenden Ohnmacht, verlegte er sich auf körperliche Gewalt und wollte sogar ihr Gesicht verunstalten, um ihre Karriere zu ruinieren. Dann wieder kam er auf die mitleidige Tour und jammerte, er sei doch „ein alter Mann auf dem absteigenden Ast". Schließlich offenbarte er ihr, daß er schon dreimal verheiratet gewesen sei und genau wisse, wie man bei einer Scheidung Geld herausschlagen könne.

Und das tat er dann auch. 1941 plünderte er ihre Banksafes und Sparkonten, um alles Geld in Scheinfirmen anzulegen oder auf fingierte Konten zu transferieren. Er drohte Rita mit Erpressung durch einen Brief, in dem sie ausführlich über die „Intimitäten mit anderen Männern" berichtet, zu denen er sie gezwungen hatte. Die Veröffentlichung hätte zweifellos das Endes ihrer Karriere bedeutet.

Nichtsdestotrotz reichte Rita am 24. Februar 1942 die Scheidung ein wegen „schwerer seelischer und körperlicher Grausamkeit". Der Presse gegenüber versuchte sie die Eheprobleme herunterzuspielen, um Judson nicht zu sehr gegen sich aufzubringen, der hatte aber ohnedies längstens den Fehdehandschuh aufgenommen.

Aus Angst vor schlechter Presse, beantragte Rita, alle Prozeßunterlagen zu versiegeln. Ihre Bitte um Geheimhaltung wurde abgelehnt, und in der Presse wurde eine eidesstattliche Versicherung genüßlich ausgeweidet, derzufolge Judson zugegeben hatte, die Ehe mit Rita „als reine Investition" betrachtet zu haben, „um sie besser ausbeuten" zu können.

Judson, der eine Suite im Beverly Hills Hotel bezogen hatte, drohte mit einer Gegenklage wegen Ehebruchs, obwohl er seine Frau selbst in die Betten anderer Männer getrieben hatte. Die Angelegenheit wurde dem Studio jetzt doch zu brenzlig. Cohn zahlte Judson 30 000 Dollar, damit er seine Klage zurückzog. Bis auf ihr Auto überließ Rita Hayworth Judson ihren ganzen Besitz, und sie erklärte sich auch noch damit einverstanden, ihm weitere 12 000 Dollar in monatlichen Raten von 500 Dollar zu zahlen.

JUNGGESELLEN UND GERÜCHTE

Obwohl sie keinen Cent mehr in der Tasche hatte, wurde Rita bald mit den begehrtesten Junggesellen Hollywoods gesehen: David Niven, Tony Martin, Errol Flynn, Howard Hughes und dem griechischen Reeder Stavros Niarchos.

Gegen Ende 1942 war Victor Mature Ritas ständiger Begleiter. Mature hatte es sich mit den Boulevardreportern vollkommen verscherzt, und so ließ die Presse auch kein gutes Haar an seiner Beziehung zu Rita. Dann kam der Krieg. Mature wurde zur Küstenwache eingezogen und nach Connecticut versetzt. Cohn tobte, als Rita zu ihm fuhr. In New York besuchten sie gemeinsam die Premiere von *Du warst nie berückender* (OT: You Never Were Lovelier), in dem sie wieder an der Seite von Fred Astaire spielte. Auf der Feier trug Rita einen auffallend großen Ring, den Mature ihr geschenkt hatte. Gerüchte über eine Verlobung machten schon die Runde, da lernte Rita in Hollywood den Mann kennen, den sie „die große Liebe ihres Lebens" nannte.

Bei ihrer ersten Begegnung war Orson Welles in größten Schwierigkeiten. Sein erster Film *Citizen Kane* hatte Hollywood den Zorn des allmächtigen Pressezaren William Randolph Hearst zugezogen. RKO fand seinen zweiten Film, *Der Glanz des Hauses Amberson* (OT: The Magnificent Ambersons), zu düster, und hatte ihm den Schnitt entzogen. Sein dritter Film, *It's All True*, war während der Dreharbeiten in Brasilien kurzerhand eingestellt worden. Seine erste Ehe mit Virginia Nicholson aus der Chicagoer Schickeria war in eine Scheidung gemündet, und Dolores del Rio hatte soeben ihre kurze Verlobung wieder gelöst – Bühne frei für Rita Hayworth.

EIN MANN DER TAT

„Ich sah dieses traumhafte Foto von ihr in der Illustrierten *Life*, wo sie so verlockend auf dem Bett kniet und nichts weiter anhat, als ein seidenes Nachthemd mit Spitzen. Da habe ich mich entschieden."

Schon in Rio hatte Welles seinem Freund Jackson Leighter anvertraut, daß er nach seiner Rückkehr Rita Hayworth heiraten wolle.

„Er machte viel Aufhebens darum, bevor er sie überhaupt kennengelernt hatte", sagte Leighter. „Das erste, was er in Hollywood tun wollte, war, sich auf die Suche nach ihr zu begeben."

Nachdem Welles wieder in Hollywood war, um den forschen Mr. Rochester in *Jane Eyre* zu spielen, redete er offen über seine Hochzeitspläne. Das sprach sich bald herum. Als es endlich auch Rita zu Ohren kam, war sie darüber wenig erbaut. Sie war sich ihrer Bildungslücken schmerzhaft bewußt und glaubte, das gelehrte „Genie" des Films mache sich lustig über sie. Nichtsdestotrotz ging Rita auf eine Party, die Welles nur veranstaltete, um sie kennenzulernen. Schockiert stellte er fest, daß er nicht die Liebesgöttin vor sich hatte, die sie in ihren Filmen verkörperte, sondern eine süße, zurückhaltende und sensible Frau.

„Sie brachte die besten Anlagen mit, war sehr anziehend und für einen Filmstar absolut ungewöhnlich", resümierte er.

Rita war sich nach der Party sicher, Welles wolle nur das eine. Sie weigerte sich, seine Anrufe entgegenzunehmen. Sie hatte es gründlich satt, in Hollywood als Freiwild betrachtet zu werden. Welles blieb aber hartnäckig.

„Ich bin wie Casanova", sagte er. „Sicher kein Sexakrobat – aber ich bin gewillt, bis halb fünf in der Frühe unter dem Fenster zu warten. Ich bin ein ziemlicher Romantiker, wissen Sie. Ich lasse mir Zeit. Ich brauchte fünf Wochen, um Rita ans Telefon zu kriegen, doch dann gingen wir noch am selben Abend aus."

Sie verabredeten sich zum Essen. Es mußte diskret sein. Die Presse sollte auf gar keinen Fall erfahren, daß sie sich während Matures Abwesenheit mit einem anderen Mann traf. Wenn Welles sprach, erstarrte sie vor Ehrfurcht und brachte kein Wort heraus. Welles spielte also mit ihr Gedankenlesen, um sie aus der Reserve zu locken. Wenn er ihre Gedanken richtig erraten hatte, gab es ihr die Chance, mehr von sich zu erzählen, lag er falsch, konnte sie ihn korrigieren.

DAS EIS IST GEBROCHEN

Bald öffnete sie sich ihm wie noch niemandem zuvor. Sie vertraute ihm an, wie sehr sie ihr Dasein als Filmstar hasse, doch es sei die einzige Möglichkeit, ihren Lebensunterhalt zu verdienen. Ein Flop, und schon wäre das Ende da. Sie erzählte ihm auch von ihren schrecklichen Erfahrungen mit den Männern, die bislang ihr Leben bestimmt hatten, und schnell merkte Welles, daß sie vor Harry Cohn entsetzliche Angst hatte.

Sie verbrachten die Nacht gemeinsam in seinem Haus am Woodrow Wilson Drive. Nach Dolores del Rio, die zu jeder Tages- und Nachtzeit tiptop frisiert und geschminkt sein mußte, war Rita für Welles eine Offenbarung: fern der Leinwand hatte sie so gar nichts vom Image einer Sexbombe.

„Ohne Make-up war sie viel hübscher", stellte er fest. „Ihre Attraktivität war die einer Frau, nicht die eines Mädchens – sie war eine zurückhaltende Frau, aber beileibe kein schüchternes Mädchen."

Im Bett gab sie sich selbstbewußt und fordernd. Sex war ihr wichtig.

„Miss Hayworth war eine Frau, die erst dann glaubte, daß sie geliebt wurde, wenn man mit ihr schlief", bemerkte Shifra Haran. „Ihre einzige Sicherheit bestand in der Gewißheit, daß jemand mit ihr ins Bett gehen wollte."

Shifra Haran beobachtete zudem, daß Rita niemals gleichzeitig mehr als eine Beziehung hatte.

„Solange sie mit einem Mann zusammen war, ließ sie sich mit keinem anderen ein", notierte sie. „Für die Dauer einer Beziehung genügte ihr das, und sie streunte nicht herum."

Bald zog Rita bei Orson Welles ein. Wells' Sekretärin wurde mit ihrem Umzug beauftragt. Ritas Anweisungen waren präzise. Shifra Haran sollte alles weggeben, was besonders auffällig wirkte oder Orson geschmacklos finden könnte. Darüber hinaus sollte alles mit der Kennzeichnung „VM" entfernt werden. Auch wenn Victor Mature es noch nicht wußte, die Beziehung zu ihm war endgültig aus.

Als er mit Dolores del Rio zusammenlebte, hatte Welles eine Vorliebe für Dessous aus dem exklusiven Wäschegeschäft von Juel Parks entwickelt. Rita ließ ungeheuer viel Geld dort. Tagsüber lief sie in alten Jeans und Pullis herum, doch nachts mußte sie knappe Schlüpfer und hauchdünne Nachthemden tragen. Welles genoß es, ihr beim Ausziehen zuzuschauen, und auch ihr machte es Spaß. Wenn ein neuer Mann in ihr Leben trat, verlangte sie seine volle Aufmerksamkeit – und Strippen, so fand sie, war ein Weg, um sich diese zu erhalten.

Obwohl sie Welles ganz für sich hatte, zeigte Rita bald Spuren einer tiefen Unsicherheit. Schon der geringste Anlaß reichte ihr, um ihm Flirts mit anderen Frauen vorzuwerfen. Das ärgerte ihn, und er war entschlossen, sie von ihrer irrationalen Eifersucht zu kurieren. In Restaurants starrte er plötzlich unvermittelt vor sich hin, als hätte er soeben eine schöne Frau erblickt. Ängstlich folgte sie seinem Blick, nur um herauszufinden, daß da niemand war.

VARIETÉ IM KRIEG

Welles litt darunter, daß er von der Musterungskommission abgelehnt worden war. Man hatte ihn wegen seines Asthmas und seiner schlechten Füße für nicht verwendungsfähig erklärt. Deshalb wollte er wenigstens mit den Mercury Players auf Tournee gehen, um in Kasernen vor Soldaten zu spielen. Das bot Rita die einmalige Chance, mit einer New Yorker Schauspieltruppe zu arbeiten, die im Ruf hervorragender Shakespeare-Interpreten stand, was Rita zunächst einschüchterte. Welles, der von seinem exzentrischen Vater die Liebe zur Magie geerbt hatte, plante eine Illusions- und Zaubershow unter dem Namen Mercury Wonder Show. Rita, von ihrem Wesen her eine ideale Varietékünstlerin, probte mit Welles einen Auftritt, bei dem sie mit verbundenen Augen Zahlen zusammenzählen sollte, die GIs zuvor auf eine Schiefertafel schreiben mußten. Eine weitere gemeinsam einstudierte Nummer war die „Zerteilte Jungfrau".

Die Show war für Rita allerdings gelaufen, als ein Gerichtsvollzieher bei ihr anklopfte. Judson klagte 10 000 Dollar ein, da sie auf Welles' Rat hin die Zahlung der monatlichen 500 Dollar eingestellt hatte. Sobald Cohn von der Show hörte, teilte er Rita mit, daß er absolut gegen ihre nächtlichen Bühnendarbietungen sei und erwarte, daß sie ihre ganze Energie für ihre Tagesarbeit aufspare – damals die Dreharbeiten zu *Es tanzt die Göttin* (OT: Cover Girl) mit Gene Kelly.

EIN HEIRATSANTRAG IM RICHTIGEN MOMENT

Rita wußte nicht mehr weiter. Welles gegenüber sagte sie, sie wolle aus dem Film aussteigen. Er riet zur Vorsicht. Wenn sie sich mit Cohn anlege, stehe ihre ganze Karriere auf dem Spiel. Außerdem, meinte er, könne er jederzeit eine andere für seine Show bekommen. Sie war gekränkt. In ihren Ohren klang das so, als ob Welles gerade ihre Beziehung beendet hätte. Seine Worte verunsicherten sie zutiefst.

Welles spürte ihre Verzweiflung, und zum ersten Mal merkte er, wie ungeheuer verletzlich sie war. Sein Beschützerinstinkt regte sich, und auf der Stelle machte er ihr einen Heiratsantrag. Marlene Dietrich bekam die Zaubernummer in der Mercury Wonder Show, Rita Hayworth Orson Welles zum Ehemann. So hatte es sich Cohn garantiert nicht gedacht.

Nach Abschluß der Dreharbeiten zu *Es tanzt die Göttin* reiste Rita Hayworth mit Welles nach Osten, wo er in die Politik wollte. Leider zog er sich eine Hepatitis zu, und Rita konnte zusehen, wie sie allein mit einer Schar Intellektueller von der Ostküste fertig wurde.

Welles erholte sich in Florida, wo Rita ihn pflegte. Seine Krankheit beeinträchtigte zwar ihr Sexualleben, doch Welles gewann den Eindruck, daß Rita darüber nicht besonders unglücklich war, konnte sie doch zum ersten Mal mit ihm allein sein.

Auf Geheiß von Cohn kehrte Rita widerstrebend nach Hollywood zurück. Welles begleitete sie. Sie mieteten ein hübsches neues Haus an der Fordyce Road. Als es Welles wieder besser ging, blühte ihr Sexualleben auf, und Rita wurde schwanger. Welles war nicht gerade erfreut. Die Vaterrolle behagte ihm nicht, außerdem hatte er schon ein Kind, um das er sich nicht mehr kümmerte. Es machte ihm aber Freude, Rita so begeistert zu sehen.

Welles meldete sich unterdessen freiwillig als Wahlhelfer für die Kampagne zur Wiederwahl von Franklin D. Roosevelt. Vor seiner Abreise geriet Rita in panische Angst. Sie habe eine Vorahnung, daß sie ihn verlieren könnte, gestand sie ihm. Welles erwiderte, sie solle nicht so töricht sein. Er würde sie niemals betrügen.

WELLES AUF ABWEGEN

Als er abgereist war, besuchten sie Freunde in ihrem Haus, um ihr den neuesten Tratsch aus dem Studio zu erzählen. Einige waren eifersüchtig auf den Einzelgänger Welles und meinten, es sei doch einigermaßen unverantwortlich von ihm, sie in ihrem Zustand allein zu lassen. Erneut wurde sie von ihren Ängsten überwältigt. Sie nahm den weiten Flug nach New York auf sich und wohnte bei ihm in Long Island. Ihre Befürchtungen zerstoben, aber Welles nutzte genau diesen Augenblick aus, um sie zu betrügen.

Eines Abends stahl er sich in den Club 21 in Manhattan. Dort traf er die junge Gloria Vanderbilt mit ihrem Ehemann inmitten einer Gruppe von Leuten. Orson schloß sich ihnen an.

„Als sich unsere Blicke trafen, funkte es", erinnerte sich die Vanderbilt. „Später stieß er unter dem Tisch ständig an mein Knie, und bald hielten wir Händchen."

Auf der anschließenden Party fanden sich Welles und die junge Erbin plötzlich allein. Sie küßten und umarmten sich. Gloria wußte, daß er seine schwangere Frau auf Long Island allein gelassen hatte, und ließ es nicht zum äußersten kommen, konnte ihn aber in den folgenden Tagen und Wochen nicht mehr vergessen.

Ihre Tochter Rebecca kam am 15. Dezember 1944 durch einen Kaiserschnitt zur Welt. Während Rita sich erholte, reiste Welles nach Washington zur Amtseinführung des Präsidenten, dann weiter nach Baltimore und New York, um Vorträge über den Faschismus zu halten. Rita war sehr aufgebracht, weil er an seinem neugeborenen Kind so wenig Interesse zeigte. Kaum war er zurück, da reiste er mit Rita nach Mexiko in die zweiten Flitterwochen und überließ das Baby einer Amme.

Wieder in Hollywood, gestand Welles sich ein, daß ihm in der Politik kein Erfolg beschieden war, und so nahm er eine Rolle in *Mor-*

gen ist die Ewigkeit (OT: Tomorrow is Forever) mit Claudette Colbert an. Die lange Arbeit im Studio weckte erneut Ritas Eifersucht, und sie war begründet. Welles stürzte sich in eine Reihe von Abenteuern, unter denen das mit Judy Garland besonders erzählenswert ist.

EIN ANGESCHLAGENES EGO

Welles ließ es sich zur Gewohnheit werden, für die Garland große Sträuße weißer Blumen zu kaufen. Einmal vergaß er allerdings, ihr den Strauß zu geben, und so lagen die Blumen noch auf dem Rücksitz seines Wagens, als er zu Hause ankam. Rita nahm natürlich an, sie wären für sie gedacht. Miss Haran konnte glücklicherweise die beiliegende Karte noch diskret entfernen, bevor Rita sie entdeckte.

Diese Affären bedeuteten Welles wenig. Er meinte, als Regisseur und Politiker versagt zu haben, und brauchte die Abenteuer als Balsam für sein angeschlagenes Ego.

„Wenn Sex weniger von Ego und Eitelkeit abhängig wäre", sagte Orson, „gäbe es vermutlich viel weniger Geschlechtsverkehr. Ich denke dabei eher an Männer als an Frauen. Wenn ein Mann auf die Pirsch geht, wird er zumeist von anderen Kräften gesteuert als vom Sexualtrieb."

Rita war ob Welles' Affären ganz anderer Ansicht als er selbst. Ihre Freundinnen berichteten ihr mit größtem Vergnügen detailliert von seinen Betrügereien. Als Welles älter war, schauderte er noch bei dem Gedanken, welchen Kummer er seiner Frau in dieser Zeit bereitet hatte.

Er hatte schon damals Schuldgefühle. Seine Untreue ließ Rita zum Alkohol greifen. Wenn sie betrunken war, stürmte sie aus dem Haus zum Auto. Aus Angst, sie könne sich umbringen, begleitete Welles sie nachts auf ihren waghalsigen Fahrten durch Los Angeles. Dennoch verbrachte er immer mehr Zeit im Haus von Sam Spiegel mit Prostituierten, die von ihm kein emotionales Engagement forderten.

Die wahre Tragödie lag darin, daß sie so gegensätzliche Naturen waren. Während die Hayworth sich danach sehnte, das Filmen an den Nagel zu hängen und ein einfaches häusliches Dasein zu führen, lebte Welles nur für seine Arbeit. Als er einmal mit einer Gruppe von Autoren in einer Hotelsuite in New York eine Besprechung abhielt, hörten sie plötzlich Rita im Schlafzimmer schluchzen. Welles bat einen seiner Kollegen, sie zum Friseursalon zu fahren. Nachdem sie gegangen war, sagte er kaltschnäuzig: „Jetzt kann ich mich endlich konzentrieren."

Stunden später, als sie frisch frisiert zurückkam, war er immer noch in seine Arbeit vertieft. Er sah nicht einmal auf. Sie setzte sich ruhig in einen Sessel, doch dann explodierte sie. Erst jetzt schien er sie zu bemerken. Sie rannte ins Schlafzimmer, er hinterher. Die Autoren packten ihre Sachen und gingen.

RÜCKKEHR ZUM FILM

Ritas einziger Ausweg lag in der Rückkehr zum gehaßten Metier. Sie übernahm die Hauptrolle der Verführerin in *Gilda*. Das brachte sie nach Ansicht vieler Kritiker endgültig in den Rang einer Liebesgöttin. Welles führte unterdessen für Goldwyn die Regie in *Die Spur des Fremden* (OT: The Stranger). Da er im Ruf stand, schwierig und unzuverlässig zu sein, wurde Rita gebeten, für seinen Vertrag zu bürgen. Er dankte es ihr mit einer Reihe von Eskapaden in seiner Wohnung auf dem Goldwyn-Gelände, wo er regelmäßig die Nacht verbrachte. Durch die Gerüchteküche erfuhr Rita in allen Einzelheiten von seinem Treiben. Dennoch ging sie oft aufs Goldwyn-Gelände, um mit Orson zu reden. Alle, die sie zusammen sahen, versicherten, daß sie noch immer sehr verliebt wirkten.

Welles gab seine politischen Ambitionen endgültig auf, weil er der Überzeugung war, Rita erlitte entweder einen Zusammenbruch oder ließe sich scheiden, und dann hätte er sein vornehmstes Ziel, die Präsidentschaft, niemals mehr erreichen können. Und dennoch blieb die Scheidung unausweichlich. Als Welles nach New York ging, um mit Cole Porter zu erörtern, wie sich aus *In 80 Tagen um die Welt* ein Broadwaymusical machen ließe, suchte sie ihren Anwalt auf.

Orson hörte zum ersten Mal von ihren Scheidungsabsichten durch eine Presseerklärung Ritas. Obwohl er sie immer noch bewunderte, war er erleichtert, daß ihre Ehe endlich vorbei war. Als er zum Schnitt für *Die Spur des Fremden* nach Hollywood zurückkam, hielt er es nicht einmal für nötig, mit ihr Kontakt aufzunehmen. Nach der Fertigstellung des Films fuhr er allein nach Mexiko in Urlaub.

Rita verbrachte die Silvesternacht 1945/46 auf einer Party in Sam Spiegels Haus. Im Beisein von Shelley Winters vergoß sie ein paar Tränen. Später fand Ava Gardner die vollkommen erschöpfte Rita schlafend vor und deckte sie mit einem Mantel zu. Als sie erwachte, dachten alle, sie ginge nun nach Hause. Statt dessen richtete sie ihre Frisur, schminkte sich und begab sich auf die Tanzfläche. Ihr Tanzpartner war Tony Martin. Auf die Frage, wie sie nach Hause käme, zeigte sie nur auf Tony, der sie dann auch wirklich begleitete und in den nächsten Wochen mit ihr für häufige Schlagzeilen sorgte. Plötzlich brach Rita die Beziehung aber ab. Sie erklärte Martin, Welles sei wieder zurück, was aber nicht der Wahrheit entsprach. Er war noch in New York und arbeitete an der Produktion von *In 80 Tagen um die Welt*. Er hatte von der Affäre mit Martin gehört und sie angerufen, allerdings nur, um mit ihr Eigentumsfragen zu klären.

VERSÖHNUNG

Alles war freundschaftlich geregelt, aber Rita hatte ihre Ehe noch nicht ganz aufgegeben. Welles' Produktion von *In 80 Tagen um die Welt* war in finanzielle Schwierigkeiten geraten. Wahrscheinlich auf Ritas Betreiben hin half Harry Cohn ihm aus der Klemme unter der Bedingung, daß Welles einen Film für ihn mache. Es sollte die Verfilmung eines Kurzkrimis von Welles selbst mit dem Titel *Die Lady von Shanghai* (OT: The Lady from Shanghai) sein.

Cohn rechnete auf einen besonderen Coup, wenn er Rita dazu bewegen könnte, gemeinsam mit ihrem getrennt lebenden Ehemann einen Film zu drehen. Welles wollte eine französische Schauspielerin namens Barbara Laage für die Rolle, Rita setzte aber alle Hebel in Bewegung, ihn umzustimmen.

Als Welles in Los Angeles eintraf, fand er an der Rezeption des Bel-Air Hotels eine Einladung zum Essen vor. Sie kam von Rita. Während des Essens konnte sie ihn dann überreden, ihr die Rolle zu geben – und die Nacht bei ihr zu bleiben.

„Weißt du", sagte sie zu Orson, „das einzige Glück, das ich je in meinem Leben hatte, verdanke ich dir."

„Wenn das Glück war", bemerkte Welles Jahre später, „dann stellen Sie sich mal vor, wie der Rest ihres Lebens gewesen sein muß."

Welles zog wieder zu ihr. Rita hatte alles gut vorbedacht. Ihr neues Haus in Brentwood war von Columbias Filmausstatter Wilbur Menefee eingerichtet worden. Er hatte besondere Anweisungen bekommen, ihr Bett im Hauptschlafzimmer so zu verstärken, daß es Welles' beständig wachsendes Körpergewicht standhielt.

GEMEINSAME DREHARBEITEN

Welles leistete Überstunden, um *Die Lady von Shanghai* von einer Low-Budget-Produktion zum Aushängeschild für Columbias größten Star zu verwandeln. Er baute etliche autobiographische Bezüge ein, um dem Leinwanddrama größere psychologische Tiefe zu verleihen. Der Film beginnt mit einer versuchten Vergewaltigung und endet mit einer symbolischen Persönlichkeitsspaltung in einem Spiegelkabinett. Welles unterlegte die Story mit ihm bekannten Einzelheiten aus Ritas Beziehungen zu ihrem Vater und zu Judson, aber auch seine eigenen Erfahrungen mit ihr brachte er in den Film ein.

Am Set war Rita wie hypnotisiert von ihm und nahm widerspruchslos alles hin, was er ihr abverlangte. So ließ er als Werbegag ihr Markenzeichen, die kastanienbraune Mähne, scheren und ihr Haar silberblond färben. Orson wollte der Welt eine Rita zeigen, die sie noch nie gesehen hatte.

Welles engagierte sechzehn Fotografen, um ihre Verwandlung zu dokumentieren. Cohn tobte: „O mein Gott! Was hat der Mistkerl jetzt wieder angestellt?"

Rita und Orson flogen zu Außendreharbeiten nach Mexiko. Auch wenn sie am Set wunderbar miteinander harmonierten, so blieb es den meisten nicht verborgen, daß in ihrem Privatleben der Funke nicht mehr übersprang.

Nachdem der Film fertig war, verlor Welles sein Interesse an Rita. Er ließ sich kaum noch zu Hause blicken. Als ein Wahnsinniger ihre Tochter Rebecca mit dem Tod bedrohte, kamen sie im Februar 1947 noch einmal für kurze Zeit wieder zusammen, doch schon im März zog Welles in ein Strandhaus in Santa Monica, und Rita hielt sich in Palm Springs auf, wo sie zu den vielen Schauspielerinnen gehörte, die David Niven nach dem tragischen Tod seiner jungen Frau trösteten.

Gegen Ende des Monats verkündete Rita erneut, daß sie sich

scheiden lassen wolle, und die Zeitungen waren voll von Spekulationen über eine mögliche Ehe mit Niven.

Während ihrer Versöhnung hatte sie mit Welles vereinbart, mit ihm in Europa einen Film zu drehen. Trotz der bevorstehenden Scheidung entschloß sich Rita zu der Reise. Cohn gab zähneknirschend seine Zustimmung. Er hatte sowieso keine Verwendung für sie, bis ihre Haare wieder nachgewachsen waren.

In London lief Rita zufällig David Niven über den Weg, und sogleich fanden die Spekulationen über eine bevorstehende Verlobung neue Nahrung. Niven, stets ein Gentleman, stritt allerdings ab, jemals eine Affäre mit der Hayworth gehabt zu haben.

Außerdem traf sich Rita mit dem Bandleader Teddy Shauffer. Die kurze, aber leidenschaftliche Affäre endete in Paris, als sie ihn nicht mehr in ihr Hotelzimmer einließ. Angefeuert von schaulustigen Franzosen riskierte er sein Leben, um an der Fassade des Lancaster Hotels bis zu ihrem Fenster hochzuklettern.

SCHEIDUNG VON WELLES

Als sie im Oktober nach Los Angeles zurückkehrte, reichte Rita endgültig die Scheidung ein. Sie hörte nichts von Welles, der ganz mit der Verfilmung seiner *Macbeth*-Inszenierung beschäftigt war und eine Affäre mit Marilyn Monroe hatte.

Am 10. November 1947, an dem das Oberste Gericht in Los Angeles die Scheidung aussprach brachte die Illustrierte *Life* eine Titelstory über „Die Liebesgöttin". Rita empfand dies als bittere Ironie. Sie hatte gerade die große Liebe ihres Lebens verloren und war überzeugt, in der Liebe versagt zu haben. Nun war sie ein für allemal auf ein bestimmtes Image festgelegt, das Cohn sofort für ihren nächsten Film *Liebesnächte in Sevilla* (OT: The Loves of Carmen) ausnutzte, in dem sie die Rolle einer zügellosen Zigeunerin spielt. Inzwischen holte Mahmud Pahlavi, der Bruder des Schahs von Persien, sie des öfteren nach der Arbeit ab und ging mit ihr zum Tanz ins Mocambo. Howard Hughes besuchte sie spätabends zu Hause. Man konnte sich des Eindrucks nicht erwehren, daß ihr Cohns Nachstellungen noch nicht ausreichten, nun da sie auch noch Hughes auf den Fersen hatte.

Noch vor Ende der Dreharbeiten zu *Liebesnächte in Sevilla* stellte

Rita fest, daß sie schwanger war. Sie ließ eine Abtreibung durchführen und ging danach mit Orsons ehemaliger Sekretärin Shifra Haran, die nun in ihrem Dienst stand, nach Europa. Sie hoffte dort auf ein Treffen mit Welles, der in Italien drehte und mit einer italienischen Schauspielerin angebandelt hatte. Sie erwischte ihn schließlich an der französischen Riviera und konnte ihn zu einem Abendessen in Cannes bewegen. Nach einem flüchtigen Kuß in einem Restaurant verkündeten die Zeitungen in Amerika, sie würden wieder heiraten. Selbst Rita glaubte, Welles käme zu ihr zurück. Sie wartete allerdings tagelang vergeblich in ihrem Zimmer im Hôtel du Cap auf ein Zeichen von ihm.

EIN PLAYBOY MIT EHERING

In der Zwischenzeit stellten ihr unter anderem König Farukh und der Schah von Persien nach, an der Spitze der Meute stand jedoch der größte Casanova von allen, Prinz Ali Khan. Er lernte sie auf einer Abendgala kennen, wo der Prinz sofort ein Auge auf sie warf. Rita war davon nicht besonders angetan, war Khan für sie doch kaum etwas anderes als ein Playboy mit Ehering.

Sie ließ sich dennoch auf eine Verabredung mit ihm ein, als er aber erschien, erhielt er die knappe Mitteilung, sie sei mit dem argentinischen Millionär Alberto Dodero essen gegangen. Der Prinz mußte sich drei Stunden lang in Geduld üben.

Als sie endlich Zeit für ihn gefunden hatte, entführte er sie sofort in seine Villa an der Côte d'Azur. Sie wehrte all seine Zärtlichkeiten zunächst ab. Kurz darauf zwangen ihn Geschäfte, nach Irland zu reisen.

Während seiner Abwesenheit ließ er ihre Hotelsuite jeden Tag mit Rosen füllen. Bei seiner Rückkehr donnerte er mit seinem Privatjet im Tiefflug über das Hotel. Bald wurden Rita und Ali überall zusammen gesehen. Er war romantisch und aufmerksam. Rita war glücklich, solange Ali unverbindlich seine Rolle als charmanter Playboy spielte. Als sie fürchtete, die Sache könne ernst werden, nahm sie Reißaus.

Sie versteckte sich im Hôtel La Réserve in Cannes, wo bald eine geheimnisvolle Zigeunerin auftauchte. Sie offenbarte ihr, sie habe die Liebe ihres Lebens getroffen, sie aber dummerweise abgewiesen.

Nur wenn sie sich diesem Mann völlig anvertraue, finde sie ihr wahres Glück.

Obwohl es keinen Zweifel geben konnte, daß Ali Khan die Zigeunerin geschickt hatte, fiel Rita völlig darauf herein. Sie eilte sofort zurück in Khans Villa und warf sich in die Arme ihres leidenschaftlichen Prinzen. Im International Sporting Club tanzten sie Wange an Wange. Bald darauf zog sie in seine Villa mit zehn Schlafzimmern.

ZWEI GRUNDVERSCHIEDENE CHARAKTERE

Wie immer in ihrem Leben wollte Rita nur einen Mann, der ganz ausschließlich für sie da war, allerdings gehörte Ali Khan nicht zu dieser Sorte Männer. Er sehnte sich nicht nach trauter Zweisamkeit, sondern liebte die prachtvollen Feste mit Heerscharen von Gästen, von denen einige sich auf unabsehbare Zeit in seiner Villa niederließen. Es war die Schickeria der Riviera, die Rita mit Verachtung strafte, da sie kein Französisch sprach. Sie schickte einen Hilferuf zu Welles nach Rom, und Orson kam tatsächlich nach Cannes. Da Ali Khan spürte, daß Rita auf dem Absprung stand, entführte er sie auf eine Rundreise durch Spanien.

Die Reise sollte diskret sein, schließlich war Khan verheiratet. Als direkter Nachfahre des Propheten war er darüber hinaus auch religiöses Oberhaupt der Ismailiten. Sein Vater, Aga Khan, hatte 15 Millionen Anhänger in Afrika und Asien, und er hatte Ali eingeschärft, seine Frauengeschichten einzuschränken.

Khan war ein rasanter Autofahrer, und südlich von Biarritz stieß er mit einem Pferdewagen zusammen. Die Meldungen vom Unfall riefen sofort die Presse auf den Plan. Bei ihrem Eintreffen in Madrid wurden sie von Paparazzis und Ritas Fans schwer bedrängt. In Toledo wurde bei einem Stierkampf eine Szene aus *König der Toreros* wahr, denn der Matador überreichte Rita die Ohren des Stiers als Tribut an ihre Schönheit. In Sevilla schließlich, dem Geburtsort ihres Vaters, fielen Verwandte über sie her.

Ali Khan war es gewohnt, selbst im Mittelpunkt zu stehen. Daß nun seine Gefährtin ebenso wie er vergöttert wurde, bestärkte ihn nur noch in seiner Liebe. Auf Rita hatte all der Rummel allerdings die gegenteilige Wirkung. Sie erkannte, daß sie mit Ali nie Ruhe und Frieden fände. Nach dem Urlaub packte sie ihre Sachen und flog zurück in die Staaten. Ali blieb mit gebrochenem Herzen zurück.

In Hollywood erstickte Rita alle Gerüchte über eine Versöhnung mit Welles und stritt jede Affäre mit Ali Khan kategorisch ab. So leicht war Khan jedoch nicht aus dem Felde zu schlagen. Da er wußte, daß ihre Verpflichtungen beim Film es ihr unmöglich machten, nach Europa zurückzukehren, flog er kurzentschlossen nach Amerika und bezog in Brentwood das Haus, das Ritas gegenüber lag.

ZWEISAMKEIT

Aus Angst um ihren Ruf gab Rita vorsorglich eine Presserklärung ab: Ihr alter Freund Prinz Ali Khan sei in der Stadt, und sie würden in der nächsten Zeit des öfteren zusammen ausgehen – aber genau das war nicht der Fall.

„Sie blieben nur in ihrem Zimmer und gaben sich der Liebe hin", meinte Haran.

Das entsprach zwar ganz und gar nicht den Vorstellungen des Partylöwen Khan, aber denen Ritas um so mehr.

„Ich habe den Prinzen nie als einen Sexbesessenen wahrgenommen", erzählte Haran. „Miss Hayworth dagegen war unersättlich."

Endlich hatte Rita, was sie wollte – absolute Zweisamkeit mit einem Mann, der sich um ihre sämtlichen Bedürfnisse kümmerte. Ihr stärkstes Bedürfnis entwickelte sie im Schlafzimmer, wo der Prinz seinem Ruf nach ein König war. In jungen Jahren war er in die Bordelle Kairos geschickt worden, um die Kunst des *imsak* zu erlernen – die unbegrenzte Verzögerung der Ejakulation.

Obwohl sie sich völlig diskret verhielten, nahm Cohn dennoch die Hayworth ins Gebet, weil sie sich mit einem verheirateten Mann eingelassen hatte. Das empörte sie, und so floh sie mit Khan nach Mexico City, wo ein aufmerksamer Hotelempfangschef allerdings die Presse verständigte. Bald wurde ihre Hotelsuite von Journalisten belagert, die sich sogar als Hotelangestellte verkleideten, um an das Paar heranzukommen.

Rita reiste mit ihm von dort weiter nach Kuba, obwohl sie eigentlich in Hollywood wieder zur Arbeit hätte erscheinen müssen. Columbia setzte unterdessen ihren Vertrag aus. Daraufhin verriegelten die beiden ihre Häuser in Brentwood und brachen nach Europa auf. Auch dort fanden sie keinen Frieden. In Großbritannien titelte der *Sunday Pictorial* einen Bericht über ihr Verhältnis mit „Eine sehr schmutzige Angelegenheit" und erging sich in anzüglichen Details darüber. Die fette Schlagzeile von *People's* lautete: „Diese Affäre ist eine Beleidigung aller anständigen Frauen." „Aus Gründen des Anstands" lehnte diese Zeitung jede weitere Berichterstattung über Ritas „Affäre mit dem dunkelhäutigen Prinzen" ab.

In den Staaten zog die American Federation of Women's Clubs (der Dachverband der Frauenvereine) gegen Rita zu Felde und drohte, ihre Filme zu boykottieren, wenn sie sich nicht bald eines Besseren besänne. Angesichts dieses ungeheuren öffentlichen Aufschreis blieb nur eine Alternative – Heirat oder Trennung. Darüber hinaus gab es noch ein weiteres Problem: Rita war schwanger.

DER AGA KHAN GIBT SEINE ERLAUBNIS

Reporter machten sie bei einem Skiurlaub in Gstaad ausfindig. Nach einer waghalsigen Verfolgungsjagd über eisglatte Straßen konnten sie die Paparazzi glücklich abschütteln und nach Frankreich entkommen. Ihr Ziel war die mit einundzwanzig Zimmern ausgestattete Villa Aga Khans vor den Toren von Cannes, um seine Erlaubnis zur Heirat einzuholen.

Aga Khan war erbost über den Skandal, den sein Sohn der Ismailiten-Sekte beschert hatte. Der alte Herr, der in jungen Jahren selbst kein schlechter Frauenheld gewesen war, gab dennoch sofort seine Zustimmung, als er Rita sah. Er verlangte nicht einmal, daß Rita zum Islam übertreten sollte, bestand aber darauf, daß all ihre Nachkommen im islamischen Glauben erzogen werden sollten.

Ali Khan wurde in aller Eile von einem französischen Gericht geschieden und der Hochzeitstermin festgelegt. Inzwischen kehrten Rita und Ali Khan in seine Villa an der Côte d'Azur zurück, die wie üblich wieder voller Gäste war. Die Hälfte davon schien Ali nicht einmal selbst zu kennen.

Trotz der bevorstehenden Hochzeit legte er sein zügelloses Wesen nicht ab. In den frühen Morgenstunden schlüpfte er oft aus der Villa, um sich heimlich mit anderen Frauen zu treffen.

Als der Hochzeitstag immer näherrückte, bekam Rita kalte Füße. Sie telegrafierte an Welles in Rom. Wieder eilte er ihr zu Hilfe. Da er keinen Platz mehr in einer Passagiermaschine bekam, mußte er sich mit einem Stehplatz in einem Frachtflugzeug nach Antibes begnügen.

Rita wartete in einem Hotelzimmer mit einer Flasche Champagner auf ihn. Als sie die Tür hinter ihm geschlossen hatte, sagte sie: „Hier bin ich. Heirate mich."

Welles blieb über Nacht, kehrte aber am nächsten Morgen nach Rom zurück.

„Sie war im Begriff, den größten Frauenheld Europas zu heiraten", erzählte er. „Es war die schlechteste Wahl, die sie treffen konnte. Und sie wußte es."

DIE HOCHZEIT WIRD EIN DESASTER

Die Ehe mit Ali Khan hatte jedoch ein Gutes. Nun konnte sie Hollywood und Harry Cohn die kalte Schulter zeigen. Als sie, um das Maß voll zu machen, Cohn zur Hochzeit einlud, sagte der natürlich entrüstet ab.

Die Hochzeit selbst geriet zum Desaster. Das Paar konnte nicht im kleinen Kreis feiern. Der Bürgermeister, der die standesamtlichen Formalitäten erledigte, war Kommunist und bestand darauf, daß neben Prinzen, Prinzessinnen, Maharadschas, Nabobs und Emiren auch die Ortsansässigen teilnehmen durften. Tausende von Fans fanden sich ein. Die Presse hatte ihren großen Tag. Aus Nizza mußten mehrere Hundertschaften Polizei zusätzlich bereitgestellt werden, um die Menge in Schach zu halten. Die Ismailiten fielen auf die Knie, um Rita die Füße zu küssen, und der Imam von Paris erklärte ihre Hochzeit zur bedeutendsten muslimischen Eheschließung des Jahrhunderts. Der Vatikan erklärte ihre Ehe für ungültig und ließ Rita wissen, daß jeder Nachkomme aus der Verbindung „in Sünde gezeugt" wäre.

Wie von Welles prophezeit, war die Ehe von Anfang an zum Scheitern verurteilt. Während sie sich nach Abgeschiedenheit sehnte, führte Ali Khan seine berühmte Gattin bei internationalen Sportereignissen und gesellschaftlichen Anlässen vor – und das sogar noch, als sie bereits hochschwanger war und Gefahr lief, von der Menge erdrückt zu werden. Das Ehepaar war so sehr in den Brennpunkt der Öffentlichkeit geraten, daß es zur ständigen Zielscheibe von Dieben und Kidnappern wurde. Khan blieb seinem Ruf als Frauenheld treu. Wenn sie spätabends schlafen ging, schlich er heimlich aus dem Haus, um anderen Frauen nachzustellen – und das oft genug in aller Öffentlichkeit. Ihre zahlreichen Häuser waren voll von Gästen, und Rita war sich nie sicher, welche der weiblichen Bewohner zum erlauchten Kreis der Geliebten ihres Mannes zählten. Selbst ihre Entbindung geriet zum Medienereignis. An den Türen des Kreißsaals mußten Wächter postiert werden, um zu verhindern, daß Journalisten und Fotografen plötzlich hereinplatzten. Nach langen Wehen brachte Rita eine gesunde, fünfeinhalb Pfund schwere Tochter zur Welt, Prinzessin Yasmin.

WELLES' PROPHEZEIUNG ERFÜLLT SICH

Sie zogen sich nach Gstaad zurück, wo Rita ihr Familienglück nur kurz genießen konnte. Bald wurde es Ali dort zu langweilig, und so kehrten sie nach Südfrankreich in den Zirkel seiner illustren Gäste zurück. Rita konnte sie nicht ausstehen und schloß sich in ihr Zimmer ein. Sie wollte zurück nach Amerika, er lieber auf die Pferderennbahn. Heftige Auseinandersetzungen folgten. Sie hatten eine anregende Wirkung auf Khan, und nach einer „zärtlichen Versöhnung" tat Rita gewöhnlich alles, was er von ihr verlangte.

In Paris lud Khan sie eines Abends ins Theater zu einer Vorführung von Marlowes *Doktor Faustus* mit Orson Welles und Eartha Kitt ein. Als Welles auf die Bühne trat, erspähte er Rita im Publikum und konnte den Blick nicht mehr von ihr abwenden.

Dann sprach Eartha Kitt die Verse: „Wer ist nun, Dr. Johann Faustus, diese Margarita, in die Ihr so verliebt seid?"

Welles richtete seine Antwort direkt an seine Exfrau:

„Margarita? Margarita? – Ach ja, ein Mädchen, das ich einst kannte."

Rita lachte begeistert. Khan war wütend.

Zu seinen religiösen Verpflichtungen gehörte es, daß Ali Khan Rita den Ismailitengemeinden in Nordafrika vorstellte. In Kairo wurden ihr seine Playboyallüren jedoch zuviel. Sie nahm Reißaus, flog zurück nach Cannes, holte ihre Kinder ab und bestieg den nächsten Flieger nach Amerika. Als Khan hörte, daß sie fortgegangen war, wußte er, daß er nichts unternehmen konnte, ohne einen weiteren Skandal heraufzubeschwören.

ZURÜCK IN DER HEIMAT

In den Staaten waren die Zeitungen begeistert, daß ihre Liebesgöttin wieder in die Heimat zurückkehrte, und Cohn hieß Prinzessin Rita bei Columbia herzlich willkommen. Ihr abenteuerlustiger Mann ließ sich auf dem Filmfestival von Cannes mit einer Schar schöner junger Frauen sehen. Rita hatte inzwischen öffentlich ihre Scheidungsabsichten bekanntgegeben und ließ sich aus diesem Grund in Nevada nieder. Khan schickte ihr daraufhin einen Versöhnungsbrief. Als dieser nicht die gewünschte Wirkung zeigte, unternahm er rechtliche Schritte in Frankreich, um das Sorgerecht für seine Tochter, Prinzessin Yasmin, zu bekommen.

Während die Anwälte sich um Eigentumsfragen stritten, reichte Rita die Scheidung ein. Ali Khan war von seinem Vater an der kurzen Leine gehalten worden und hatte einen Großteil von Ritas Vermögen durchgebracht. Rita war pleite, und so mußte sie wieder für Columbia arbeiten. Ihr erstes Engagement nach der langen Filmpause war *Affäre in Trinidad* (OT: Affair in Trinindad).

Sie ging auch wieder aus.

„Sie schien sich von einem Mann zum andern treiben zu lassen. Sie konnte nicht anders", erklärte ihr langjähriger Maskenbildner Bob Schiffer. Neben ihrem früheren Geliebten Victor Mature ließ sie sich mit dem Agenten und Produzenten Charles Feldman und dem Sänger Robert Savage ein. Es folgte eine kurze, aber intensive Affäre mit Kirk Douglas, die Douglas beendete. „Tief in ihr spürte ich etwas, dem ich nicht abhelfen konnte, eine Einsamkeit und Traurigkeit, die auch mich herabzuziehen drohte. Ich mußte von ihr weg."

Während dieser Zeit stand ihr Schiffer selbst am nächsten. Mitten in den Dreharbeiten zu *Salome* flüchteten sie nach Mexiko, und Schiffer ging anschließend mit ihr durch dick und dünn.

„Ich durchlitt alle Affären mit ihr", erzählte er. Schon während ihrer Ehe mit Orson Welles war er bei ihr gewesen und mußte erleben, wie Welles aus Eifersucht versucht hatte, ihn feuern zu lassen. „Ich weiß nicht, wie ich es ausgehalten habe, denn ich war selber verrückt nach ihr."

HARRY COHN VERSUCHT ES NOCH EINMAL

Auch Cohn versuchte erneut sein Glück bei Rita. Er tauchte unvermittelt in ihrem Haus auf und verlangte, sie solle ihn in die Ferien mit seiner Familie nach Palm Springs begleiten.

„Ich gebe dir noch eine letzte Chance, Hayworth", drohte er. „Du wirst dort dein eigenes Schlafzimmer haben, wo du zur Abwechslung mal allein sein kannst." Er hatte natürlich ganz anderes im Sinn. „Und erzähl mir keinen Mist, von wegen du wärst beschäftigt. Dein Prinz vögelt sich doch mit irgendeinem Model in den Alpen um den Verstand."

„Er fährt Ski", antwortete sie ruhig.

„Wenn man auf Skiern vögeln kann, dann fährt er Ski", schnaubte Cohn. „Also hol dein verdammtes Diaphragma und heb deinen Hintern ins Auto."

Rita machte Ausflüchte, und Cohn zog schimpfend ab, sie habe sein Freundschaftsangebot ausgeschlagen.

„Und glaub' bloß nicht, das hat keinen Einfluß auf die Rollen, die man dir anbietet", warf er noch als letzte Drohung hinterher.

Sie blieb standhaft.

Auf Wunsch des erkrankten Aga Khan unternahm Ali einen letzten Versöhnungsversuch. Er rief sie an, und sie willigte in ein Treffen mit ihm ein. Doch Ali blieb unverbesserlich. Er hatte gerade mit einer wilden Party in Argentinien Schlagzeilen gemacht und in Frankreich eine Affäre mit der französischen Schauspielerin Yvonne de Carlo. Die französische Presse brachte ein Bild von den beiden, darunter war zu lesen: „Schau, Rita – ich habe mir deinen Mann geschnappt."

Auf dem Weg nach Kalifornien verweilte Khan zuvor noch in Saratoga Springs, um ein paar Nächte voller Leidenschaft mit der de Carlo zu verbringen.

Als er endlich in Los Angeles eintraf, erlaubte ihm Rita zunächst, bei ihr zu übernachten, änderte dann aber wieder ihre Meinung. Am nächsten Tag schluckte Yasmin aus Versehen Schlaftabletten. Im Krankenhaus wurde ihr der Magen ausgepumpt. Der Unfall blieb ohne weitere Folgen für die Prinzessin und schweißte die Familie wieder zusammen.

EIN ERNEUTER ANLAUF

Rita erklärte sich bereit, nach Ende der Dreharbeiten zu *Salome* Ali Khan nach Frankreich zu folgen. Bei ihrer Ankunft war sein Haus in Neuilly voller Gäste, nur Khan war nirgends auffindbar. Als er schließlich aufkreuzte, gingen sie miteinander ins Bett. Kurz danach ließ sie ihm mitteilen, sie sei unpäßlich, woraufhin er sich wieder anderen Frauen widmete.

Anläßlich ihres Eintreffens in Frankreich hatte sie der Presse gegenüber zunächst erklärt, ihre Scheidung sei ausgesetzt. Bald darauf ließ sie verlautbaren, sie sei wieder aktuell. Sie könne seine Playboyexistenz nicht länger ertragen, außerdem treibe er sie in den finanziellen Ruin. Er gebe das Geld mit vollen Händen aus, und sie müsse arbeiten, um für ihren gemeinsamen Lebensunterhalt zu sorgen.

Sie trennte sich in aller Öffentlichkeit von ihm und fuhr mit dem Zug nach Spanien, um sich zu erholen. In Madrid suchte sie Zuflucht in den Armen einiger starker Männer. Es ging das Gerücht von einer Affäre mit Ava Gardners Beau Luis Miguel Dominguin, dem bekanntesten Stierkämpfer Spaniens, aber ihr eigentlicher Liebhaber war der elegante Graf José-Maria Villapadierna, ein enger Freund Khans. Sie reisten zusammen durch Spanien. Als engagierte Katholiken gegen ihr unmoralisches Verhalten demonstrierten, begleitete er sie zurück nach Paris. Sie zögerte ihre Rückkehr nach Amerika noch eine Weile hinaus, um noch einige Zeit mit ihm verbringen zu können.

Nach ihrer Rückkehr in die USA konnte sie dann ihre Scheidung rasch von Nevada aus durchsetzen. Bald darauf lernte sie den fünfunddreißigjährigen ehemaligen Schnulzensänger Dick Haymes kennen – ein unangenehmer Zeitgenosse, der den Zenit seiner Karriere längstens hinter sich hatte und in Hollywood unter dem Namen „Mr. Evil" bekannt war.

MISTER EVIL
Während sie *Fegefeuer* (OT: Miss Sadie Thompson) drehte, war er mit *Cruisin' Down the River* beschäftigt. Eines Mittags trafen sie sich und tranken zusammen einen trockenen Martini. Dabei rutschte ihr heraus, daß sie zur Premiere von *Salome* nach New York fahren wollte. Haymes richtete es so ein, daß sie sich im Zug begegneten. Er hatte sich zudem eine Einladung zur Premierenfeier im Stork Club besorgen können und warf dort seine Angel nach ihr aus. Das Paar tanzte die ganze Nacht zusammen, und nach der Party begleitete er sie in ihr Hotel. Alle zeigten sich schockiert, da Haymes selbst für Hollywood-Maßstäbe absolut verrufen war.

Zurück in Los Angeles, ließ sich die Hayworth überall mit Haymes sehen. Rita war sein Entree in die besseren Kreise. Er war die Erfolgsleiter schon einmal bis ganz nach oben hinauf geklettert, hatte bei Sauforgien aber 4 Millionen Dollar verschleudert und mußte außerdem eine Reihe von Exfrauen und eine Handvoll Kinder versorgen.

Eine Beziehung zum größten Star von Columbia, kalkulierte Haymes, konnte einem Mann wie ihm nicht schaden, der im Ruf eines Loosers stand. Sein Kalkül ging auf, und schon bald konnte er die ersten Früchte in die Scheuer fahren: einen Auftritt im Sands in Las Vegas. Haymes war überzeugt, am Beginn eines lange erhofften Comebacks zu stehen.

Seine gescheiterten Ehen gereichten Rita zum Vorteil – er war der perfekte Seelentröster. Ali Khan hatte mittlerweile Pläne, eine Schauspielerin namens Gene Tierney zu heiraten und weigerte sich, Rita Unterhalt für Yasmin zu zahlen. Auch Haymes' Exgattinnen kannten dieses Phänomen bestens, aber Rita sah das in seinem Fall natürlich ganz anders.

Anläßlich eines Außendrehs auf Hawaii nahm sie Bob Schiffer

mit. Haymes erschlich sich eine Einladung, um nachkommen zu können.

RÄNKE UM RITA

Rita und Dick verbrachten zwei selige Wochen zusammen. Cohns Spione meldeten bald seine Anwesenheit, und Cohn war grün vor Zorn. Nicht genug, daß sein größter Star einen muslimischen Playboy geheiratet hatte, nun hatte sie sich auch noch mit einem notorischen Versager eingelassen. Er verbannte Haymes vom Columbia-Studiogelände, und auf Cohns Betreiben strengte die Einwanderungsbehörde ein Ausweisungsverfahren gegen ihn an.

Haymes' Eltern waren zwar amerikanische Staatsbürger, er war aber in Argentinien geboren. Während des Zweiten Weltkrieges nahm er den Ausländerstatus an, um sich vor der Einberufung zu drücken. Damals war Hawaii noch kein US-Bundesstaat. Formal gesehen, hatte Haymes das Land verlassen, jeder weitere Aufenthalt in den USA konnte ihm deshalb verweigert werden.

Durch Cohns Ränkespiele wurde Haymes nur um so attraktiver für Rita. Um seine Ausweisung zu vereiteln, heiratete sie ihn kurzerhand.

Die Flitterwochen verbrachten sie im Sands in Las Vegas; auf Grund ihrer Anwesenheit waren seine Konzerte gut besucht. Er startete etwas später eine landesweite Tournee, konnte aber nur dann vor einem größeren Publikum auftreten, wenn Rita dabei war. Sie schlug eine Reihe Filmangebote aus, um immer an seiner Seite sein zu können. Das Finanzamt war bereits hinter ihm her, weil seine Exfrauen Alimente verlangten, und die Einwanderungsbehörde klebte ihm auch weiter an den Fersen. Rita stand alles mit ihm durch. Haymes, der zu Tätlichkeiten neigte, wenn er getrunken hatte, bedankte sich für ihre Loyalität mit Ohrfeigen. Trotz dieser Mißhandlungen blieben die beiden unzertrennlich.

Als es eine anonyme Todesdrohung gegen Prinzessin Yasmin gab, nahm Ali Khan dies zum Vorwand, um Ritas Sorgerecht anzufechten, denn er war überzeugt, daß ihr neuer Lebenswandel seiner Sache nur dienlich sein könne. Welles schaltete sich vorsorglich ein, weil er befürchtete, Khan könnte auch seine Tochter mitnehmen.

Da Rita Haymes auf seiner Tournee ständig begleitete, wurden die

Kinder allein mit einer Haushälterin zurückgelassen. Die Behörden nahmen sie in ihre Obhut. Rita klagte dagegen, und so hetzten die beiden ein Jahr lang von einem Gerichtstermin zum anderen: sie wegen der Kinder, Haymes wegen des gegen ihn laufenden Ausweisungsverfahrens und seiner Weigerung, Alimente für seine Kinder zu zahlen. In dieser Zeit drehte Rita keinen einzigen Film.

In Los Angeles war unterdessen ein Urteil gegen Haymes ergangen, in dem ihm Haft angedroht wurde für den Fall, daß er kalifornischen Boden betrat. Rita konnte nicht ins Studio, weil sie ohne ihn nirgends hinging, doch sie brauchten unbedingt Geld.

EIN KUHHANDEL

Haymes erkannte, daß es an der Zeit war, Columbia einen Deal vorzuschlagen. Er setzte sich mit Harry Cohn in Verbindung. Bei einem Treffen in Las Vegas trat Haymes als Ritas Manager auf und verhandelte in ihrem Namen: Rita kehre ins Studio zurück, wenn Columbia seine Schulden in Kalifornien bezahle, die zu dem Urteil gegen ihn geführt hatten. Des weiteren sollte das Studio ihm juristischen Beistand bei seinem Ausweisungsverfahren leisten, das mittlerweile dem Obersten Gericht zur Entscheidung vorlag. Und wenn es zu einer Ausweisung käme, so sollte das Studio sich verpflichten, die vertraglich mit Rita vereinbarten Filme in jedem Land ihrer Wahl zu drehen. Außerdem wollte er freien Zugang zum Columbia-Gelände haben.

Cohn behagte der Handel nicht, aber er stimmte zu. Er rechnete damit, daß Rita noch für einige Rollen gut wäre. Sollte sie danach aufhören wollen, ließe er sie ziehen. Außerdem hatte er schon eine Schauspielerin gefunden, die er als ihre Nachfolgerin aufbaute: Kim Novak.

Der Kreis hatte sich geschlossen. Der neue Eddie Judson an Ritas Seite riß alles an sich. Haymes sprach auf Pressekonferenzen für sie, ging zu Drehbuchbesprechungen, begleitete sie zu Kostümproben und zum Friseur.

Bei den Vorbereitungen zu *Joseph und seine Brüder* (OT: Joseph and His Brethren) war Haymes allgegenwärtig, sogar bei der Besetzung sprach er ein gewichtiges Wörtchen mit. Cohn wollte Orson Welles als Partner für Rita. Haymes legte sein Veto ein, ohne daß Rita davon wußte. Er ließ sich einen Bart wachsen, denn insgeheim hoffte er, selbst die Hauptrolle spielen zu können. Als Kerwin Matthews für die Rolle ausgesucht wurde, war er wütend. Inzwischen hatte der Produzent Jerry Wald genug von Haymes und warf ihn hinaus. Rita ging mit, was eine neue Flut von Klagen und Gegenklagen zur Folge hatte.

DAS MASS IST VOLL
Ali Khan verdoppelte in der Zwischenzeit seine Anstrengungen, das Sorgerecht für Yasmin zu bekommen. Der Druck wurde für Rita unerträglich. Haymes trat mittlerweile wieder aus Geldnot als Sänger auf. Während eines Engagements im Coconut Grove kam es zwischen den beiden zu einem häßlichen Streit in aller Öffentlichkeit. Rita zog sich für etliche Tage zurück. Kaum daß sie zu ihm zurückkehrt war, prügelten sie sich vor dem Publikum. Haymes verpaßte ihr ein Veilchen. Bis dahin hatte sie alles klaglos hingenommen, doch nun zerriß plötzlich der Schleier vor ihren Augen. Die Regierung hatte das Ausweisungsverfahren gegen Haymes eingestellt. Es gab keinen Grund mehr, bei Haymes zu bleiben. Also packte sie ihre Sachen, nahm ihre Kinder mit und verschwand für immer aus seinem Leben.

Haymes war untröstlich. Er glaubte, erledigt zu sein. Doch zu seinen Auftritten kamen mehr Leute denn je – sie wollten sehen, ob er eine Vorstellung ohne Zusammenbruch durchstand. Songs wie „Something's Got to Give" brachten ihm Standing Ovations ein. Tatsächlich hatte er seit Jahren nicht mehr so gut gesungen.

Rita reichte die Scheidung ein (Grund, wie immer, seelische Grausamkeit) und reiste mit den Kindern nach Europa, damit Yasmin ihren Vater sehen und den kranken Aga Khan besuchen konnte. Die Scheidung von Haymes wurde in ihrer Abwesenheit ausgesprochen.

Ali Khan war damals mit Bettina, dem Mannequin von Jacques Fath, zusammen, das einst Ritas Hochzeitskleid vorgeführt hatte. Er, Rita und Bettina schlossen Freundschaft. In Paris fand Rita einen neuen Liebhaber, den ägyptischen Produzenten Raymond Hakim. Hakims Interesse an ihr war sowohl professionell als auch persönlich. Er wollte sie als Star für einen Film über Isadora Duncan. Sie war grundsätzlich dazu bereit, aber zunächst mußte sie ihre vertragliche Lage mit Columbia abklären. Am Tag nach ihrer Scheidung von Haymes und einen Tag vor einer Anhörung in Paris zur Rechtsgültigkeit ihrer Scheidung von Ali Khan brachen Rita und Hakim nach New York auf. Die Kinder ließen sie in Frankreich zurück. Bei einer Verhandlung in Los Angeles sprach das Gericht Haymes schuldig an den Auseinandersetzungen zwischen ihr und Columbia. Rita kehrte zu ihren Kindern nach Europa zurück und ließ Hakim in den USA. Auch wenn sie ihn in Telegrammen eindringlich bat, zu ihr nach Frankreich zu kommen, so hinderte sie das nicht daran, in aller Öffentlichkeit eng umschlungen mit Ali Khan zu tanzen.

LETZTE VERPFLICHTUNGEN FÜR COLUMBIA
Mit Hakims Ankunft in Paris ging die endgültige gerichtliche Entscheidung in Los Angeles einher. Das Urteil zwang Rita, noch zwei weitere Filme für Columbia zu drehen, bevor sie Harry Cohn auf ewig Lebewohl sagen konnte. Sie weigerte sich jedoch, nach Los Angeles zurückzukehren, also handelte Columbia mit ihr einen Kompromiß aus und verpflichtete sie für den Film *Das Spiel mit dem Feuer* (OT: Fire Down Below), der in London und in der Karibik gedreht werden sollte.

Rita erfüllte schließlich ihre Filmverpflichtungen gegenüber Columbia mit *Pal Joey*, in dem Cohn sie boshaft eine ältere Frau in einer Dreiecksgeschichte mit Frank Sinatra und Kim Novak spielen ließ. Ein letztes Mal unternahm Cohn während der Dreharbeiten einen Annäherungsversuch, aber Rita zog ihm den unabhängigen Regisseur Jim Hill vor. Der Junggeselle Hill, ein Freund von Bob Schiffer, der kürzlich geheiratet hatte, gab ihr das lange ersehnte Gefühl von Intimität und Privatsphäre. Häufig igelten sie sich mit etlichen Kartons Sekt und Dosen mit Beluga-Kaviar in seiner Wohnung in Los Angeles ein.

Hills Interesse an ihr war ebenfalls beruflicher wie auch privater Natur. Er wollte sie unbedingt als Schauspielerin für seine Filmversion von *Getrennt von Tisch und Bett* (OT: Separate Tables), die er mit seiner eigenen Filmgesellschaft produzierte. Kurz vor Beginn der Dreharbeiten bat er sie, seine Frau zu werden. Sie gab ihm ihr Jawort – und hatte wieder einen großen Fehler begangen. Sie wollte die Schauspielerei nun endgültig aufgeben, doch er drängte sie, weiterhin Rollen anzunehmen. Sie betranken sich besinnungslos, stritten wie Hund und Katz, und es konnte schon einmal vorkommen, daß sie sich vor Gästen gegenseitig das Geschirr an den Kopf warfen. Einmal fiel ein Schuß in ihrem Hotelzimmer. Als die Polizei erschien, waren beide so betrunken, daß sie sich nicht erinnern konnten, woher die Waffe stammte und wer wann auf wen geschossen hatte.

EINE TÜCKISCHE KRANKHEIT

Rita nahm unterdessen auch den Prozeß gegen Ali Khan wieder auf und verklagte ihn auf Zahlung von 18 000 Dollar, doch der war gerade zum pakistanischen Botschafter bei der UNO berufen worden und machte diplomatische Immunität für sich geltend.

Am 7. September 1961 wurde sie in Santa Monica letztmalig geschieden. Das Urteil sprach der Oberste Richter Orlando Rhodes, der sie achtzehn Jahre zuvor am gleichen Tag mit Orson Welles getraut hatte. Es war nicht besonders überraschend, daß Rita ihn nicht wiedererkannte: Ihr Gedächtnis ließ nach, obwohl sie dem Alkohol abgeschworen hatte. Erst jetzt kam heraus, daß sie unter Alzheimer litt. Die ihr noch verbleibenden fünfundzwanzig Lebensjahre standen ganz im Zeichen dieser tückischen Krankheit.

XII

FÜRSTLICHE HOHEIT

Alfred Hitchcock verpaßte Grace Kelly während der Verfilmung von *Bei Anruf Mord* (OT: Dial M for Murder) den Spitznamen „Schneewittchen". Es war pure Ironie, weil sie sich am Set auffallend promiskuitiv verhielt. Der Drehbuchautor Bryan Mawr erinnerte sich ein paar Jahre später: „Diese Grace! Sie ging mit jedem ins Bett. Sie schnappte sich sogar den Autor Little Freddie (Frederick Knott)."

In Hollywood war es ein Gemeinplatz, daß sich Grace Kelly „nach oben geschlafen hatte". Die Kolumnistin Hedda Hopper nannte sie zwar eine Nymphomanin, doch irgendwie konnte sich Grace ihr jungfräuliches Image während ihrer ganzen Karriere bewahren. Das Mädchen aus den besseren Kreisen von Philadelphia galt als eine High-Society-Erscheinung, die schließlich einen Fürsten heiratete. Das Mädchen, das alles hatte, war auch das Mädchen, das jeden hatte.

Grace war allerdings nicht so ganz das Mädchen aus behütetem Hause, das die Studios aus ihr machten. Ihr Vater Jack Kelly war der typische Selfmademan, der es sprichwörtlich vom Tellerwäscher zum Millionär gebracht hatte, doch als Sohn irischer Einwanderer und ehemaliger Maurer paßte er nicht in die feine Gesellschaft von Philadelphia. Für diese Ablehnung rächte er sich, indem er seine Geliebten unter den Ehefrauen der oberen Zehntausend auswählte. Seine Tochter ließ er für die Ehe mit einem Adeligen erziehen, um so die erwünschte Anerkennung zu erlangen. Ihrem Vater zuliebe legte sich Grace einen feinen englischen Akzent zu und benahm sich wie eine junge Baroness.

TRAGISCHE LIEBE

Als drittes von vier Kindern fand Grace zunächst wenig Beachtung, um so größer war jedoch ihr Geltungsbedürfnis. Mit elf schloß sie sich einer Amateurtheatergruppe an, mit vierzehn brauchte sie bereits keinen Schauspielunterricht mehr. Sie war groß, schlank und kokett und rief schnell das Interesse älterer Jungen auf den Plan.

Sie war gerade einmal fünfzehn, als die Männer ihr schon den Hof machten. Jack Kelly nahm es als Zeichen der Achtung, daß Horden junger Männer aus gutem Hause seine Tür einrannten. Es waren so viele, daß er sich ihre Namen kaum merken konnte.

„Sie können sie ausführen, so oft Sie wollen", sagte er. „Aber glauben Sie nur nicht, daß sie Sie heiraten wird."

Ihre erste Liebe war Harper Davis, der Sohn eines Buick-Händlers. Ihr Vater bemerkte erst, wie ernst es Grace damit war, als Davis 1944 von der Highschool abging und sich zur Marine meldete. Er zwang sie, die Beziehung abzubrechen.

„Wir ahnten damals gar nicht, wieviel ihr das ausmachte", erklärte ihre Mutter.

Jahre später, als sie sich mit Fürst Rainier von Monaco verlobte, fragte er sie, ob sie jemals verliebt gewesen sei. Sie antwortete: „Ja. Ich war in Harper Davis verliebt. Er ist aber schon lange tot."

Als Davis 1946 seinen Militärdienst beendete, hatte er bereits Multiple Sklerose. 1951 war er völlig gelähmt. Grace wachte stundenlang an seinem Bett, obwohl er sich weder bewegen noch sprechen konnte. 1953 starb er. Als sie zu seiner Beerdigung aus Hollywood einflog, strich das Studio das Ereignis groß heraus.

Im Oktober 1947 wurde Grace an der amerikanischen Schauspielakademie aufgenommen. Bevor sie Philadelphia in Richtung New York verließ, verlor sie ihre Unschuld, allerdings nicht an ihre große Liebe.

„Es geschah blitzschnell", erzählte sie einem Studenten an der Akademie. „Ich wollte eine Freundin abholen, mußte aber feststel-

Grace Kelly

len, daß sie nicht da war. Draußen regnete es, und ihr Mann sagte mir, sie bleibe vermutlich den Rest des Tages außer Haus. Ich unterhielt mich mit ihm, und irgendwie landeten wir im Bett, frag mich nicht, wieso."

Sie wiederholte die Erfahrung mit besagtem Mann nicht, blieb aber mit dem Ehepaar befreundet.

Graces erstes sexuelles Erlebnis war nicht ganz so zufällig, wie sie es darstellte. Später erklärte sie, daß sie niemals nach New York hatte gehen wollen, ohne vorher über Sex Bescheid zu wissen, doch sie sei damals in Sorge gewesen, daß keiner der Jungen, die sie kannte, das Geheimnis für sich behalten hätte. Als eine Freundin sie bemitleidete, weil ihr erstes sexuelles Erlebnis nicht von Liebe und Romantik erfüllt war, erwiderte sie: „So schlecht war es nun auch wieder nicht."

AUF DER SCHAUSPIELSCHULE

Obwohl sie häufig vom Pfad der Tugend abwich, konnte Grace dennoch ihr Bild einer unschuldigen jungen Frau an der Schauspielschule wahren. Sie ging mit einer Reihe Jungen von der Akademie aus, unter ihnen auch Herbie Miller, der von allen der attraktivste war und später unter dem Namen Mark Miller beim Fernsehen Karriere machte.

„Wir flogen vom ersten Tag an aufeinander", berichtete er. „Wir waren zwei junge, quicklebendige und scharfe Teenager, und unsere Beziehung war sehr körperlich."

Solche Beziehungen gab es noch viele.

„Natürlich wurde sie auch von anderen Kerlen angesprochen", sagte Miller. „Ich wiegte mich im Glauben, ich sei der einzige in ihrem Leben, aber dann kam irgend so ein toller Hecht an die Schule. Ich fragte sie: ‚Wer ist der Typ?', und sie antwortete, ‚Ich kenn' ihn halt. Er ist verrückt nach mir.' Dann lachte sie und tat so, als ob sie dem Kerl bloß irgendeinen kleinen Gefallen täte. Ich habe damals nicht weiter darüber nachgedacht. Vermutlich war ich sehr naiv."

Einen Monat lang ging sie auch mit Alexandre D'Arcy aus, einem Hollywood-Schauspieler, der früher mit Errol Flynn befreundet war und in einem Atemzug mit Gary Cooper, Cary Grant und Clark Gable genannt wurde. Der einst als „neuer Valentino" bejubelte D'Arcy hatte französische Eltern und war in Ägypten geboren. Mädchen, erklärte er, seien sein Hobby. Er war doppelt so alt wie Grace, als sie sich auf einer Party in der Park Avenue kennenlernten.

„Sie war nicht so gekleidet wie die Sorte Mädchen, die sofort mit dir ins Bett hüpft", sagte er. Aber er probierte sein Glück auf dem Heimweg im Taxi und faßte ihr ans Knie.

„Ich konnte es nicht fassen, sie flog direkt in meine Arme. Sie war das Gegenteil von dem, was sie vorspiegelte."

Sie kam mit in seine Wohnung in der 53. Straße und gab sich bedenkenlos dem Liebesspiel hin.

In späteren Jahren kam D'Arcy auf den Kontrast zwischen ihrem züchtigen Äußeren und ihrem leidenschaftlichen Wesen zu sprechen.

„Sie war überaus sinnlich", erinnerte er sich, „sehr hitzig in sexueller Hinsicht. Bei der kleinsten Berührung geriet sie schon in Verzükkung. Es war nur zu offensichtlich, daß sie keine Jungfrau mehr war. Sie war eine sehr erfahrene Frau."

„Beim Sex kam alles heraus", sagte er. „Wahrscheinlich wußte sie es gut zu verbergen. Im Bett war sie ein anderer Mensch."

Grace traf sich weiterhin mit Herbie Miller – und mit jedem anderen Heißsporn, der an die Akademie kam. Sie machte mit D'Arcy Schluß, als er zu Dreharbeiten nach Paris fliegen mußte.

RETTER IN DER NOT

Im zweiten Ausbildungsjahr rettete sie ihr Lehrer Don Richardson einmal vor dem schlimmsten Rabauken in der Klasse. Grace war in Tränen aufgelöst. Um sie zu beruhigen, wollte er mit ihr in ein russisches Teehaus, stellte aber unterwegs fest, daß er nur ein paar Cents in der Tasche hatte. Deshalb nahm er sie mit in seine Dachstube in der 33. Straße.

„Ich machte die Heizung an und kochte in der Küche Kaffee", erinnerte er sich.

Als er wieder ins Zimmer kam, lagen ihre Sachen auf dem Boden, und sie wartete im Bett auf ihn.

„Ich habe nie etwas Herrlicheres gesehen", gestand er. „Sie hatte einen wundervollen Körper, wie eine Skulptur von Rodin, eine überaus schöne, zarte Figur – kleine Brüste, schmale Hüften –, und ihre Haut war beinahe durchscheinend. Sie war das schönste Mädchen, das ich je nackt gesehen habe."

Das Tempo, mit dem alles ablief, benahm Richardson den Atem.

„Es ging alles ohne Einleitung", erzählte er. „Es gab keinen Flirt. Ich konnte es nicht fassen. Da lag dieses phantastisch schöne Wesen neben mir ... Ich merkte, daß ich wirklich verliebt war und mich nicht einfach nur rumkriegen ließ ... und sie schien ungeheuer in mich verliebt zu sein. Die Nacht war schiere Ekstase."

EINE GELEHRIGE SCHÜLERIN

Am nächsten Morgen hatte er allerdings schwere Gewissensbisse. Er fühlte sich wie ein Psychiater, der mit seiner Patientin geschlafen hatte. Schließlich war er ihr Lehrer. Sie entschieden, Diskretion walten zu lassen. An der Akademie taten beide so, als würden sie sich nur kennen wie eine Schülerin ihren Lehrer eben kennt. Grace verabredete sich weiterhin mit Herbie Miller, was sie Richardson allerdings verschwieg, aber die meisten Wochenenden verbrachte sie in Richardsons heruntergekommener Bude in der Innenstadt, wo sie sich ihm hingab.

Sie tanzte gern nackt zu hawaiianischer Musik vor dem Kaminfeuer. „Es war ein unglaublicher Anblick, das können Sie mir ruhig glauben", meinte Richardson. „Sie war ungeheuer sexy."

Allen Bemühungen zum Trotz wurde in der ganzen Akademie über ihre Affäre gesprochen, nur Herbie Miller blieb in seliger Unwissenheit. Dann „fand ich heraus, daß sie sich mit diesem tollen Typ aus Philadelphia traf, einem wirklich großen und gutaussehenden Burschen. Ich fragte mich, woher der Kerl kam. Und ich wurde stinksauer. Richtig eifersüchtig. Von Richardson hatte ich nicht die leiseste Ahnung. Das Problem mit dem Kerl aus Philadelphia konnten wir klären, aber wir zerstritten uns wegen etwas anderem ... Für mich war das sehr tragisch."

Um Geld zu verdienen, verdingte sich Grace als Model für Unterwäsche. In der Mittagspause stahl sie sich davon, um in Richardsons Wohnung eine heiße Suppe zu essen. Danach gingen sie miteinander ins Bett. Anschließend zog sie sich wieder an und eilte zu ihrem Job zurück. Sie sagte des öfteren, daß diese mittäglichen Einlagen für ihre Karriere als Model wichtig waren. Sie sorgten für ein gewisses Leuchten in ihren Augen.

Wenn sie als Model arbeitete, trug sie oft ein „Merry Widow"-Korsett, das in der Taille eng geschnürt war. „In der Wohnung", erinnerte sich Richardson, „zog sie sich bis auf ihr „Merry Widow"-Korsett aus, sprang herum, kochte, putzte und so weiter, und ihr Hintern war kaum bedeckt. Es war einfach ein herrlicher Anblick."

Es nahm ihn immer wieder wunder, daß sie jeden Sonntagmorgen plötzlich aus dem Bett sprang, zur Messe eilte, zurückkam und mit ihrem kleinen Goldkruzifix am Hals gleich wieder zu ihm ins Bett kroch.

Sie berichtete Richardson, wie sie in Philadelphia entjungfert worden war, und sie wollte ihn glauben machen, daß er erst der zweite Mann sei, dem sie sich hingebe. Richardson konnte ihr das einfach nicht abnehmen – „Ein Mädchen, das im Bett so aktiv war wie sie ... Ich will damit nicht sagen, daß sie eine Nymphomanin war. Das sicher nicht. Aber sie war glücklich im Bett, und sie wußte immer, wann sie genug hatte. Wir waren jung, und nach, sagen wir, viermal war sie ganz zufrieden."

Richardson glaubte jedoch nicht, daß es ihr nur um Sex ging. „Da war noch etwas anderes."

WENIG TALENT FÜR DIE BÜHNE

Richardson stellte an der Akademie ohne Zweifel eine große Hilfe für sie dar. Auch wenn er der Meinung war, sie habe nur wenig schauspielerisches Talent, so sorgte er doch dafür, daß sie bei den Inszenierungen der Akademie immer gute Rollen erhielt. Natürlich wählte er sie aus für die Hauptrolle im Abschlußstück der zweiten Klasse, *The Philadelphia Story*.

Er wußte, daß sie auf der Bühne niemals große Erfolge feiern würde, als er aber zufällig ein Foto von ihr machte, begriff er sofort, daß sie alles hatte, um Filmschauspielerin zu werden, und vermittelte sie deshalb an die Agentur William Morris. Er begleitete sie zum Vorsprechen für die Rolle der Daisy Mae bei Al Capp, Schöpfer der in vielen Zeitungen abgedruckten Comicserie *Li'l Abner*. Sie kam mit zerrissenem Kleid, verschmiertem Lippenstift und wirren Haaren wieder aus Capps Büro heraus. Capp hatte versucht, sie zu vergewaltigen. Als Richardson drohte, ihn umzubringen, sagte Grace: „Der arme Kerl hat nur ein Bein. Laß ihn in Ruhe."

Später wurde Capp wegen eines anderen sexuellen Übergriffs verhaftet.

HAUSVERWEIS UND GARDINENPREDIGT

Grace nahm Richardson an einem Wochenende mit in ihr Elternhaus, um ihn vorzustellen. Die Familie sah in ihm keinen geeigneten Ehemann für Grace. Er war weder Katholik, noch verheiratet, von seiner Frau getrennt lebend und in einen unschönen Scheidungsprozeß verwickelt. Zu guter Letzt war er auch noch Jude. Tatsächlich bestand Graces große Anziehungskraft für Richardson darin, daß sie „der Inbegriff einer Schickse" war.

„Für einen jüdischen Jungen war dieser Typ der blauäugigen, blonden Schönheit etwas Verbotenes", bemerkte er.

Beim Abendessen erzählte Graces Bruder einen antisemitischen Witz nach dem anderen. Als sie zu Bett gingen, stellte sich ihr Vater an der Treppe auf, um sich zu vergewissern, daß sie auch getrennte Schlafzimmer aufsuchten. Er fragte Richardson boshaft, ob er am nächsten Morgen mit zur Messe gehen wolle. Und Graces Mutter besaß die Unverfrorenheit, in seinen Reisetaschen zu wühlen, wo sie auf Kondome stieß. Richardson wurde des Hauses verwiesen, und Grace eine Gardinenpredigt gehalten.

„Hoffentlich bin ich schwanger", sagte sie voller Trotz in ihr Schluchzen hinein.

Grace durfte nur noch zur Abschlußfeier an die Akademie zurück. Sie ergriff sofort die Gelegenheit, lief direkt in Richardsons Wohnung in der 33. Straße und ging mit ihm ins Bett. Einige Wochen später stand Graces Vater vor Richardsons Tür. Er versuchte, Richardson mit einem Jaguar abzufinden. Als das nicht zog, erhielt Richardson Anrufe von Graces Bruder, der drohte, ihm sämtliche Knochen zu brechen. Richardson ließ sich nicht einschüchtern. Die Beziehung verlor aber langsam an Intensität, als er entdeckte, daß Grace sich auch mit anderen Männern traf.

Einer davon war der Schah von Persien, der bei seinem New York-Besuch eine Woche mit ihr verbrachte. Er überschüttete sie mit Gold und Juwelen. Als ihre Mutter durch die Zeitung davon erfuhr, verlangte sie, daß Grace den Schmuck auf der Stelle zurückgebe. Aber Grace erhielt auch von Ali Khan Schmuck, der eine Leidenschaft für große schlanke Frauen hatte.

EIN GOLDARMBAND UND EIN BANKETT-CHEF

„Sie rief mich an und lud mich zum Abendessen ein", erzählte Richardson. „Als wir danach im Bett waren, fragte sie: ‚Willst du ein paar hübsche Sachen sehen?' Nun ja, für mich war der Anblick ihres nackten Körpers das Hübscheste, was ich mir vorstellen konnte. Aber sie zog eine Modenschau für mich ab, erschien in all diesen teuren Kleidern. Ein Abendkleid nach dem anderen. Ich hatte keine Ahnung, woher sie die Klamotten hatte. Und dann erschien sie mit nichts als einem smaragdbesetzten Goldarmband."

Richardson kannte einige Mädchen, die mit Ali Khan ausgegangen waren.

„Bei der ersten Verabredung schenkte er ihnen eine Zigarettendose mit einem Smaragd darauf. Wenn er sie im Bett hatte, gab er ihnen das Armband. Mir brach das Herz. Ich zog mich an und sagte, ich müsse gehen."

Sie fragte ihn, ob es etwas mit dem Armband zu tun hätte. Er antwortete, alles hätte etwas damit zu tun. Auf dem Weg zur Tür ließ er es ins Aquarium fallen. Er schloß die Tür hinter sich, während sie in ihrer wundervollen Nacktheit das Armband aus dem Wasser fischte.

Sie traf sich auch mit Claudius Philippe, dem Bankett-Chef im Waldorf Astoria, der mit allen möglichen Leuten von Gypsy Rose Lee bis zum Herzog und der Herzogin von Windsor auf vertrautem Fuß stand. Er fing sie mit Champagner und den gesellschaftlichen Verbindungen, die er ihr verschaffen könnte. Sie wurde sehr anhänglich und verbrachte den Großteil des Tages in seinem Büro. Es wurde schon von Heirat gesprochen, doch Philippe war vierzig und zweimal geschieden. Wieder schritt Graces Vater ein. Demonstrativ angelte sich Grace deshalb Manie Sachs, den Chef von Columbia Records und engen Freund ihres Vaters.

Alle, die sie gut kannten, warfen Grace niemals vor, Sex bedenkenlos für ihre Karriere eingesetzt zu haben.

„Grace genoß Sex wirklich", sagte ein Freund. „Sie war sehr warmherzig, liebevoll und emotional. An ihrer Leidenschaft war nichts Billiges oder Falsches. Ich hatte immer mehr Achtung vor Grace als vor den meisten anderen Mädchen, die sich in vielen Betten herumtrieben und es von der ersten bis zur letzten Minute haßten."

Nichtsdestotrotz sprach es sich herum, daß sie leicht zu haben war.

„12 UHR MITTAGS"

Obwohl Grace bereits einige Aufmerksamkeit auf sich gezogen hatte und eine Anzahl kleinerer Filmrollen bekam, war immer noch ihr größter Wunsch, ans Theater zu gehen. Daher nahm sie im Sommer 1951 ein Engagement am Ensemble von Elitch Gardens in Denver, Colorado, an. Dort begann sie eine Beziehung mit dem Schauspieler Gene Lyons. Ihrer Mutter teilte sie mit, sie sei unsterblich verliebt. Die bat sie inständig, bloß keinen unüberlegten Schritt zu tun – schon gar nicht einen Schauspieler zu heiraten. Lyons war einmal mehr ein geschiedener Mann, zehn Jahre älter als sie, und Graces Mutter hielt ihn für alles andere denn verläßlich.

Lyons war ebenfalls in Grace verliebt und meinte, sie sollten ihre Karrieren gemeinsam planen und große Bühnenstars werden. Daraus wurde jedoch nichts, denn am 28. August 1951 bat man sie, nach Hollywood zu kommen, um bei dem Film mitzuwirken, der sie berühmt machte: *12 Uhr Mittags* (OT: High Noon).

Ihr Filmpartner war Gary Cooper – ein bekannter Frauenheld, der auch mit fast fünfzig Jahren noch immer seinem Ruf alle Ehre machte.

Der Film beginnt mit einer Hochzeitsszene. Cooper mußte nicht mehr sagen als: „Ja, ich will", Grace in die Arme nehmen und sie küssen. Die Szene wurde x-mal gedreht. Cooper küßte sie mindestens fünfzigmal.

Grace machte kein Hehl aus ihrer Vorliebe für reifere Männer. Dem großen Gary Cooper war sie von Anfang an verfallen. Auch er war ihr zugeneigt und beobachtete sie aufmerksam bei den Nahaufnahmen. Am Ende eines Takes ließ sie sich ihm auf den Schoß fallen und gab ihm einen Kuß auf die Wange. Er errötete unter dem Make-up und wischte sich den Lippenstift mit einem Taschentuch ab. Ihren Versuch, ihn auch noch auf die andere Wange zu küssen, wehrte er flüsternd ab: „Nicht hier."

GARY COOPER

Als Cooper einen Angelausflug mit dem Drehbuchautor Bob Slatzer, einem Freund von Marilyn Monroe, plante, bat ihn Grace, sie mitzunehmen. Cooper versuchte, sie zu ignorieren, verspürte aber plötzlich ihre Hand auf seinem Knie. Sie fragte ihn erneut. Wieder errötete Cooper und antwortete schließlich, er glaube nicht, daß ihr Angeln Spaß machen würde.

Etwas später am selben Tag aßen Cooper und Slatzer zu Mittag, und Grace warf ihnen im Vorübergehen eine Kußhand zu.

„Das war für dich", sagte Cooper zu Slatzer. „Warum unternimmst du nichts?"

„Und lege mich mit dir an?" wandte Slatzer ein.

„Ich bin doppelt so alt wie sie."

Slatzer bemerkte trocken, das hätte ihn noch nie aufgehalten.

„Hat es auch nicht, aber ich brauche das nicht", erwiderte Cooper.

Vielleicht hatte er „das" wirklich nicht mehr nötig, aber er bekam es sowieso. Grace kam an ihren Tisch und erinnerte Cooper daran, daß sie noch eine Liebesszene vor sich hätten. Verlegenes Schweigen trat ein.

„Coop, du bist ein Glückspilz", beendete Slatzer die Verlegenheit.

„Nicht wahr?" warf die Kelly ein.

Cooper kaute kräftig auf einem Stück Fleisch herum, würgte es schließlich herunter und sagte: „Tja, das bin ich wohl."

Cooper gestand Slatzer später im Vertrauen, daß er eine Affäre mit Grace Kelly habe – da war dies aber schon längst kein Geheimnis mehr.

„An der Art, wie sie ihn damals ansah, war klar, daß sie dahinschmolz", meinte Slatzer. „Manchmal brachte sie ihn in Verlegenheit, wenn sie etwa auf ihn zuging, ihre Arme um ihn schlang und vor allen Leuten küßte."

Die Affäre mit Cooper war für Grace erst der Anfang. Gore Vidal, damals noch als Drehbuchautor in Hollywood tätig, kommentierte:

„Grace schnappte sich fast immer den Hauptdarsteller. In der ganzen Stadt war sie dafür berühmt."

Cooper achtete darauf, daß man ihn nicht zusammen mit Grace sah. Trotzdem kam die Affäre in die Klatschspalten, und schon bald machte sich Mrs. Kelly auf nach Hollywood, um ihre ungeratene Tochter zu hüten.

Fred Zinneman, der Regisseur von *12 Uhr Mittags*, war ebenfalls stark von Grace angetan. Seine liebevollen Nahaufnahmen lösten bei der zweiten Hauptdarstellerin, Katy Jurado, einen Eifersuchtsanfall nach dem anderen aus. Grace traf sich auch mit Slatzer. Slatzer wußte, daß Cooper niemals persönliche Fragen stellte, doch bei einem Angelausflug meinte Coop lakonisch: „Ich schätze, es wäre ein wenig indiskret, wenn ich dich fragte, ob du mit ihr im Bett warst."

„Das wäre es", antwortete Slatzer.

„Ich sollte so etwas nicht fragen", entgegnete Coop. Aber er konnte nicht anders.

Nach *12 Uhr Mittags* brauchte Cooper lange, bis er sich Grace aus dem Sinn geschlagen hatte.

„Die Vorstellung, sie könnte mit mir ins Bett gegangen sein, nagte an ihm", meinte Slatzer.

MIT CLARK GABLE IN AFRIKA

Grace ging unbeschadet daraus hervor. Sie flog zurück nach New York und traf sich wieder mit Gene Lyons, aber schon bald wurden sie aufs neue getrennt. Sie unterschrieb einen Siebenjahrsvertrag bei MGM und mußte nach Afrika, um mit Ava Gardner und Clark Gable *Mogambo* zu drehen. Sie waren kaum auf dem Flughafen von Nairobi gelandet, da begann sie schon mit Clark Gable zu flirten. Er tat zunächst unbeeindruckt, doch sobald sie am Set waren und er feststellen mußte, daß die Kelly die einzige für ihn erreichbare Frau war, gab er seinen Widerstand auf. Donald Sinden, der im Film Graces Ehemann spielte, stolperte einmal in Gables verdunkeltes Zimmer und ertappte die beiden zusammen im Bett.

Bald verbrachten sie wie ein altes Ehepaar ihre ganze Zeit gemeinsam. Sie lasen zusammen Skripte und Bücher, und sie begleitete ihn überallhin. Wenn sie nackt im Victoriasee badete, blieb er allerdings nur Zuschauer. Wie schon Carole Lombard, gab Grace Clark Gable den Kosenamen „Pa". Er war achtundzwanzig Jahre älter als sie.

Bei ihrer Ankunft in London, wo die Innenaufnahmen in Boreham Wood gedreht werden sollten, fragte die Presse Gable nach der Affäre. Er stritt alles kategorisch ab.

„Ich habe gehört, Sie beide haben Afrika heißer gemacht, als es ist", sagte Hedda Hopper.

„Großer Gott, nein!" antwortete Gable. „Ich könnte ihr Vater sein."

Obwohl Clark Gable sich tiefer mit Grace Kelly einließ, als er wollte, so war er doch alt genug, damit vernünftig umzugehen. Ihr fehlte dafür aber die Reife. Sie bat ihn, mit ihr in die USA zurückzufliegen, doch Gable wollte noch ein wenig in Europa bleiben. Als dann auch noch Mrs. Kelly in London auftauchte, hatte Gable genug. Er ließ einen Wachposten an der Treppe im Connaught aufstellen, so daß Grace nicht mehr zu ihm vordringen konnte, und Gable rief sie auch nicht mehr an.

Als er sie zum Flughafen Heathrow fuhr, brach sie in Tränen aus. Er nahm sie in die Arme und küßte sie zum Abschied, zeigte aber keine Gefühle. Ein paar Wochen später wurde er in Paris mit dem Model Suzanne Dadolle gesehen, mit der er vor seinem Abflug nach Afrika ein Verhältnis begonnen hatte.

FRANKREICHS HERZENSBRECHER NR. 1

In New York tröstete sich Grace Kelly unterdessen mit Gene Lyons. Nebenher besuchte sie auch noch Don Richardson. Das Verhältnis mit Gene Lyons endete, als sie mit Frankreichs Herzensbrecher Nr. 1, Jean-Pierre Aumont, zu den Dreharbeiten für den Fernsehfilm *The Way of the Eagle* ins Studio mußte.

Zuerst reagierte sie nicht auf Aumonts Annäherungsversuche. Sie lehnte alle Einladungen ab und nannte ihn im Studio nur bei seinem Nachnamen. Eines Tages filmten sie eine Szene in einem Tanzsaal mit Graffitis an den Wänden. Aumont wies sie besonders auf eins hin: „Ladies, seid nett zu den Gentlemen – es sind schließlich auch nur Menschen."

Grace lachte, das Eis war gebrochen und eine intensive Affäre konnte beginnen.

„Sie zeigte mir New York," erzählte er, „und ihre Lieblingsviertel wie Greenwich Village. Drei Monate lang wich sie nicht von meiner Seite ... dann trennte uns das Leben."

Er mußte zurück nach Frankreich, sie nach Hollywood. Kurz bevor sie abflog, erhielt sie noch einen Anruf von Clark Gable, daß er leider nicht zur Premiere von *Mogambo* nach New York kommen könne.

„Ich liebte Sie", sagte Aumont später, „weil sie so entzückend war."

Aumont verstand nie, warum sie sich zuerst so reserviert gezeigt hatte.

„Der Tag, an dem ich erklären kann, wie Frauen sich verhalten, ist der Tag, an dem ich heiliggesprochen werde", meinte er.

Wieder in Hollywood, begleitete Grace Clark Gable zur Oscar-Verleihung. Sie sprachen von Heirat, aber Gable betrachtete den Altersunterschied als unüberwindlich. Schließlich fügte sie sich. Einem Reporter gestand sie: „Seine falschen Zähne schrecken mich ab."

„BEI ANRUF MORD"

Alfred Hitchcock überredete MGM, die Kelly für *Bei Anruf Mord* an Warners auszuleihen. Er hatte sie in *Mogambo* gesehen und wußte, daß sie kein „Schneewittchen", sondern eher ein „schneebedeckter Vulkan" war.

„Der gesamte Stab schien sich in sie verliebt zu haben", berichtete Graces jüngere Schwester Lizanne, die man ihr als Begleiterin an die Seite gestellt hatte. „Alle schickten ihr Blumen. Einmal sagte ich: ,Hier sieht es ja aus wie in einer Aussegnungshalle.' Wir hatten keine Vasen mehr."

Tony Dawson, der im Film den Mörder spielte, und Frederick Knott, der die dramatische Vorlage geschrieben hatte, verliebten sich ebenso in sie wie der neunundvierzigjährige Hauptdarsteller Ray Milland.

Milland war seit dreißig Jahren mehr oder weniger glücklich verheiratet. Auch wenn er manchmal eine kleine Sünde beging, im großen und ganzen machte er einen weiten Bogen um alle Schauspielerinnen, so daß sein Name nicht in den Klatschspalten fiel. Seine Frau Mal, die lange Zeit an einer schweren Krankheit litt, war klug genug, ihre Augen vor seinen kleinen Verfehlungen zu verschließen. Aber bei seiner Affäre mit der Kelly konnte sie sich nicht blind stellen, da das Verhältnis zu öffentlich war. Grace befand sich nicht mehr in der Wildnis Afrikas, und so bekam das Skandalblatt *Hollywood Confidential* schnell Wind von der Sache.

EIN BITTERER NACHGESCHMACK

Als Milland seiner Frau mitteilte, er müsse geschäftlich verreisen, ließ sie ihn beschatten. Er wurde beobachtet, wie er mit Grace ins Flugzeug stieg. Milland und seine Frau trennten sich daraufhin.

Während eines langen Gesprächs vertraute Milland Graces Schwester an, wie sehr er verliebt sei. Es sprach sich bald herum, daß sie zusammen wohnten. Als Joe Hyams von der *New York Herald Tribune* zu einem Interview mit Milland erschien, öffnete ihm Grace nur mit einem Handtuch bekleidet die Tür, und Hyams begriff sofort, daß er mit seinem Interviewpartner nicht allein war.

Milland bat seine Frau um die Scheidung. Sie willigte mit den Worten ein – „Geh nur und heirate Grace Kelly. Mir soll es recht sein, dein ganzer Besitz ist ja auf meinen Namen überschrieben."

Milland überdachte die Situation noch einmal. Er kittete seine Ehe wieder, doch es blieb ein fader Nachgeschmack. Seitdem nannte Mal die Zeit, in der Milland und Kelly zusammen waren, „jene quälenden Tage". Mals Freundin Skip Hathaway war aufgebracht: „Grace Kelly vögelte mit jedem, der in ihre Reichweite kam. Sie war schlimmer als jede andere mir bekannte Frau. Sie konnte jeden Mann um den Finger wickeln."

James Stewart, frisch verheiratet, hat Graces hundertprozentige Ausbeute unter ihren Filmpartnern wohl vereitelt, als er mit ihr *Fenster zum Hof* (OT: Rear Window) drehte. Nicht, daß er von ihren Reizen nicht angetan gewesen wäre.

„Ich bin verheiratet, aber nicht aus Stein", sagte er der Presse. Er widerlegte auch die Vorstellung, Grace sei kalt und berechnend. „Also, Grace ist alles andere als kalt. Sie hat diese großen warmen Augen – und, naja, wenn Sie jemals eine Liebesszene mit ihr gespielt hätten, dann wüßten Sie, daß sie nicht kalt ist – außerdem hat Grace etwas Verschmitztes und Schelmisches in den Augen."

Stewart brachte ihr regelmäßig Blumen. Er behauptete, sie kämen aus seinem Garten, aber niemand am Set glaubte ihm. Als er hörte, daß sie Fürst Rainier ehelichen würde, sagte er: „Wenn sie einen dieser verlogenen Hollywoodschauspieler geheiratet hätte, hätte ich eine Bürgerwehr gegründet."

EIN SAUBERMANN

Zu jener Zeit traf sich Grace auch mit Bing Crosby. Er war zwar verheiratet, aber Dixie, mit der er seit zweiundzwanzig Jahren zusammenlebte, hatte Krebs und trank. Crosby ging bei Grace Kelly ein und aus. Seine Nachbarn, Alan Ladd und seine Frau, überließen ihm ihren Swimmingpool zu seinem Vergnügen. Oft kam er nach Einbruch der Dunkelheit mit einem Mädchen vorbei. Nach einem Drink und einigen Höflichkeitsfloskeln entschuldigten sich die Ladds und gingen zu Bett, um dem alten Schwerenöter freie Bahn zu lassen, obwohl sie auch mit Dixie gut befreundet waren. Eines Nachts ertappten die Ladds Crosby und Grace, wie sie sich auf ihrer Couch miteinander vergnügten. Ladd meinte, wenn sie es denn nicht lassen könnten, sollten sie doch besser in ein Motel gehen. Crosby war aber bekannt für seinen Geiz, und außerdem wäre ein Motelbesuch für ihn mit einem hohen Risiko verbunden gewesen, wenn er sein Image als Saubermann nicht aufs Spiel setzen wollte.

Grace wurde zusammen mit William Holden für *Die Brücken von Toko-Ri* (OT: The Bridges at Toko-Ri) engagiert. Holden, elf Jahre älter, war ihr bis dahin jüngster Filmpartner. Auch wenn er verheiratet war und Kinder hatte, so hinderte dies Holden nicht daran, seinen Filmpartnerinnen nachzustellen. Kurz vor Drehbeginn hatte er sich von Audrey Hepburn getrennt. In einer Szene des Films ist er mit Grace in einem japanischen Bad zu sehen. *Die Brücken von Toko-Ri* blieb der einzige Film, in dem sie im Badeanzug auftritt und mit einem Mann im Bett gezeigt wird. Das war zu viel für Holden. Einer seiner Freunde aus der Armee sagte: „Bill war völlig verrückt nach ihr ... Ich hoffte schon, sie würden heiraten, denn nichts anderes hatte Bill sich gewünscht, und er war doch so ein prachtvoller Kerl."

Doch Grace trauerte noch Milland nach und ging, um ihren Seelenfrieden wiederzufinden, nach New York, wo sie sich wieder mit Aumont traf. Die Wochenenden verbrachte sie zur Beruhigung der Familie in Philadelphia oder auf Partys der feinen Gesellschaft auf Long Island, wo ihr reiche Geschäftsleute ihre Aufwartung machten.

EIN GROSSER STRATEGE

Eines Abends, als Aumont mit Grace zum Essen im La Veau d'Or an der 66. Eastern Road war, saß dort zufällig der Modeschöpfer Oleg Cassini am Nebentisch.

„Ich verliebte mich in sie, als ich sie in *Mogambo* sah – und das war am selben Abend. Sie entsprach ganz meinen Wünschen: Sie war schön, gepflegt, ätherisch und dabei sexy." Nach dem Kino hatte er verkündet: „Dieses Mädchen muß ich kennenlernen." Da wußte er noch nicht, daß er ihr wenige Augenblicke später leibhaftig begegnen würde.

Als sein Begleiter einwarf, daß Grace bereits in jemanden verliebt sein könnte, entgegnete Cassini: „Das ist mir egal. Sie wird mein Mädchen."

Nun hatte er im Restaurant die große Chance dazu. Perfekter Casanova, der er war, wußte Cassini, daß Grace nicht zu dem Typ Frau gehörte, mit dem man sich einfach verabredete.

„Ein Aktionsprogramm mußte her", sagte er, „ein Plan – etwas Ungeheuerliches, Romantisches, vielleicht sogar Unsinniges –, um sie aus der Reserve zu locken."

Es sollte „der größte, erheiterndste Feldzug meines Lebens werden, für den ich alle nur verfügbare Phantasie und Energie eingesetzt habe."

Er kannte Aumont flüchtig. Sie waren lange Zeit Rivalen gewesen, erst um die Gunst von Cassinis Frau, dann um die der Schauspielerin Gene Tierney. Cassini ging zu ihrem Tisch und verwickelte Aumont in ein Gespräch. Er ignorierte Grace ganz bewußt und gab vor, sie nicht zu kennen, als sie ihm vorgestellt wurde.

„Ich spürte, ein Frontalangriff würde nicht gelingen", erklärte er. „Ich wollte einen Brückenkopf errichten und einen angenehmen Eindruck bei ihr hinterlassen."

Am nächsten Tag schickte er ihr ein Dutzend rote Rosen in ihr Stadthaus in Manhattan. Das wiederholte er zehn Tage lang. Jeder Strauß hatte ein Kärtchen und auf jedem stand: „Der freundliche Florist."
Am zehnten Tag rief er sie an.
„Hier ist der freundliche Florist", meldete er sich.
„Es entstand eine kurze Pause", erinnerte sich Cassini, „dann kam dieses reizende kleine Lachen, und ich wußte, ich hatte gewonnen. Wie schon Napoleon sagte: ‚Eine Frau, die lacht, ist erobert'."

HINDERNISSE
Doch bis dahin sollte es noch ein mühevoller, steiniger Weg werden.
Grace vereinbarte ein Treffen mit ihm, zu dem sie ihre Schwester mitnahm. Auf der Tanzfläche des El Morocco sagte sie: „Ich habe zwei kleine Überraschungen für dich, Oleg."
Die erste war, daß sie bereits verliebt sei. Als er fragte, in wen, antwortete sie, in einen hübschen Engländer mit den Initialen R.M. (Ray Milland war in Wirklichkeit Waliser). Cassini meinte, das sei kein Problem, der fragliche Mann würde seine Frau nie verlassen. Außerdem wäre Grace binnen eines Jahres mit ihm, Cassini, verlobt.
Die zweite Überraschung war, daß sie am nächsten Tag nach Kalifornien flog. Cassini konterte, daß er die dreitausend Meilen zwischen New York und Los Angeles nicht als unüberwindliches Hindernis betrachte. Er wolle ihr jeden Tag kleine Liebesbriefe senden und sie regelmäßig anrufen – immer erheiternd, feinsinnig und anregend. Als Fünfsternegeneral auf dem Schlachtfeld der Liebe wußte Cassini nur zu gut, daß es die beste Strategie war, eine Frau zum Lachen zu bringen.
Grace kehrte zurück nach Hollywood, um *Ein Mädchen vom Lande* (OT: The Country Girl) mit William Holden und Bing Crosby zu drehen. Sie sorgte rasch für eine Neuauflage ihres Verhältnisses mit Crosby. Eines Abends kam Holden in Crosbys Garderobe. Als Crosby die Tür mit einem Drink in der Hand öffnete, konnte Holden Grace im Zimmer sehen.
„He, alter Kumpel", sagte Crosby. „Können wir nicht morgen reden? Ich bin heute abend schon besetzt."
Holden wußte von Graces früherer Verbindung mit Crosby, aber

Crosby ahnte nicht, daß Holden auch einer von Graces Liebhabern war. Als Grace ihn darüber aufklärte, lud er Holden in seine Garderobe zu einem Gespräch unter Männern ein.

„Ich sage es dir unumwunden, Bill, ich bin von Grace ganz hingerissen, richtig verrückt nach ihr. Und ich hab mich gefragt, ob ..."

„Mir ging es genauso", erwiderte Holden. „Welcher Mann wäre nicht von ihr überwältigt? Aber gut, Bing, ich werde mich nicht einmischen."

EIN KORB FÜR BING CROSBY

Crosbys Frau war gestorben, und obwohl es nur zu einem Skandälchen geführt hätte – nichts im Vergleich zu ihrer Affäre mit Milland – wenn man sie mit einem Witwer in der Öffentlichkeit gesehen hätte, beharrte Grace darauf, daß ihre Schwester sie begleitete. Nichtsdestotrotz widmeten die Zeitungen der fünfundzwanzigjährigen Schauspielerin und dem fünfzigjährigen Schlagersänger unter der Überschrift „Hollywoods neueste Romanze" reichlich Aufmerksamkeit.

Binnen kurzem hatte sich Crosby Hals über Kopf in Grace verliebt. Er versuchte nach Leibeskräften, einen guten Eindruck zu hinterlassen, und so ging er mit Grace in Begleitung ihrer Mutter, William Holden und Gattin ins Kino. Bei einer anderen Gelegenheit starrten sie sich in einem Restaurant namens Scandia am Sunset Strip stundenlang in die Augen. Schließlich machte er ihr einen Heiratsantrag. Sie lehnte ab. Danach saß er allein im Scandia am gleichen Tisch, hatte den ganzen Abend nur einen Drink vor sich, als warte er darauf, daß sie jeden Augenblick zur Tür hereinkäme.

In der Öffentlichkeit steckte er seine Niederlage gut weg. Einem Reporter sagte er: „Wenn ich fünfzehn oder sechzehn Jahre jünger wäre, würde ich mich mit größtem Vergnügen in die lange Schlange schwacher Männer einreihen, die derzeit wie verrückt um ihre Gunst buhlen."

Privat trauerte er ihr den Rest seines Lebens nach. Drei Jahre später heiratete er Kathryn Grant, die so alt wie Grace war. Sie gab sich keinen Illusionen hin. Als Bing Crosby 1977 starb, bat Kathryn Grace Kelly, in einer Fernsehsendung zum Gedenken an ihren verstorbenen Mann aufzutreten. Ihre Anfrage trug die Unterschrift: „Mit vielen Grüßen in Liebe und Eifersucht". Als Grace ablehnte, telegrafierte ihr Kathryn erneut und erläuterte: „Ich war auf Sie eifersüchtig, weil Bing Sie immer geliebt hat." Grace Kelly nahm daraufhin an der Sendung teil und trug ein Gedicht für Crosby vor.

EIN SKANDALBLATT MACHT ÄRGER

Grace lud Cassini an die Ostküste ein, doch als er eintraf, hatte sie wenig Zeit für ihn, denn sie hatte ihre Verbindung zu Holden wieder aktiviert. Diesmal war es ihr ernst. Sie nahm ihn sogar mit in ihr Elternhaus. Ihr Vater mißbilligte die Affäre, da Holden verheiratet war, und so empfingen ihn die Kellys „kalt und feindselig".

Das Skandalblatt *Confidential* bekam die Sache spitz, und eines Morgens entdeckten Reporter Holdens weißes Cadillac Cabriolet vor ihrer Wohnung. Das Studio gab an, er habe Grace nur zu einem frühen Termin abgeholt. Und Holden behauptete gar, das Cabriolet gehöre seiner Frau.

„Glaubt irgend jemand allen Ernstes, ich wäre so blöd, den Wagen meiner Frau die ganze Nacht vor dem Haus einer anderen Frau stehen zu lassen?" fragte er Hedda Hopper.

„Ich verstehe diesen ganzen Rummel um Grace nicht", fuhr er fort. „Ich mag sie, aber ich glaube nicht, daß sie die *femme fatale* ist, zu der man sie hochstilisiert hat."

„Sie ist ganz schön *femme*", bemerkte Hopper. „Aber kein bißchen *fatale*", vollendete Holden.

In der Zwischenzeit verlangten Holdens Anwälte einen Widerruf von *Confidential*. Graces Vater ging wesentlich direkter gegen das Magazin vor. Er begab sich mit seinem Sohn in die Redaktion des *Confidential* und drohte, den Herausgeber zu verprügeln. Das Skandalblatt änderte daraufhin den Kurs. In der nächsten Ausgabe stand: „An alle Ehefrauen in Hollywood. Schluß mit dem Kauen der Nägel ... Das Fieber, das Hollywood derzeit erfaßt hat, kann Männern, die bereits unter der Haube sind, nichts anhaben."

Weiter hieß es, die Kelly habe verheirateten Männern entsagt und wolle von nun an nur noch Junggesellen.

„Unter dem eiskalten Äußeren brennt ein Feuer ..., auf das ältere

Herren fliegen", konnte man da lesen. „Sie sieht aus wie eine Lady und benimmt sich auch so. Im Hollywood der Flittchen und Schlampen ist eine Lady eine Rarität. Das macht Grace Kelly heutzutage zur gefährlichsten Dame im Filmgeschäft."

Ihre Schwester stimmte dem zu.

„Was für Eigenschaften sie auch gehabt haben mag", bemerkte sie einmal, „in Flaschen abgefüllt, hätte sie ein Vermögen damit machen können. Sie hatte etwas an sich, das Männer schier verrückt werden ließ. Es war ein höchst erstaunlicher Anblick, wie die großen Namen sich gegenseitig auf die Füße traten."

OLEG CASSINI GIBT NICHT AUF

Obwohl Grace Cassini in Los Angeles ignorierte, führte er seinen Feldzug fort, indem er sich im Ciro mit Anita Ekberg, Pier Angeli und anderen Schönheiten sehen ließ. Er sorgte dafür, daß seine Abenteuer in die Klatschspalten kamen, damit Grace immer an ihn denken mußte, auch wenn sie gerade im kolumbianischen Dschungel für *Grünes Feuer* (OT: Green Fire) vor der Kamera stand.

Es klappte. Als sie nach Frankreich ging, um mit Cary Grant *Über den Dächern von Nizza* (OT: To Catch a Thief) zu drehen, schickte sie ihm eine Postkarte mit folgendem Wortlaut: „Wer mich liebt, der folgt mir."

Also reiste er ihr nach an die Riviera. Sie aßen zusammen im Carlton Hotel in Cannes zu Abend und köpften zwei Flaschen Dom Perignon. „Unsere Beziehung war aber immer noch niederschmetternd platonisch", erinnerte sich Cassini.

Enttäuscht ging er in jener Nacht allein zu Bett, entschied sich aber, noch einen Versuch zu wagen. Am nächsten Tag unternahm er mit ihr ein Picknick. Auf einer Luftmatratze im Mittelmeer, bei kalter Ente und einer Flasche 49er Montrachet, schüttete er ihr sein Herz aus. Er bekannte ihr seine tiefe Liebe; seine Ausdauer sei der beste Beweis.

„Die Zeit der Tricks und Kniffe ist jetzt vorbei", sagte er.

„Sie erwiderte nichts", erinnerte sich Cassini, „aber sie sah mich auf eine Art an, daß ich wußte, ich hatte gewonnen."

Sie begaben sich zurück ins Hotel und gingen miteinander ins Bett.

„Der rein mechanische Ablauf der Liebe", gestand Cassini, „war für mich nie so spannend wie die Ereignisse, die dazu führten. Die Kunst der Verführung war für mich immer weitaus faszinierender als das letztendliche Ergebnis."

Dieser Augenblick der Erfüllung war jedoch denkwürdig, denn Cassini schrieb in seinen Memoiren: „Wir schienen zu treiben, glühend, gebannt von der Intensität unserer Gefühle. Sie roch nach Gardenien, exotisch und rein zugleich. Sie schien durchscheinend, perlenhaft; alles an ihr war klar, frisch und zart – ihre Haut, ihr Geruch, ihr Haar. Ich war verzückt und nahm nur die Transzendenz des Augenblicks wahr."

EIN UNGELIEBTER GAST

In den USA wurde Cassini dann bei einem Essen Graces Mutter vorgestellt.

„Sie sind ein charmanter Begleiter", lobte sie ihn, „aber meiner Meinung nach stellen Sie ein erhebliches Eherisiko dar."

Es habe zu viele Frauen in seiner Vergangenheit gegeben, betonte sie. Cassini erwiderte, daß attraktive Männer – „einschließlich Ihres Gatten", fügte er ziemlich taktlos hinzu – beim anderen Geschlecht beliebt seien. „Warum sollte ich dafür bestraft werden?"

Trotz dieser Vorbehalte schlug Grace vor, Cassini solle das Wochenende mit der Familie im Strandhaus in New Jersey verbringen. Als Jack Kelly davon hörte, ging er an die Decke, nannte Cassini einen „Wurm", einen „Katzelmacher" und einen „Spaghetti" – obwohl Cassini jüdisch-russischer Abstammung war – und drohte, ihn umzubringen, wenn er es wage, sein Haus zu betreten.

Als Cassini trotzdem erschien, wechselte Graces Vater kein Wort mit ihm. Der Modeschöpfer wurde in ein Zimmer neben Graces Eltern einquartiert, damit nächtliche Bewegungen leichter überwacht werden konnten. Cassini sagte, das Abendessen mit der Kelly-Familie sei „wie das Verspeisen eines mit Rasierklingen gefüllten Schoko-Éclairs" gewesen.

Cassini hatte in der Filmindustrie keine Freunde. Viele Bekannte von Grace zeigten ihm die kalte Schulter, und Hedda Hopper schrieb: „Bei der großen Auswahl Hollywoods an attraktiven Männern verstehe ich nicht, was Grace Kelly in Oleg Cassini sieht. Es muß sein Schnurrbart sein."

Cassini telegrafierte Hopper daraufhin: „Ich rasiere meinen ab, wenn Sie Ihren entfernen."

Diese Feindseligkeiten brachten Grace Cassini nur näher. Sie betrachtete sich als verlobt und wollte ihn auf der Stelle heiraten.

„Sie sagte, ich solle einen Priester suchen", berichtete Cassini.

Aber ihre Eltern redeten es ihr aus.

„Die Familie betrachtete sie als kostbarsten Besitz, als Eigentum, etwa wie ein Rennpferd. Und mit seinem Eigentum sollte man vorsichtig – nicht verschwenderisch – umgehen, und vor allem: Man muß es gut anlegen", meinte Cassini.

ENDE AUF RATEN

Grace stand fest zu Cassini, doch bald zeigten sich erste Risse. Während der Verfilmung von *Mein Wille ist Gesetz* (OT: Tribute to a Bad Man) tauchten Gerüchte über eine Affäre mit ihrem Filmpartner Spencer Tracy auf.

Auch Bing Crosby lud sie wieder ein. Grace rief Cassini an, um seine Zustimmung zu erhalten. Er war nicht gerade begeistert. Doch richtig ungemütlich wurde er erst, als Frank Sinatra, von Ava Gardner frisch geschieden, sie ausführen wollte. Wiederum rief sie Cassini an, um zu fragen, ob es ihm was ausmache.

„Ja, es macht mir was aus!" schrie Cassini, der Sinatras Ruf als Liebhaber kannte. Außerdem sei er selbst an jenem Abend in Los Angeles. „Was zum Teufel glaubst du, wie das in den Zeitungen aussähe, wenn du in Sinatras Arm im Chasen's fotografiert wirst, während ich in meinem Zimmer im Beverly Hills Hotel hocke? Das ist genau, was Hedda braucht, um morgen früh zu schreiben: ‚Cassini ist weg vom Fenster'. Nein, meinen Segen dazu hast du nicht."

Sie ging trotzdem. Sie fing auch eine diskrete Affäre mit David Niven an. Jahre später fragte Fürst Rainier Niven, welche seiner Eroberungen in Hollywood im Bett am besten gewesen seien. Niven antwortete ohne Zögern: „Grace." Als er die schockierte Miene des Fürsten sah, versuchte er, die Situation zu retten: „Ähm, Gracie ... Gracie Fields."

Cassini bemerkte, daß die Verbindung zu Grace sich langsam löste, und schüttete Joe Kennedy, dem Vater des späteren Präsidenten, sein Herz aus. Kennedy bot sich an, bei Grace für ihn einzutreten, doch statt dessen nützte er die Gelegenheit, um Grace selbst nachzustellen.

CANNES 1955

Beim Filmfestival in Cannes 1955 traf Grace wieder mit Jean-Pierre Aumont zusammen. Dann erhielt sie eine Einladung von Fürst Rainier nach Monaco. Sie hatte schon zugesagt, wollte aber wieder absagen, als sie feststellte, daß sie am besagten Tag einen Friseurtermin hatte.

„Grace", sagte Aumont, „das kannst du einfach nicht machen. Der Mann ist ein regierender Fürst. Er hat dich eingeladen, und du hast zugesagt. Du kannst nicht einfach sagen, ‚Ich muß zum Friseur'. Ganz Amerika geriete in Verlegenheit, wenn du nicht hingingest."

Also fuhr Grace die 70 Kilometer nach Monaco, wo sie überrascht feststellte, daß Fürst Rainier weitaus attraktiver war, als sie erwartet hatte. Seine Hoheit, der Fürst, zeigte ihr seinen Palast und die Gärten. Es war nicht Liebe auf den ersten Blick, doch Rainier war von Grace sehr eingenommen. Er war auf der Suche nach einer Fürstin. Sollte er keinen Erben hervorbringen, fiele Monaco nach seinem Tod an Frankreich.

Zurück in Cannes, fragte Aumont sie, wie es gelaufen sei.

„Ach, gut", antwortete sie. „Der Fürst ist reizend."

Zwei Tage später wurden einige Aufnahmen von Grace gemacht, die sie flirtend mit Aumont zeigen. Auf einem Bild hält sie Aumonts Hand und knabbert an seinen Fingern. Das Nachrichtenmagazin *Time* bemerkte dazu: „Grace Kelly, allgemein bekannt als eisige Göttin, schmolz sichtlich dahin in Gesellschaft des französischen Schauspielers Jean-Pierre Aumont ... Hat Aumont Grace wirklich erobert?"

Cassinis Bruder Igor, ein freischaffender Journalist, meinte, alles wäre nur aufgebauscht worden, ein Versuch Aumonts, sich interessant zu machen und seiner Karriere neuen Schub zu geben.

Aumont führte der Presse gegenüber aus: „Ich bin sehr verliebt in

Grace Kelly" –, räumte aber ein, daß dieses Gefühl vermutlich nicht auf Gegenseitigkeit beruhe.

Die Kellys waren entsetzt. Grace telegrafierte ihren Eltern augenblicklich und stritt jede Romanze mit Aumont ab. Ihre Mutter kabelte zurück: „Soll ich Mr. Aumont zu einem Besuch bei uns in Philadelphia einladen?"

„Mutter", telegrafierte Grace, „das liegt ganz bei dir."

Auch Fürst Rainier war aufgebracht. Zwei Jahre zuvor hatte seine damalige Geliebte Gisèle Pascal beim Filmfestival in Cannes eine kurze Affäre mit Gary Cooper. Grace erhielt vom geistlichen Ratgeber des Fürsten, Pater Francis Tucker, ein sehr knappes Schreiben, in dem er ihr dankte, daß sie dem Fürsten gezeigt hatte, „wie eine amerikanische Katholikin sein kann und wie sehr sie den Fürsten beeindruckt habe". Das war keineswegs ironisch gemeint.

Grace und Aumont reisten nach Paris, von der Presse verfolgt. Es gab Gerüchte über eine bevorstehende Heirat.

„NUR GUTE FREUNDE"

Als er mit Fragen bestürmt wurde, ob er sie heiraten wolle, antwortete Aumont: „Wer wollte das nicht? Ich verehre sie."

Grace bekam die gleiche Frage gestellt.

„Eine junge Frau muß erst darum gebeten werden", erklärte sie.

Der Reporter meinte daraufhin, Freunde Aumonts hätten behauptet, es sei bereits um ihre Hand angehalten worden.

„Wir leben in einer schrecklichen Welt", sagte sie. „Kaum küßt ein Mann einem die Hand, schon wird es von allen Zeitungen hinausposaunt. Er kann dir nicht einmal sagen, daß er dich liebt, ohne daß die ganze Welt davon erfährt."

Als das Paar der Presse endlich entkommen war, wurde gemeldet, es sei durchgebrannt. Schließlich wurden sie mit Aumonts Eltern in seinem Wochenendhaus in Rueil-Malmaison ausfindig gemacht. Für die Zeitungen der Beweis, daß sie bereits verheiratet waren.

Doch Grace flog allein nach Amerika zurück. Reportern sagte sie, daß „Unterschiede in Alter oder Nationalität für eine Hochzeit zweier Menschen, die sich lieben, kein Hindernis darstellten." Ihre Familie sah das allerdings ganz anders. Einige Tage später gab Grace eine förmliche Erklärung ab, in der sie mitteilte, Aumont und sie seien „nur gute Freunde". Sie nahm ihre Treffen mit Cassini wieder auf.

Aumont ließ durchblicken, es habe nicht geklappt, da sie hauptsächlich in Hollywood und er hauptsächlich in Frankreich zu tun hätten. Dennoch war Aumont einer der wenigen, die von Grace vor der offiziellen Verlautbarung über ihr Verlöbnis mit Fürst Rainier informiert wurden. Drei Wochen vor Graces Hochzeit heiratete er die Zwillingsschwester der Schauspielerin Pier Angeli, Marisa Pavan.

FÜRST RAINIER HAT EIGENE PLÄNE

1953 hatte Aristoteles Onassis das Kasino von Monte Carlo gekauft, doch dem Fürstentum ging es wirtschaftlich schlecht, und das Kasino sowie andere Investitionen von Onassis in Monaco waren gefährdet. Er sprach darüber mit Gardner Cowles, dem Herausgeber von *Look*. Cowles schlug vor, Fürst Rainier solle einen Filmstar heiraten. Damit könnten reiche Amerikaner angelockt werden. Cowles wandte sich an Marilyn Monroe. Die war zu allen Schandtaten bereit.

„Glauben Sie, der Fürst würde Sie heiraten wollen?" fragte Cowles.

„Geben Sie mir zwei Tage mit ihm allein. Selbstverständlich wird er mich dann heiraten wollen", erwiderte Marilyn.

Der Fürst hatte jedoch seine eigenen Pläne. Zufällig waren Freunde der Kellys in Monaco gewesen. Da sie keine Eintrittskarten für die Rotkreuzgala im Sporting Club bekommen hatten, riefen sie am Hof an und benützten das Zauberwort „Grace Kelly".

Sie wurden in den Palast gebeten, wo Rainier ihnen mitteilte, er plane, in die USA zu reisen, um Grace zu sehen. Hektische Anrufe gingen zwischen Monaco und Philadelphia hin und her. Rainier wollte Grace in Asheville, North Carolina, dem Drehort ihres neuesten Films *Der Schwan* (OT: The Swan), besuchen. Aber dort war schon Aumont.

Statt dessen sollte der Fürst sie am Weihnachtstag in Philadelphia treffen. Er kam mit Pater Tucker, der Graces Vater den Heiratsantrag des Fürsten übergab. Jack Kelly war davon nicht sonderlich beeindruckt. Er hatte nicht die geringste Ahnung, wo Monaco lag, und war der festen Überzeugung, der Fürst sei nur wegen des Geldes hinter Grace her.

„Ich bin vollkommen dagegen, daß irgendein heruntergekommener Fürst, der Staatsoberhaupt eines Landes ist, von dem noch niemand was gehört hat, meine Tochter heiratet", polterte er.

Grace und Rainier verbrachten die nächsten drei Tage zusammen. Als er ihr den Antrag machte, willigte sie sofort ein.

„Ich möchte nicht mit jemandem verheiratet sein, der sich weniger erfolgreich fühlt oder weniger verdient als ich", erklärte sie. „Der Fürst wird nicht bloß ein ‚Mr. Kelly' sein."

Grace rief Oleg Cassini an und bat ihn, sich mit ihr auf der Staten Island-Fähre zu treffen. Während der Überfahrt informierte sie ihn, daß sie Fürst Rainier heiraten werde.

„Aber du kennst den Mann doch kaum", wandte Cassini ein. „Willst du wirklich jemanden heiraten, bloß weil er einen Titel und einige Hektar Land hat?"

„Ich werde schon noch lernen, ihn zu lieben", antwortete sie.

Cassini brauchte lange, um über den Verlust von Grace hinwegzukommen. Er sah sie nur noch einmal wieder. Da joggte er gerade am Strand von Monaco.

„Hallo, Oleg", sagte sie.

„Hallo, Grace", erwiderte er, und joggte mit unvermindertem Tempo weiter. Er selbst heiratete nie wieder.

FORMALITÄTEN

Bevor Grace ihren Fürsten heiraten konnte, mußten noch einige Formalitäten des Ehevertrages ausgehandelt werden. Der Fürst verlangte eine Mitgift. Monaco befand sich damals in einer politischen und finanziellen Krise. Es ging vermutlich um eine Summe von 2 Millionen Dollar. Jack Kelly explodierte, aber er zahlte. Allmählich freundete er sich sogar mit dem Gedanken an. Wenn seine Tochter königliches Blut heiratete, könnte er es den Blaublütigen Philadelphias endlich heimzahlen, die ihn immer scheel angesehen hatten.

Grace mußte sich außerdem einem Fruchtbarkeitstest unterziehen. Rainier hatte seinen eigenen Arzt mitgebracht, um die Untersuchung durchführen zu lassen. Er hatte seine frühere Geliebte Gisèle Pascal zurückgewiesen, nachdem der Test bei ihr negativ ausgefallen war. Danach sagte er zu Pater Tucker: „Pater, wenn Sie je hören, daß meine Untertanen glauben, ich liebe sie nicht, dann sagen Sie ihnen, was ich heute getan habe."

Später heiratete Gisèle und brachte ein gesundes Kind zur Welt. Rainier war am Boden zerstört. Der intrigante Pater Tucker hatte die Fruchtbarkeitstests manipulieren lassen, weil er Gisèle nicht als geeignete Kandidatin für die Rolle der Fürstin ansah.

Grace bekam Angst vor der Untersuchung und rief Don Richardson an.

„Sie war ganz aufgeregt, daß bei den Tests herauskäme, daß sie keine Jungfrau mehr war, während der Fürst doch noch das Gegenteil glaubte", berichtete Richardson. „Sie sagte mir, sie habe den Ärzten erklärt, ihr Jungfernhäutchen sei auf der Highschool beim Hockeyspielen zerrissen."

Fern von Hollywood und den Klatschspalten der amerikanischen Zeitungen ist die Annahme, daß Rainier vom keuschen Image des Filmstars geblendet war und tatsächlich glaubte, sie sei noch Jungfrau, nicht ganz von der Hand zu weisen.

EIN ZWISCHENFALL

Bei einer Wohltätigkeitsgala im New Yorker Waldorf Astoria unter dem Titel „Nacht in Monte Carlo" traten sie zum ersten Mal gemeinsam in der Öffentlichkeit auf. Eine Verehrerin stürmte auf Rainier zu und küßte ihn auf die Wange. Grace wies den Fürsten an, den Lippenstift der Frau abzuwischen. Als sie ihn fragte, wer die Frau gewesen sei, tat der Fürst vollkommen ahnungslos. Am nächsten Tag gab sich die Frau der Presse gegenüber als Graciela Levi-Castillo zu erkennen, die den feinen Gesellschaftskreisen Ecuadors zugehörte.

„Er weiß schon, wer ich bin", behauptete sie.

Doch der Zwischenfall konnte Grace den Abend nicht verderben. Sie tanzte mit ihrem Fürsten die ganze Nacht über im Harwyn Club und wurde dabei beobachtet, wie sie an Rainiers Ohr knabberte.

Grace machte noch einen letzten Film, *Die oberen Zehntausend* (OT: High Society), in dem sie an der Seite von Bing Crosby und Frank Sinatra spielte. Rainier mietete sich eine Villa in Los Angeles und kam jeden Tag ans Set, obwohl er von den Witzen und Zoten, die zwischen seiner Verlobten und ihren Filmpartnern hin und her gingen, nicht das geringste begriff.

Die Reaktionen auf die Ehe waren insgesamt eher negativ. Es herrschte die allgemeine Ansicht vor, Grace habe unter ihrem Rang geheiratet.

„Sie ist doch nicht dazu erzogen worden, den stummen Teilhaber eines Spielsalons zu heiraten", schrieb die *Chicago Tribune*. Viele ihrer Bekannten glaubten, Rainier sei der Herrscher von Marokko, und fragten sich besorgt, wie Grace mit Kamelen und Sanddünen zurechtkäme. Als man endlich herausgefunden hatte, daß Marokko tatsächlich das winzige Fürstentum Monaco am Mittelmeer war, meinte Dore Schary, der Chef von MGM bedauernd, es sei ja kleiner als der Hinterhof des Studios. Die meisten, die Grace wirklich kannten, konnten sich kaum vorstellen, daß sie sich vom Fürsten zum Traualtar führen lassen würde.

LETZTE HÜRDEN

Und sie hätten beinah recht behalten. Von der bevorstehenden Hochzeit ihrer Tochter beflügelt, vertraute sich Mrs. Kelly den Zeitungen an. Sie plauderte aus dem Nähkästchen – und bald erschien in vielen Zeitungen Amerikas eine zehnteilige Serie unter dem Titel: „Meine Tochter Grace Kelly: Ihr Leben und ihre Liebschaften". Der Mythos von Graces Keuschheit war nicht mehr aufrechtzuerhalten. Beschämt brach der Fürst in seine Heimat auf. Auch im Studio war man schokkiert. Das makellose Image der Kelly, das man so mühevoll gepflegt hatte, bekam Flecken. Es war allerdings zu spät, um die Veröffentlichung in den amerikanischen Zeitungen noch zu stoppen, doch es gelang wenigstens, die Artikel zu „lektorieren", bevor sie in Europa gedruckt wurden.

Durch ihren Vertrag war Grace eigentlich noch vier Jahre an MGM gebunden. Als nächstes sollte sie in *Warum hab' ich ja gesagt?* (OT: *Designing Woman*) mit James Stewart vor der Kamera stehen, doch der Fürst intervenierte.

„Keine weiteren Filme mehr mit Miss Kelly", verkündete er auf dem Heimweg.

MGM stand vor einem Dilemma. Dem Studio war klar, daß es

eine Fürstin nicht des Vertragsbruchs bezichtigen konnte. Deshalb tauschte es den Vertrag gegen die Exklusivrechte an den Filmaufnahmen von der fürstlichen Hochzeit.

Grace machte ihre Abschiedsrunde auf den Hollywoodpartys unter „Aufsicht" von Frank Sinatra. Dann brach sie an Bord der *Constitution* in großer Gesellschaft nach Monaco auf. Die fürstliche Yacht kam ihr in der Herkulesbucht entgegen. Aristoteles Onassis ließ von einem Flugzeug aus rote und weiße Nelken über dem Hafen abwerfen, als sie anlegten.

Es erübrigt sich zu sagen, daß die Kellys und Rainiers Familie, die Grimaldis, nicht miteinander auskamen. Es gab Wutausbrüche, Tränen und Streitigkeiten. Jack Kelly konnte im Palast das Badezimmer nicht finden. Da die Bediensteten kein Englisch sprachen, hatte er auch keine Möglichkeit, sie danach zu fragen. Kurzerhand ließ er sich mit dem Auto in ein nahegelegenes Hotel chauffieren, wo ein Freund logierte, und benutzte dessen Badezimmer.

FÜRSTIN VON MONACO

Bei der standesamtlichen Trauung wurden Grace die einhundertzweiundvierzig Titel vorgelesen, die sie als Fürstin von Monaco führte. Am Nachmittag bekam sie den Karlsorden verliehen. Grace hoffte, nach all den Ehrungen wenigstens in der Nacht das Bett mit dem Fürsten teilen zu können. Er aber wies ihr Ansinnen ab und sagte, das sei unmöglich, und begab sich allein zur Ruhe.

Am nächsten Tag wurde Grace mit ihrem Fürsten in der Kathedrale St. Nicholas in Monte Carlo getraut. Nur einer ihrer früheren Geliebten, David Niven, erschien zur Trauung. Frank Sinatra war eingeladen worden, sagte aber ab, als er erfuhr, daß auch Ava Gardner anwesend sein würde. Spekulationen über eine mögliche Versöhnung zwischen ihnen hätten von Graces großem Tag abgelenkt, erklärte er. Cary Grant schickte eine Entschuldigung. Er müsse in Spanien *Stolz und Leidenschaft* drehen.

„Braut ist Filmstar, Bräutigam nicht vom Fach", berichtete *Variety*, das Hollywood-Filmmagazin, in typischer Manier.

Nach einem Empfang im Ehrenhof des Fürstentums segelte das glückliche Paar an Bord der fürstlichen Yacht davon.

Bedauerlicherweise war Grace eine typische Landratte, und kaum daß sie aus dem Hafen gesegelt waren, wurde sie auch schon seekrank. Nur wenig später hatte sie einen ganz anderen Grund für ihre Übelkeit. In den ersten Tagen ihrer Flitterwochen wurde sie schwanger.

Die Niederkunft fand ohne Rainiers Beisein im Palast statt. Nur fünf Monate nach der Geburt ihrer Tochter war sie erneut schwanger. Grace und Rainier bekamen drei Kinder, zwei Mädchen und einen Jungen. Bald zerstritt sie sich mit ihrem Fürstgemahl und führte in der Folge stundenlange Gespräche über den Atlantik, in denen sie Freundinnen ihr Herz ausschüttete.

Als ihr Vater erkrankte, reiste Grace nach Philadelphia. Während sie an ihres Vaters Sterbebett wachte, wurde Rainier verschiedentlich mit einer von Graces Hofdamen gesehen. Zurück in Monaco, berichtete ihr eine wohlmeinende Freundin von den Tändeleien des Fürsten. Sie stellte ihn zur Rede. Er stritt zwar alles ab, die Hofdame wurde aber dennoch entlassen.

GETRENNT VON BETT UND LAND

Um ihr Gefühl von Einsamkeit zu lindern, lud Grace Freunde zu Besuch ein. Als Cary Grant kam, erschienen in den Zeitungen Bilder von ihnen, wie sie sich am Flughafen küßten. Rainier untersagte daraufhin prompt alle Vorführungen von *Über den Dächern von Nizza*, da die beiden dort in einigen Liebesszenen zu sehen sind.

Als Zeichen seines guten Willens gestattete Rainier seiner Frau, mit Hitchcock *Marnie* zu drehen, aber die Monegassen wollten partout nicht auf der Leinwand sehen, wie ihre Fürstin andere Männer küßte, und protestierten. Deshalb erhielt Tippi Hedren die Rolle.

Nach der Scheidung von seiner dritten Frau Dyan Cannon hatte Cary Grant in den siebziger Jahren eine Affäre mit Grace. Aus welchen Gründen auch immer, aber all die Jahre über hatte Grace ihn schlichtweg übersehen. Die Affäre dauerte mit Unterbrechungen sechs oder sieben Jahre.

Als die ersten Jahre ihrer Ehe vorbei waren, teilten Grace und ihr Mann längst nicht mehr das Bett miteinander. Anfang der siebziger Jahre schliefen sie in getrennten Schlafzimmern, und bald lebten sie nicht einmal mehr im gleichen Land: Rainier ging seinen Geschäften in Monaco nach und Grace hielt sich zumeist in Paris auf. 1979 kamen Gerüchte auf, sie habe eine Affäre mit dem ungarischen Dokumentarfilmer Robert Dornhelm, den sie in Frankreich häufig aufsuchte. Er stritt es ab, meinte aber, er sehe es gern, wenn sie eine Affäre hätte, es täte ihr sicher gut.

Das war nicht ganz aufrichtig, denn Dornhelm wußte, daß Grace sich mit anderen, jüngeren Männern traf. Per Mattson, ein dreiunddreißigjähriger schwedischer Schauspieler, der eine Rolle in einem von Grace und Dornhelm geplanten Film über Raoul Wallenberg bekommen sollte, wurde 1982 bei einem offiziellen Dinner in New York von Grace entführt. Sie nahm ihn mit auf ihr Hotelzimmer, und er blieb dort bis fünf Uhr in der Früh.

Der New Yorker Restaurantbesitzer Jim McCullen, der früher auf dem Laufsteg als Model gearbeitet hatte, verbrachte eine Woche in Monaco mit ihr. Die beiden wurden auch in der New Yorker Disco Studio 54 gesichtet.

Die Jahre vergingen, Grace aß und trank zu viel und setzte Fett an. Sexuelle Eskapaden waren mittlerweile eher Sache der jüngeren Generation. Ihr beiden Töchter Caroline und Stephanie füllten nun die Klatschspalten der Magazine.

Am 13. September 1982 erlitt Fürstin Grace einen leichten Schlaganfall beim Autofahren und kam ums Leben. Oleg Cassini gab vor der Presse eine kurze Erklärung ab. Ray Milland war untröstlich. Die meisten anderen Männer aus Grace Kellys Leben waren bereits tot.

XIII

GOODBYE, NORMA JEAN

Für viele ist Marilyn Monroe die letzte – und wohl auch ultimative – Hollywood-Sexgöttin. Sie schlug eine ganze Generation in ihren Bann und betörte sogar Präsidenten. Nach ihrem Tod verlor der Kinofilm an Faszination, und kein Star nach ihr konnte mehr in den Rang einer Hollywood-Leinwandgöttin gelangen. Das Fernsehen löste das Kino ab.

Sowohl privat als auch professionell setzte die Monroe ihren Körper zum Vergnügen der Männer ein.

„Ich mache Männer gern glücklich, denn ich liebe ihr Lächeln", erklärte sie. Schließlich „hat vom Sex noch niemand Krebs bekommen."

Die Boulevardjournalistin Sheilah Graham aus Hollywood brachte es auf den Punkt: „Norma Jean Monroe ging mit halb Hollywood ins Bett, einschließlich Brando, Sinatra und Angehörigen der Kennedy-Familie – JFK und Bobby. Seltsamerweise war sie aber ein Sexsymbol, das nicht viel von Sex hielt."

Marilyn behauptete, sie habe im Alter von sieben Jahren zum ersten Mal Sex gehabt. Über das Ereignis selbst ist so gut wie nichts bekannt, außer daß es wahrscheinlich völlig harmlos war, weil laut Marilyn der Junge noch jünger als sie gewesen ist.

Mit neun lebte sie in einem Pflegeheim. Dort, so Marilyn, sei sie von einem Mitschüler belästigt worden. Später habe der Mann ihrer

Pflegemutter, Grace Goddard, sie in betrunkenem Zustand mit Gewalt verführen wollen.

In der Pubertät, erinnerte sich Marilyn, sei sie dann von einem Polizisten vergewaltigt worden. Ihrem Dienstmädchen Lena Pepitone vertraute sie an, daß sie als Teenager ein Baby bekommen habe, das jedoch zur Adoption freigegeben wurde.

Marilyn Monroes eigentlicher Name war Norma Jean Mortenson. Ihren Vater lernte sie nie kennen, ihre Mutter wurde in eine staatliche Heilanstalt gesteckt, und die Vollwaise Marilyn durchlief zunächst Waisenhäuser und Pflegeheime ohne Ende. Mit fünfzehn war ihr Brustumfang bereits beachtlich, und ihre Figur zog auf der Straße magnetisch Männerblicke an. Ihr erster fester Freund, Jim Dougherty, ein Arbeiter in einer Flugzeugfabrik, betrog sie gleichzeitig mit einer örtlichen Schönheitskönigin.

EINE SCHLECHTE HAUSFRAU

Die Goddards zogen nach West Virginia und waren äußerst erpicht, Norma Jean möglichst bald vom Hals zu haben. Sie sahen es gern, daß ihr der Hof gemacht wurde, und am 19. Juni 1942, drei Wochen nach ihrem sechzehnten Geburtstag, heiratete sie Dougherty. Er behauptete, sie sei in der Hochzeitsnacht noch Jungfrau gewesen.

Sie war keine gute Hausfrau. Sie konnte weder kochen noch Cocktails mixen. Aber im Bett war sie eine tolle Nummer. Ihr sexueller Appetit brachte ihren Mann an den Rand der Erschöpfung, zumal er Nachtschichten leistete. In seinem Henkelmann fand er öfter kleine Liebeszettel. Sie machten ihn verlegen, doch als er seinen Arbeitskollegen einen Schnappschuß seiner Frau zeigte, war ihr Neid groß.

Norma Jean war sexuell alles andere als befriedigt. Sie wußte wenig von Sex, fand aber trotz ihrer großen Wißbegier alles recht seltsam. Sie war sich allerdings sicher, daß ihr irgend etwas entging. Sobald Jim seinen Spaß hatte, klagte sie, lege er sich auf seine Seite, schlafe ein und überlasse sie ihrer Verwirrung und Unzufriedenheit, und das halte sie lange wach.

Die Ehe litt noch unter anderen Belastungen. Dougherty spielte mit seinen Freunden oft Billard, und er sah es nicht gern, wenn sie anderen Männern den Kopf verdrehte.

Marilyn Monroe

„Sie war einfach zu schön", erinnerte sich Doughertys Schwester. „Sie konnte nichts dafür, daß die Frauen der anderen Männer sie ansahen und so eifersüchtig wurden, daß sie sie am liebsten gesteinigt hätten."

Ein Strandausflug mit Norma Jean brachte Dougherty in arge Verlegenheit, „weil sie einen Bikini trug, der zwei Nummern zu klein war".

„Jeder Typ am Strand vergewaltigt dich in Gedanken", beklagte er sich.

RACHE IST SÜSS

Nach Pearl Harbour ging Dougherty zur Handelsmarine und wurde als Sportlehrer auf die Insel Santa Catalina versetzt. Norma Jean begleitete ihn und zog am Stützpunkt große Aufmerksamkeit auf sich, denn sie trug fast nur enge, weiße Blusen, kurze Shorts und am liebsten „knappe Badeanzüge". Als ob ihr Körper nicht schon gut genug gebaut gewesen wäre, machte sie auch noch Bodybuilding bei einem Gewichtheber, der olympische Erfahrungen hatte.

Bei einer Gala-Veranstaltung kam Dougherty während sieben Stunden nur zu einem einzigen Tanz mit seiner Frau. Er stand am Rande des Parketts und hörte die Gespräche anderer Männer mit, in denen schlüpfrige Bemerkungen über Marilyn fielen. Als er darauf bestand, daß Marilyn ihn nach Hause begleiten solle, folgte sie ihm zwar, meinte aber, es habe ihr so viel Spaß gemacht, daß sie ihm am liebsten entwischen wolle, um noch einmal zum Ball zurückzugehen. Dougherty drohte, wenn sie das täte, bräuchte sie erst gar nicht mehr nach Hause zu kommen.

„Ich gebe zu, daß ich eifersüchtig war", gestand er.

Norma Jean rächte sich dafür. Bald nach dem Tanzabend kam Jim einmal früher nach Hause und stand vor verschlossener Wohnungstür. Als er klopfte, rief sie: „Bill, bist du es? Einen Augenblick."

Dougherty gab Antwort, dann schrie sie: „Oh, tut mir leid, ich hab' nicht gedacht, daß du so früh kommst, Tommy."

Von drinnen hörte er Flüstern und Geräusche wie beim Möbelrücken. Dougherty schnaubte vor Wut. Die Wohnung hatte keine Hintertür, und er war überzeugt, seine Frau in flagranti ertappt zu haben.

Nur in ein Handtuch gehüllt, öffnete sie ihm die Tür. Sie war soeben aus der Dusche gekommen. Alles war inszeniert. Die Lektion saß.

Dougherty wurde einige Zeit später nach Australien weiterversetzt. Norma Jean bat ihn zu bleiben. Nachdem er ihr klar gemacht hatte, daß er keine andere Wahl hatte, flehte sie ihn an, sie wolle wenigstens ein Baby von ihm. Er vertröstete sie damit bis nach dem Kriege.

ENTDECKT!

Während ihr Mann in Australien war, hatte Norma Jean einen Job; sie mußte Fallschirme prüfen und falten. Die Mädchen in der Fabrik trugen Overalls, was sie überraschte.

„Mädchen bei der Arbeit in Overalls zu stecken ist fast so, als trügen sie Trikots, vor allem, wenn ein Mädchen einen Overall zu tragen versteht", sagte sie. „Die Männer umschwärmten mich wie früher die Jungs an der Highschool. Vielleicht war es meine Schuld, daß die Männer in der Fabrik mit mir ausgehen wollten und mir Drinks spendierten. Ich fühlte mich keinesfalls als verheiratete Frau."

Sie behauptete jedenfalls später, Dougherty während seines gesamten Überseeaufenthaltes treu geblieben zu sein.

Als er seinen ersten Heimaturlaub hatte, fuhr sie mit ihm auf dem schnellsten Wege in ein Luxusmotel am Ventura Boulevard. Sie hatte sich extra für diesen Augenblick ein schwarzes Spitzennachthemd gekauft. Die nächsten paar Tage verbrachten sie im Bett und ließen sich die Mahlzeiten aufs Zimmer bringen.

Nachdem Dougherty nach Australien zurückgekehrt war, ging Norma Jean wieder zur Arbeit. Dort wurde sie von einem Fotografen namens David Conover entdeckt, der für die Zeitschrift *Yank* Fotos von Arbeiterinnen in Rüstungsbetrieben schoß. Er machte eine ganze Serie von ihr, die der Mannequinagentur Blue Book in die Hände fielen. Sie erhielt sofort einen Vertrag.

Sie posierte im Badeanzug oder in Shorts mit knappem Oberteil für Herrenmagazine wie *Peek, Parade, Sir* und *Swank*. Die Fotos waren wenig anstößig, Norma Jean gab sich aber dennoch größte Mühe, ihre 91 cm Oberweite gut ins Bild zu setzen.

Als sie für ein Shooting mit dem zweiunddreißigjährigen ungarischen Fotografen André de Dienes unterwegs war, wollte der Nacktaufnahmen von ihr machen, auf die sie sich allerdings nicht einließ. Aber sie ging mit ihm ins Bett, weil sie eines Abends in einem Motel keine Einzelzimmer bekommen konnten. Die neunzehnjährige Norma Jean entdeckte bald neue, bislang von ihr noch nicht erforschte Seiten des Sex.

„In meinen Träumen hatte ich ihren Körper längstens erkundet", schrieb de Dienes später, „doch die Wirklichkeit übertraf meine Vorstellungen bei weitem."

Als Dougherty ein weiteres Mal auf Urlaub heimkam, war er ganz und gar gegen den neuen Job seiner Frau, obwohl er nicht den geringsten Verdacht schöpfte, daß sie ihm untreu gewesen war. Er war der festen Ansicht, daß die Arbeit als professionelles Fotomodell keine angemessene Betätigung für eine verheiratete Frau sei. Norma Jean erzählte ihm auch von ihrem Ehrgeiz, Schauspielerin zu werden. Dougherty antwortete ihr, sie müsse zwischen „einer Karriere als Fotomodell oder eventuell Filmschauspielerin und dem häuslichen Leben" wählen, – und sie wählte: Er war am Jangtsekiang, mitten in China, als er von seiner Scheidung erfuhr.

VOM AKTMODELL ZUR STRIPPERIN

Der schottische Fotograf William Burnside hob Normas große Kooperationsbereitschaft hervor. „Bis zum ersten Kuß dauerte es zwei Wochen", sagte er, doch dann war es leicht. „Sie wollte einfach nicht zu früh angefaßt werden. An eine gewaltsame sexuelle Eroberung war überhaupt nicht zu denken."

Für den Künstler Earl Morgan posierte sie zunächst oben ohne, später auch nackt. Hatte sie ihre anfängliche Scheu erst einmal überwunden, zog sie sich für Fotografen aus, oft bevor sie noch darum gebeten wurde.

Sie arbeitete als Stripperin in einer Spelunke am Sunset Boulevard und wurde aus Geldnot zur Prostituierten. Es begann damit, daß ihr ein älterer Herr in einer Bar 15 Dollar bot, wenn sie sich für ihn auszöge. Leicht beschwipst folgte sie ihm auf sein Hotelzimmer und legte ihre Sachen ab. Seine Absichten gingen eindeutig über seine geäußerten Wünsche hinaus, denn plötzlich hatte auch er keinen Fetzen mehr am Leib. Fast hätte sie Reißaus genommen.

„Dann habe ich nochmal nachgedacht", sagte sie. „Es war mir eigentlich ziemlich egal. Was machte es schon noch aus?"

Sie bestand darauf, daß der Mann ein Kondom benutzte, und schickte ihn zum nächsten Drugstore. Er war überrascht, daß sie bei seiner Rückkehr noch da war. Als alles vorbei war, gab er ihr 15 Dollar. Sie kaufte sich davon ein neues Kleid. Sie empfand keine Scham darüber, sondern genoß vielmehr die Erfahrung. Angezogen war sie nur irgendeine junge Frau unter vielen, nackt war sie etwas Besonderes. Es folgten weitere Barbesuche, mehr Kunden und mehr Taschengeld.

EIN GUTER TIP

Auf den Nebenstraßen rund um Hollywood oder am Santa Monica Boulevard bot sie sich Männern für einen Quickie im Auto an.

„Sie machte es tatsächlich für ein Essen", berichtete Lucille Ryman, ein Talentscout von MGM. „Es ging ihr nicht ums Geld. Sie sagte uns ohne Stolz oder Scham, daß sie einen Deal machte – sie tat, was sie tat, und ihre Freier kauften ihr ein Frühstück oder Mittagessen."

Ihrem Schauspiellehrer Lee Strasberg erzählte sie später, sie hätte sich nicht zweimal bitten lassen, „wenn bei einem Kongreß jemand ein schönes Mädchen gebraucht hätte".

Einer ihrer Kunden war in der Filmbranche und schlug ihr vor, sie solle es doch beim Film versuchen.

„Aber ich kann nicht spielen", wandte sie ein.

Darauf käme es nicht an, erklärte er.

„Tu das, was du jetzt tust", sagte er, „aber mit Männern, die was zu sagen haben. Die werden dann auch was für dich tun."

Sie hielt sich an seinen Rat. Als sie später einmal gefragt wurde, wie sie zum Film gekommen sei, antwortete Norma Jean: „Ich lernte die richtigen Männer kennen und gab ihnen, was sie wollten."

Währenddessen hatte sie auch feste Beziehungen mit Männern. Einer war ein junger Schriftsteller namens Robert Slatzer. Er lernte sie kennen, als er in der Lobby von Twentieth Century-Fox auf eine kleine Berühmtheit zum Interview wartete. Er las gerade einen Gedichtband, da kam Marilyn mit einer großen Mappe herein.

„Sie blieb mit ihrem Absatz hängen und stolperte. Alle Bilder aus ihrer Mappe fielen zu Boden", erinnerte er sich an ihre erste Begegnung. „Ich eilte ihr zu Hilfe, und zu meinem Glück war nur noch ein Sitzplatz frei – neben mir. Sie sagte, sie interessiere sich sehr für Poesie, und ich meinte, ich könnte vielleicht eine Story über sie schreiben. Schließlich verabredeten wir uns noch für den gleichen Abend."

NACKTBADEN UND TANDEMSURFEN

Er führte sie nach Malibu aus, wo sie nach dem Essen am Strand spazieren gingen. Marilyn schlug vor, im Meer zu baden, woraufhin Slatzer meinte, er habe leider keine Badesachen dabei. Marilyn lachte, zog sich aus und rannte nackt in die Brandung.

„Ich war verlegen", bekannte er, „doch noch in derselben Nacht liebten wir uns am Strand."

Als er sie heimfuhr, bat sie ihn, sie nicht direkt vor der Haustür abzusetzen, damit ihre Tante nichts davon erfahre.

„Wir hatten uns sofort gerne", sagte Slatzer. „Sie hatte etwas Zauberhaftes an sich und war anders als die Mädchen, die einem die Talentsucher in den Studios anschleppten. Ich glaube, ich kann behaupten, daß ich sie vom ersten Augenblick an liebte."

Sie redeten vom Heiraten, doch dafür reichte das Geld nicht. Außerdem traf sie sich auch noch mit Tommy Zahn, einem Leutnant der Küstenwache von Los Angeles County, der an den Stränden Kaliforniens einen legendären Ruf genoß.

„Sie war in ausgezeichneter Verfassung", erzählte er. „Ich habe sie in Malibu öfter zum Tandemsurfen mitgenommen – zu zweit auf einem Surfbrett. Sie war echt gut im Wasser, sehr robust, bester Gesundheit, kurz, sie hatte eine wirklich gute Einstellung zum Leben."

Sie hatte ihren ersten Durchbruch, als Howard Hughes ihr Bild in einem Magazin entdeckte, das er zur Zerstreuung während eines Krankenhausaufenthaltes durchblätterte. Er ließ sie ausfindig machen, und Ben Lyon, der Besetzungschef bei Twentieth Century-Fox, lud sie zu Probeaufnahmen ein. Darryl Zanuck meinte schließlich: „Gib ihr einen Vertrag."

Sie wurde für 75 Dollar engagiert, und ihr Name in Marilyn Monroe geändert – Marilyn in Anlehnung an die Broadwayschönheit Marilyn Miller, und Monroe nach ihrer Großmutter.

Lyon ließ sie die Runde bei den einzelnen Studioleitern von Twentieth Century-Fox machen und gab ihr ein verschlossenes Empfehlungsschreiben mit auf den Weg. Nachdem die Studiochefs es gelesen hatten, machten sie alle das gleiche – sie kamen hinter ihren Schreibtischen hervor und ließen die Hosen herunter. Es dauerte einige Zeit, bis Marilyn wußte, was in dem Brief stand: „Dieses Mädchen bläst Ihnen gerne einen."

Später sagte sie über ihre Anfangsphase im Filmgeschäft: „Ich habe viel Zeit auf Knien verbracht."

„Das gehörte einfach zum Job", erklärte Marilyn. „Sie drehten ja all diese sexy Filme nicht, um Erdnußbutter zu verkaufen. Sie wollten von jeder Ware zuvor eine Kostprobe. Wenn du nicht mitgemacht hast, dann standen draußen schon fünfundzwanzig andere Mädchen Schlange und warteten auf diese Chance."

Sie kam aber nicht besonders weit damit. Vollkommen unerwartet warf Darryl Zanuck sie wieder hinaus. Es ging das Gerücht, die Vorstandsetage sei ihrer müde geworden. Sie hatte allerdings einige gute Kontakte knüpfen können.

POKERNÄCHTE UND HOSTESSENDIENSTE

Solange sie für Twentieth Century unter Vertrag stand, wurde von ihr erwartet, an „PR-Partys" teilzunehmen – nichts anderes als ausgedehnte Pokernächte. Die Schauspielerinnen hatten Hostessendienste zu erfüllen und wetteiferten untereinander, wer den kürzesten Rock oder die am weitesten aufgeknöpfte Bluse trug. Zeigte ein Spieler auf seinen Teller, brachte ihm ein Mädchen ein Sandwich, deutete er aufs Glas, erhielt er einen Drink und wenn er schließlich auf seinen Hosenstall wies, hatte sich eines der aufstrebenden Starlets unter den Tisch zu begeben und ihm sexuelle Nothilfe zu leisten. Es war eine Frage der Ehre unter den Spielern, keine Gefühlsregung zu zeigen, während die Mädchen sich an ihnen zu schaffen machten.

Marilyn war darin besonders geübt. Bei dem siebzigjährigen Joe Schenck, einem der Gründer von Twentieth Century, ging sie so geschickt zu Werke, daß er eine volle Erektion bekam. Er brachte sie deshalb im Badehaus auf seinem Anwesen unter, um ihrer sicheren Hand gewiß zu sein, wenn sich etwas regte.

„Das dauerte manchmal Stunden", berichtete sie einer Freundin. „War ich froh, wenn er endlich einschlief."

BEKANNTSCHAFTEN

Ihre eigenen Bedürfnisse befriedigte Marilyn mit zahlreichen anderen Männern. Einer ihrer Liebhaber war Charlie Chaplins einundzwanzigjähriger Sohn Charlie Jr. Sie wurde schwanger, ließ aber eine Abtreibung durchführen. Die Affäre endete, als Charlie sie mit seinem Bruder Sydney im Bett erwischte.

Auf einer Party begegnete Marilyn dem Journalisten James Bacon und nahm ihn mit in Schencks Badehaus. Sie wollten gerade loslegen, da rief Schenck an. Bacon erinnerte sich, daß Marilyn aus dem Bett stieg, sich „mit quälender Langsamkeit" die Haare kämmte und schminkte.

„Irgendwie tat mir der arme Joe leid, der in seinem großen Schlafzimmer saß und die Sekunden zählte", sagte Bacon.

Während Marilyn sich auf den Weg machte, verkündete sie munter: „Es wird nicht lange dauern."

Bacons Beziehung zu ihr hielt immerhin zwei Jahre, aber sein Fazit war recht verhalten: „Ich machte mir keine Illusionen. Sie mochte mich, sicher, aber sie war nicht auf mich scharf, sondern auf all die Zeitungen, in denen meine Kolumne erschien."

In einem Drive-In lernte Marilyn John Carroll kennen, einen nicht sonderlich berühmten Helden der TV-Nachmittagsserien. Die Carrolls führten eine offene Ehe, und so brachte er eines Tages Marilyn mit nach Hause, um sie seiner Frau Lucille Ryman vorzustellen, die Marilyn einen Dreimonatsvertrag bei MGM verschaffen konnte. Die Nacktpartys, die im Hause Carroll gefeiert wurden, waren damals gerade ein Thema im *Confidential,* und Marilyn zeigte sich gern hüllenlos. Ihr Wunsch, sich ihrer Kleider zu entledigen, reichte nicht allein bis in die frühe Jugendzeit zurück, sondern machte darüber hinaus vor keinem Ort halt, wenn auch nur in Gedanken.

„Kaum daß ich in der Kirchenbank saß, die Orgel zu spielen begann und alle ein frommes Lied sangen, hatte ich den Wunsch, alle

Kleider auszuziehen", erzählte sie. „Ich wollte unbedingt nackt vor Gott und allen Menschen erscheinen. Ich mußte die Zähne zusammenbeißen und mich auf meine Hände setzen, um mich davor zu bewahren."

Sie setzte ihren nackten Körper oft genug ein, etwa um Freunden ein Vergnügen zu bereiten. Will Fowler, ein Freund von Bob Slatzer, erinnerte sich an einen Abend in ihrer Wohnung, als sie reichlich Alkohol getrunken hatten. „Plötzlich legte sie einfach alle Kleider ab. Sie zeigte Männern gern ihren Körper. Sie war zu allem, worum Männer sie baten, bereit, nur um ihnen einen Gefallen zu tun. Es ging von ihr genauso aus wie von uns, und es war überhaupt nichts Sexuelles, zumindest nicht an jenem Abend."

Die Carrolls luden Marilyn jedenfalls ein, das freie Zimmer in ihrer Wohnung zu beziehen, und sie und John wurden ein Liebespaar. Marilyn wollte ihn heiraten, und Lucille war damit sogar einverstanden, aber John besann sich rechtzeitig eines Besseren, weil hauptsächlich sie die Brötchen verdiente.

BEZIEHUNGEN

Ihre Beziehung zu Schenck verschaffte Marilyn immerhin einen Vertrag bei Columbia Pictures. Harry Cohn wollte mit Marilyn nur aus einem einzigen Grund schlafen: In ganz Hollywood galt sie als Schencks Geliebte.

„Harry befahl einem, ins Bett zu gehen, ohne vorher „Guten Tag" gesagt zu haben", erinnerte sich Marilyn.

Ihr Lohn war eine kleine Rolle im Musical *Ladies of the Chorus*. Während ihrer Zeit bei Columbia lernte sie den musikalischen Leiter Fred Karger kennen. Er war zehn Jahre älter als sie, hatte sich gerade von seiner Frau getrennt und lebte mit seiner Mutter und seinem kleinen Sohn zusammen. Marilyn hatte bei ihm Sprechunterricht.

Eines Morgens stolperte seine Schwester in sein Schlafzimmer und erwischte ihn mit Marilyn im Bett.

„Hallo", sagte sie, „kann ich einen Saft haben?"

Kurze Zeit später platzten dann Freds Neffe und Nichte herein, als Marilyn sich gerade nackt vor dem Spiegel schminkte. Sie war keine Spur verlegen.

Marilyn verliebte sich in Karger, zog zu ihm und wollte ihn sogar heiraten, aber er meinte es nie ernst. Es war ihm peinlich, mit ihr gesehen zu werden, weil ihre tief ausgeschnittenen Kleider sie wie eine Nutte aussehen ließen und er sie keineswegs für die passende Stiefmutter seines kleinen Sohnes hielt.

Viele ihrer Freunde behaupteten, Karger sei die Liebe ihres Lebens gewesen. Sie wurde mehrere Male von ihm schwanger, ließ aber jedesmal eine Abtreibung vornehmen. Zu Weihnachten 1948 schenkte sie ihm für 500 Dollar eine goldene Uhr, die sie sich eigentlich gar nicht leisten konnte. Als sie endlich die letzte Rate für die Uhr abgezahlt hatte, heiratete er Jane Wyman. Marilyn war so entrüstet über Kargers Verrat, daß sie auf dem Empfang nach der Trauung eine aufsehenerregende Szene hinlegte.

Trotz ihrer Liebe zu Karger fand sie nebenher ausreichend Zeit, in der Garderobe mit Milton Berle, Orson Welles und Howard Hughes eine schnelle Nummer abzuziehen.

MARILYN PROBIERT ES LESBISCH

Bei Columbia stieß Marilyn auch auf die Schauspiellehrerin Natascha Lytess. Sie zog bald zu ihr, und schon kurz danach stellten sich Gerüchte über eine lesbische Beziehung ein.

„Als ich Bücher zu lesen begann, stieß ich auf Wörter wie ‚frigide‘, ‚abgewiesen‘ und ‚lesbisch‘, und ich fragte mich, ob ich nicht alles drei war", meinte Marilyn. „Außerdem verspürte ich immer ein gewisses Prickeln, wenn ich eine gutaussehende Frau sah."

Marilyn hatte eine einfache Philosophie: „Es gibt keinen falschen Sex, wenn nur Liebe mit im Spiel ist."

Nach einigen Monaten entschied sie jedoch, daß sie keine Lesbe sei, und zog wieder aus.

In *Love Happy*, den die Marx Brothers bei United Artists drehten, hatte Marilyn einen kurzen Auftritt. Groucho wollte sie auf der Stelle verführen.

„Sie ist Mae West, Theda Bara und Bo Peep in einer Person", sagte er.

Obwohl Marilyn nur einen halben Drehtag für den Streifen gebraucht wurde, schickte man sie auf PR-Tour. In New York machte sie einige Werbeaufnahmen im Traumhaus des Magazins *Photoplay*, und sie arbeitete auch wieder mit André de Dienes zusammen, für den sie am Strand posierte. Im El Morocco lernte sie einen Kleiderfabrikanten kennen, den achtunddreißigjährigen Millionär Henry Rosenfeld. Sie verliebten sich ineinander und blieben ihr Leben lang befreundet.

„Marilyn glaubte, Sex bringe Menschen einander näher", sagte er. „Sie gestand mir, daß sie fast nie einen Orgasmus hätte, aber sie war äußerst selbstlos. Sie wollte vor allem das andere Geschlecht glücklich machen."

SHOOTING FÜR EINEN KALENDER

Zurück in Los Angeles, war Marilyn einmal mehr pleite. Sie posierte im Badeanzug mit einem Strandball in den Händen für ein Werbeplakat der Brauerei Pabst. Das Plakat fiel einem Chicagoer Kalenderhersteller auf, der bei Marilyns Agentur anfragte, ob sich das Modell wohl auch nackt ablichten ließe. Marilyn ließ antworten, es sei ihr eine Freude.

„Ich fühle mich nur wohl, wenn ich nackt bin", bekannte sie dem Reporter Earl Wilson später.

Am 27. Mai 1949 breitete dann der Fotograf Tom Kelley einen roten Samtvorhang am Boden seines Studios aus, legte eine von Marilyns Lieblingsplatten auf – Artie Shaws „Begin the Beguine" – dann zog sie sich aus und machte es sich auf dem Samt bequem. Während Kelley oben auf einer Leiter stand und auf den Auslöser drückte, nahm Marilyn unten völlig entspannt eine Pose nach der anderen ein.

Von mehreren Dutzend Aufnahmen sind nur zwei erhalten – „A New Wrinkle", das Marilyn nackt im Profil auf der samtenen Unterlage zeigt, und „Golden Dreams", auf dem sie vollbusig mit sittsam überkreuzten Beinen fotografiert ist. Kelley erhielt für die Veröffentlichung 500, Marilyn 50 Dollar.

Auf einer Party in Palm Springs stellte John Carroll sie Johnny Hyde vor, der als Agent bei William Morris ein reicher Mann geworden war. Er hatte eine Glatze und war sehr klein – er reichte ihr gerade einmal bis zu den Brüsten. Beim Essen beklagte sie sich über ihre Liebhaber und ihre Karriere. Niemand wollte sie heiraten oder einen Film mit ihr machen, weil keiner sie für gut genug halte. Er war da ganz anderer Ansicht. Schwer herzkrank wußte er, daß er noch knapp achtzehn Monate zu leben hatte. Diese Zeit widmete er ihr.

Er bezahlte ihr eine kosmetische Operation, die zwei kleine Makel an Nase und Kinn beseitigte. Er schenkte ihr Kleider und führte sie in alle wichtigen Restaurants und Klubs, damit sie gesehen wurde. Bald war er unsterblich in sie verliebt. Er verließ seine Frau nach zwanzig Jahren Ehe und kaufte ein Haus in Beverly Hills. Dort zog er mit Marilyn ein.

EINE ABGEKARTETE SACHE

Hyde brachte sie dazu, ihr Haar platinblond zu färben. Er ließ ihren Haaransatz höher legen und ihre Zähne richten. Natascha Lytess war darüber äußerst erbost. Sie glaubte, er verwandle sie eher in ein Hollywood-Monster denn in eine seriöse Schauspielerin. Doch auf diese Weise verschaffte er ihr eine Rolle in einem ernsthaften Film, in John Hustons *Asphalt-Dschungel* (OT: The Asphalt Jungle).

Da ihr gesagt worden war, die Rolle verlange nach einer vollbusigen Blondine, erschien Marilyn zum Vorsprechen mit Polstern im Büstenhalter.

„Ich faßte unter ihren Pulli", erzählte Huston, „zog die Polster heraus und sagte: ‚Sie haben die Rolle, Marilyn'."

Es war ein abgekartetes Spiel. Huston hatte seine Pferde auf der Ranch der Carrolls untergestellt und war mit den Zahlungen im Rückstand. Lucille Ryman drohte ihm, seine Hengste zu verkaufen, wenn er Marilyn die Rolle nicht gäbe.

Marilyn aber war Hyde äußerst dankbar.

„Ich hatte jede Menge Freunde und Bekannte – aber Sie wissen ja, wie Bekannte so sind", sagte sie. „Keines dieser hohen Tiere hat jemals einen Finger für mich gekrümmt, keines, außer Johnny."

Wieder war es Hyde, der ihr eine Rolle in dem mit einem Oscar ausgezeichneten Film *Alles über Eva* (OT: All about Eve) besorgte – samt einer Garantie für eine Woche Arbeit und einer Option auf sieben weitere Jahre. Sie spielte an der Seite von George Sanders, der sich sofort in sie verliebte. Er machte ihr einen Heiratsantrag, doch als seine Frau Zsa Zsa Gabor dahinter kam, verbat sie ihm, Marilyn außerhalb des Geländes zu sehen. Am Set waren sie allerdings unzertrennlich.

TREUE NICHT INBEGRIFFEN

Hyde nutzte seinen Einfluß auch, damit sie Rollen in *Right Cross* und *Home Town Story* bekam, doch bei Marilyns Dankbarkeit war Treue nicht inbegriffen. Sie traf sich wieder mit Karger und erzählte ihm: „Hyde ist so süß. Ich habe ihn schrecklich gern. Aber ich empfinde nicht dasselbe wie er."

Auf einer Party lernte sie den *Look*-Fotografen Milton Greene kennen. Er wollte unbedingt Fotos von ihr machen. Marilyn bedeutete ihm, sie habe einen vollen Terminplan, aber sie posiere gerne die ganze Nacht für ihn. Hyde verbrachte seinen Urlaub in Palm Springs, und Marilyn begab sich mit Greene in sein „Westküstenhaus", das Chateau Marmont Hotel am Sunset Boulevard. Greene kehrte nach New York zurück, ohne auch nur ein einziges Bild von Marilyn geschossen zu haben. Als er in seinem Studio in der Lexington Avenue eintraf, wartete bereits ein Telegramm mit folgendem Wortlaut auf ihn: „Milton Greene, ich liebe Dich, Du hast mein Herz,/Und nicht nur wegen Deiner ‚Gastfreundschaft' in Deinem ‚Haus'./Vielmehr denke ich, was bist Du für ein toller Hecht,/Und das, mein Lieber, ist alles, bloß kein Scherz./In Liebe, Marilyn."

Im Bett mit Bacon mokierte sie sich über die sexuellen Fähigkeiten des schwerkranken Hyde. Die Akteure in Hollywood erzählten sich, Marilyns sexuelles Verlangen treibe den armen Mann in den Tod. Er war so krank, daß er nicht mehr zu seinem Auto gehen konnte, sondern getragen werden mußte. Marilyn gab ihm noch einmal das Gefühl, wieder jung und männlich zu sein. Hyde bat sie, seine Frau zu werden. Obwohl er bereits dem Tod ins Auge sah, lehnte sie ab.

„Ich liebe dich nicht, Johnny", sagte sie. „Es wäre nicht gut."

Marilyn war gerade bei der Kostümprobe zu *Young as You Feel*, als Hyde den ersten einer Serie von Herzanfällen hatte und ins Krankenhaus eingeliefert wurde. Kaum daß er tot war, nahmen seine Angehörigen sofort das Haus in Besitz, rissen den Schmuck und die teuren Kleider an sich, die er Marilyn geschenkt hatte, und warfen sie hinaus.

Sie war auf der Beerdigung nicht erwünscht, tauchte aber trotzig in Schwarz auf und warf sich schluchzend über den Sarg. Sie gab sich die Schuld an Hydes Tod: Hätte sie ihn geheiratet, könnte er vielleicht noch leben.

„Er war die einzige Person, der ich wirklich etwas bedeutete", gestand sie viele Jahre später.

Obwohl sie ihm die Ehe verweigert hatte, hatte Hyde seinen Anwälten gesagt, sie solle ein Drittel seines Erbes erhalten, aber ihm blieb nicht mehr die Zeit, um sein Testament entsprechend abzuändern. Und so ging Marilyn Monroe leer aus.

Marilyn fühlte sich wieder mutterseelenallein und schluckte in ihrer Verzweiflung dreißig Kapseln Nembutal. Natascha Lytess fand sie auf ihrem Bett bereits im Koma und rief umgehend einen Arzt. Es war, wie die fünfundzwanzigjährige Marilyn bekannte, schon ihr dritter Selbstmordversuch.

EIN ERSTER TRIUMPH

Marilyn hatte schreckliche Angst, daß Twentieth Century-Fox ohne Hydes Hilfe die siebenjährige Option fallen lassen könnte, da Darryl Zanuck sie nicht mochte. Sie wandte sich daher wieder an Joe Schenck. Der sprach unter vier Augen mit Spyros Skouras, dem Präsidenten von Fox, und im Januar 1951 unterzeichnete Marilyn einen Vertrag mit einer Gage von 500 Dollar pro Woche, die in sieben Jahren auf 1500 steigen sollte. Triumphierend wedelte sie damit vor ihrer Zimmerkollegin Shelley Winters herum.

Beim Dinner, das Twentieth Century-Fox veranstaltete, um seine Neuentdeckungen vorzustellen, trug sie ein so enges Kleid, daß alle die Luft anhielten und hofften, eine Naht werde platzen. Längst etablierte Schauspielerinnen fürchteten sie als Bedrohung, zumal sie abends mit Skouras häufiger in Restaurants gesichtet wurde. Er ging bald aus und ein in ihrem neuen Appartement im Beverly Carlton.

Marilyn gab der Presse immer wieder neue Nahrung. Sie präsentierte sich in Kleidern, die bis zur Hüfte geschlitzt waren. Ted Strauss, ein Leitartikler des *Collier's* Magazin, lud sie einmal bei Romanoff's zum Abendessen ein und schrieb später über diese denkwürdige Begegnung: „Sie trug etwas Rotes, das sie halb bekleidete oder vielmehr halb entkleidete, mit einem Ausschnitt fast bis zum Nabel. Wir schritten eine Treppe im Stil der Ziegfeld Follies hinab, und alle blieben stehen. Jeder starrte uns an."

Wenn sie zu Hause Interviews gab, beantwortete sie die Fragen der Journalisten gern nackt. Da sie ihre Reize niemandem vorenthielt, rissen sich alle Zeitschriften um sie, und die GIs in Deutschland kürten sie zur „Miss Cheesecake 1951".

Marilyn sicherte ihre Zukunft zusätzlich dadurch ab, daß sie sich mit Howard Hughes traf. Ein Auto holte sie zu Hause ab und brachte sie zu einem verlassenen Flugfeld, wo er im Cockpit seines Fliegers auf sie wartete, um ein unbekanntes Ziel mit ihr anzusteuern. Wenn sie zurückkam, war ihr Gesicht meist wundgerieben, und sie beklagte sich über Hughes' Bartstoppeln. Seine Erwartungen erfüllte Marilyn jedoch voll und ganz, und so hatte er keinen Grund zur Klage. Wie üblich ließ er ihr Haus überwachen, und es amüsierte ihn köstlich, als er hörte, daß Peter Lawford bei ihr abgeblitzt war.

SIEG AUF DER GANZEN LINIE

Als Meldungen über ihre Aktaufnahmen für den Kalender des Jahres 1950 an die Presse gelangten, hielt Hughes zu ihr. Überraschenderweise stand auch Zanuck ihr bei. Trotz der Moralklausel in ihrem Vertrag, meinte Marilyn ihm gegenüber, gestehe sie wohl am besten die Nacktaufnahmen ein, und Zanuck gab ihr völlig recht. Also erklärte Marilyn der Presse, sie sei damals eine mittellose Schauspielerin gewesen und habe die Aufnahmen gemacht, um sich ernähren, die Miete zahlen und ihr gepfändetes Auto wieder zurückkaufen zu können. Man habe ihr zwar geraten, die Aktaufnahmen abzustreiten, aber sie sei der unbedingten Meinung, es sei besser, aufrichtig zu sein. Diese Vorgehensweise brachte ihr die Sympathie vieler Frauen ein. Und die Männer waren sowieso auf ihrer Seite, spätestens als Hugh Hefner 500 Dollar für die Kalenderaufnahme „Golden Dreams" zahlte und sie in der ersten Nummer des *Playboy* 1953 veröffentlichte.

Zanuck vervollständigte den PR-Triumph mit einer Presseerklärung, Marilyn sei ein Waisenkind und ihre Mutter säße in einer Heilanstalt für Geisteskranke. Marilyn war nun sexy und verletzlich. Als der Skandal anfangs ruchbar wurde, kannten die meisten Reporter nicht einmal ihren Namen. Sie war bloß „das Baby mit den großen Titten". Von jetzt an kannte und liebte sie jeder.

Bei einem Blind-Date lernte Marilyn den Baseball-Star der New York Yankees, Joe DiMaggio, kennen. Sie erbot sich, ihn heimzufahren, und sie liebten sich auf dem Rücksitz ihres Autos. Als sie später gefragt wurde, was sie nach Verlassen des Restaurants getan hätten, antwortete Marilyn: „Wir haben nicht über Baseball geredet."

Obwohl DiMaggio von seiner Frau, der Schauspielerin Dorothy Arnold, seit beinahe zehn Jahren geschieden war, trauerte er ihr immer noch nach und sehnte sich nach einer Versöhnung. Nach seinem Abenteuer auf dem Rücksitz von Marilyns Wagen änderte sich das allerdings grundlegend. Er war jede Nacht bei Marilyn, bis er wieder zurück nach New York mußte.

DiMaggio hatte ihr schon in der ersten Nacht einen Heiratsantrag gemacht, aber für die Ehe war es Marilyn noch zu früh.

WUNSCHLISTE

Eines Sonntagmorgens sagte Marilyn zu Shelley Winters: „Wäre es nicht toll, wie die Männer einfach Kerben in den Gürtel zu ritzen, mit den attraktivsten Männern zu schlafen und sich auf nichts weiteres einzulassen?"

Also setzten sie sich hin, und machten eine Liste mit den begehrenswertesten Männern. Winters zufolge standen auf Marilyns Liste Albert Einstein, Eli Wallach, Arthur Miller, Elia Kazan, Ernest Hemingway, Jean Renoir, Yves Montand, Lee Strasberg, Zero Mostel, Charles Laughton, John Huston, Harry Belafonte, Dean Jagger, Nick Ray, Charles Boyer, Charles Bickford und Clifford Odets.

Nach ihrem Tod wurde in ihrem Nachlaß ein Foto von Albert Einstein gefunden, auf dem zu lesen war: „Für Marilyn, in Achtung und Liebe. Albert Einstein". Es ist jedoch kaum anzunehmen, daß der Vater der Relativitätstheorie Marilyns Liebe genossen hat. Das Bild wurde ihr im Scherz von Eli Wallach zugesandt, der übrigens behauptete, niemals mit ihr geschlafen zu haben.

Der erste auf ihrer Liste, der sich wirklich glücklich schätzen durfte, war der Regisseur Elia Kazan. Er hatte die Gabe eines guten Zuhörers – etwas, das er „die wirkliche Kunst der Verführung" nannte. Er wurde mehrfach von verschiedenen Personen zusammen mit Marilyn gesehen. Die Fotografin Jean Howard etwa beobachtete Marilyn am Swimmingpool des Agenten Charlie Feldman, wie sie auf Kazan wartete. Alain Bennett war bei ihr, als Kazan zur Oscar-Verleihung ging, da *Endstation Sehnsucht* (OT: A Streetcar Named Desire) nominiert worden war. Der Agent Milt Ebbins schließlich konnte sich an einen Termin mit Kazan in einer Suite im Beverly Hills Hotel erinnern, bei dem Marilyn plötzlich in Kazans Pyjama aus dem Schlafzimmer trat.

ELIA KAZAN

Normalerweise fanden ihre Treffen in ihrer Wohnung oder in Charlie Feldmans Haus statt. Es war Marilyns erste unbeschwerte Affäre. Eine Heirat kam von Anfang an nicht in Frage, da Kazan bereits verheiratet und Vater zweier Kinder war.

„Marilyn war einfach keine Ehefrau – jeder wußte das", schrieb er. Er betrachtete sie als „entzückendes Geschöpf" und nannte sie später „ein einfaches, gutmütiges Kind, das in Hollywood versaut wurde".

Die Beziehung dauerte ein Jahr und endete, als Marilyn ihm mitteilte, sie sei schwanger.

„Das jagte mir einen höllischen Schrecken ein", gestand er. „Wie jeder andere lausige Kerl entschied auch ich mich, meinem Treiben sofort ein Ende zu setzen."

Es gab natürlich auch noch andere Männer, etwa den griechischen Schauspieler Nico Minardos, der sich beklagte, sie sei „lausig im Bett". Sie sei völlig durcheinander und wolle sich nur einen Ehemann angeln.

„Ich wollte einfach nicht ‚Mr. Monroe' werden", bemerkte er.

Spyros Skouras setzte seine nächtlichen Besuche bei ihr fort, und da sie von ihrem Leinwandimage als blondes Dummchen loskommen wollte, versuchte sie sogar, Darryl Zanuck zu verführen.

„Ich hätte alles getan, was er gefordert hätte", sagte sie. „Ich hab's versucht, aber er zeigte kein Interesse. Er war der einzige Mann, der kalt blieb, und ich habe nie erfahren, warum."

Der Journalist Rupert Allan machte gerade ein Interview mit Marilyn für die Illustrierte *Look*, da erspähte er neben ihrem Bett ein Foto, auf dem zwei Männer zu sehen waren. Der eine war Elia Kazan, der andere der Dramatiker Arthur Miller.

Marilyn hatte Miller am Set zu *Young as You Feel* kennengelernt, als er versuchte, sie nach einem Schreikrampf zu beruhigen. Sie trafen sich dann auf einer Party wieder. Miller war ein enger Freund von Kazan, und bald wurden die drei häufig zusammen gesehen. Kazan beklagte sich schon kurze Zeit später über Marilyn: „Sie war so von Arthur eingenommen, daß sie über nichts anderes mehr reden konnte."

EIN DOPPELTES SPIEL

Die Presse war unterdessen mit etwas ganz anderem beschäftigt – ihrer Affäre mit Joe DiMaggio. Sie besuchte ihn in New York, und gemeinsam zogen sie durch die Nachtlokale Manhattans.

Gleichzeitig hielt sie auch noch an Bob Slatzer fest. Sie trafen sich in einem Hotel nahe der Niagara-Fälle und verbrachten dort ein feuchtfröhliches Wochenende miteinander. Er erinnerte sich, daß sie nackt ans Fenster trat und kicherte, als sich auf der Straße eine Gruppe Schaulustiger versammelte, um zu ihr hochzublicken.

Nachdem die Zeitungen ein Bild von Marilyn, DiMaggio und seinem Vater abgedruckt hatten, versuchte DiMaggios Exfrau seine Besuche bei ihrem gemeinsamen Sohn zu unterbinden. Vor Gericht erklärte sie, der Junge dürfe Menschen mit einem so unmoralischen Ruf wie dem der Monroe unter gar keinen Umständen ausgesetzt werden. Der Richter wies ihre Klage ab und meinte, am besten hätte sie sich gar nicht erst von DiMaggio scheiden lassen sollen.

Marilyn trieb weiterhin ihr doppeltes Spiel mit DiMaggio und Slatzer. Eines Abends brachte sie ihre Verabredungen durcheinander. Slatzer wartete vor ihrem Haus auf sie, als DiMaggio plötzlich auftauchte. Kurz darauf trat Marilyn aus dem Haus und bat beide herein. Slatzer schenkte ihnen etwas zu trinken ein, und DiMaggio merkte schnell, daß Slatzer sich im Haus auskannte. Es kam zum Streit. DiMaggio forderte Slatzer ultimativ zum Gehen auf, aber Slatzer ignorierte das vollkommen. Schließlich warf Marilyn beide hinaus.

„Etwa eine Stunde später rief sie an und entschuldigte sich", berichtete Slatzer. „Sie sagte, sie hätte ihre Termine durcheinander gebracht."

Slatzers Beziehung zu Marilyn wurde damals stark von der Presse beachtet.

„Er hat sie mit Weltliteratur umworben", hieß es in einem Artikel. Er bekannte, ihr die Gedichte des *Omar Chajjam* geschenkt zu haben. Es fällt schwer, sich vorzustellen, daß DiMaggio sie mit arabischer Liebeslyrik umworben hat.

Eines Nachts sagte Marilyn: „Ich habe es satt, mit jedem ins Bett zu steigen."

EINE SCHNAPSIDEE

Nach einer ausgiebigen Zechtour fuhr sie mit Slatzer nach Tijuana und heiratete ihn kurzerhand. Die beiden vollzogen ihre Ehe anschließend im Rosarita Beach Hotel.

„Als ich am nächsten Morgen aufwachte, saß sie im Bett und heulte", berichtete Slatzer, „wollte aber nicht sagen, warum."

Selbst während ihrer kurzen Flitterwochen kam Marilyn nicht von Joe DiMaggio los. Er kommentierte zu der Zeit die World Series im Radio, und Baseballfan Slatzer bestand gegen Marilyns ausdrücklichen Wunsch darauf, die Übertragungen zu hören.

Die Ehe hielt nicht lange. Kaum waren sie wieder in Los Angeles, bestellte Zanuck sie in sein Büro. Er erklärte Slatzer, daß Fox 2 Millionen Dollar in Marilyn investiert habe. Das Studio brauche eine Ehe mit einem Märchenprinzen und nicht mit einem zweitrangigen Drehbuchautor. Alles müsse sofort rückgängig gemacht werden. Marilyn gab dem Druck nach, und schon am nächsten Tag fuhren sie zurück nach Tijuana. Sie bestachen den Standesbeamten, der sie getraut hatte, die Heiratsurkunde sowie jeden nur erdenklichen Hinweis auf ihre Heirat zu vernichten.

Der Märchenprinz, den das Studio im Sinn hatte, war niemand anderes als Joe DiMaggio, amerikanischer Baseballstar und Saubermann par excellence. Es gab allerdings ein Problem: Marilyn wurde seiner allmählich überdrüssig.

Ohne Zweifel war DiMaggio der vollendete Begleiter für jeden

Anlaß, allerdings mochte er Marilyns tiefausgeschnittene Kleider nicht. Wenn sie besonders sexy mit dem Hintern wackelte, wäre er am liebsten im Erdboden versunken. Er drohte jedem Prügel an, der von ihr ein Autogramm wünschte, und verabscheute zutiefst die Partys und Premieren in Hollywood. Marilyn und Joe verbrachten statt dessen ruhige Nächte zu Hause. Sie fand sich damit für eine Weile ab, weil DiMaggio in sie verliebt und ein zufriedenstellender Liebhaber war.

DiMaggio hätte das Goldlamékleid garantiert nicht gefallen, das sie zum Empfang der Goldmedaille von *Photoplay* für den „Überraschungsstar des Jahres 1952" trug. Es war hauchdünn und ihren Kurven extra angepaßt worden. Der Zeremonienmeister Jerry Lewis kletterte auf einen Tisch, um Einblick in ihren Ausschnitt zu erhalten.

„Unglaublich, wie Marilyn ihr Hinterteil zur Schau stellte", notierte die Kolumnistin Sheilah Graham. „Jeder Spalt war zu sehen."

GUT GENUTZTE ZEIT

Wenn DiMaggio nicht in der Stadt war, versuchte Marilyn, die verlorene Zeit wieder aufzuholen. Sie traf sich immer noch mit Bob Slatzer und hatte außerdem noch Affären mit Edward G. Robinsons neunzehnjährigem Sohn Eddie und seinem Freund Andrew James. Zudem gab es ein kurzes Intermezzo mit Elizabeth Taylors erstem Ehemann Nicky Hilton.

Während seine Frau verreist war, ließ sich Marilyn mit Billy Travilla ein, der die Kostüme für *Blondinen bevorzugt* (OT: Gentlemen Prefer Blondes) entworfen hatte.

„Bei meiner ersten Begegnung mit Marilyn trug sie einen schwarzen Badeanzug", erinnerte er sich. „Sie öffnete die Schiebetür meiner Werkstatt, ein Träger glitt wie zufällig herab, und schon stand sie barbusig vor mir ... Natürlich machte sie das mit Absicht."

Als Travilla mit einem Blumenstrauß in der Hand zu einem Rendezvous mit Marilyn vor ihrem Haus erschien, wartete da schon ein anderer Freier mit Blumen. Marilyn erklärte dem anderen, daß sie diesen Abend Travilla versprochen habe, nahm dann beide Sträuße und warf sie kurzerhand ins Klo.

Sie gingen zu Tiffany's in der 8. Straße. Als Travilla auf die Toilette ging, mußte er am Büro vorbei und erblickte den Kalender mit Marilyns Aktaufnahmen.

„Oh, Billy", sagte sie. „Wo ist er? Ich will ihn sehen."

Das Büro wurde an diesem Abend von Billie Holiday als Garderobe benutzt. Als ihr klar wurde, daß Marilyn nicht gekommen war, um sie zu begrüßen, sondern um sich ihre eigenen Aktaufnahmen anzuschauen, zerknüllte „Lady Day" wütend den Kalender und warf ihn Marilyn ins Gesicht. Später konnte sich Travilla ein weiteres Exemplar beschaffen und ließ es sich von Marilyn signieren.

EINE EHE IST DIE BESTE LÖSUNG

Am Tag der Premiere von *Blondinen bevorzugt* weigerte DiMaggio sich beharrlich, Marilyn zu begleiten, obwohl er gerade bei ihr in der Wohnung war. Betty Grable sprang für ihn ein. Es sprach sich im Nu herum, daß DiMaggio sich schämte, mit ihr in der Öffentlichkeit gesehen zu werden.

Hinter verschlossenen Türen gestaltete sich allerdings alles völlig anders. Sie kochte gern für ihn und lernte sogar, seine bevorzugte italienische Spaghettisoße zuzubereiten. Gemeinsam erholten sie sich in seinem Heim in San Francisco von den Strapazen in Hollywood und gingen zusammen zum Angeln. Allmählich glaubte Marilyn, daß er der liebevolle Gatte und gute Vater ihrer zukünftigen Kinder sein könnte.

Bei den Dreharbeiten in Kanada zu *Fluß ohne Wiederkehr* (OT: River of No Return) mit Robert Mitchum, gab sie vor, sich den Fuß verstaucht zu haben. Sofort eilte DiMaggio ihr zu Hilfe. Nachdem die Dreharbeiten unterbrochen worden waren, verschwanden die beiden ohne jede Vorankündigung übers Wochenende.

Als sie einen Film mit Frank Sinatra drehen sollte, der den legendären Ruf hatte, mit sämtlichen Hauptdarstellerinnen ins Bett zu gehen, legte sich DiMaggio quer. Marilyn lehnte die Rolle ab und wurde von ihrem Vertrag suspendiert.

An Weihnachten 1953 führten die beiden ein Gespräch.

„Da keiner von uns ohne den anderen leben konnte, beschlossen Joe und ich, daß eine Ehe die einzige Lösung wäre", erzählte sie später.

Einen Termin setzten sie sich nicht. Als DiMaggio sie am 14. Januar 1954 ins Rathaus von San Francisco brachte, fragte Marilyn erstaunt: „Was machen wir denn hier?"

Trotz ihrer Verwirrung gab sie ihm ihr Jawort. Zur Hochzeit schenkte sie ihm eine der Aktaufnahmen, die für den Kalender entstanden war, aber als zu gewagt nicht veröffentlicht wurde.

Nach der Trauung ließen sie auf DiMaggios Wunsch hin den Empfang ausfallen, den er selbst geplant hatte. Sie verbrachten ihre Hochzeitsnacht in einem Zimmer zu vier Dollar im Clifton Motel in Pasa Robles. Bis auf den heutigen Tag ist dort ein Schild mit folgendem Text angebracht: „Joe und Marilyn haben hier geschlafen."

ERSTE KRISEN

Sie fuhren dann in die Berge bei Palm Springs, wo sie zwei idyllische Wochen ganz allein in der Hütte eines Freundes verlebten. Es gab dort nicht einmal einen Fernseher. Die Zeit vertrieben sie sich mit Spaziergängen im Schnee und Liebesspielen im Bett. Von all ihren Liebhabern, erinnerte sich Marilyn, sei DiMaggio der beste gewesen. „Hätte unsere Ehe nur aus Sex bestanden, dann hätte sie ewig gedauert."

Die Flitterwochen wurden in Tokio fortgesetzt, wo DiMaggio die japanische Baseballsaison eröffnen sollte. Im Fernen Osten trieb Marilyn ihre Eskapaden auf die Spitze. Als ein Offizier der US-Armee sie fragte, ob sie nicht nach Korea fliegen wolle, um vor GIs aufzutreten, war DiMaggio zwar dagegen, ließ sie aber gewähren. Bei Schneetreiben und frostiger Kälte sang und tanzte Marilyn vor den Soldaten der Ersten Marinedivision in einem enganliegenden, tief ausgeschnittenen, purpurfarbenen Kleid ohne Unterwäsche. Die Bilder in der Wochenschau verursachten bei DiMaggio schieres Entsetzen, und Marilyn holte sich eine Lungenentzündung.

Noch bevor sie wieder in Kalifornien waren, begannen die ersten schweren Krisen über sie hereinzubrechen.

„In den Flitterwochen hat er mir mit Scheidung gedroht", klagte sie.

In San Francisco nahm DiMaggios Verärgerung noch zu. Sie spazierte kaum bekleidet vor Freundinnen im Haus herum, während er vor dem Fernseher eine Sportsendung nach der anderen konsumierte und keine Eile zeigte, ins Bett zu kommen.

Sie kochte, putzte und bügelte, er brachte die ganze Zeit im Restaurant am Fisherman's Wharf zu, das er gekauft hatte. Er bat sie, ins Restaurant zu kommen, um Kunden anzulocken, doch sie wollte auf keinen Fall den Köder spielen.

Marilyn ging mit ihm nach New York, um *Rhythmus im Blut* (OT: There's No Business Like Show Business) zu drehen. Ihr Kleid und die suggestive Choreographie der „Heat Wave"-Nummer paßten DiMaggio überhaupt nicht. Sie wurde nervös, brachte ihren Text durcheinander und weinte die ganze Zeit unaufhörlich. Zanuck schritt ein und verbannte DiMaggio vom Set.

SCHADENSBEGRENZUNG

Zu Hause wurde DiMaggio immer ausfälliger. Er versuchte, Marilyn daran zu hindern, ihre Schauspiellehrerin Natascha Lytess zu besuchen, da er eine lesbische Beziehung zwischen ihnen vermutete.

Während der Dreharbeiten zu *Das verflixte siebte Jahr* (OT: The Seven Year Itch) wollte Marilyn ihre Liebesszenen nackt spielen, aber ihre Schauspielkollegen kamen damit nicht zurecht. DiMaggio folgte ihr nach New York, wo die Außenaufnahmen gemacht wurden. Zufällig war er vor Ort, als sie die berühmte Szene spielte, in der ihr Kleid von der heißen Luft aus einem U-Bahnschacht hochgeweht wird. Er drehte sich angewidert weg; andere behaupteten, er habe geschluchzt. Danach hörten einige Leute aus dem Stab einen heftigen Streit in Marilyns Garderobe. Milton Greenes Frau Amy ging kurz darauf zu Marilyn, die sich gerade ankleidete: „Ihr ganzer Rücken war grün und blau. Ich konnte es nicht fassen."

Amy räumte ein, es sei wohl nicht ganz allein DiMaggios Schuld gewesen. „Marilyn konnte ganz schön herausfordernd sein, und wenn sie Champagner trank, zog sie ihn auf. Sie waren eben keine Intellektuellen und konnten über ihre Probleme nicht reden, also fielen sie übereinander her."

Am 4. Oktober 1954 teilte Marilyn dem Regisseur Billy Wilder mit: „Joe und ich werden uns scheiden lassen."

Nach Marilyns Hochzeit, hatte einer der Bosse von Twentieth Century-Fox geprahlt: „Wir haben nicht einen Star verloren, sondern einen Mittelfeldspieler hinzugewonnen." Nun ging es um Schadensbegrenzung. Zanuck heuerte die besten Anwälte an. Die PR-Abteilung von Twentieth Century-Fox sprach von „einem Karrierekonflikt", in den Gerichtsakten war von „seelischer Grausamkeit" die Rede.

„Im Grunde meines Herzens wollte ich ihn gar nicht heiraten", vertraute sie der Schauspielerin Maureen Stapleton an.

Für DiMaggio war die Sache noch längst nicht erledigt. Marilyn traf sich in der Wohnung ihrer Freundin Sheila Stewart mit ihrem Stimmbildner Harry Shaefer. Einige behaupteten, DiMaggio habe zu Recht eine Affäre mit Shaefer vermutet – Bob Slatzer hingegen war der Ansicht, DiMaggio hätte Beweise für eine Beziehung Marilyns mit Sheila Stewart gehabt.

DIE FALSCHE TÜR

DiMaggio und Frank Sinatra unternahmen einen gewagten Überfall auf die Wohnung. Ausgestattet mit Blitzlichtgeräten, hofften sie, Marilyn in flagranti zu ertappen, um dann eine Gegenklage wegen Ehebruchs einleiten zu können oder eine Rücknahme der Scheidung durch Marilyn zu erzwingen. Der Schuß ging ganz und gar nach hinten los, denn sie brachen die falsche Wohnungstür auf. Die Schreie der fünfzigjährigen Florence Kotz trieben sie schnell in die Flucht. Die Stewart, Shaefer und die Monroe in der Wohnung darüber bekamen den Tumult hautnah mit. Hinterher regelte DiMaggio den als „The Wrong Door Raid" in die Geschichte eingegangenen Überfall außergerichtlich durch Zahlung von 7500 Dollar.

Es ist spekuliert worden, ob Sinatra DiMaggio womöglich absichtlich die falsche Wohnung erstürmen ließ. Die beiden zerstritten sich jedenfalls hinterher, und Sinatra rieb noch Salz in die Wunden, indem er mit Marilyn ausging.

Marilyn wurde geschieden und hatte eine weitere Abtreibung. Sie war angezählt, aber noch nicht K.O. Sidney Skolsky von der *New York Post* hatte sie bereits erzählt, sie wolle Arthur Miller heiraten.

Sie schaffte es sogar, ihren Streit mit DiMaggio beizulegen – sie wurden gute Freunde und sahen sich häufig.

„Ich habe keinen Mann mehr geliebt als ihn", gestand sie, „doch er nahm mir meine Karriere übel und wollte keine Kompromisse eingehen."

Marilyn war mit ihrer Laufbahn keineswegs zufrieden. Sie wollte unbedingt vom Image des blonden Dummchens weg, das Zanuck allerdings zu erhalten versuchte, und als ernsthafte Schauspielerin Anerkennung finden. Da sie sich fürs erste keine weiteren Vertragsverletzungen leisten konnte, versteckte sie sich zunächst bei Frank Sinatra, bis der es satt hatte, daß sie nackt vor seinen Freunden herumlief. Dann ging sie mit Milton Greene nach New York. Es war ihr Ziel, im legendären Actor's Studio von Lee Strasberg Schauspielunterricht zu nehmen – und Arthur Miller endlich näher kennenzulernen.

Millers Ehe stand kurz vor dem Ende, als sie in New York eintraf. Zunächst hatte sie eine Affäre mit Marlon Brando, die ihr die Zeit zu überbrücken half, bis Miller seine Scheidung durchgefochten hatte. Marilyn nützte ihren Aufenthalt am Actor's Studio auch, um über ihren Vertrag mit Twentieth Century-Fox neu zu verhandeln und sich eine Rolle in *Der Prinz und die Tänzerin* (OT: The Prince and the Showgirl) zu sichern, einem Film nach Terence Rattigans Stück *The Sleeping Princess*, bei dem Sir Laurence Olivier die Regie übernehmen sollte.

PLÖTZLICHES ENDE EINER PRESSEKONFERENZ

Auf der Bühne hatte Olivier zusammen mit seiner Frau Vivien Leigh gespielt, doch für die Filmfassung wollte er unbedingt Marilyn in der weiblichen Hauptrolle. Sie hatten sich in Marilyns Wohnung am Sutton Place kennengelernt. Er war so fasziniert von ihr, daß er sich später nicht mehr erinnern konnte, worüber sie gesprochen hatten.

„Nur eines war mir damals klar", meinte er rückblickend. „Ich wußte, ich würde mich Hals über Kopf in sie verlieben. Sie war so bewundernswert, geistreich und attraktiv, wie ich es mir in meinen kühnsten Träumen nicht hätte ausmalen können."

Bald fragte er sich allerdings, ob er nicht einen furchterlichen Fehler begangen hatte. Zur Pressekonferenz, die den baldigen Beginn der Dreharbeiten von *Der Prinz und die Tänzerin* in England ankündigte, erschien Marilyn mit einem Ausschnitt so tief wie der Grand Canyon. Auf einmal entstand eine große Unruhe unter den Anwesenden – ein Träger an Marilyns Kleid war gerissen. In einem Blitzlichtgewitter ohnegleichen überrannten die Reporter wie eine Horde wildgewordener Büffel der Welt berühmteste Schauspielerin, um diesen historischen Moment festzuhalten. Bevor die Arbeiten in England beginnen konnten, mußte Marilyn allerdings zunächst *Bus Stop* in Nevada zu Ende drehen, wo sich zu jener Zeit auch Miller aufhielt, um den Schlußpunkt unter seine fünfzehnjährige Ehe zu setzen.

Obwohl sie kein Sterbenswörtchen über ihre Beziehung in der Öffentlichkeit verloren, brachte die Presse ihre Namen dauernd miteinander in Verbindung. Miller zog dadurch die Aufmerksamkeit des Ausschusses für Unamerikanische Umtriebe auf sich und wurde vorgeladen. Trotz der negativen Schlagzeilen erklärte Marilyn, sie stehe zu ihm.

MARILYN WILL JÜDIN WERDEN

Als er wieder im Osten war, stellte Miller sie seinen Eltern vor als „das Mädchen, das ich heiraten will".

„Endlich habe ich Mutter und Vater", stammelte sie schluchzend.

Miller verkündete ihre Hochzeitspläne in einer Weise, die ein Maximum an öffentlicher Aufmerksamkeit garantierte. Während einer Verhandlung vor dem Ausschuß für Unamerikanische Umtriebe weigerte er sich, die Namen von Freunden zu verraten, die dem Kommunismus anhingen. Er stand kurz vor einer Rüge wegen Mißachtung des Ausschusses, als die Frage an ihn gerichtet wurde, warum er einen Reisepaß beantragt habe. Vollkommen gelassen antwortete Miller, er beabsichtige nach England zu reisen, um „bei der Frau zu sein, die bald meine Gattin sein wird".

Marilyn sagte später, er habe ihr nie einen Heiratsantrag gemacht. Aber das war ihr einerlei. Miller hatte jedenfalls einen Weg gefunden, die Gunst des Ausschusses für Unamerikanische Umtriebe zu gewinnen, indem er eine ungemein amerikanische Aktivität mit dem amerikanischsten Mädchen schlechthin in Aussicht stellte.

Marilyn bedankte sich dafür auf ihre Art und ließ die Öffentlichkeit wissen: sie wolle zum Judentum übertreten und lernen, Borschtsch, Leberpastete und Matzen zuzubereiten. Am 29. Juni 1956 heirateten sie standesamtlich in White Plains, New York. Zwei Tage später erfolgte die Hochzeit mit Millers Familie nach jüdischem Brauch. Die Trauung vollzog Rabbi Robert Goldburg.

Miller war zehn Jahre älter als sie und der bedeutendste amerikanische Dramatiker seiner Generation. Wie all ihre Ehemänner und längeren Liebhaber, nannte Marilyn auch ihn „Pa". Sie verbrachten die Flitterwochen in England, wo Marilyn *Der Prinz und die Tänzerin* drehte. Mit ihrem neuen Verständnis der Schauspielkunst trieb sie Olivier beinahe zur Verzweiflung. Als Miller nach New York zurückflog, weil seine Tochter krank geworden war, verlor Marilyn ihre Spielfreude und unterbrach die Dreharbeiten solange, bis er zurück war.

Während Miller sich in England aufhielt, überwachte er in London eine Inszenierung seines Stücks *Blick von der Brücke*. Bei der Premiere erschien Marilyn in einem so tief ausgeschnittenen Kleid, daß niemand mehr ein Auge für die Geschehnisse auf der Bühne hatte.

Zurück in den USA, spielte Marilyn mit großem Vergnügen ihre neue Rolle als Hausfrau und Mutter für Millers Kinder. Seine gesammelten Werke, die im Jahr ihrer Heirat veröffentlicht wurden, widmete er ihr.

„Ich glaube, ich habe noch nie zwei so liebestrunkene Menschen gesehen wie die beiden", sagte ein Freund.

TABLETTEN UND ERFAHRUNGEN MIT ZWEI PRÄSIDENTEN

Marilyn glaubte, die Ehe halte ewig, und im Juni 1957 wurde sie schwanger. Leider handelte es sich um eine Eileiterschwangerschaft, die abgebrochen werden mußte und sie in eine tiefe Depression stürzte. Zweimal nahm sie eine Überdosis Schlaftabletten, doch Miller fand sie jedesmal noch rechtzeitig. Als er das Drehbuch zu *Nicht gesellschaftsfähig* (OT: The Misfits) zu schreiben begann, sollte der Film auch eine Art Therapie für sie werden.

Marilyn war mittlerweile so berühmt, daß selbst der sowjetische Staatschef Nikita Chruschtschow Marilyn bei seinem Amerika-Besuch vorgestellt werden wollte. Er nahm ihre Hand, drückte sie fest und sagte: „Sie sind eine sehr hübsche Frau."

„Er hat mich angesehen, wie ein Mann eine Frau ansieht", verriet sie nach dem Treffen der Presse.

Privatim beklagte sie, er habe zu viele Warzen.

„Wer möchte schon bei so einem Präsidenten noch Kommunist sein?"

Nur kurze Zeit später sollte Marilyn einen wesentlich besseren Eindruck von einem Staatsmann erhalten. Einen Präsidenten hatte sie bereits getestet. Während der Verfilmung von *Bus Stop* lernte sie auf einer Party den indonesischen Präsidenten Sukarno kennen – einen Muslim und berüchtigten Frauenheld.

„Er guckte mir dauernd in den Ausschnitt", erzählte sie. „Bei fünf Frauen hätte er doch eigentlich genug haben müssen."

Der Funke sprang dennoch über, und noch in derselben Nacht gingen sie miteinander ins Bett.

EINE SCHWIERIGE PARTNERIN

Als sie eine Rolle in *Manche mögen's heiß* (OT: Some Like it Hot) angeboten bekam, lehnte Marilyn zunächst ab, aber Miller riet ihr, die Offerte anzunehmen. Arbeit sei genau die richtige Therapie für sie, meinte er. Während der Dreharbeiten war sie gereizter denn je. Sie kam jeden Tag Stunden zu spät. Nie hatte sie ihren Text parat – die Szenen mußten endlos wiederholt werden. Einmal saß sie in ihrer Garderobe und las Thomas Paines *Die Rechte des Menschen*, da rief sie der Regieassistent zum Set. Ordinäre Ausdrücke waren ihr eigentlich fremd, doch diesmal sagte sie barsch: „Verpiß dich!"

Tony Curtis war so verärgert, daß er auf die Frage, wie es sei, Marilyn zu küssen, die berühmte Antwort gab: „Es ist, als ob ich Hitler küßte."

Bei genauerem Hinsehen zeigt sich allerdings, daß sie bei den Kußszenen den Mund offen hatte. Vielleicht galt die Antwort nicht ihr, sondern Miller?

Während der Dreharbeiten wurde sie erneut schwanger, hatte aber am 17. Dezember 1958 eine Fehlgeburt. Sie gab Miller die Schuld, weil er sie zu diesem Film gedrängt hatte.

Als nächstes sollte sie *Machen wir's in Liebe* (OT: Let's Make Love) drehen, aber ihr Ruf als schwierige Partnerin hatte sich so sehr verbreitet, daß niemand an ihrer Seite spielen wollte.

„Was ist nur mit mir los?" fragte sie Miller. „Ich bekomme weder ein Baby noch einen Partner, der mit mir zusammenarbeiten will."

Dann trat Yves Montand in ihr Leben. Miller hatte ihn in Paris kennengelernt, und als er am Broadway mit einer Ein-Mann-Show gastierte, lud Miller Montand und seine Frau, die Schauspielerin Simone Signoret, zum Abendessen ein.

Montand hatte noch keinen Monroe-Film gesehen, doch als er sie in Fleisch und Blut vor sich hatte, war er augenblicklich hingerissen. Ihr erging es kaum anders. Er stand schon lange auf der Liste der „begehrenswertesten Männer", und er erinnerte sie an Joe DiMaggio, dessen Bild sie immer noch in ihrem Badezimmer aufgestellt hatte. Sie zweifelte daran, daß Montand und die Signoret gut zusammenpaßten. Obwohl die beiden gleichaltrig waren, wirkte sie aufgrund ihrer kräftigen Statur beträchtlich älter.

„Simone ist zu alt für ihn", vertraute sie einer Freundin an. „Sie ist eher Arthurs Typ."

Montand sprach wenig Englisch, und Simone Signoret mußte übersetzen. Marilyn entschied, Montand sei der perfekte Partner für *Machen wir's in Liebe*. Das Studio war zwar anderer Ansicht, aber die Monroe setzte sich durch.

FREIE BAHN FÜR MONTAND UND MARILYN

Die beiden Ehepaare bezogen zwei benachbarte Suiten im Beverly Hills Hotel. Die Monroe und Montand gingen jeden Tag ins Studio, während die Signoret und Miller daheim blieben.

Simone Signoret gewann unterdessen einen Oscar für ihre Rolle in *Der Weg nach oben* (OT: Room at the Top). Sie wurde mit Angeboten überhäuft und mußte zurück nach Europa. Miller, der wußte, daß Marilyn es auf Montand abgesehen hatte, fügte sich ins Unvermeidliche und ging, um den Liebenden freie Bahn zu schaffen

Montand war sich nicht so recht im klaren darüber, wie er mit der Situation umgehen sollte. Am Set hatte er Marilyn bereits ständig um sich. Gab er ihr nach, würde sie die Szene dominieren. Lehnte er ab und brüskierte sie, verwandelten sich die Dreharbeiten in einen Alptraum. Er brauchte nicht lange auf eine Entscheidung zu warten. Eines Abends klopfte Marilyn an die Tür seines Zimmers. Sie trug einen Pelzmantel, sonst nichts. Die Affäre konnte beginnen.

„Was hätte ich tun sollen?" klagte er einem Freund gegenüber.

Ihre Affäre machte in Hollywood schnell die Runde. Marilyn und Montand brachten auf Partys zwar stets einen Begleiter mit, doch davon ließ sich niemand weiter irritieren. Als Montand sich einmal früh verabschiedete, lief Marilyn vor aller Augen seinem Auto hinterher.

Es kamen Gerüchte auf, Marilyn habe Miller gebeten, in *Nicht gesellschaftsfähig* eine Rolle für Montand anzulegen. Man erzählte sich zudem, daß Miller, der wieder in Los Angeles war, auf der Suche nach seiner Pfeife Montand und Marilyn im Bett ertappt habe. Die meisten gaben Miller die Schuld an der Situation. Es hieß, er hätte seine Frau nie und nimmer mit dem romantischen Franzosen, der eigentlich Italiener war, allein lassen dürfen, wenn er an seiner Ehe ernsthaft interessiert gewesen wäre.

AUF ZELLULOID GEBANNT

Marilyn und Arthur kehrten nach New York zurück und redeten über die Scheidung, obwohl Montand ihr nie den leisesten Anlaß zu der Annahme gegeben hatte, er würde ihretwegen seine Frau verlassen. Er hatte in Hollywood schon Dutzende von Affären gehabt, aber die Signoret war sich sicher, daß er immer wieder zu ihr zurückkehre.

Auf dem Heimflug nach Paris mußte Montand am Flughafen Idlewild (heute John F. Kennedy) umsteigen. Marilyn tauchte mit Champagner auf und entführte ihn in ein Zimmer im nahegelegenen International Hotel. Fünf Stunden später war er trotzdem auf dem Weg nach Frankreich.

Er verkündete der Presse, Marilyn sei ein bezauberndes Wesen. Wären sie nicht beide schon verheiratet, nun ja. So aber „kann nichts meine Ehe zerstören".

Im privaten Kreis erzählte er allerdings, Marilyn nehme Drogen und sei psychisch äußerst labil.

Simone Signoret gab sich erstaunlich verständnisvoll. Sie erklärte den Reportern: „Wenn Marilyn in meinen Mann verliebt ist, beweist das ihren guten Geschmack. Auch ich bin in ihn verliebt."

In ihren Memoiren schrieb sie: „Marilyn erfuhr nie, wie gut ich sie verstand."

Bis zu ihrem Tod 1985 blieb sie bei ihrem Mann.

Marilyn hatte Montand nur noch auf Zelluloid. Sie sah sich *Machen wir's in Liebe* immer und immer wieder an, und am Ende des Films, wo sie Montand heiratet, brach sie jedesmal in Tränen aus.

Ihre Ehe zerbrach endgültig bei der Verfilmung von *Nicht gesellschaftsfähig*. Marilyn wollte in Farbe drehen, Miller in Schwarzweiß. Marilyn beschwerte sich, daß Miller nicht genug Gage ausgehandelt habe. Gable bekam 750 000 Dollar, sie beide mußten sich 500 000 Dollar teilen. Miller überarbeitete ständig ihre Dialoge, ohne sich vorher mit ihr abzusprechen.

„Das ist nicht dein Film, sondern unserer", schrie sie und hämmerte gegen die verschlossene Tür seines Arbeitszimmers.

CLARK GABLE WIRD ZUR OBSESSION

Schon immer hatte Marilyn eine Liebesszene mit Clark Gable spielen wollen. Als sie noch ein kleines Mädchen war, hatte ihre Mutter ihr ein Bild von ihm geschenkt und ihn als den vermißten Vater ausgegeben. Gable fühlte sich mit mittlerweile neunundfünfzig ein wenig zu alt für die üblichen Spielchen am Set. Außerdem war er frisch mit Kay Spreckels verheiratet, die während der Dreharbeiten mit ihrem ersten Kind schwanger ging. Er schlug sogar Ausflüge nach Reno aus, wohin Regisseur John Huston das Team einlud, um es mit Drinks, Zocken und Mädchen bei Laune zu halten.

Marilyn mußte sich mit Gables Ersatzmann Lew Smith zufriedengeben. Bei einer Szene des Films geriet Gables eiserne Standhaftigkeit jedoch ins Wanken: Er betritt ihr Schlafzimmer und findet Marilyn nackt mit nur einem Laken bedeckt im Bett vor.

„Ich war ungeheuer erregt, wenn er mich küßte; wir mußten die Szene etliche Male wiederholen", erzählte sie. „Irgendwann rutschte das Laken herab, und er legte mir die Hand auf die Brust. Ich bekam am ganzen Körper Gänsehaut."

Nachts träumte Marilyn davon, Gable zu küssen, ihn zu umarmen und mit ihm zu schlafen. Gable war zu einer Obsession geworden.

„Immer wenn ich in seiner Nähe war, wollte ich, daß er mich küßt", berichtete sie. „Wir haben uns viel geküßt, uns oft berührt und intensiv gefühlt. Niemals zuvor und danach habe ich entschlossener versucht, einen Mann zu verführen."

Seine Frau erwischte die beiden bisweilen, aber das war Marilyn völlig egal. Sie hatte es zudem auf Montgomery Clift abgesehen, den zweiten männlichen Star in *Nicht gesellschaftsfähig*, der allerdings in noch schlechterer Verfassung als sie selbst war. Er war bis zum Stehkragen voll mit Alkohol und Pillen, und es hieß, er sei eigentlich schwul. Marilyns Annäherungsversuche nahm er nicht einmal wahr.

Glücklicherweise hatten Marilyn und Miller verschiedene Suiten. Ihre gegenseitige Abneigung war längstens kein Geheimnis mehr, stritten sie sich doch in aller Öffentlichkeit. An seinem fünfundvierzigsten Geburtstag weigerte sie sich, „Happy Birthday" zu singen, und einmal ließ sie ihn mitten in der Wüste stehen und brauste einfach ohne ihn davon.

SELBSTMORDABSICHTEN

Bei den Dreharbeiten sprach Marilyn von Selbstmord. Ihrem Presseberater Rupert Allan vertraute sie an, daß sie in New York auf den Fenstersims ihrer Wohnung im dreizehnten Stock geklettert sei und hinunterspringen wollte, unten aber eine Frau in einem braunen Tweedkostüm gesehen habe:

„Wenn ich springe, dachte ich, reiße ich sie mit in den Tod. Ich wartete etwa fünf oder zehn Minuten, aber sie rührte sich nicht, und mir wurde so kalt, daß ich ins Zimmer zurückging."

Huston hatte Marilyn strikt verboten, am Drehort Tabletten zu nehmen, aber irgendwie konnte sie sich dennoch welche besorgen. Mitten in den Dreharbeiten schluckte sie eine Überdosis und mußte nach Los Angeles ins Krankenhaus eingeliefert werden. Möglicherweise war Yves Montand der Grund, der sich in der Stadt aufhielt, ihre Anrufe allerdings nicht angenommen hatte. Immerhin besuchten sie Brando, Sinatra und DiMaggio am Krankenbett.

Nach dem Ende der Dreharbeiten starb Clark Gable an einem Herzinfarkt. Seine Frau gab Marilyn die Schuld, da sie durch ihre Unpünktlichkeit und Abwesenheiten bei den Dreharbeiten ihrem Mann unglaublichen Streß erzeugt habe.

Marilyn verkündete unterdessen vor der Presse, ihre Ehe sei gescheitert. Miller zog in Manhattan aus und nahm nichts mit, was ihn an sie erinnerte. Jahre später gestand Miller: „Wenn ich geahnt hätte, wie es ausgehen würde, hätte ich sie nie geheiratet."

Ihre vierjährige Ehe mit Miller war nicht nur ihre längste, sondern vor allem auch die glücklichste. Die letzten demütigenden Wochen und Monate seiner Ehe mit Marilyn hatten für Miller allerdings auch etwas Gutes. Während der Dreharbeiten zu *Nicht gesellschaftsfähig* lernte er die Standfotografin Inge Morath kennen, die seine dritte Frau wurde.

In den Zeitungen gab es Meldungen, daß Marilyn sich scheiden lasse, um Montand zu heiraten, der angeblich bald in New York eintreffen sollte. Montand erklärte, er habe keineswegs vor, sich von seiner Frau scheiden zu lassen, und Simone Signoret rief Marilyn an, um ihr mitzuteilen, daß die geplante Reise ihres Mannes nach New York abgesagt sei. Erneut nahm Marilyn eine Überdosis Schlaftabletten. Diesmal pflegte DiMaggio sie.

SENATOR JOHN F. KENNEDY

Marilyn flog nach Juarez in Mexiko. Ihre Scheidung wurde am 20. Januar 1961 ausgesprochen, dem Tag, an dem John F. Kennedy sein Präsidentenamt antrat. Das Datum war mit Bedacht gewählt worden, um Marilyns Scheidung aus den Schlagzeilen der Zeitungen herauszuhalten. Das Kalkül ging jedoch nicht auf, weil einige Journalisten Marylin in eine verfängliche Beziehung zum neuen Präsidenten brachten, unter anderem der Satiriker Art Buchwald.

Mit Kennedy hatte sie tatsächlich eine Affäre, die bereits lange, bevor er ins Weiße Haus einzog, ihren Anfang genommen hatte. Kennengelernt hatten sie sich auf einer Party, als sie noch mit Joe DiMaggio verheiratet war. Der hatte sogleich Verdacht geschöpft und seine Frau dem gutaussehenden jungen Senator förmlich entrissen. JFK wurde ganz versessen auf sie. Als er nach einer Rückenoperation völlig bewegungslos im Krankenhaus lag, heftete jemand fürsorglich ein Aktfoto von ihr an die gegenüberliegende Wand. Die Affäre hatte nach ihrer Scheidung von Joe DiMaggio begonnen und dauerte auch während ihrer Ehe mit Miller weiter an. Sie trafen sich in seinem „Spielzimmer", seiner Suite im New Yorker Carlyle Hotel, oder in Peter Lawfords Strandhaus in Santa Monica.

1960 erschien sie auf der Party anläßlich seiner Nominierung zum Präsidentschaftskandidaten der Demokratischen Partei in Los Angeles. Kennedy ließ sie extra aus New York einfliegen und konnte Sammy Davis Jr. überreden, sie auf das Fest zu begleiten, um keinen Verdacht zu erregen. Sogar dem Barkeeper fiel allerdings auf, daß der junge John F., der zuvor seine „New Frontier"-Rede im Coliseum von Los Angeles gehalten hatte, sich bei seiner Ankunft zuerst auf Marilyn stürzte. Beim anschließenden Dinner fuhr John F. mit seiner Hand unter dem Tisch in Marilyns Kleid und entdeckte, daß sie nichts darunter anhatte. Als das Ende der Party nahte, stahlen sie sich davon und unternahmen einen nächtlichen Nacktbadeausflug nach Santa Monica. Ihre Verbindung wurde während des Wahlkampfes noch inniger.

Am Tag nach Kennedys Wahl drängte Buchwald den neuen Präsidenten, an der „Monroe-Doktrin" festzuhalten.

LIEBHABER ÜBER LIEBHABER

„Sie können die Monroe ganz und gar nicht sich selbst überlassen", schrieb er an Kennedy. „Zu viele gierige Menschen haben ein Auge auf sie geworfen."

Er hatte natürlich recht. Marilyn traf sich noch immer mit ihrem langjährigen Vertrauten Henry Rosenfeld, und Joe DiMaggio und Bob Slatzer gewährte sie weiterhin eheliche Vorrechte. Das Hausmädchen hörte häufig Kichern aus Marilyns Zimmer, wenn ihr hübscher junger Masseur bei ihr war.

„Er hat die besten Hände der Welt", sagte sie.

Auch ihr italienischer Chauffeur, ein Ebenbild Rudolph Valentinos, war häufig in ihrer Wohnung zugegen, ob sie nun ausging oder nicht, und ganze Nachmittage lang sperrten sie sich in ihrem Zimmer ein. Yul Brynners junger Sohn Rock traf Marilyn einmal nackt im Schlafzimmer seines Vaters an. Selbst Billy Travilla trat wieder auf die Bühne. Zudem gab es kurze Affären mit dem Regisseur Nicholas Ray und dem Agenten Charlie Feldman. Es hielten sich hartnäckig Gerüchte, sie schlafe auch mit dem Gangster Bugsy Siegel und dem Boulevardjournalisten Walter Winchell. Schließlich hieß es, das Studio habe eine berühmte Schauspielerin mit einer hohen Geldsumme abgefunden, die angeblich eine lesbische Beziehung mit Marilyn gehabt hatte.

Ihre Obsession, sich in aller Öffentlichkeit nackt zu präsentieren, verstärkte sich wieder. Sie liebte es, mit nichts anderem als einem Nerzmantel auf die Straße oder ins Kino zu gehen. Ihre Nachbarin Jeanne Carmen teilte diesen Kitzel mit ihr, und beide „blitzten" eines Abends auf der Straße vor dem Komiker Jack Benny, der sie daraufhin zum Nacktbaden nördlich von Santa Monica einlud. Benny tarnte sich mit einem falschen Bart, und Marilyn setzte eine schwarze Perücke auf.

„THE PREZ" ALS KONSTANTE

Sie hatte ein mehr oder weniger festes Verhältnis mit Frank Sinatra, der nach ihren Worten der faszinierendste Mann war, den sie je getroffen hatte. Sie hoffte auf eine Heirat und fiel in eine tiefe Depression, als er sie wegen einer anderen sitzen ließ. Nun verlegte sie sich auf One-Night-Stands mit völlig wahllos aufgegriffenen Männern, die sich nie hätten träumen lassen, Marilyn Monroe jemals kennenzulernen, geschweige denn, mit ihr zu schlafen. Sie gestand ihrem Hausmädchen, sie gehe mit jedem ins Bett, ganz gleich, wie er aussehe, solange er nur „nett" zu ihr sei. So einer war der junge Drehbuchautor José Balaños, der ihr nach Mexiko folgte und ihr von einem halben Dutzend Blaskapellen ein Ständchen vor ihrem Hotel bringen ließ. Nach ihrem Tod behauptete er, sie habe ihn heiraten wollen.

Ihr einziger fester Partner in dieser Zeit war der Mann, den sie „the Prez" nannte, der Präsident der Vereinigten Staaten, John F. Kennedy.

Jackie Kennedy mochte die Westküste nicht, und so waren John F. und Marilyn in Kalifornien sicher. War Kennedy im Lande, trafen sie sich im Haus von Peter Lawford oder im Anwesen von Bing Crosby in Palm Springs, in das Lawford sie chauffierte.

Wenn der Präsident dringend nach ihr verlangte, mußte Lawford sie an Bord der Air Force One nach Osten begleiten. In Washington überließ Kennedy den roten Knopf der Obhut seines Vizes und stahl sich fort ins Carlyle nach New York zum Sex mit Marilyn. Mickey

Rooney sah sie sogar im Rosengarten des Weißen Hauses, und Jakkie Kennedy beschwerte sich über blonde Haare, die sie im Präsidentenbett gefunden hatte.

In Los Angeles kam die Affäre ins Gerede. Diverse Hollywood-Größen wurden zu diskreten Poolpartys in Crosbys Haus eingeladen, wo sie von Kennedy und einer beschwipsten, manchmal kaum bekleideten Marilyn begrüßt wurden.

Marilyn wiegte sich allmählich im Glauben, Kennedy ließe sich nach seiner ersten Amtsperiode von Jackie scheiden, um sie zu heiraten. Sie rief die First Lady unter ihrer Privatnummer an und teilte es ihr kurzerhand mit. Jackie erwiderte, Marilyn könne den Job jederzeit haben, wenn sie es aushielte, in einem Goldfischglas zu leben.

DIE MAFIA UND EIN SANFTER ABGANG

Das FBI ließ unterdessen Wanzen in Peter Lawfords Strandhaus legen, und J. Edgar Hoover benutzte die Tonbänder, um seinen Posten zu retten, als Kennedy ihn entlassen wollte. Hoover streute wie zufällig im entscheidenden Gespräch mit dem Präsidenten ein, daß noch jemand weiteres das Strandhaus verwanzt habe – die Mafia, die Kennedy während seiner Amtszeit stark gegen sich aufgebracht hatte.

Robert Kennedy, John F.s jüngerer Bruder und ein Frauenheld, der sich oft der Verflossenen seines Bruders annahm, war Hoovers Chef und als Generalstaatsanwalt wie sein Bruder entschlossen, die Mafia zu zerschlagen. Er drängte seinen älteren Bruder, Marilyn aufzugeben, um der Mafia keine Handhabe gegen ihn zu geben.

Während ihrer ganzen Affäre konnte sich Marilyn nicht verhehlen, daß Kennedy sie nicht nur um ihrer selbst willen wollte, sondern vor allem den Filmstar Marilyn Monroe begehrte. Einige in Hollywood dachten, sie sei ihm wichtig, aber Insider wußten es besser: „Marilyn Monroe war für Kennedy nur eine Tasse Kaffee mehr."

John F. wollte einen sanften Abgang. Er gönnte Marilyn einen letzten Triumph. Am Geburtstag des Präsidenten brachte Peter Lawford sie zum Wahlhilfeball der Demokratischen Partei, wo sie „Happy Birthday, Mr. President" in einem Kleid sang, das der altgediente Diplomat Adlai Stevenson als „Haut und Schmuckperlen" beschrieb – „allerdings, ich habe keine Perlen entdecken können."

John F. Kennedy bemerkte dazu: „Jetzt, da mir ein, ähm, ‚Happy Birthday' auf so süße, wohltuende Weise vorgesungen worden ist, kann ich mich ja beruhigt aus der Politik zurückziehen."

Zurückgezogen wurde allerdings Marilyn. Auf der anschließenden Party rückte Robert Kennedy nach. Marilyn war noch eine letzte Nacht mit dem Präsidenten im Carlyle vergönnt, dann hob sich der Vorhang für Robert.

BOBBY KENNEDY SPRINGT EIN

Im Vergleich zu seinem älteren Bruder war Robert Kennedy ein wenig prüde, aber Marilyn wußte dem bald abzuhelfen. Mit Jeanne Carmen und Jack Bennys falschem Bart führte sie ihn zum Nacktbadestrand. Er war ganz aus dem Häuschen, daß niemand zwei so berühmte Zeitgenossen nackt erkannt hatte, und auf dem ganzen Heimweg kamen sie nicht mehr aus dem Lachen heraus.

Inzwischen drehte sie *Marilyn – ihr letzter Film* (OT: Something's Got to Give), geschrieben von ihrem alten Freund und gelegentlichen Liebhaber Nunnally Johnson. In einer Szene des Films schwimmt sie nackt im Pool und soll ihren Filmpartner Dean Martin zu sich ins Wasser locken. Regisseur George Cukor stellte bald fest, daß es unmöglich war, die Szene überzeugend zu drehen, solange Marilyn einen fleischfarbenen Body trug. Also legte Marilyn ihn ab.

Sobald sich herumgesprochen hatte, daß Marilyn eine Nacktszene drehte, setzte ein ungeheurer Run ein. Cukor ließ das Set absperren, doch Marilyn bat die Fotografen herein. Der *Playboy* zahlte die damals phantastische Summe von 25 000 Dollar für die gewagtesten Aufnahmen. Weniger anzügliche Bilder gingen durch die ganze Presse. Das konnte aber ihr ständiges Zuspätkommen und ihre häufigen Abwesenheiten vom Set nicht mehr wettmachen, und so wurde sie von den weiteren Dreharbeiten ausgeschlossen.

Marilyn war gekränkt. Sie versuchte, telefonisch den Präsidenten zu erreichen, doch der war nicht für sie zu sprechen. Statt dessen flog Bob Kennedy nach LA, um ihr mitzuteilen, daß ihre Affäre mit John F. endgültig vorbei sei. Sie war verzweifelt. Er tröstete sie. Eins führte zum anderen. Bald waren sie unsterblich ineinander verliebt. Sie redeten vom Heiraten. Das FBI hatte alles auf Band. Die Mafia ebenso.

Aber Bobby kümmerte sich nicht darum – bis sie schwanger wurde. Marilyn war sich sicher, daß der Vater entweder John F. oder Bobby Kennedy hieß. Sie rief Bobby im Justizministerium an und teilte es ihm mit. Der ließ daraufhin die Nummer seines Direktanschlusses ändern, damit sie ihn nicht mehr anrufen konnte.

Peter Lawford mußte die ganze Sache ausbaden. Er brachte Marilyn nach Lake Tahoe, wo sie eine Abtreibung durchführen ließ. Einer anderen Version nach wurde sie entführt und mit Gewalt zum Schwangerschaftsabbruch gezwungen. Sie stand damals allerdings schon so sehr unter Drogen und Alkohol, daß sie den Unterschied nicht mehr deutlich ausmachen konnte. Zusammen mit Lawford und Sinatra ging sie auf einige wilde Partys, bei denen mitgefilmt wurde, um für den eventuellen Fall einer Erpressung der Kennedyfamilie Material gegen Marilyn in den Händen zu haben. Aber auch noch wilderer Sex, noch größere Mengen Alkohol oder Drogen konnten ihr nicht über ihren Kummer hinweghelfen. Längst hatte sie sich daran gewöhnt, den ganzen Tag Champagner zu trinken und den Morgen mit Bloody Marys und Amphetaminen zu begrüßen.

MYSTERIÖSES ENDE

In den frühen Morgenstunden des 4. August 1962 starb die letzte große Hollywood-Sexgöttin Marilyn Monroe an einer Überdosis. Was in jener Nacht wirklich geschah, ist bis auf den heutigen Tag ungeklärt. Ihr Tod gehört zu jenen großen, ungelösten Rätseln, die Menschen zu wilden Spekulationen und phantastischen Verschwörungstheorien beflügeln, wie es auch bei den Morden an John F. Kennedy, Robert Kennedy und Martin Luther King der Fall war.

Es spricht einiges dafür, daß Bobby Kennedy in jener Nacht in Los Angeles war. So wurde ein Hubschrauber über ihrem Haus gehört, und bevor ihr Dienstmädchen noch Hilfe herbeirufen konnte, wartete bereits ein Krankenwagen vor Marilyns Haus. Marilyns Telefonaufzeichnungen und andere Dokumente kamen abhanden, ihr Obduktionsbericht ging verloren, und FBI-Berichte zu ihrem Tod wurden niemals veröffentlicht. Freunde Marilyns, die Untersuchungen zu ihrem Tod anstellen lassen wollten, erhielten Todesdrohungen.

Sie war sechsunddreißig Jahre alt.

BIBLIOGRAPHIE

Bach, Steven: *Marlene Dietrich – Life and Legend*, London, 1992 [Deutsch: *Marlene Dietrich – Leben und Legende*, 1993]
Brett, David: *Marlene – My Friend*, London, 1993
Brian, Denis: *Tallulah Darling*, London, 1972
Brooks, Louise: *Lulu in Hollywood*, London, 1982
Brown, David: *Star Billing – Tell-Tale Trivia from Hollywood*, London, 1985
Brown, Peter Harry und Pamela Ann Brown: *The MGM Girls – Behind the Velvet Curtain*, London, 1983
Brown, Peter und Patte Barham: *Marilyn – The Last Take*, London, 1992 [Deutsch: *Marilyn – Das Ende, wie es wirklich war*, München, 1994]
Carrier, Jeffery L.: *Tallulah Bankhead*, Westport, Connecticut, 1991
Crane, Cheryl und Michael Joseph: *Detour – A Hollywood Tragedy*, London, 1988
Crawford, Christina und Hart-Davis: *Mommie Dearest*, London, 1979
Crawford, Christina und Donald I. Fine: *Survivor – A Long Night's Journey from Anger and Chaos to the Peace of Inner Awakening*, New York, 1988

Deutsch, André: *Here Lies the Heart – Mercedes de Acosta*, London, 1960 [Deutsch: *Mercedes de Acosta – Hier liegt das Herz*, 1996]
Dietrich, Marlene: *Marlene Dietrich – My Life*, London, 1989
Flamini, Roland: *Ava*, London, 1983
Ford, Selwyn: *The Casting Couch – Making It in Hollywood*, London, 1990
Gardner, Ava: *Ava*, London, 1990
Gill, Brendan und Michael Joseph: *Tallulah*, London, 1972
Golden, Eve: *Platinum Blonde – The Life and Legends of Jean Harlow*, New York, 1991
Guiles, Fred Lawrence: *Joan Crawford – The Last Word*, London, 1995
Hill, James: *Rita Hayworth*, London, 1983
Kobal, John und W.H. Allen: *Rita Hayworth – The Time, the Place and the Woman*, London, 1977
Lacy, Robert: *Grace*, London, 1994
Leaming, Barbara: *If This Was Happiness – A Biography of Rita Hayworth*, London, 1989
Paris, Barry: *Garbo – A Biography*, London, 1995 [Deutsch: *Garbo – Die Biographie*, München, 1995]

Pepitone, Lena und William Stadiem: *Marilyn Monroe – Confidential*, London, 1979

Pero, Taylor und Jeff Rovin: *Always Lana*, New York, 1982

Riva, Maria: *Marlene Dietrich*, London, 1992 [Deutsch: *Meine Mutter Marlene*, 1995]

Shulman, Irving: *Jean Harlow – An Intimate Biography*, London, 1992

Souhami, Diana: *Greta and Cecil*, London, 1996

Spada, James: *Grace – The Secret Lives of a Princess*, London, 1987 [Deutsch: *Grace Kelly – Das geheime Vorleben einer Fürstin*, 1996]

Spoto, Donald: *Marilyn Monroe – The Biography*, London, 1993

Stern, David: *Clara Bow – Running Wild*, London, 1989

Summers, Anthony und Victor Gollancz: *Goddess – The Secret Life of Marilyn Monroe*, London, 1985 [Deutsch: *Marilyn Monroe – Die Wahrheit über ihr Leben und Sterben*, 1992]

Thomas, Bob: *Joan Crawford – A Biography*, London, 1962

Turner, Lana: *Lana – The Lady, the Legend, the Truth*, London, 1982

Vickers, Hugo und Jonathan Cape: *Loving Garbo*, London, 1994

Wayne, Jane Ellen: *Crawford's Men*, London, 1988

Wayne, Jane Ellen: *Ava's Men*, London, 1990

Wayne, Jane Ellen: *The Life and Loves of Grace Kelly*, London, 1991

Wayne, Jane Ellen: *Marilyn's Men*, London, 1992

Wayne, Jane Ellen: *Lana – The Life and Loves of Lana Turner*, London, 1995

PERSONENREGISTER

Abbott, George 141
Aga Khan 223, 225, 229, 234
Aherne, Brian 117, 120
Aikman, Danny 35
Aker, Jean 87
Albers, Hans 115
Aldrich, Robert 86
Ali Khan, Prinz 222–228, 229, 230, 231, 232, 234, 235, 236, 245
Alington, Lord Napier 137, 138, 139, 140, 144, 145, 148
Allan, Rupert 287, 302
Allgeier, Sepp 33
Alton, Maxine 40
Amory, Cleveland 149
Anders, Glenn 143
Angeli, Pier 257, 262
Arbuckle, Fatty 34
Arnold, Dorothy 286
Arthur, Jean 208
Ashley, Lady Sylvia 166
Astaire, Adele 102
Astaire, Fred 209, 210, 211
Asther, Nils 88, 95
Aumont, Jean-Pierre 249, 250, 253, 260–262

Bacall, Lauren 175
Bacharach, Burt 129, 130
Bacon, James 278, 283

Baer, Max 68
Baker, Josephine 31
Bankhead, Tallulah 35, 93, 129, 133–150
Barker, Lex 192, 193, 194, 202
Barry, Don 82
Barrymore, Ethel 136
Barrymore, John 121, 136
Basquette, Lina 91
Bautzer, Greg 83, 84, 155, 180, 182, 183, 184, 187
Beaton, Cecil 101–108, 118, 144
Beatty, Lady Adele 175
Beaumont, Harry 78
Beaverbrook, William Maxwell Aitken 26
Beery, Wallace 14
Bell, Rex 51, 52, 53, 54
Bello, Marino 58, 60, 61, 65, 66, 67, 68, 69
Benchley, Robert 142
Bennett, Alain 287
Bennett, Constance 155
Bennett, Joan 149
Benny, Jack 305
Berle, Milton 280
Bern, Paul 34, 62–65, 66, 67, 68, 69, 77
Berne, Eva von 99
Bey, Turhan 155, 187

PERSONENREGISTER

Block, Paul 17, 20, 21
Blumenthal, A.C. 28, 30
Blythe, Betty 11
Boardman, Eleanor 94
Bogart, Humphrey 34, 172
Bow, Clara 31, 37–55, 57, 78
Bow, Robert 37, 38, 40, 41, 46, 48
Bow, Sarah 37, 38
Bowie, David 132
Brando, Marlon 269, 295, 302
Breguand, Marguerite 109
Brooks, Louise 25–36, 93, 94, 114
Brown, Horace 24
Brundidge, Harry 51
Brynner, Yul 83, 127, 128, 304
Buchwald, Art 303, 304
Buck, Gene 18
Burnside, William 274
Burton, Richard 176, 177, 193

Cabre, Mario 164, 165
Calhoun, Rory 187
Cannon, Dyan 267
Cansino, Eduardo 203, 204, 206, 207
Cantor, Eddie 43
Capp, Al 243, 244
Caprice, June 11
Card, James 35, 36
Carle, Teet 57
Carlson, Dorothy 54
Carmen, Jeanne 305, 306
Caroline, Prinzessin von Monaco 268
Carpentier, Harlean (s. Harlow, Jean)
Carroll, John 278, 279, 281, 282
Case, Margaret 101
Cassin, Henry 72
Cassini, Igor 260
Cassini, Oleg 253, 254, 256–260, 263, 268
Chandler, Jeff 194
Chaplin, Charlie 12, 22, 23, 28, 29, 198
Chaplin, Charlie Jr. 278

Chaplin, Sydney 278
Chatterton, Ruth 77
Chevalier, Maurice 117, 129
Chiari, Walter 174–176
Christian, Linda 189, 193
Chruschtschow, Nikita 297
Churchill, Winston 23, 139
Clair, René 32
Claire, Ina 96, 100
Clift, Montgomery 302
Cochran, Charles B. 138
Cohen, Herman 86
Cohen, Mickey 198
Cohn, Harry 34, 187, 207–211, 213, 215, 219–221, 224, 226, 228, 229, 232–233, 235, 279
Colbert, Claudette 125, 217
Cole, Ben 192
Collier, Buster 30
Colt, Sam 35
Connelly, Peggy 174
Connery, Sean 196
Conover, Donald 273
Cooper, Gary 17, 44, 45, 49, 50, 102, 116, 121, 142, 246–248, 261
Cooper, Jackie 81, 82
Corbett, Leonora 106
Cortez, Ricardo 80
Coward, Noël 130, 137
Cowles, Gardner 262
Crandall, Fletcher 34
Crane, Cheryl 186, 194, 197, 198, 202
Crane, Stephen 185–187
Crawford, Christina 86
Crawford, Joan 46, 63, 71–86, 141, 142, 148, 155, 182, 185
Crosby, Bing 17, 24, 252, 254–256
Crosby, Dixie 252
Cudahy, Mike 78
Cukor, George 100, 141, 145–147, 307
Curnow, Hugh 130, 131
Curtis, Tony 298

Dadolle, Suzanne 249
Damita, Lila 125
Daniels, Bebe 30
Daniels, Billy 155
Dante, Michael 194
Dante, Ronald 201
D'Arcy, Alexandre 240, 241
Davies, Marion 16-24, 78, 94, 119, 192
Davis, Bette 80, 82, 83, 86, 155
Davis, Deering 34
Davis, Freddie 178
Davis, Harper 238
Davis, Sammy Jr. 170, 174, 304
Dawson, Tony 250
De Acosta, Mercedes 89, 90, 93, 96-100, 105, 106, 118-120
Dean, Basil 139
De Carlo, Yvonne 159, 229, 230
De Dienes, André 273, 274, 281
Deering, James 18
De Havilland, Olivia 146, 155
Del Rio, Dolores 204, 212-214
DeVoe, Daisy 49, 52, 53
Dickinson, Angie 130
Diessel, Gustav 32
Dietrich, Marlene 32, 93, 97, 109-132
Dietz, Joergen 80
Diez, Howard 93
DiMaggio, Joe 286, 288-294, 299, 302-304
Dodero, Alberto 222
Dominguin, Luis Miguel 171-173, 230
Donat, Robert 122
Dornhelm, Robert 268
Dorsey, Tommy 184
Dougherty, Jim 270, 272-274
Douglas, Kirk 126, 192, 228
Dove, Billie 155
Dozier, Bill 84
Drake, Tom 163
Drury, Morley 45
Duchin, Eddie 101, 102
Duff, Howard 159, 160, 162

Du Maurier, Gerald 138, 141
Dundee, Jimmy 49
Dunne, James 35
Dwan, Allan 206

Eaton, Robert 199, 200
Einstein, Albert 23, 286
Ekberg, Anita 257
Emery, John 145, 146, 147, 148, 149
Entwhistle, Peg 75
Evans, George 160, 161
Evans, Robert 175

Fairbanks, Douglas Jr. 78, 79, 122, 123, 141, 148
Farukh I., König von Ägypten 222
Fears, Peggy 28, 30
Feldman, Charles 287, 304
Fields, W.C. 29
Fine, Sylvia 148
Fisher, Eddie 176
Fitzgerald, F. Scott 38, 77
Fleming, Victor 42, 44, 45
Flynn, Errol 198, 211
Fonda, Henry 82
Fontaine, Joan 146
Ford, Glenn 82
Forst, Willi 113, 120
Fowler, Will 279
Franciosa, Tony 175
Freed, Arthur 165, 166
Frost, David 79

Gabin, Jean 124-126
Gable, Clark 17, 67, 79, 80, 121, 159, 166, 170, 184, 185, 193, 248-249, 301
Gabor, Zsa Zsa 282
Garbo, Greta 30, 32, 78, 88-109, 112, 118, 120, 125, 133, 142, 150
Gardner, Ava 151-178, 192, 195, 219, 230, 259, 266
Garfield, John 187

Garland, Judy 156, 173, 183, 184, 217
Garnett, Tay 187
Gavin, James 125, 126
Geisler, Jerry 198
Gerrard, Teddy 137
Gert, Valeska 33
Geva, Tamara 142, 145, 149
Giacometti, Alberto 130
Gielgud, John 102
Gilbert, John 78, 93–96, 116, 121, 122
Girnau, Fred 54
Gish, Dorothy 11
Glyn, Elinor 37, 44
Goddard, Grace 270
Goldschmidt-Rothschild, Eric von 101
Goldwyn, Sam 136
Grable, Betty 156, 184, 291
Graham, Sheilah 269, 290
Granger, Stewart 171, 174
Granlund, Nils 76
Grant, Cary 117, 208, 240, 257, 266, 267
Grant, Kathryn 255, 256
Gray, Charles 178
Gray, Larry 43
Greene, Amy 293
Greene, Milton 283, 295
Greene, Sam 108
Griffith, D.W. 11
Griffith, Raymond 34
Gumpel, Max 88

Hakim, Raymond 234, 235
Hall, Bernard 130
Haran, Shifra 209, 213, 217, 222, 224
Hardy, Oliver 61
Harlow, Jean 34, 57–69
Harlow, Mama Jean 58, 60, 65, 66, 69
Harlow, Sam 58, 60, 61
Harris, Mildred 12
Harrison, Mona Williams 104, 105
Harrison, Rex 187
Hartl, Karl 113

Hathaway, Skip 251
Hauser, Gayelord 100, 106
Hawks, Howard 32, 208
Haymes, Dick 231–235
Hays, Will 55
Hayward, Susan 146
Hayworth, Rita 83, 172, 187, 203–236
Hearst, Millicent 18, 21
Hearst, William Randolph 16, 17, 20–24, 211
Hedren, Tippi 267
Hefner, Hugh 285
Hemingway, Ernest 129, 157, 172
Hepburn, Audrey 252
Hepburn, Katherine 149
Hill, Jim 235, 236
Hilton, Nicky 290
Hitchcock, Alfred 150, 237, 250, 267
Hitler, Adolf 124
Hodiak, John 187
Holden, William 252, 254, 255, 256
Holiday, Billie 291
Holländer, Friedrich 115
Holmesdale, Jeffery 137
Hoover, J. Edgar 306
Hopkins, Miriam 146
Hopper, Hedda 24, 161, 237, 249, 256
Houston, John 159, 175, 176–178, 282, 301, 302
Howard, Jean 287
Howard, Leslie 17, 140
Hughes, Howard 61, 62, 82, 129, 155, 156, 157, 158, 159, 160, 161, 166, 168, 173, 178, 187, 211, 221, 276, 280, 285
Hunter, Ross 198
Hutton, Robert 187
Huxley, Aldous 99
Hyams, Joe 251
Hyde, Johnny 281–284

Ince, Thomas 22, 23

Jacobson, Arthur 40, 41, 48
Jaffe, Sam 41
James, Andrew 290
James, Charles 102
Janis, Elsie 17
Jaray, Hans 120
John, Augustus 139
Johnson, Van 107
Jolson, Al 49, 51
Jones, Jennifer 159
Joy, Leatrice 94
Judge, Arlene 190
Judson, Eddie 206–211, 215, 233
Jurado, Katy 248

Karger, Fred 279, 280, 283
Karlweis, Oskar 113
Kaye, Danny 148
Kazan, Elia 286, 287, 288
Keith, Donald 42
Keller, Dawn 176
Kellermann, Anne 11
Kelley, Tom 281
Kelly, Gene 215
Kelly, Grace 237–268
Kelly, Jack 237, 238, 244, 256, 258, 262, 263, 266
Kennedy, Jackie 305, 306
Kennedy, John F. 269, 303–308
Kennedy, Joseph 14, 15, 23, 24, 260
Kennedy, Robert 269, 306, 307, 308
Kent, Sidney 116
Kerr, Deborah 176
Keyes, Evelyn 146, 159, 174, 175
King, Martin Luther 308
Kingsley, Grace 40
Kinsey, Alfred 134
Kitt, Eartha 227
Klein, Robert 113
Knott, Frederick 237, 250
Kosleck, Martin 119
Krupa, Gene 187

Laage, Barbara 219
Ladd, Alan 252
LaMarr, Barbara 12, 63
Lamas, Fernando 155, 159, 192
Lancaster, Burt 157
Landau, Arthur 61, 63, 65, 66, 67, 69
Lang, Fritz 129, 131
Lasky, Jesse 116
Laurel, Stan 61
Lawford, Peter 155, 159, 187, 285, 303, 305, 306, 308
Leal, Alfredo 175
Lederer, Pepi 30
Leigh, Vivien 147, 295
Leighter, Jackson 212
LeRoy, Mervyn 179, 180
Levi-Castillo, Graciela 264
Levy, Isaac 168
Lewis, Jerry 290
Lindbergh, Charles 23
Lion, Margo 113
Lloyd George, David 139
Lock, John 28
Loew, Marcus 76
Lombard, Carole 79, 142, 155, 184, 185, 249
Loos, Anita 100
Loper, Don 191
Lorraine, Tui 46, 47, 48, 54
Lorre, Peter 113
Lowe, Edmund 92
Lubitsch, Ernst 41, 150
Lugosi, Bela 48
Lupino, Ida 155
Lyon, Ben 276
Lyons, Gene 246, 248, 249
Lytess, Natasha 280, 282, 284, 293

McCabe, Charles 82
MacDonald, Ramsey 139
McGrew, Charles ‚Chuck' 58, 60
Mackaill, Dorothy 17

McMullen, Jim 268
Mankiewicz, Herman 23
March, Frederic 49
Marshall, George E. 183
Marshall, George Preston 30, 31, 34
Mårtenson, Mona 90
Martin, Charles 83
Martin, Dean 307
Martin, Tony 184, 211, 219
Martin, Townsend 28, 32, 33
Marx, Barbara 178
Marx, Groucho 280
Marx, Zeppo 179
Mason, James 168, 178
Matthews, Kerwin 234
Mattson, Per 268
Matul, Tamara "Tami" 112, 117, 118, 120, 131
Mature, Victor 184, 211–214, 228
Mawr, Bryan 237
Maxwell, Marilyn 160, 164, 165, 169
May, Eva 112
May, Fred 199
Mayer, Louis B. 65, 68, 77, 80, 91–95, 121, 143, 151–157, 160, 162, 180, 184, 185, 186, 188, 190
Menefree, Wilbur 220
Meredith, Burgess 144
Milette, Dorothy 64
Milland, Mal 250, 251
Milland, Ray 250–255, 268
Miller, Ann 209
Miller, Arthur 288, 294–303
Miller, Herbie (Mark) 240–242
Mills, Paul 178
Minardos, Nico 287
Minter, Mary Miles 12
Mistinguett 117
Mitchum, Robert 160, 161, 291
Monroe, Marilyn 77, 84, 85, 204, 221, 247, 262, 269–308
Montalban, Ricardo 192
Montand, Yves 299–303

Montgomery, Robert 17
Moore, Terry 158
Morath, Inge 303
More, Colleen 11
Morgan, Earl 274
Mowery, Ella 40
Munson, Audrey 11
Munson, Ona 100
Murnau, F.W. 91
Murrow, Ed 126

Nassimowa, Alla 11, 12, 46, 87, 88, 100
Navarro, Ramon 88
Neeley, Neil 77
Negri, Pola 98
Niarchos, Stavros 211
Nicholson, Virginia 212
Niven, David 88, 159, 211, 220, 221, 259, 266
Normand, Mabel 12, 63
Novak, Kim 233, 235

Oakie, Jack 48
Oberon, Merle 83
O'Brian, Pat 17
Oelrichs, Marjorie 101
Olivier, Sir Laurence 121, 295, 297
Onassis, Aristoteles 88, 262, 266
Osborn, June 107

Pabst, Georg Wilhelm 31–33, 91, 114
Paley, William 122
Parsons, Louella 22, 23, 95
Pascal, Gisèle 261, 263, 264
Pasternak, Joe 116
Pearson, Earl 47, 48, 51
Pepitone, Lena 270
Pero, Taylor 201, 202
Philippe, Claudius 245
Piaf, Edith 125
Pickford, Jack 16, 30
Pickford, Mary 12, 16, 78
Poole, Abram 97

Porten, Henny 109
Porter, Cole 218
Powell, Dick 24
Powell, William 65
Power, Tyrone 175, 188–190, 193
Preminger, Otto 113, 148, 150
Purdom, Edmund 193

Rackmil, Milton 85
Rainier III., Fürst von Monaco 238, 252, 260–268
Ralli, Lilia 102
Rand, Sally 72
Randall, Jack 34
Rapf, Harry 76, 77
Ray, Nicholas 304
Reinhardt, Max 110, 113
Remarque, Erich Maria 123
Rhodes, Orlando 236
Rich, Buddy 184
Richardson, Don 241–245, 249, 264
Richman, Harry 49–54, 76
Riddle, Nelson 172
Riefenstahl, Leni 33, 114, 124
Robbins, Harold 199, 200
Roberts, Edward Barry 145
Robinson, Edward G. 290
Rogers, Ginger 83, 155
Rogers, Henry C. 208
Roland, Gilbert 42, 43, 44, 55
Rooney, Mickey 151–155, 168, 180, 305, 306
Roosevelt, Franklin D. 124, 216
Rosenfeld, Henry 281, 304
Rosson, Hal 68
Russell, Jane 160
Ryman, Lucille 275, 278, 279, 282

Sachs, Manie 163, 245
St. Claire, Pickles 17
Sallano, Luis 192
Sanders, George 282, 283
Savage, Robert 42, 228

Saville, Victor 189
Schary, Dore 265
Schell, Maximilian 132
Schenk, Joseph M. 204, 277, 278, 284
Schiffer, Bob 231, 235
Schlee, George 100, 101, 105–107
Schlee, Valentina 100, 107
Schubert, J.J. 75
Schulberg, Adeline 41
Schulberg, Ben 31, 32, 40, 41, 57, 116, 119
Scott, George C. 177, 178
Selwyn, Edgar 183
Selznick, David O. 12, 144–147, 163
Selznick, Irene Mayer 91
Selznick, Lewis J. 12–16
Selznick, Myron 146, 147
Sennett, Mack 12, 14, 76
Shaefer, Harry 294
Sharif, Omar 178
Shauffer, Teddy 221
Shaw, Artie 156–158, 163, 166, 174, 176, 182–185
Shaw, George Bernard 23
Shaw, Peter 83
Shearer, Norma 42, 146, 160
Sheenan, Winfield 204, 206
Sherman, Vincent 83
Shore, Dinah 165, 166
Short, Bobby 178
Sieber, Maria 112, 117, 118, 120, 121, 123, 124, 127, 131
Sieber, Rudi 110, 112, 113, 117, 118, 120, 122, 126, 131, 132
Siegel, Bugsy 185, 304
Signoret, Simone 299, 300, 303
Silvers, Phil 184
Simmons, Jean 171
Sinatra, Dolly 169
Sinatra, Frank 160, 161–178, 187, 189, 235, 259, 264, 266, 269, 291, 294, 295, 302, 305, 308
Sinatra, Nancy 161–167

Sinden, Donald 248
Skolsky, Sidney 294
Skouras, Spyros 284, 287
Slatzer, Robert (Bob) 247, 248, 275, 276, 288, 289, 294, 304
Smith, Al 21
Smith, Lew 301
Spanier, Ginette 127
Spiegel, Sam 217, 219
Spielberg, Steven 71
Spreckels, Kay 301
Stanwyck, Barbara 160, 185
Stapleton, Maureen 294
Steele, Alfred 85
Stephanie, Prinzessin von Monaco 268
Stern, Betty 113
Sternberg, Joseph von 115–117
Stevenson, Adlai 170, 306
Stewart, Jimmy 123, 184, 251, 265
Stewart, Sheila 294
Stiller, Mauritz "Moje" 90, 91, 93, 95
Stokowski, Leopold 100, 106
Strasberg, Lee 275, 295
Strauss, Ted 284
Strickling, Howard 183
Stromberg, Hunt 78
Sukarno, Achmed 298
Sutherland, Eddie 29, 30, 33
Swanson, Gloria 14, 15, 23

Talbot, John Alden 190
Talmadge, Constance 11, 30
Tashman, Lilyan 77, 91–93
Tauber, Richard 114
Taylor, Elizabeth 85, 127, 158, 172, 176, 177
Taylor, Robert 160, 170, 184, 185
Taylor, Samuel A. 128, 129
Taylor, William Desmond 11, 12
Teale, Godfrey 139
Terry, Philip 82
Thalberg, Irving 62

Thau, Benny 192
Thomas, Ben 101
Thomas, Olive 15, 16
Tierney, Gene 158, 231, 253
Tilden, Bill 140
Toklas, Alice B. 97
Tomlin, Pinky 206
Tone, Franchot 81
Topping, Bob 190–192
Torme, Mel 159
Trabert, Tony 175
Tracy, Spencer 80, 81, 204, 259
Travers, Bill 174
Travilla, Billy 290, 291, 304
Tucker, Francis 261–264
Turner, Lana 83, 154, 156–158, 160, 161, 170, 179–202
Twardowski, Hans von 119
Tynan, Ken 36

Vachon, Ginette 131
Valentino, Rudolph 87
Vallone, Raf 130
Vanderbilt, Gloria 100, 216
Vargas, Alberto 15
Velez, Lupe 116
Vidal, Gore 247
Viertel, Peter 175, 176
Viertel, Salka 98

Wald, Jerry 159, 234
Waldoff, Claire 112
Walker, Robert 159
Wallach, Eli 286
Walsh, Raoul 24
Walters, Charles 71
Wanger, Walter 28
Wardell, Michael 139
Watson, Peter 102
Wayne, John 46, 124, 193
Wedekind, Frank 32
Weissmüller, Johnny 142

Welles, Orson 23, 125, 147, 204, 208, 211–229, 232, 233, 280
Wellman, William 43
Welton, James 75
White, Alice 42
White, Pearl 11
Whitney, Jock 144, 146
Wilcox, Herbert 127
Wilding, Michael 85, 127, 158, 176
Wilkerson, Billy 179, 190
Williams, Guinn ‚Big Boy' 50
Wilson, Carey 180
Wilson, Earl 281
Wilson, Tony 139

Winchell, Walter 304
Windsor, Kathleen 158
Winters, Shelley 166, 175, 219, 284, 286
Winwood, Estelle 133, 136
Wyman, Jane 280

Young, Loretta 80, 81, 146

Zahn, Tommy 276
Zanuck, Darryl F. 14, 127, 204, 206, 209, 276, 284, 285, 287, 289, 294, 295
Ziegfeld, Florenz 15, 17, 26, 28, 31
Zinneman, Fred 114, 248